"十二五"国家重点图书出版规划项目
上海外国语大学重大科研项目
"211工程"三期重点学科研究项目
"英国文学专史系列研究"
李维屏 主编

英国传记发展史
A HISTORY of BRITISH BIOGRAPHY

唐岫敏 等著

上海外语教育出版社
SHANGHAI FOREIGN LANGUAGE EDUCATION PRESS

图书在版编目（CIP）数据

英国传记发展史/唐岫敏等著.
—上海：上海外语教育出版社，2012（2013重印）
（英国文学专史系列研究）
ISBN 978-7-5446-2511-1

Ⅰ.①英… Ⅱ.①唐… Ⅲ.①传记文学－文学史－研究－英国
Ⅳ.①I561.075

中国版本图书馆CIP数据核字（2011）第216671号

出版发行：上海外语教育出版社
（上海外国语大学内） 邮编：200083
电　　话：021-65425300（总机）
电子邮箱：bookinfo@sflep.com.cn
网　　址：http://www.sflep.com.cn http://www.sflep.com
责任编辑：蔡一鸣

印　　刷：上海信老印刷厂
开　　本：890×1240 1/32 印张 12.375 字数 345千字
版　　次：2012年3月第1版 2013年3月第2次印刷
印　　数：1100册

书　　号：ISBN 978-7-5446-2511-1 / I · 0195
定　　价：35.00元

本版图书如有印装质量问题，可向本社调换

"英国文学专史系列研究"
专家委员会

主 任　　李维屏

委 员（按姓氏笔画排列）

　　　　王卫新　　　宋建福

　　　　张和龙　　　张定铨

　　　　张　群　　　唐岫敏

总　序

英国文学全面系统的研究在我国起步很晚。"文革"前国内没有一部英国文学史作,只有一些关于作家与作品的零星文论或随笔。然而,近 30 年来,我国学者在英国文学研究领域取得了长足的进步,不仅对作家作品的研究能力与水平显著提升,而且在史学研究方面也硕果累累。我国学者相继推出了一系列颇有影响的史作:如陈嘉教授的英语四卷本 *A History of English Literature* 和王佐良教授的五卷本《英国文学史》。此外,一批重要的断代史作和文类史作也相继问世,如《现代英国小说史》(侯维瑞)、《英国诗歌史》(王佐良)、《英国戏剧史》(何其莘)和《英国小说史》(侯维瑞、李维屏)等著作。显然,我国的英国文学史研究已经完成了必要的基础工程。

今天,国内外英国文学史研究正以其坚定的步伐向纵深发展,它不但有全方位的推进,而且也有专题的分割。换言之,英国文学史的系统研究在日趋现代化、理论化和专业化的氛围中出现了学术的分化,并导致文学专史研究的不断繁衍。从某种意义上说,这是一种从文学历史的宏大叙事向某一体裁或文类历史专题研究的演变。读者不难发现,近几年来,国内学者已先后推出了《英国小说批评史》(2001,殷企平)、《英国小说艺术史》(2003,李维屏)和《英国小说人物史》(2008,李维屏)等文学专题史作,对英国文学某一方面的历史进行专题研究,揭示其历史概貌、演变过程和基本特征。这种研究与通常平分史料、均衡编排并按照历史顺序介绍作家与作品的基本情况,虽面面俱到却无法深入研究的文学通史之间有明显的区别。笔者以为,文学专史研究不仅有助于对文学分支的系统梳理,也有助于对其艺术和价值体系的整体把握。它是对英国文学史宏观研究的一种补充。当然,我国的英国文学专史研究尚处于起步阶段，有许多空白尚未填补。即使在国外，此类有水平、有影响的学术成果也并不多见。为此，我们推出这套"英国文学专史系列研究"，旨在抛砖引玉。本套丛书包括《英国文学思想史》、《英国文学批评史》、《英国女性小说史》、《英国短篇小说史》和《英国传记发展史》五部学术著作。

应当指出，文学专史研究是当前学术多元化和专业化的结果。它不仅是对文学本身的一种反思，也是当代文学史研究的一种演进与转型。也许，新千年的历史交响曲激发了人们梳理史料、撰写史评的热情。也许，英国文学的确为学者提供了极其丰富的学术资源。然而，从事文学专史研究的难度却超出了人们的想象。它不仅要求学者对文学史的来龙去脉了然于胸，而且要求其对某一体裁或文类的性质、特征和演化有独到见解，并能以更专业、更学术的目光去审视其演变过程和发展规律。不仅如此，学者还应设法在本人的学术观点和他人的审美意识之间以及在历代普遍认同的批评观点和当代最新的理论之间获得某种平衡，并力求在文学史专题研究方面构建自己的理论体系。尽管英国文学专史研究在我国只是刚刚起步，但它客观地反映了国内英国文学研究领域的动态和学术思想的发展。我们现在很难断言这种研究是否会引起更多学者的关注或兴趣，但它应该是一条有意义的学术路径。

李维屏
2011 年 2 月

本书作者及分工

唐岫敏　（南京国际关系学院教授、博士）
　　　　本书结构设计、定稿、审稿与统稿；第八、九章

李凯平　（解放军陆军军官学院讲师、博士）
　　　　第一、二、三章

焦小婷　（河南大学外国语学院教授、博士）
　　　　第四、五章

李怀波　（南京国际关系学院讲师、博士）
　　　　第六章第一节（卢卡特）、第三节；第七章第一、二节

付　满　（南京国际关系学院讲师、硕士）
　　　　第六章第二节；第七章第三节

李　治　（南京国际关系学院硕士研究生）
　　　　第六章"世纪概述"、第四节；第七章"名词解释"

周　瑾　（南京国际关系学院硕士研究生）
　　　　第六章第一节（穆勒、盖斯凯尔）；第七章第四节

前　言

近年来,随着英国文学研究的进一步深化和繁衍,英国传记文学研究引起了国内外学者的浓厚兴趣和高度关注。有关英国传记文学和传记理论的高水平论著层见叠出,从而改变了这一文学样式在学术界长期遭受冷遇的局面。显然,英国传记文学为那些试图在英国小说、诗歌和戏剧领域之外投石问路或独辟蹊径的学者提供了极其丰富的学术资源,同时也为那些在浮躁之风盛行的世道中依然注重文学修养的读者提供了极其宝贵的精神食粮。然而,作为英国文学的重要组成部分,传记文学的深度研究在我国不仅刚刚开始,而且还只是少数学者的专利。虽然研究具体传记作品的优秀学术成果并不罕见,但再好的个案研究也难免给人一种见树不见林的感觉。值得关注的是,我国至今还没有一部全面、系统地论述英国传记文学演变与发展的学术著作。因此,在试图探讨有关英国传记文学的诸多深层次问题之前,我们很有必要认真梳理其历史轨迹,深刻揭示其演变的内在逻辑,并科学阐述其文学价值和历史作用。我认为,在英国文学研究日趋理论化的今天,全面回顾和考察英国传记文学历史具有以下两个重要意义。

首先,认真梳理英国传记的发展轨迹,重温经典传记的建构历史不仅能推进这一领域的学术研究,而且有助于我们对整个英国文学历史的深刻了解和全面把握。作为英国文学的重要组成部分,传记的发展与诗歌、戏剧和小说等样式的演进相辅而行,因而作家往往在创作中取长补短,相得益彰。自文艺复兴时期以来,有关英国杰出作家的生平与创作的优秀传记作品屡见不鲜,例如,罗珀的《莫尔传》、约翰生的《诗人传》、鲍斯威尔的《约翰生传》、卢卡特的《司各特传》、盖斯凯尔夫人的

《夏洛蒂·勃朗特传》、福斯特的《狄更斯传》以及艾尔曼的《乔伊斯传》等都是遐迩闻名的经典力作。毫无疑问,这些传记本身具有极强的文学性、趣味性和可读性,并成为传记研究领域的学者爱不释手的经典文本。然而,更重要的是,这些传记在生动描写英国历代重要作家的人生经历的同时,真实地反映了他们的创作观念、艺术宗旨、道德主张和政治立场。从某种意义上说,这些精彩动人的作家传记就像一面面折射英国文学历史的镜子,艺术思潮的此起彼伏、文学流派的更迭转换以及作家经历的变化多端尽显其中。通常,对文学历史的研究离不开对具体作家的考量。因此,回溯英国传记文学历史,有助于开启一种新的学术视域。它既能使我们从英国文学历史角度观照传记文学,又能使我们通过传记文学来了解和把握英国文学的历史。

其次,作为英国文学最早的样式之一,传记往往蕴涵着一种精神力量,对当代读者具有重要的启迪作用。这种最初以如尼文(rune)诗句形式出现在远古时代墓碑上的文学体裁不仅带有历史的印记,散发着时代的气息,而且大都是承载着伟大人文精神的感世之作。传记文学所描写的对象不仅有艾尔弗雷德大帝和维多利亚女王这样的统治者,而且也有令人尊敬的英雄、伟人和大师。英国17世纪著名作家屈莱顿曾将传记定义为"特定人物的生活历史"(history of particular men's lives)。这既表明了这一文学样式的性质和宗旨,又暗示了它所蕴涵的人文精神、价值取向和启示作用。通常,一部传记是对某一"特定人物的生活历史"的真实记录和深刻反思,字里行间折射出作者对其笔下人物的人文思考。显然,当个人受到前所未有的尊重并成为现代社会的主体时,深入了解历史上某些"特定人物"的人生经历、道德品质和奋斗精神无疑对我们今天的为人处世具有一定的借鉴作用。英国现代著名小说家安东尼·伯吉斯之所以将艾尔曼撰写的《乔伊斯传》称为"20世纪最伟大的传记",其中一个重要原因就是这部作品蕴涵了巨大的精神力量。在艾尔曼的笔下,这位文坛巨匠对文学事业锲而不舍的追求和在艺术上表现出的无与伦比的创新精神使读者深受启迪。毋庸置疑,这种精神力量在价值、利益、兴趣和生活方式日趋多元的今天显得更加难能可贵。从某种意义上说,这种"特定人物的生活历史"比虚构作品中的人物形象更具说服力和感召力。

《英国传记发展史》旨在全面阐述英国传记文学从早期圣徒传至当代传记的演变过程,揭示各个时期传记作品的思想内涵、艺术特征、文学价值和历史作用,并探讨传记文学与其他文学样式之间的相互影响和辩证关系。虽然本书在总体设计上依然以历史进程为线索,但在编写方法上改变了以往文学史研究固有的学术范式。作者在全面梳理英国传记文学发展轨迹的同时,注重专史研究的学术性和理论性,不满足于对作家作品面面俱到的介绍和评述,而是体现出中国学者对英国传记历史与经典的独特见解和深刻思辨。全书共分九章,每章以英国传记史上的某些重要概念或名词的解释开局,不仅令人耳目一新,而且凸显知识和理论。本书对传记作家和作品的论述、分析和评价也超越了以往文学史作中均衡编排、平分史料、逐一介绍的撰写方式,体现了较强的学术意识和包括哲学、美学、政治、文化和道德视野在内的多元解读。此外,本书还对自传、亚自传和新传记等体裁的性质与特征以及折射出的生存状态和世道人心作了深入探讨。从某种意义上说,本书既体现了当前国内文学史研究模式的变化与转型,也是对文学专史编写方式的一种有益探索。

《英国传记发展史》是上海外国语大学重大科研项目和"211工程"三期重点学科研究项目"英国文学专史系列研究"的子项目。本书作者大都是才思敏捷、学风严谨并在英国传记文学研究领域颇有建树的中青年学者。然而,国内英国传记文学的全面、系统研究毕竟才刚刚开始,因此,书中难免会有疏漏之处,还望学界同仁不吝赐教。

李维屏

2010年12月

于上海外国语大学

目　录

第一章　十六世纪及之前 1

名词解释：圣徒传 1
时代概述 11
第一节　圣比德 12
第二节　托马斯·莫尔 23

第二章　十七世纪（上） 36

名词解释：拉丁影响 36
世纪概述 46
第一节　艾萨克·沃尔顿 49
第二节　托马斯·富勒 61
第三节　约翰·奥布莱 71

第三章　十七世纪（下） 82

名词解释：日记 82
第一节　约翰·伊夫林 90
第二节　塞缪尔·佩皮斯 99

第四章　十八世纪（上） 110

名词解释：自传 110
世纪概述 118

第一节　罗杰·诺斯 …………………………………… 124
　　第二节　爱德华·吉本 …………………………………… 131
　　第三节　奥利佛·哥德史密斯 …………………………… 138

第五章　十八世纪（下） ……………………………………… 144
　　名词解释：回忆录 ………………………………………… 144
　　第一节　塞缪尔·约翰生 ………………………………… 150
　　第二节　詹姆斯·鲍斯威尔 ……………………………… 163

第六章　十九世纪（上） ……………………………………… 177
　　世纪概述 …………………………………………………… 177
　　第一节　小作家 …………………………………………… 181
　　　　约翰·吉布森·卢卡特 ……………………………… 181
　　　　约翰·斯图亚特·穆勒 ……………………………… 184
　　　　伊莉莎白·盖斯凯尔 ………………………………… 186
　　第二节　A. P. 斯坦利 …………………………………… 188
　　第三节　塞缪尔·斯迈尔斯 ……………………………… 193
　　第四节　乔治·奥托·特瑞维林 ………………………… 198

第七章　十九世纪（下） ……………………………………… 205
　　名词解释：传记 …………………………………………… 205
　　第一节　约翰·福斯特 …………………………………… 215
　　第二节　詹姆斯·弗鲁德 ………………………………… 220
　　第三节　约翰·莫莱 ……………………………………… 230
　　第四节　传记理论 ………………………………………… 236

第八章　二十世纪（上） ……………………………………… 243
　　名词解释："新传记" ……………………………………… 243
　　世纪概述（上） …………………………………………… 253
　　第一节　爱德蒙·高斯 …………………………………… 259

第二节　利顿·斯特拉奇 …………………………………… 269
　　　第三节　弗吉尼亚·伍尔夫 …………………………………… 283

第九章　二十世纪（下） …………………………………………… 298
　　世纪概述（下） ……………………………………………………… 298
　　　第一节　迈克尔·霍尔洛伊德 ……………………………… 307
　　　第二节　理查德·霍尔姆斯 ………………………………… 313
　　　第三节　赫麦妮·李 ………………………………………… 317
　　　第四节　克莱尔·托马林 …………………………………… 322
　　　　　　　雷·蒙克 …………………………………………… 325

附录一　英国传记大事年表 ………………………………………… 328
附录二　作家作品中英文对照 ……………………………………… 347
附录三　参考书目 …………………………………………………… 364

第一章
十六世纪及之前

名词解释

圣 徒 传
(Hagiography/Sacred Biography)

圣徒传是中世纪欧洲诸国盛行的传记形式,是欧洲中世纪的主流文学形式之一。这一时期涌现出大量圣徒传记作品,其中仅是《拉丁语圣徒传记集》(*Bibliotheca Hagiographica Latina*,1898-1901)就囊括了 8 000 多部圣徒传记,用英语撰写的圣徒传记有数百篇。尽管圣徒传数量庞大,但长期以来历史学家和文学家对此不屑一顾。历史学家认为圣徒传中充斥着迷信与虚构,信度不高,史料价值很低,而文学研究者则认为圣徒传强调道德说教和功利性,缺乏艺术性。

然而,就圣徒传自身而言,它拥有严格的传统和高度的规范性。在圣徒传中,历史真实性原则通常要服从于它与经典圣徒传记作品之间的互文可靠性。圣徒传的写作具有强烈的功利性,因为圣徒传通常充当基督教会宣教的工具,其写作因此具有明确的目的性,即:1. 纪念和赞颂杰出的教徒——圣徒;2. 培养教徒的基督教信仰并明确其人生目的;3. 通过树立模范形象教导教徒对其行为加以模仿。

概 述

基督教的经典著作《圣经》是圣徒传的开山之作,其中有四卷记录了首位圣徒耶稣的宣教生平,即《马太福音》、《马可福音》、《路加福音》和《约翰福音》。这四卷传记记录了传主传教的经历、种种神奇事迹以及主要事件和任务,并通过传记的形式阐释了基督教教义,突出了宣教目的。而《圣经》中的《使徒行传》则以耶稣门下的使徒为传主,记录了他们传教的经历。自此之后,基督教徒开始以此为范本,为圣徒撰写传记。

除了《圣经》之外,圣奥古斯丁(Saint Augustine,354-430)的《忏悔录》(*Confessions*,397-400)是圣徒传的另一部经典之作,它被称为《旧约》和《新约》之外的"第三约"(杨正润,1994:133)。这部著作写于4世纪末。圣奥古斯丁一方面像典型的圣徒传记一样,赞颂其母圣莫妮卡(St. Monica)的高尚事迹并塑造其光辉形象,另一方面对于自我却没有采用理想化的塑造,而是强调自己的罪恶意识,以及他如何通过自我悔改最终皈依基督教。这部作品产生了巨大的影响并吸引了众多的读者,从另一个侧面鼓励受众改造人性中的原罪,努力培养神性。

圣徒传之后的发展使其在不同的时代满足了不同的需要。从公元2世纪和3世纪开始,由于古罗马帝国对基督教徒残酷迫害,因此圣徒主要指受迫害而英勇就义的基督教徒。而之后随着罗马帝国放松对基督教的镇压,圣徒则逐渐变为指代对基督教的传播做出突出贡献的教徒,例如主教、神学家、修道士,甚至一些普通教徒也受到教会封圣。至于封圣的标准,罗马教廷直到教皇乌尔班8世(Urban VIII)(1623-1644年在位)时期才将其确定为"教旨的纯洁性、英勇的善行、死后神奇的代祷效果"(Weistein 141)。而在此之前,都是由当地教会来封圣。在基督教看来,圣徒与普通人的不同之处在于人性和神性这两种截然不同的属性并存于他们体内。由于人生来带有原罪,而圣徒通过后天的修道禁欲和上帝的指引逐渐消除原罪,因此圣徒传中都忽略传主的孩提时代,将传主的神性置于统摄地位并对人性发挥引导作用;也就是在传记中突出传主的神性品质,压制人性,宣扬神性。因此圣徒传不仅要在人性层面上将传主刻画为品德高尚的人,更要在神性方面突出传主与上帝和天使的亲密性以及传主的种种显灵之举。传主的神性在传记中具体表现在三个方面,即"(1) 预卜先知、(2) 神圣的奇迹、(3) 天使显灵"(Stauffer,1930:8)。因此,为了证明传主的神性存在,传者通常采用罗曼司和编年史的写作手法,即运用神奇的(陌生化)背景、理想化的人物、魔法般的奇迹。同时为了便于广大受众理解接受,圣徒传在发展过程中融入了多种要素并注重传记与本土文化的结合。它"还引入了北欧传说、英法叙事诗以及地中海文学中的材料"(Ibid. 20)。它将历史事实、当地传说、超自然神迹融为一体,并常常通过戏剧化手法和人物对白来激励受众以传主的行为作为楷模指导自己。在圣徒传中,大量篇幅用于叙述上帝和天使对圣徒的启示和帮助,以及圣徒超自然的神奇事迹,以强调圣徒充当沟通上帝与人类的纽带作用。因此,与同样宣扬基督教教义的理论著作相比,圣徒传更容易为广大教徒,尤其是未受过教育的人民群众所接受,也更体现其世俗化的特点。

早期的圣徒传大多采用基督教会的通用语言——拉丁语写成,之后为了满足对当地人民传教的目的,同时随着文艺复兴之后民族意识的觉醒、欧洲各国本土语言的兴起以及科学理性力量的壮大,拉丁语统治地位日渐式微,圣徒传逐渐采用各国本土语写作,并且体现出当地的特色与兴趣。但是随着宗教改革与新教的兴起,新教不再认为显灵行为证明上帝的眷顾,而认为这是愚昧迷信的中世纪的产物,经常为魔鬼所利用,因此这时圣徒传叙述的重点也逐渐由宣扬迷信的神奇事迹转为赞扬圣徒为基督教事业做贡献的隐忍、自我牺牲等品质[①](Parish

---

① 针对文学著作中是否应当描写圣徒的显灵之举,第一位将《圣经》译为近代英语的英国早期新教改革家威廉·廷代尔(William Tyndale,1484 - 1536)曾与天主教代表托马斯·莫尔(Thomas More,1478 - 1535)展开著名辩论。前者援引《新约·帖撒罗尼迦后书》中保罗所言:"这不法的人来,是照撒旦的运动,行各样的异能神迹,和一切虚假的奇事"《帖撒罗尼迦后书·2:9》,认为显灵中经常充斥着谎言与欺骗,而且不应将其视为神性的证明,因为这将导致圣徒变为伪君子并以此欺骗人民。莫尔则坚持认为显灵与宗教教义互为验证,证明了"上帝的眷顾"。(Parish 47 - 48)

46-48)。因此,读者逐渐以怀疑的眼光看待传统圣徒传中所渲染的神奇事迹,甚至将其作为民间传说来满足娱乐需要。传统的圣徒传开始衰落,其中对显灵之举的描写几乎销声匿迹,转而以塑造传主理想化的品质来打动读者;传主的神性也更多地表现为其作为凡人所拥有的优秀品质,尤其是传主虔诚的宗教信念。

定 义

作为传记文学的一种形式,圣徒传记与现代传记存在明显的区别,其主要特点就是功利色彩很强,传记文本突出刻画的不是人性,而是圣徒身上的神性。学者对圣徒传的定义大体上是一致的,即"用于对圣徒和殉教者进行记录和颂扬的作品"(Baldick 109)。它是"对圣徒生活的撰写或研究……按照规定,它是对圣徒的专门研究,并经常因受到景仰而发起"(Cuddon 299)。根据托马斯·海佛南(Thomas Heffernan)的定义,圣徒传指"由信徒群体中的一员对圣徒生平所撰写的叙事文本,该文本针对该成员成为圣徒的过程为该群体提供了文献证明,这种记录活动本身也成为其所记录的神圣传统中的组成部分"(Heffernan 16)。由于这种传记是为实现宣教这一目的而撰写,因此常常违背真实性这一传记的基本原则。圣徒传文本通常着力于赞美某位圣徒,或是力图宣传某种教义。在叙事中,圣徒的生平可以根据教会的需要而加以增减删改,而历史的真实性则往往处于从属地位。因此作为一种文本叙事形式,圣徒传并不是纯粹意义上的传记。哈罗德·尼柯尔森(Harold Nicolson,1886-1968)曾指出,影响传记纯粹性的原因之一是"撰写个人生平的目的是为了阐释某种外部的理论或概念"(Nicolson,1933:9-10),圣徒传正属于这一范畴。

属 性

圣徒传由于其宣教的目的性,首先具有高度的规范性和严格的传统。在此作用下,圣徒传中历史真实性原则通常要服从于它与之前经典圣徒传作品之间的互文可靠性。其写作具有强烈的功利性,即服务于宣教这一根本目的。

(1) 高度的规范性

圣徒传与现代传记的另一区别就是它的叙事逻辑具有高度的规范性。如上文所述,圣徒传具有明确的目的性,它要强化整个宣教共同体的价值体系和凝聚力,不允许传者在传记中质疑此价值体系或对此忽略不谈。此外由于圣徒传的读者也具有确定性,即信徒群体(既包括牧师也包括普通信徒),而且传记写作的发起人也是确定的(通常为教会委托),这三者实际上构成了传道共同体,他们决定了圣徒传的叙事逻辑具有高度的规范性,这种规范体现了参与各方的权力关系,其中的主导者自然就是教会。通过书面记录圣徒的生平事迹,传者宣扬了传主的神性并以此向信徒证明他们有必要以传主为楷模规范自己的行为。传者因此受到传教共同体的嘉许,传记书写本身也成为一种圣徒献身宗教的事迹,因而文本本身和书写者也被神圣化了。中世纪很多神职人员认为圣徒传具有神圣的力量,甚至有人用它治疗病人。而众多神职人员也正是通过撰写圣徒传这一事迹而被封为圣徒,成为智慧的化身,圣徒比德大人(Saint Bede the Venerable, 673?–735)就是其中的代表。在这种规范的组成要素中,最重要的莫过于《圣经》,其中的《四福音书》、《使徒行传》等构成了终极范本,任何圣徒传文本都必须严格与此保持一致,不得相悖。此外,经典的圣徒传本身也充当这种规范与传统的组成部分并对其加以强化,例如圣奥古斯丁的《忏悔录》和教皇大格列高利(Gregory the Great)的《对话》(*Dialogues*)。在这些完善的范本的规范下,圣徒传虽然写于不同的时代或地点,但是必须抹平差异,强调统一性,鼓吹社会所认可的神性典范,甚至传者在创作中对客观事件的阐释也必须遵守这种模式。

在圣徒传文本中,传者所遵循的组织叙事的规范通常是按照时间的线性顺序安排叙事,整个世界被描绘为充斥着各种难以驯服的自然和超自然力量,在材料的选取上往往不是记录圣徒从生到死的所有生平,而是专门按照固定的程式记录传主的主要事迹和各种超自然或极

为巧合的奇迹,如恶人受罚、疾病得救、异教徒皈依、传主坚定的信仰感动上帝等。这种模式被圣徒传研究者称为偶像风格(iconographic style),即与某一风格固定的艺术作品的主题或描述对象相联系的特殊或传统的一系列象征形式。当代学者詹姆斯·厄尔(James Earl)认为圣徒传的叙事模式"不可避免地采用结构上的设计和极端的规范性,具有样式化并缺乏对人物性格塑造的特点,忽视具体年代,依靠显灵故事;而且尽管它明显、公开地采用了为人们所允许的编造,但是仍然坚持其具有绝对的历史性真实价值。"(Earl 38)这种叙事程式着重展现圣徒本身的虔诚,从而证明上帝的存在并构建其神圣性。由于构建的是圣徒的神圣性而并非是圣徒本人的生活,因此在圣徒传中,作者描写显灵和圣徒虔诚的举动都是为了着力刻画其神圣品质或神性及其宗教信仰,而对圣徒本人人性层面的刻画并不重视,因此也部分地导致了很多圣徒传千篇一律的现象。在这些圣徒传中,传主虽身为凡人,但被着力渲染的是其所具有的神性,这必然导致传记缺乏对传主人物个性的刻画。产生这种现象的根本原因在于中世纪神性至高无上、人性须让位于神性的神学传统。

英国圣徒传中同样强调传主的神性。随着罗马人将基督教传入大不列颠,在之后的盎格鲁—萨克逊时期,教会为了传教的需要,将杰出的基督教徒树立为圣徒,以便让信徒以他们为榜样来规范自己的行为。圣徒传在此过程中因此发挥了重要作用,它的意义在于以文本的形式赋予杰出信徒以圣徒身份。根据拉康的镜像理论,自我通过他者的注视构建自己的身份。圣徒也是一样,他们无法通过想象自己的身份而自动成为圣徒,而是要通过他者的认可实现身份的认定,圣徒传文本正是充当了验证身份之镜。此外,由于他们并不是圣子耶稣,他们的神性不是天生的,而要通过文本构建出来。如果没有文本,他们即便做出了杰出的贡献,也只能成为口头传说而不具备权威性。因此,教会委托圣徒传作家撰写圣徒传,对圣徒的神性加以认可,从而通过叙事文本实现对其圣徒身份的建构。而负责撰写圣徒传的作者通常都是教士。

但是这种高度的规范性也带来了负面影响,即导致作者的写作自由度十分有限。他们在表现形式和风格上恪守传统,既不敢发挥自己的创造力,也不能进行精确具体的描写。由于圣徒传这种传记体裁的传统就是为了倡导神性,因此对传主神圣性的集中论述使传记具有了统一性,而所有圣徒叙事传记共同沿袭的一整套传统或规范导致各种圣徒传中被突出的品质通常都是忠贞、英勇、为了宗教而隐居等,致使圣徒传呈现公式化现象,各种叙事要素通过这种公式化的叙事获得意义,而圣徒个人却不具有个性化特点甚至不是活生生的人。虽然传者借用和重复之前圣徒传文本的叙事逻辑并在此过程中获得了意义,但却无法刻画传主人物的个性,结果导致圣徒传中充斥着笼统化的叙述并具有高度的互文性,借用之前圣徒传中的轶事或改编先知、使徒、耶稣的事迹,在极端的例子中甚至可以张冠李戴,这最终导致圣徒传步入了死胡同。

(2) 功用性

如上文所述,圣徒传作家只能在文本中叙述整个宣教共同体所认可的固定的事迹与模范行为,而取材于《圣经》或早期经典圣徒传中的事迹也确保了传主神圣性的毋庸置疑。因此,圣徒传沦为宣教的工具,立传的根本目的就是为了宣扬上帝的荣耀并向读者灌输基督教学说。著名传记理论家唐纳德·斯托弗(Donald A. Stauffer,1902－1952)对此认为:"圣徒传是宣扬道德的传记。如果无法达到教化作用就是失败之作;如果无法教导基督教善德并强化基督教信仰的话就是有缺憾的作品"(Stauffer,1930:4)。格林布拉特(Stephen Greenblatt,1943－)在对文化进行论述时也指出:"就构成某一个文化的信仰与实践的集合而言,它所起的作用是充当无处不在的控制技术,这是个人必须遵从的全部的模范"(Greenblatt,1980:11)。因此,圣徒传不仅要叙述传主的生平,更要让传主成为教徒普遍学习的模范典型,通过传记与受众的交际以言行事,达到劝导非基督徒和规范教徒行为的目的。

由于圣徒传极为注重宣教这一实际功用,它与其他传记体裁的显著区别在于它突出了文本的言后作用。这种体裁高度重视传记的教化作用,它不仅要表达言内意义,更重要的是要通过与读者的交际以言行事,促使读者产生一种认识或行动,实现宣教功能。正因为圣徒传作为宗教宣传工具具有明确的目的性,对读者所产生的宣教效果成为评估传记的主要标准,即它是否遵守并反映整个传教共同体中广为接受的传统与规范,并对受众起到良好的宣教作用;圣徒传如有淡化宣教功能之嫌则会受到规训,也定然不会被教会认为是成功之作。因此为了实现宣教目的,传者不仅要刻画出言行极为虔诚、极具典范作用的圣徒形象,而且要表现出传主的种种显灵以证明神性存在于传主体内,籍此表现出上帝对传主的眷顾。这也从本体论上证明了圣徒的存在,因为如果缺少这种神性,就不存在圣徒,而仅仅是品德高尚的凡夫俗子了。

圣徒传的主要作家都有意识地突出传记中的宣教功用。他们一方面注意到《圣经》的四部福音书和《使徒行传》描述圣徒的事迹所产生的巨大的宣教效果,另一方面也认识到广大受众的知识水平无法理解深奥的宗教经卷,而圣徒传通过生动的事例更容易为受众所接受。他们的观点代表了中世纪圣徒传创作的典型倾向,即强调通过描写圣徒生平中具体的事迹而不是通过抽象的讲道来实现宣教效果。例如,奥古斯丁在《论谎言》(*De Mendacio*,397)中指出,圣徒的事迹要比用深奥的语言布道更有利于阐述基督教的真谛(Augustine 471)。都尔主教格雷戈里(Gregory of Tours,538-594)认为阅读圣徒传能够激励人们为基督教事业做贡献。他在为20名高卢圣徒撰写的圣徒合传《教父列传》(*Lives of Fathers*,591)中阐明了自己的立传目的是"为了建立教会……圣徒传不仅揭示了他们的目的,而且激励受众去模仿他们"(Heffernan 4)。比德大人也在《英吉利教会史》(*Ecclesiastical History of England*)中阐明了自己的写作目的,即让细心的人听到善人善行后"深受感动而去效仿他们",听到恶人恶行后"避免那些对灵魂有害的东西而更加自觉地追求他知道是合天主意的善事"(比德,第18页)。此外他在该书中还阐明了自己在写作《圣卡斯布特传》(*Life of St. Cuthbert*,721)过程中的选材原则:在接受故事的同时,尽自己的能力去从可靠证人的可信证词中接受教诲。比德认为由于历史既可以叙述善举也可以叙述恶行,因此历史写作不应拘泥于客观中立的叙述,而应当发挥道德教化作用。

在宣教这一主旨作用下,中世纪的圣徒传充满了愚昧的叙述,它们宣扬迷信,致力于对大众进行洗脑并竭力使他们相信文中的叙述,因此圣徒传对于许多人来说不啻于迷信和编造的代名词。圣徒传的写作旨在教导虔诚的信徒模仿圣徒的崇高事迹,而其中所叙述的圣徒的种种行为又是为整个传教共同体所认可的典范行为。因此,圣徒传首先要遵守之前圣徒传文本中所宣扬的规范与价值体系(即互文性规范与价值体系),为此甚至可以违反传记的客观真实性原则。

(3) 客观性与互文性规范与价值体系

传记需要遵守历史真实性,注重将叙事与现实世界相对应。但在圣徒传中,圣徒本人的生活却要与之前模范圣徒的事迹保持一致,传者因此可以不必如实地叙述传主生平。例如,9 世纪意大利拉文纳(Ravenna)主教安格内勒斯直言不讳地承认,他在给自己的前任作传时,"为了不让系列里出现空档,我亲自创作了传记。灵感来自上帝的帮助和兄弟们的祷告"(转引自赵白生,第 54 页)。对此,著名历史学家爱德华·吉本(Edward Gibbon)称圣徒传"完全无视真相和种种可能性"。他认定这种现象的罪魁祸首是传者虔诚的信仰,并指出"在表现这些原始的烈士事迹时,这种对真相和种种可能性完全无视的原因是非常自然的错误"(Gibbon,1952:467)。

实际上,不仅圣徒传如此,中世纪乃至文艺复兴时期的历史和传记著作也很少遵守叙事客观性。朱迪丝·安德森(Judith Anderson)对托马斯·莫尔(Thomas More)研究发现,文艺复兴时期的历史著作中通常"历史服务于更高的真理"。她认为"对于 16 世纪初的大部分作家来说,历史不仅仅是严肃的事业,而且还具有道德功用,阐明基督教教义"(Anderson 77)。不仅如此,这种道德功用甚至高于历史真实性原则。比德也在《英吉利教会史》中坦言:"如果有读者发现我写的这本书中所记载的材料与事实有出入,我谦卑地请求他不要怪罪于我们,因为我们是怀着真挚的感情,为了教诲后代,努力把从普通传言中汇集起来的资料写进这本书的。这是历史的真正规律"(比德,第 21 页)。历史学家陈新通过对中世纪历史叙述的研究发现,"中世纪所认为的历史的真实不一定必须符合后世宣扬的历史的客观,唯一的要求是历史不应超越该时代的意义体系。这种意义体系的产生源于社会中主体之间的相互

认同,它是历史真实赖以存在的条件。"因此在中世纪的历史和所有的圣徒传中,历史的真实以信仰为依托,而当代社会的真实却以科学的客观性为依托。陈新认为"它们都是合理的,即合自己时代之理。只有当社会群体关于真实性的意识开始改变时,历史叙述在内容上才会改变"(陈新,第20—21页)。笔者认为,陈新所提到的"合时代之理"就是一个时代占主导地位的价值观与意识形态,它的具体表现采用了历史和传记等文本形式。因此,圣徒传的叙述必须合乎当时的价值体系,这就必须做到与宗教前文本中所宣扬的规范与价值体系相一致,例如《圣经》和教会认可的教父作品与圣徒传。这一点甚至比做到遵守客观真实性更重要。这就不难理解为什么圣徒传中充满与现实相违背的超自然的显灵之举却少有人质疑,反而有利于对圣徒的正面刻画,因为它们符合圣经中的《使徒行传》以及早期教父作品中的相应叙述。

因此,圣徒传之所以违背客观事实,是由传者、文本、受众、传主之间的权力关系决定的。如果一部圣徒传不符合当时传教共同体的价值体系,即便所叙述的均为事实,也无法得到读者的认同,而且很可能受到规训和惩罚。它不仅需要传记叙事文本与文本外部的客观世界相对应,即遵从传记的客观真实性,更要遵守叙事文本的互文性规范,即遵守互文性价值体系。正如斯托弗(Stauffer)所言,由于用拉丁语撰写的圣徒传的典范之作地位根深蒂固,因此"传记写作中的发展与修改都十分罕见",导致"中世纪英国传记相对比较固定、永恒、一成不变"(Stauffer,1930:3),最终在文艺复兴时期走到了尽头。人文主义思潮的兴起瓦解了以神性为中心的价值观,而神性的外在表征——预卜先知、神圣的奇迹、天使显灵等描写失去了人们的信任,亦被不满教会腐败现象而挑战教皇权威的新教学者斥为迷信[1]。

---

[1] 新教学者认为中世纪是愚昧黑暗、宣扬迷信的时代,对显灵的迷信正是其表现之一。英国新教传记的奠基人约翰·福克斯(John Foxe,1516-1587)称"无论是我们所在的时代还是未来,反对基督教的人都会通过耶稣门徒无法施行的显灵蛊惑人心"(Parish 48)。他认为中世纪的圣徒传中充斥着"天主教时代厚颜无耻、面目可憎的虚构",于是通过扬弃显灵描写对其加以改写(ibid. 65)。

第一章 十六世纪及之前

时代概述

17世纪以前,英国传记尚未进入全盛时期,不仅传记理论匮乏,传记作品也处于萌芽阶段。自第一部传记《圣哥伦巴传》以降,英国社会始终处于等级森严的封建时代,且囿于民智未开、古登堡时代尚未到来,传主无法扩大至普通大众。能够有幸为传所记者,不外乎宗教人物与帝王将相两类,因而当时的英国传记主要沿宗教人物传记和政治人物传记两条主线发展。另一方面,传记与历史的界限十分模糊,因而导致传记成为个人生平的历史。无论是宗教传记还是世俗传记,传者的眼光始终局限于人物的外部行为,围绕个人的历史事件与成就展开叙述。宗教传记以叙述传主的种种显灵之举为己任,以至于张冠李戴之举常有发生;世俗传记则热衷于描述传主的丰功伟绩,甚至名为立传实为写史①。传记沦为"宗教的奴仆"和"历史的女佣"(Stauffer,1930:233)。

虽然采用史家笔法,传记却未能如现代传记一样恪守客观真实性。它并非遵循兴起于启蒙时代的科学理性主义,而是服膺于当时的价值体系,以伦理道德教化为己任。宗教传记强调传教共同体的集体凝聚力,叙述重点必须与教义和价值体系保持高度一致;即便叙述中充斥大量违背现实生活常识的显灵,传者亦不可越雷池一步,读者也不得对此表示怀疑,以此服务于对信徒的宣教。世俗传记同样要进行道德说教,它们或是将君主塑造得英明伟大以便让臣民顶礼膜拜,或是宣扬命运无常,以此为鉴警告位高权重者莫肆意妄为。

文艺复兴之后,古典希腊罗马异质文化的引入和人文主义对人的重视引发了英国传记的"范式转移"(paradigm shift)。人们对"大写的人"产生了浓厚的兴趣。传记开始逐渐摆脱历史学科,向文学方向迈进。就宗教传记而言,民族意识的觉醒与亨利八世推行的宗教改革使英国由天主教变为新教国家,宗教传记因而发生深刻变化。在英国国

---

① 例如,《阿尔弗雷德大王传》中充斥了大量无关的历史描写,实际成为传主在位时期的编年史。

教看来,中世纪圣徒传中大量描写迷信、魔法、偶像崇拜,与基督教背道而驰。因此,对传主虔诚品质的描写取代了显灵故事。这不仅更利于读者模仿,而且使传主从神变回了人,传记也从此前的类罗曼司转变为一部"值得纪念的人的历史"①(Clifford 7)。世俗传记同样受到巨大冲击,由注重外在的历史事件转向对人物性格的刻画。古罗马史学家塔西陀(Cornelius Tacitus,55? – 117)、古罗马传记家苏维托尼乌斯(Suetonius,69? – 140?)、意大利史学家、政治家马基雅维利(Niccolò Machiavelli,1469 – 1527)等人的思想引导传者在传记中揭露人性的阴险丑恶,普鲁塔克(Plutarch,46? – 120)则鼓励传者塑造完美的传主形象。尽管他们风格不同,但都致力于通过挖掘人物性格解释人物的行为与动机,重视轶事对刻画人物性格的作用。

总之,尽管在16世纪发生了传记的革新,17世纪之前的英国传记依然处于早期发展阶段,不仅未能从历史学科中独立,而且宗教传记依然是第一大传记体裁②,传记沦为了宣教工具。

第一节
圣比德

(St. Bede the Venerable, 673? – 735)

正如上文所述,整个欧洲的圣徒传具有高度的规范性和严格的传统。在英国,盎格鲁—萨克逊时期的圣徒传也不例外,它们必须严格遵循圣徒传的叙事规范和传统,宣扬基督教价值体系。因而千篇一律,缺乏独创性;风格古板,缺乏创新;人物塑造也趋向于模板化。因为主人

---

① 语出自培根对传记的定义。
② 普利查德研究发现,即使到17世纪,宗教传记依然是"最广泛采用的传记体裁"(Pritchard 30)。

公作为虔诚信徒的代表必须具有足够的神性,这样现代传记在塑造人物时所注重的表现人物个性的轶事便被排除,而是注重一套固定的公式化的规范。圣徒传成了教会宣教的工具,致力于向读者宣传教义,倡导他们一切听从上帝的旨意,遵照神意;并且弃绝一切尘世的欲望,隐世修行。但另一方面,由于英国具体的历史语境和各传记作家的具体特点,各部圣徒传文本还是不可避免地呈现出个性。以圣·比德、阿达姆南(Adamnan, 625 – 704)、伊德莫(Eadmer, 1060 – 1124)、亚当(Adam of Eynsham, 1155 – 1233)为代表的圣徒传作家能够部分地打破规范性和传统的束缚,在某些章节中展现出圣徒人性化的一面,这就是优秀的圣徒传家与平庸的圣徒传家之间的区别。

比德是圣徒传作家中的杰出代表,被誉为"比德大人"(Venerable Bede)、英国圣徒传之父(Loomis 416)。作为英国最著名的圣徒传作家之一,比德从历史和文学两个角度对当时的圣徒事迹进行了描写,这两方面的代表作分别为《英吉利教会史》(*Ecclesiastical History of England*, 731)和《圣卡斯布特传》(*Life of St. Cuthbert*, 747 – 479)。在历史文本中,比德着力于展现历史事件,而人物的生平则发挥辅助作用,其史实性较强;而在文学文本中,比德则注重对人物进行刻画,叙述生动,更侧重于传记的文学性。

立 传 原 则

正因为比德具有圣徒传作家和历史学家的双重身份,因此他清醒地认识到客观真实性的重要,在著作中倡导忠于事实。但是当比德的两种身份在传记写作中发生冲突时,他虽然不得不遵循圣徒传的传统和规范,但已经能意识到其中的不合理性,这是他不同于其他圣徒传记作家之处。在比德看来,传记仍然属于历史学科的范畴,传记偏重于记录事件,它与历史的区别在于传记只是围绕某个传主叙述整个历史中的局部,而历史就是由无数彼此相互关联的传记所构成的,即局部之和的叠加等于整体。但是传记在叙述方面与历史的不同之处在于传记具有高度的结构性和统一性。比德在《圣卡斯布特传》中开宗明义地阐释了这一点:"你们提供了其他许多关于这位伟人的生平及美德方面的事实,这些与我所采用的事实同样重要,但是我经过深思熟虑后认为,在一部完美的作品中加入新的材料是不合适的"(Bede,1843:4)。由此可见,比德认为,一旦将传记的叙述模式构建完毕,即便后来出现了同样重要的新材料,也不宜再加入其中,否则会干扰传记的结构性和统一性。而这种结构性和统一性就是筛除不相关的历史事实,以服务于刻画理想圣徒形象并实现宣教效果的目的。

在上述原则指导下,比德十分重视传记中的客观真实性。他在《圣卡斯布特传》中指出:"我在描写如此伟大的人物时都要对[他一生中的]事件进行最严密的调查,并在对值得信任的证人进行仔细考察之后才最终在我的作品里广泛引用……我在羊皮纸上小心翼翼地对真相进行平实、可靠地叙述。正如我所确定的那样,我采用了简单的语言以实现清楚的表达,并消除所有晦涩之处"(Bede,1843:3-4)。这一论断充分表现出比德严谨的立传态度。

但是,圣徒传中存在大量宣扬迷信的圣徒显灵描写,这与比德所奉行的客观真实性原则相矛盾。从《圣卡斯布特传》中可以看出,尽管比德对这些显灵之举深表怀疑,但面对圣徒传强大的规范性却不敢越雷池一步,不得不在传记写作中遵循这一传统。于是他一方面采用了折衷的处理方式,删除过于离奇的事迹,将超自然的现象作为巧合情况处理;另一方面他在叙述圣徒显灵的同时也对其真实性持保留态度。例如,在叙述卡斯布特按照天使的教导治愈了膝盖上的肿块时,比德指出:"如果有人觉得天使出现在马背上这是不可思议的话,请去阅读《马加伯书》中的历史,其中提到天使坐在马背上保卫马加伯人犹达斯和上帝神殿"(Ibid. 10)。而在叙述传主显灵扑灭了恶魔之火时,他指出:"但是我,以及像我意识到我们自身的弱小的人,面对实实在在的火焰是无能为力的"(Ibid. 30)。他在叙述传主如何将飞鸟和野兽掌控自如时称:"我们中的绝大多数人都已经失去了对神灵的驾驭能力,因为我们忽视了对上帝训导的遵守"(Ibid. 41)。这充分表明比德一方面作为学者注重叙述的历史真实性,但他同时作为一名虔诚的教士又不得不遵守规范,在传记中利用显灵之举达到宣教目的。

通过对比比德的历史著作《英吉利教会史》,不难发现比德在摆脱了圣徒传严厉的规范性之后,在写作中清除了他所怀疑的圣徒显灵描写,表现出作为一名历史学家严谨负责的态度。例如,比德在这部历史作品中同样叙述了卡斯布特的生平,但是却几乎删除了他的传记中所有显灵之举,只保留了其中的少数几个。由此可见,比德的历史写作与传记写作的区别更多体现在文本与社会规范之间的关系以及比德的视角,而并非比德所使用的材料。

主要传记作品

《圣卡斯布特传》是比德圣徒传中的代表作。传主所在的时期恰逢基督教会在英国的扩张时期,大批像卡斯布特一样的传教士活跃在英国大地。在这部传记中,传主从懵懂的童年受到神谕开始直到死后发生神迹为止,都表现出一个典范的基督徒的虔诚与神圣,而各个相对独立的显灵故事正阐明了这一点。这个整体叙事模式就是比德事先拟定的视角,比德以此对传主生平进行选材,表达了自己对传主的敬重之情,并利用传主的生平实施教化功用,满足宣教需要。这部传记共有韵文和散文两个版本,分别写于 707 和 721 年。在散文版的前言中,比德就称他在韵文版的前言中曾承诺改日将更加全面地描写卡斯布特的生平与奇迹,这部散文版正是他对之前承诺的履行。鉴于散文版对传主的生平刻画地更加详细,本书所涉及的《圣卡斯布特传》除明确说明之外均指其散文版。散文版《圣卡斯布特传》生动刻画了传主的丰满形象,对后世产生了深远的影响,对圣徒卡斯布特的崇拜在整个中世纪都十分盛行,甚至一直延续到今天。佛雷认为这更多地归功于比德具有"高超的叙事天赋、深厚的神学功底,并且能将大格列高利理想的神性描绘得十分吸引人"(Foley 115)。

比德在组织这部传记的叙事时,并没有对传主的整个生平进行再现,而是按照时间的顺序选取某些情节组成一个松散的整体,而这些情节中既有超现实的奇迹描写也有现实主义的描写。作为一部著名的圣徒传,《圣卡斯布特传》在文本中虽然必须严格遵守规范和传统的要求体现出圣徒传记的共性,但是在具体的叙事中还是呈现出与众不同的个性。这种共性主要体现在作者在写作中对圣徒传记的经典范本大格列高利的

《对话》的模仿,其个性则体现在盎格鲁—萨克逊时代的英国语境在其文本中所留下的烙印以及传者在部分章节中对传主人性的刻画。

(1)《圣卡斯布特传》对前文本的模仿

在《圣卡斯布特传》第 14 章中,比德便承认自己模仿了《对话》。他明确指出,卡斯布特在扑灭恶魔所产生的火焰与真实的火灾时所引发的奇迹,分别与圣本笃(St. Benedict)和圣马尔塞林努斯(St. Marcellinus)所产生的奇迹相似,而这两位圣徒正是大格列高利在《对话》中刻画的重要圣徒形象。在这部写于 593 年的四卷本著作中,大格列高利记录了意大利圣徒的生平与奇迹,并力图证明灵魂不朽。这部圣徒传记写成之后,在中世纪成为圣徒传记的范本和经典,并且与《牧灵指南》一同成为整个中世纪流传最广、评价最高的两部作品。比德在写作《圣卡斯布特传》过程中深受这部著作的影响,他对传主的塑造很大程度上仿造了《对话》中的本笃形象;因为《对话》作为中世纪圣徒传记的典范具有极高的声誉和权威,不容怀疑,所以比德通过模仿使《圣卡斯布特传》同样具有了权威性、令人信服。

比德在这部传记中对《对话》的模仿主要体现在占文本重要篇幅的奇迹描写方面。在圣徒传中,奇迹是构建圣徒神性必不可少的组成部分,有利于教会宣教和异教徒皈依。因此,奇迹在圣徒传中频繁出现。在《圣卡斯布特传》中总共出现了 38 种奇迹,而《对话》一文中则出现了 119 种奇迹。除了上文所述的扑灭火灾的奇迹之外,卡斯布特还拥有其他驾驭自然的能力,他能获得上天的恩赐、将一种物质变成另一种物质,他还具有预言和远视能力,肉身不朽,在布道过程中治愈了许多人的疾病和痛苦。这些奇迹都极大地模仿了《对话》中本笃等圣徒所引发的奇迹,沿袭了经典圣徒传的传统。

在驾驭自然方面,本笃在修筑修道院时,通过祈祷来搬运巨石;而卡斯布特在前往荒岛法恩之后,在修建住所时竟然能搬动四个男子都难以搬动的巨石。本笃在山顶为修道院打了一口井,虽然当地的自然条件十分恶劣,但是他挖好井之后就冒出了泉水;卡斯布特则在一块干涸的岩石地上挖了一口井,第二天井里就出现了足够的淡水。《对话》

中对另一位圣徒马克西米安(St. Maximianus)也有类似的奇迹描述：他乘坐的船已经进满了水，但是却依然航行了7天并成功到达港口，而他刚刚踏上地面船就沉没了；卡斯布特同样能够驾驭水，他在法恩岛上修建住所时曾请求其教友在拜访他时带一根房梁，但是教友却将此事遗忘，结果海水将一根木头冲到岸上，而且木头的长度恰好合适。此外，圣徒还能够驾驭动物。本笃曾经让乌鸦听命于自己，大格列高利笔下的另一位圣徒博尼法丘斯(St. Bonifacius)也赶走了花园里的害虫；而卡斯布特则通过教诲让一对乌鸦认识到自己的错误，还赶走了祸害大麦田的鸟儿。

在《对话》中，圣徒常常凭借对上帝的虔诚而获得上天的恩赐，并且能够神奇地改变物质。本笃就曾经获得两百蒲式耳的小麦，还曾经神奇地获得一大笔钱；而卡斯布特在布道过程中先后三次获得上天恩赐的食物，摆脱了窘迫的境地。《对话》中的圣徒桑克特拉斯将水变成了油；而被卡斯布特嘴唇碰过的水变成了最上等的美酒。

未卜先知的能力是圣徒所展现的一种重要奇迹，这一传统可以追溯到基督教终极文本《圣经》。例如在《以赛亚书》中，先知以赛亚预见到150年之后的事情。他预见到耶稣将由童贞女生于伯利恒，并预言耶稣将会被人以30块银钱叛卖。受此传统影响，卡斯布特和本笃都被刻画为拥有未卜先知的能力，并且都成功地预言了自己去世的时间。此外，本笃为国王托提拉(Totila)预言了未来，而卡斯布特也同样预言了国王埃格弗里德(Egfrid)的命运。他不仅预言到后者战死，而且甚至神奇地看到了他战死的那一幕。

在《圣卡斯布特传》中，出现频率最高的奇迹莫过于传主治病救人的神奇力量，对这一类奇迹的描写在文中总共出现了38处。在当时，无论是人类心理还是生理上的疾病都被视为恶灵力量的作用。因此，传主通过驱散邪灵就可以治愈他们的疾病。对这些奇迹的叙述不外乎是通过祈祷、祝福、触摸病人来达到治愈效果，这一点与大格列高利的叙述是基本一致的。教士华斯托德(Walstod)患有严重的痢疾，他扶着卡斯布特进入祈祷室之后立刻就痊愈了。同样，《对话》中的阿邦迪奥斯(Abundius)也是通过触摸病人治好了一位少女的瘫痪。本笃则以同样的方式给中毒病人解了毒,还治愈了患有麻风病的男孩。传主不仅身体蕴含着神力,还可以将神力传递到其他物体上。例如卡斯布特逝世后,为他洗身体的水被倒在了地上,那片土便产生了神力,治愈了一位被恶魔缠身的疯小孩。一位身患重病的信徒跪在他墓前祈祷,便神奇地治愈了病痛。一位教士甚至住在卡斯布特以前的住所便治愈了脸部肿胀。卡斯布特的腰带、鞋子同样治愈了种种疾病。在《对话》中,一位疯女人无意中闯入本笃居住的洞穴,便治愈了疯癫。而圣霍诺拉图斯的袜子甚至使一位男孩起死回生。

(2)盎格鲁—萨克逊时代的英国语境在《圣卡斯布特传》中留下的烙印

通过上述分析可以看出,《圣卡斯布特传》很大程度上沿袭了经典圣徒传文本中对传主神性的构建,但是该文本也具有其独特性,最明显的地方就是突出了传主的治愈奇迹。这种文本的个性体现出盎格鲁—萨克逊时代的英国语境所留下的烙印,体现了比德对文本宣教效果的重视。

《圣卡斯布特传》之前的经典圣徒传主要诞生于意大利,比德为了实现更好的宣教效果,在叙事文本中加入了浓厚的英国本地色彩。例如,由于英国是海岛国家,当地人对于海洋更为关心,因此《圣卡斯布特传》中的奇迹与海洋联系更为紧密。如上文所述,在《对话》中,传者描写了圣弗洛伦丁(St. Florentinus)让生活在山地的熊听命于他,而到了比德的笔下,则变为卡斯布特让生活在海中的两头海獭为他暖脚。此外,当传主在困境中通过虔诚获得上天恩赐的礼物时,食物中往往以鱼肉为主。而当暴风雨妨碍了渔民捕鱼时,传主则为他们准确预言暴风雨平息的时间。当几位教士违反了他的告诫并因此被风暴困在海岛上时,传主规诫了这几位教士并平息了风暴。传主还直接通过祷告平息了暴风,拯救了船上濒临绝境的修女。

比德在传记中大力突出的治愈魔法更是体现出当地历史语境对传记的影响。卡斯布特在布道时表现出了高超的治疗神力,解除了人们的病痛。这种类型的奇迹更容易为当地日耳曼部落所接受,因为这实际上与当地人神话传说中的治疗魔法(白魔法)相吻合。当地的魔法元素常常被巧妙地更换为基督教的元素,甚至当地人原先的信仰也得到了新解。因为基督教某些教义可能难以为当地人所理解、所响应,但是神奇的治愈奇迹却可以极大地吸引异教徒皈依基督教,甚至可以像神话传说那样在当地人之间口口相传。此外,由于当地日耳曼人的文化编码体系中普遍接受了恶魔、邪灵、精灵、侏儒等元素,而这些元素又是基督教传入之前的信仰体系中的重要要素,因此如果将这些神话中对抗恶魔的斗争元叙事进行基督教化,就可以达到传教的效果。在此过程中,十字架、圣水、圣徒以及所有基督教经典文本中所突出的文化符号都可以加入到这套文化编码体系中。这样,教士在布道过程中便更容易获得当地人的理解和信任,而且这种成效往往立竿见影。

如此借用当地文化传统进行布道的方式就是大格列高利所倡导的诱导异教徒皈依策略。比德在《英吉利教会史》中对该策略进行了论述:"决不能摧毁这个种族偶像崇拜的神殿,而是只摧毁里面的偶像。将圣水播撒在这些神殿中,然后在里面修建神坛并放置圣物。因为如果庙宇修建得很好的话,它们就应当从祭祀魔鬼改为祭祀上帝,这样做十分关键。当这个民族发现他们的神殿并没有受到摧毁时,他们就能够从心中改正错误,而且更愿意前往他们所熟悉的场所,现在他们就会承认并祭祀上帝了。"(Bede,1969:107)通过占用当地人所熟悉的文化编码系统中的一系列符号来传播基督教,这在一定程度上实现了基督教的本地化。

此外,这种做法也是由基督教当时在英国的发展状况所决定的。虽然基督教在1世纪后期随罗马军传入英国,但直到5世纪之后才在英国取得较大发展,到597年教皇才派奥古斯丁在英国正式成立教会,而公元7、8世纪正是比德撰写圣徒传的时期。鉴于基督教在英国尚未根深蒂固,因此需要采用一定的策略来进行宣教,教会在英国发展时甚至还借助了王权的力量。比德在历史著作《英吉利教会史》中着力刻画了皈依基督教的国王奥斯瓦尔德的圣徒形象,这些都反映出当时的特定语境对文本的影响。

虽然比德为了强化宣教效果,在圣徒传中加入了本地化色彩,使历史语境对这部文本的叙述产生了较大影响,但是如果与传统的圣徒传记规范相比较,就会发现后者的影响是决定性的。比德反对采用从当地神话转换过来的、过分发挥想象力的奇迹,同时在刻画人物上还是倾向于沿袭罗马教会传统。这些都体现在传者对材料的选取上,即他在重现传主生平时所遵循的标准。由于我们并不了解"真实的"传主,因此可将比德的《圣卡斯布特传》与在相似语境下写成的另一部同名传记进行对比,从而揭示出比德在筛选材料时所遵循的标准。

(3) 传记中历史真实性与规范性之间的折衷

在比德撰写《圣卡斯布特传》的 7 年之前,卡斯布特身边的一位无名僧侣就写过同名传记,比德在写作自己的《圣卡斯布特传》时也将这一文本作为材料参考,但是比德并没有完全采用手头现成的材料,而是对此进行了取舍。这种取舍的标准实际上是一种意义的在场,服务于其文本的叙事原则。在无名僧侣的传记中,传者受到英国当地语境的影响更大。传者对传主形象即神性的塑造实际上仿造了当地部落中的魔法师形象。在他的叙述中充满了超现实主义的描写,想象的成份过大。卡斯布特被描绘为法力无边,而种种奇迹正是他魔力的表现。同时,他本人不会受到任何病痛的侵扰,也不会感受到任何痛苦。传者一味突出传主创造奇迹的本领,而这样的圣徒的神性显然是片面、肤浅的,明显带有夸张成份而丧失了真实性,同时与信徒产生了距离,不利于宣传本笃所倡导的基督教教士恪守清规、潜心苦修的原则。

比德作为一位历史学家兼传记作家,对人物的刻画更为谨慎。他并没有通过增加细节来对前人的这部传记进行补充,而是重写了一部传记。在撰写传记时,比德删除了夸张的奇迹,突出了传主因受到恶魔攻击而忍受的巨大苦难,甚至还加入了传主遭受普通人和教友辱骂的篇幅。有学者认为,比德发现英国当地的奇迹带有过多的原始色彩和过于夸张的想象力,于是选择了将它们排除于文本外。他在某些奇迹中削弱了夸张的成分,经常将神奇的元素降低为一种巧合或多种因素共同产生的独特效果(Loomis 418)。以之前文本中的一个奇迹为例。一位当地的年轻公主诬陷卡斯布特是导致她怀孕的犯人,而卡斯布特在国王面前否认了指控并祈祷真正的犯人现身。于是,大地将真正的犯人吞食。这个故事带有过多的当地神话色彩,因此被比德舍去。由此可见,比德的传记手法除了使文本更具现实性、更突出传主的人性之外,还将重点从传主显灵的神奇转变为突出其中的道德意义,比德以此将传记塑造为利用传主的生平展开布道活动,并在其中加入自己的阐释,由此便突出了传记的教化作用。

比德的文本还加入了传主受到教友和普通人辱骂的描述。例如,当 5 艘载有修女的船遇到暴风而濒临绝境时,岸边观看的村民却幸灾乐祸,认为这些修女深陷险境是因为她们放弃了正常的生活而选择了修道。而当卡斯布特劝导他们悔改时,他们却声称教士们改变了他们原有的仪式和风俗。在另一个例子中,卡斯布特在强化教堂规章制度的执行时甚至受到教会内部的反对,以至受到了辱骂。所有这些都表明比德的文本更贴近事实,笔调也更为厚重。

尽管两个文本都突出了治愈奇迹,也正是这种奇迹导致卡斯布特的传说广为流传,但这两部同名传记也有着最显著的区别:比德的版本突出了传主因受到恶魔攻击而忍受的巨大苦难,而无名僧侣的版本则将传主刻画为运用高强的神力降妖除魔、自己毫发无伤的法师形象。显然前者更贴近现实,而后者的描写更像一部浪漫传奇。比德对传主的苦难描述主要体现在自身的病痛、临终前所受的痛苦上。如卡斯布特在青年时就受到了瘟疫的折磨,他的脚也因为常年步行去布道而长满老茧,而这些在无名僧侣的版本中都没有提到。卡斯布特在临终前所受的巨大痛苦在无名僧侣的版本中只是一带而过,而比德却以 20 倍左右的篇幅对此详细叙述。他以感人肺腑的笔触讲述了传主如何凭借洋葱来战胜饥渴、忍受巨大的病痛,教友如何被暴风雨所阻拦而无法来到传主身边,以及传主最后的去世。比德甚至对其他教士所患的各种慢性病进行了描写,在他的叙述中,当时很多著名的圣徒都遭受了病痛的折磨,而且他们都没有得到奇迹的治愈而去世。其中的一个典型就是圣赫伯特(St. Hereberht),他长期受病痛所折磨,虽然他的功绩不如卡斯布特,但是他长期对病痛的忍受弥补了这一点,最终在同一个小时与卡斯布特一同去世。

很明显,比德在他的文本中强调了苦难对于教士修行的意义,他在

文中直接援引《圣经》中的原话来阐明这一点。例如当他写到传主长期忍受病痛折磨时,他称卡斯布特的力量在痛苦时通过软弱而显得完美(《圣经·哥林多后书》,12:9)。比德在这一点上明显遵循了基督教的正统教义,即人生来即带有骄傲自大的原罪,通过忍受巨大的苦难,可以帮助教徒修行,克服人类的骄傲自大。《圣经·希伯来书》中"因为主所爱的,他必管教,又鞭打凡所收纳的儿子"正体现了这一点(Ibid., 12:6)。通过对比相似语境中所产生的这两部同名文本,可以很清楚地看出两位传者在构建神圣性时的差异。无名僧侣明显利用夸张的奇迹来塑造、验证传主的神性,从而吸引教徒并产生宣教效果。而比德作为一个历史学家兼传记作家更强调史料的真实性,尽管圣徒传不得不采用迷信的奇迹来吸引圣徒,但他总是设法将其变得更加真实、可信,因而舍去了明显不合常理的奇迹。比德在刻画传主的神性时除了采用奇迹来加以验证之外,还描述了其在各种苦难面前无所畏惧、英勇斗争的品质,这便使传主的形象更为丰满、真实。在比德的笔下,卡斯布特实际上被塑造为耶稣式的人物,他不仅治病救人、展现了种种奇迹,而且在临终前敢于直面巨大的痛苦,死后肉身不腐。

评 价

比德的立传原则是由其叙事的最终目的所决定的。比德认为叙事只是一种手段,最终服务于叙事的教育意义。这样,比德眼中的传记事实就是按照宣教目的而挑选出的史实材料。由此可以看出,比德的这部《圣卡斯布特传》的叙述完全是按照布道需要确定的。不仅文本中选取材料的标准与叙事的目的始终保持一致,而且在文本之外也严格遵守当时基督教圣徒传的写作规范。它在宏观文本层面上更加平衡地配置了文本力量,从奇迹和苦难两方面同时塑造传主的神性。因此,尽管文中不可避免地留下了当地语境的烙印,但是无论是对奇迹的描写还是对苦难的叙述都受到圣徒传记规范的影响,并通过仿照经典圣徒传记文本中程式化的叙事逻辑,而使自身获取权威性和可信度。比德通过沿袭这种结构主义式的叙事语法,使得文本更有利于宣扬基督教正统教义并最终也充当了圣徒传记规范中的组成部分,成为经典的圣徒传记文本。

第二节
托马斯·莫尔

(Thomas More, 1478 – 1535)

托马斯·莫尔是英国 15—16 世纪著名的人文主义作家。他以空想社会主义作品《乌托邦》(*Utopia*, 1576)闻名世界。他所撰写的《国王理查三世的历史》(*The History of King Richard III*, 1513 - 1518)虽不如《乌托邦》有名,但其独特之处在于将多种文类要素融为一体,因此自问世便引起了人们的广泛关注。作为一部政治史和传记,该书具有极强的文学性,并因而成为莎士比亚创作著名历史剧《理查三世》时所采用的主要素材。该文本横跨传记、历史和戏剧等多种文类,"一方面将历史写作与传记写作的规范结合起来,另一方面将戏剧与辩论的规范结合起来"(Lakowski 69)。准确地说,该文本并不是一部关于理查三世一生的历史,而是将范围限定在他成功篡位的整个过程。它不同于普通历史著作的最显著之处在于它通过多种方式成功再现了理查三世的暴君形象,人物性格跃然纸上。加拿大文艺复兴研究专家拉科夫斯基认为该文本是一部"人物性格分析的巨著"(Ibid. 39),这正是传记文本区别于历史文本的最显著特征。

在莫尔写作之时,传记尚未成为独立的学科,人们普遍将其视为历史学科的分支。弗朗西斯·培根在《学习的提高》一文中对历史进行了著名的划分,并指出传记是描写人物的历史。而首先使用"传记"(biography)一词的约翰·德莱顿(John Dryden, 1631 - 1700)也将传记视为历史的一个分支。但是在罗马古典传记的影响下,文艺复兴时期的英国传记呈现出不同于之前传统的特点,即传记不再以叙述历史事件和人物成就为主,而是对人本身产生了浓厚的兴趣。传记开始注重通过轶事和细节刻画人物性格;人物形象也不再像以往一样局限于

23

光辉伟大的人物,传记作家开始模仿塔西陀和苏维托尼乌斯等古典作家,揭露人物种种伪装下隐藏的阴险狡诈的本质,即采用"阴谋论视角"将邪恶的宫廷政治解读为"'个人在嫉妒、恶毒、恐惧的驱使下通过派系斗争追求个人利益,'并且为'阴险、嗜血、偏执、腐败'的人所主导"(Shuger 207)。

根据近现代传记理论,传记并非仅仅讲述传主的生平历史,其言行只是传主人物性格的外在表现,因此要将重点放在塑造人物性格上。英国著名传记作家锡德尼·李(Sidney Lee)认为传记的主要任务是刻画人物性格。詹姆斯·约翰斯顿(James Johnston)在《传记:性格的文学》(*Biography: The Literature of Personality*,1927)一书的前言中也提出传记基本上就是书写性格的文学,他认为"该要素使其区别于其他所有表现形式,因为在其他任何一种文学形式中,性格都不是完全具有决定作用的因素"(Johnston xi)。沃尔多·H·邓恩(Waldo H. Dunn)在《英国传记》(*English Biography*,1916)一书中则指出"理想的传记将表现出传主的外部生平,生动地刻画其性格,并展现其心理的发展"(Dunn xiv)。如果说历史文本和传记文本都要对传主的事迹和生平进行叙述,那么对人物性格的刻画无疑是传记独立于历史学科的本质属性。由此可见,尽管当时人们并没有认识到传记的这一本质属性,但莫尔在写作时通过出色地刻画传主的性格,使其具有了现代传记文学的特征。在该文本中,莫尔不惜违反尊重史实这一基本的史学原则,创造性地塑造了传主阴险狡诈的性格,以服务于道德教化的根本目的。

《国王理查三世的历史》[①]

莫尔在这部史传中通过叙述理查三世的篡位过程,刻画了传主的暴君形象,并以此实施道德教化功用。首先,他成功地抓住了传主复杂性格中最突出的核心要素,即虚伪的人物性格,以此说明人物行动的因果关系,揭示人物行为的奥秘,并以此证明种种有关传主传言的可靠

---

① 以下简称《理查三世史》。

性。莫尔不仅运用种种历史事实、传言、推断构建传主与其他主要人物之间的二元对立,以此突出传主的暴君形象;同时还借助神话和象征等文化符号,揭示出种种表面现象背后的传主本质。通过对理查三世性格栩栩如生的塑造,莫尔实施了史传的道德教化功能。朱迪斯·安德逊经研究发现,"这种治史方法在他的时代十分常见,即书面历史要服务于更高的真理。对于16世纪初的大部分作家而言,历史不仅仅是一项严肃的事业,而且还具有道德教化和宣扬基督教的功用"(Anderson 77)。因此,传者对传主的刻画服务于此项功能,甚至不惜为此违反史实记载和刻画女性形象的惯例。

在文本中,莫尔向读者展现出传主是如何通过幕后指挥一步步实现其篡位的计划,通过对人物性格的刻画来解释人物所作所为背后的动机,并阐释相关历史事件。在此过程中,莫尔除了揭示传主虚伪的性格之外也对其他人物进行了细致入微的刻画,这似乎有些喧宾夺主。同时文本中对理查的正面描写并不多,作者将大量篇幅用于描写伊丽莎白王后、肖尔以及爱德华四世等人物,其意图何在?作者实际上是通过刻意"美化"爱德华四世等人物,以创造"绝对"的善,从而在主要人物与传主的互动中界定出传主"绝对"的邪恶本质,同时也总是通过其他人物的行动及后果将传主阴险狡诈的性格展现于读者眼前。这种构建二元对立的手法成功地塑造了传主的暴君形象,本部分将对各次要人物进行分析,以研究作者采用二元对立手法对刻画传主人物性格所产生的作用。

这部传记首先以大量篇幅向读者交代了传主的哥哥爱德华四世的执政状况,同时向读者展现其人物肖像。莫尔将理查与爱德华进行了鲜明的对比。他使用了大量诸如爱戴、喜欢、温文尔雅等词汇形容国王及其与国民之间的关系。因此在莫尔笔下,爱德华四世是一位受人民拥戴、给人民带来和平的明君。在他统治后期,"国家安定繁荣:不惧怕任何外敌,目前既没有战争也没有爆发战争的可能。人民对陛下并不是惧怕,而是心甘情愿地爱戴、服从"(More 5-7)。最能突出爱德华四世性格的外部特征莫过于对他的肖像描写:"他外貌英俊,仪态高贵,勇敢,谨慎;身处逆境时毫不畏惧,身处顺境时则快乐却不骄傲;在和平时

公正仁慈,在战争中敏锐勇猛;在战场中果敢顽强,但仍不失谨慎"(Ibid. 5)。作者随后便展现了传主的人物肖像,与爱德华四世形成了鲜明的对照。传记不仅描述了传主的外貌,而且揭示了他的性情和心理:"五短身材,四肢畸形,驼背,左肩比右肩高出一大截,外貌丑陋……他恶毒、暴躁、妒忌心强,而且在出生之前就性格乖张……他吝啬、城府很深,是一个伪君子:外貌丑陋,内心孤傲;对内心憎恶的人装出友好姿态,愿意亲吻他打算干掉的人;他冷酷无情……朋友和敌人之间没有什么区别:当他的野心与日俱增时,他不惜除掉任何一个阻碍其目的的人"(Ibid. 9-12)。通过这一性格描写,莫尔证实了传主参与谋害他哥哥克拉伦斯的可靠性。虽然莫尔明确告诉读者这仅仅是传言,但是叙事者背后的叙事声音却告诉读者这是真实可信的,因为根据他的性格描写,理查不惜除掉任何一个阻碍其目的的人。因此理查如若要继承王兄爱德华的王位,就必须除掉兄长克拉伦斯。莫尔通过揭示传主的人物性格,证明了传主弑兄的犯罪动机(继承王位)和犯罪能力(心狠手辣)。另一方面,两人的行为也明显体现了他们鲜明的性格对比。在爱德华四世临终前,他召集了相互对立的王族与外戚两派敦促双方团结一致,维护安定和谐的局面。而理查却认为两派的矛盾有利于实现自己篡位的目的,因此不遗余力地进行挑唆,在两派间制造矛盾并使矛盾激化,以最大限度地从中牟利。实际上,莫尔对爱德华四世的描写是有悖史实的。在爱德华四世在位后期,英国与苏格兰断断续续发生过战争,他甚至计划再度攻打法国。莫尔在此为爱德华的统治粉饰太平,不惜违背史实,就是为了构建爱德华四世与理查之间的善恶二元对立。

除了爱德华四世以外,作者还着力书写了两位女性形象,即王后伊丽莎白与爱德华四世的小妾肖尔。虽然作者在描绘这两位女性人物形象时仍未能跳出传统的"圣母与荡妇"偏见,但他却颠覆了传统的男权等级秩序,在文中赋予女性话语权,这一做法十分独特。莫尔将王后塑造为一位机智善辩的女性,她通过有说服力的雄辩揭示了理查诡辩的荒诞本质。在她与理查针锋相对的斗争中,她作为女性从边缘走向中心,并具有对自我进行言说的权力。帕特里夏·帕克(Patricia Parker)针对文艺复兴时期性别意识形态中有关女性学习辩术的问题展开了探讨,他发现在中世纪乃至当时众多教授辩术的手册中都禁止女性学习辩术。当时社会崇尚让女性将兴趣放在道德而不是辩术上;即使有人提倡让女性接受教育,他们也反对其学习辩术。因为从亚里斯多德以降,女性"不仅要保持沉默,而且要与家庭财产和私人空间相联系"(Parker 104)。帕克由此认为在控制辩术发展的需要和当前社会控制的需要之间存在一种密切的联系,它受到意识形态的推动;这体现出对妇女掌握公共语言乃至公共空间的焦虑。莫尔作为一名男性作家,故意打破男权社会的潜规则,正是为了刻画传主的人物性格。当外戚一派都被理查以阴谋手段囚禁、处决之后,能够与其针锋相对的人物只有王后一人。而人物的言行无疑是展示人物性格的有利证据,作者通过王后引出理查的言论,再通过王后之口驳斥其诡辩之处。通过对比可以发现,理查与王后都深谙辩术,两人的辩词都具有较强的说服力,但读者还是不难看出两者之间存在的二元对立。例如,在控制了年幼的国王之后,理查为了让贵族相信王后有必要交出另一位王子,采用了诡辩的方法。他分明是为了置王子于死地,却找出了冠冕堂皇的理由。他利用当时男权社会对女性形象的偏见,反复向在场的贵族(均为男性)强调王后的女性身份,以此使人相信她将王子留在身边的举动是"恶毒、固执、愚蠢的"(Ibid. 32)。继而通过赋予王后女性的负面属性,暗中与在场贵族达成共谋式的身份认同,最终获得了贵族对自己行为的支持,使他们相信王后这种不可理喻的行为使她既不配作一国之母也不配作王子之母,因而让其交出王子是有利于王子的。而王后则从两方面向贵族证明她必须将王子留在身边:一方面,自古以来母亲照顾儿子,母子不应分离;另一方面,她对理查阴险奸诈本质的认识使得自己不敢将王子交给理查。尽管王后的精彩辩词依然无法实现其说服作用,理查和王后的这两段对话是否属实我们也不得而知(莫尔作为律师出身,对辩论之道十分在行,我们有理由相信这些对话实际出自莫尔之手),但鉴于对话是传记中展现人物性格的重要工具之一,作者有权根据各种史料"创造出"合乎逻辑的人物对话以服务于刻画人物性格这一中心。就此而言,莫尔将大量篇幅用于描写人物对话是十分必要的,他成功地让读者认清了理查性格中两面三刀的虚伪本质。

除了塑造王后的"圣母"形象,传者在文本之中着力刻画的另一位女性形象是"荡妇"肖尔。与王后不同,肖尔自始至终是一位被他者化的边缘女性形象。在男权社会中,肖尔受到了物化,成为男性的财产。她由于相貌美艳,在婚配后被爱德华四世看中并纳为小妾,而爱德华死后又成为大贵族黑斯廷斯的小妾。当理查以诬陷肖尔为女巫为由除掉黑斯廷斯后,她并不像王后那样有为自己言说辩护的话语权,只能任凭处置。尽管肖尔在众人眼中是十足的"荡妇",但莫尔明显欲将其塑造为理想的圣徒受难形象,并为其辩护:"她从不给别人的伤口上撒盐,而是给许多人带来舒畅和慰藉……当有人失宠时,她会让他们取悦于国王。她会为许多冒犯过国王的人求情。她为许多受惩罚的人求得了宽恕……以示自己对国王的影响,或是表明像这样一位水性杨花的妇人并不总是为富不仁的"(Ibid. 66)。理查对肖尔进行游街惩罚这一幕向读者揭示出作者为荡妇肖尔辩护的原因。即便是反对肖尔生活方式而对其产生敌意的人也起了恻隐之心,因为他们发现理查这么做的目的"是出于邪恶的目的而不是任何善德感化"(Ibid. 64)。显然,对肖尔的人物刻画依然服务于刻画传主人物性格这一中心。肖尔虽然水性杨花,但却是为情势所迫无奈堕落为荡妇,实际却心存善德;理查名义上打着弘扬道德的旗号,实际上对胸怀美德的肖尔挟私报复。作者将两人置于这种二元对立之中,理查道貌岸然的虚伪本质昭然若揭,正如王佐良先生所评价的:"他写的虽是一个女人,用意却在烘托理查三世的阴险诡诈"(王佐良,第12页)。

莫尔不但通过构建二元对立刻画传主的暴君形象,还通过文化符号实现这一目的。众所周知,莫尔为捍卫天主教会而舍身反对亨利八世的宗教改革并被革职处死,他在死后被天主教会封为圣徒。作为一位笃信基督的人文主义者,以基督教文化为代表的西方文化自然对其创作产生了潜移默化的影响。在书中,莫尔有意无意地使用各种西方基督教世界所熟知的文化符号,以达到刻画传主人物性格的目的。作者主要采用的基督教文化符号是触犯七宗罪的恶魔形象、屠婴的希律王形象、叛卖的犹大形象等,其目的都是为了刻画理查阴险狡诈的暴君形象。

然而，莫尔对传主的正面描写并不多，传主人物性格中的邪恶本质主要通过与次要人物性格之间构成的二元对立而界定。但是在伦敦塔诱杀黑斯廷斯这一幕中，莫尔将描写重点从配角转移到主角上，并对传主进行了集中的正面描写。这段精彩的描写后来被莎士比亚借鉴吸收到其著名历史剧《理查三世》中。莫尔在这部分描写中利用基督教文化符号将传主界定为触犯七宗罪的恶魔形象。根据《圣经》记载，总共有七位堕落天使，它们被称为撒旦。撒旦的这七种恶魔形象分别代表一种罪恶，即傲慢、嫉妒、暴怒、懒惰、贪婪、饕餮以及欲望。早在这一幕开始之前，作者就已经交代了理查所犯下的七宗罪中的几项原罪。理查在本书中的所有恶行都是为了实现篡位的目的，这便是贪婪和欲望两项原罪使然。而在这部分描写中，理查又触犯了多项原罪。在对这一幕展开叙述之前，莫尔交代了当天是"6月13日，星期五"(More 54)，这便是基督教徒最避讳的"黑色星期五"，象征着厄运降临，该文化符号为当天恶魔理查登场作了铺垫。理查首先触犯的罪行是懒惰，当时人们普遍认为懒惰的人是因为晚上不睡觉，协助夜间出没的恶魔作恶(Anderson 173)。当参加国王加冕筹备会议的贵族到齐后，理查却迟迟不来。当他最终赶到时，他"快活地说自己今天起床太晚了。"寒暄几句之后，他又犯下了另一项罪行——饕餮。他吩咐伊利主教："你在霍尔班的花园有上好的草莓，我要求你让我们都尝尝"(More 54)①。然后理查便告辞了，当他一小时之后回来时，"一切都变了，他的表情变为痛苦、愤怒，他眉头紧锁，紧咬嘴唇"(54)。理查外貌的这种古怪变化预示着他性格中的邪恶本质将要发起攻击，他开始大发雷霆，愤怒地指控王后和肖尔以巫术加害自己，并乘机处决了为肖尔辩护的黑斯廷斯。由此可见，理查又触犯了暴怒这项罪行。

除了触犯七宗罪的恶魔形象外，莫尔还为传主勾勒出屠婴的希律王形象。根据《圣经·马太福音》记载，暴君希律王得知"将来有一位君王，要从你那里出来，牧养我以色列民"之后，便四处寻访耶稣诞生之

---

① 以下引文凡出自该书均只注页码。

处,欲除掉耶稣以绝后患,甚至不惜将伯利恒城内和四境的所有两岁以下婴儿全部杀尽(2:1-22)。而在《理查三世史》中,理查三世谋杀两位王子的动机也是为断绝后患,以防两位王子长大后夺回王位。在这段描写中,莫尔故意违反了史实。根据作者的交代,两人当时分别为13岁和11岁,尽管都已是少年,但文中叙事者在谋杀场景中却故意以"小婴儿"(100)相称。这并非作者历史知识的匮乏而导致前后矛盾,而是故意而为,借用圣经中典型的暴君形象希律王来刻画传主,因为希律王与传主一样都是为了巩固自己的王位而下令屠杀婴儿。

叛卖耶稣的犹大是《圣经》中的著名人物,他与逮捕耶稣的人约定了暗号,即他亲吻的就是耶稣。犹大之吻因而使犹大成为臭名昭著的叛卖人物形象。在《理查三世史》中,莫尔明显套用了犹大的叛卖形象来刻画传主虚伪狡诈的人物性格。如上文所述,莫尔在对传主的正面肖像描写中写道:理查"对内心憎恶的人装出友好姿态,愿意亲吻他打算干掉的人"(12),作者在此揭示出理查性格中的虚伪本质,之后则通过人物性格的外在表现——人物的具体言行向读者加以证明。在背叛爱德华四世、诱捕外戚、迫使王后交出王子、诱杀黑斯廷斯等场景中,都可以看到对其叛卖活动的具体叙述。

此外,莫尔还利用了其他典型的基督教文化符号来构建传主的暴君形象。例如羊羔与狼是基督教文化中常见的隐喻,以此来指称民众与恶魔,而神职人员则是牧羊人的化身。在书中王后被迫将王子交给理查之后,叙述者评论道"羊羔被交给狼来看管"(29),这也为下文理查谋害两位王子作了铺垫。

莫尔虽然成功地通过构建二元对立和文化符码塑造了心中构想的人物形象,但在此过程中难免会发生与历史事实相冲突的情况。在此情况下,莫尔大胆地违背历史事实展开虚构,以服务于他所设定的人物形象刻画。为了达到其预期效果,莫尔在其塑造的暴君形象中加入了夸张成分,甚至不惜虚构某些史实,这些做法都使文本的真实性和可信度大打折扣。

莫尔在塑造人物形象时所采用的虚构手法主要体现在构建爱德华与理查之间的二元对立中。莫尔一方面压制了某些不利于突出此二人对比的事实，一方面又通过文本操控甚至虚构活动修改了部分事实。在对事实的压制过程中，莫尔不仅故意抹煞了理查为爱德华统治所立下的汗马功劳，而且还忽略了爱德华向王后的求爱经过。历史学家曼奇尼(Dominic Mancini, 1434? – 1514?)在其历史著作中叙述了当时的经过，即爱德华在求爱时将匕首架在伊丽莎白喉咙上逼迫她屈从于自己的淫威(Mancini 74 – 75)。莫尔只是隐晦地提及这一事实，他告诉读者当爱德华冲动地要与伊丽莎白结婚时，伊丽莎白为了其名节奋起反抗，在整个过程中爱德华处事武断，性欲强烈。

爱德华淫荡好色是不可否认的事实，他在爱上了伊丽莎白并迎娶她为王后之后又对肖尔移情别恋，这一点是与莫尔对爱德华乌托邦式的形象刻画相矛盾的。莫尔为了不违背事实，在作品后期暗中采用倒序手法叙述爱德华向伊丽莎白求婚。通过这种文本操控方式，莫尔在叙述中颠倒了爱德华向皇后求爱与爱德华迷恋肖尔两件事情的先后顺序，使读者在阅读中误以为爱德华是有爱心、有责任的人，以此掩盖了爱德华感情放纵的本质，强化了人物形象塑造活动的说服力。莫尔为了突出爱德华的理想形象，不惜捏造和修改事实。当叙述到爱德华之母意欲为爱德华安排一桩政治联姻时，莫尔采用艺术手法创造出两人的对白。爱德华在与母后的对立中表现出过人的智慧、极强的原则性、突出的个人魅力和崇高的道德品质，这充分表明爱德华是一位追求纯洁爱情、坚守承诺、真实可信的王子。甚至在爱德华临终时也称其在晚年逐步戒除色欲并留下了大笔财富，这也与事实明显不符。

显然，莫尔的虚构杜撰并非要欺骗读者，他的目的是摆脱历史学科严格遵守客观事实的束缚，力求在文本中刻画出自己心中构想的人物形象，并在此过程中加入了自己的想象。莫尔不希望历史事实削弱自己在传记中构建的人物形象，因此他大胆地对事实进行艺术加工，即抓住事实中所隐含的本质而不是对历史照本宣科。莫尔的这种手法使传记脱离历史范畴，向文学艺术的方向迈进了一大步，因此他的文本在忠于事实方面介于编年史和文学艺术（例如莎士比亚的剧作《理查三世》）之间。针对这一点，当代批评界达成了共识，他们认为"莫尔是一位艺术家和导师而并非学者，这种结果导致了他的作

品并不一定符合事实,但是却具有教化作用并具有感染力,因为所有的材料都被组织成便于理解和调整的整体"(Dean 28),"在这部作品中,历史成为文学艺术而并非历史科学"(Pollard 320),"莫尔的这部传记与莎士比亚的历史剧相似,他的作品是解释性、阐释性的,是一部想象的重构"(Hanham 155)。

与现代学术界的看法截然相反,莫尔所在的时代却将这部传记视为可信的历史材料。约翰·霍尔(John Hall, 1498 - 1547)、拉斐尔·霍林斯赫德(Raphael Holinshed, 1529 - 1580)、约翰·斯托(John Stow, 1525? - 1605)等人在他们撰写的编年史中都几乎完全照搬莫尔的这部著作。对于当时的历史作家而言,历史不仅仅是一项严肃的事业,而且还具有道德教化和宣教功用。曾担任过伊丽莎白女王老师的散文家罗杰·阿斯坎(Roger Ascham, 1515 - 1568)对此明确指出,这部作品中的大部分观点值得在最高层次的历史写作中提倡。这就是首先要保证作品中没有谬误,其次要大胆地道出真相,再次就是要机智地指出所有伟大行为的原因、建议、行动、事项,同时观察其中是否存在正义、智慧、勇气(Ascham 5 - 6)。由此可见,当时的历史学家之所以能够在编年史中接受莫尔对事实的虚构,是因为这种虚构行为符合文本的目的,即道德教化目的。因此历史不仅要忠于事实,更需要发挥道德教化作用。

莫尔利用对理查人物形象的塑造,既揭示了真理又实现了道德教化功效。作为一名基督教人文主义者,莫尔十分注重历史著作惩恶扬善的道德教化作用,并深受其莫逆之交、尼德兰著名人文主义思想家伊拉斯谟(Desiderius Erasmus, 1466 - 1536)的影响。伊拉斯谟在《如何通过词语与思想实施行动》中指出,"只要符合传记叙事作者的文献目的,他们就可以自由地编造对话和信件、发言……由于纯粹属于虚构的叙事帮助我们领悟了一种道理,因此我们要像真实事件一样将其介绍给读者"(转引自 Conrad 138)。显然,伊拉斯谟主张历史叙事应当以道德教化(即他所说的领悟道理)作为"文献目的",甚至不惜为此牺牲叙事的真实性。这也解释了莫尔以道德教化为己任的历史创作原则,他通过历史著作倡导民众做虔诚、善良的信徒,不仅"致力于赞美天主教会的现有机制,而且将异端视为必须摧毁的异己力量"(Greenblatt,1980:88),为捍卫天主教不惜放弃高官厚禄并最终殉教。

《理查三世史》很好地践行了传者的教化目的。它之所以更像传记而非历史,其原因在于传记比注重客观性的历史更适合莫尔现身说法,传记也因而"无法做到不受政治影响和公平公正,时常会压制事实、歪曲事实"(Prichard 47)。杨正润先生将传记主体与历史主体间偏移的产生原因归纳为"统治意识形态按照自己的需要对传主的形象和历史事实进行修改"(杨正润,2009:189)。由于读者无从得知真实世界与叙事世界之间有不一致之处,作者因此可以更好地创造出一个正邪势不两立的世界,以明确或含蓄的方式说服读者遵照作者的期待认同于某一方并反对另一方,以此影响读者的行为与选择,达到其教化目的。

为了向读者明确传递惩恶扬善的教化作用,莫尔通过塑造传主的暴君形象及其同伙阴险邪恶的阴谋权术,展示了恶人终将受到惩罚的可鄙下场,以此对读者产生警示作用。例如,传主理查作恶多段、阴险凶残,但他在谋杀了自己的两个侄子并篡位之后,内心遭遇了极度恐慌、悔恨和精神折磨,并最终在战场上成为刀下之鬼。这段心理描写后被莎翁用于描写《麦克白》中主人公因罪恶感而遭受的精神幻觉,并成为传世名篇。理查的得力帮凶白金汉大公也被莫顿主教诱导走上反叛之路并最终死于非命。杀害两位小王子的刽子手也都不得善终,最终被绞死或枭首。

为了使读者更好地明确其教化目的,莫尔经常以叙述者的身份强有力地侵入叙事,发表哲理性的总结式评论(generalization of commentary),"通过将故事中的事件或事物与非虚构宇宙中的事件或事物相比较"(Chatman 237),以此打通"小说世界与真实世界的联系,即上升到'放之四海皆准的真理'或真实的历史事实层面"(Ibid. 228)。例如在黑斯廷斯被理查三世处决之后,莫尔开始反思他的遭遇,明确地展开道德说教:"仁慈的上帝啊,这就是人类盲目的本性,当他倍感恐惧时,实际上再安全不过了;当他觉得自己万无一失时,他断送了卿卿性命。两个小时之后就要见分晓了"(More 61)。在此,传记通过对黑斯廷斯的可鄙遭遇展开哲性反思,运用普适于人类的真理阐释人物生平遭遇的个案，便于读者从中借鉴。

另一方面，莫尔对爱德华国王夫妇等人物展开正面描写，为读者提供效仿的典范，甚至不惜违背历史事实，前文已对此进行了阐述。但对于莫顿主教的人物处理却表明作者的矛盾之处。诚然，恶人需要严惩，但惩治恶人的手段却是冷酷无情的，甚至不得不运用丑恶的手段除掉恶人。这导致莫尔的理想主义态度与历史事实格格不入，使他对历史事实的理想化塑造越来越难以为继，因而陷入了人生观、世界观与客观现实相矛盾的境地。例如，在文本结尾部分，莫顿主教在与恶人周旋时避免了黑斯廷斯天真幼稚的错误，巧妙地设下圈套怂恿白金汉大公谋反，最终诱使其走向毁灭。他运用自己的心计，为惩治恶人立下了大功。这一点自然无可厚非，莫尔也在传记中褒扬莫顿主教并称其最终平安地入了天堂。但是莫尔也意识到莫顿主教所运用的这种马基雅维利式的手段恰好同理查如出一辙，因为理查同样善于骗取他人信任和好感，伪装自己的本意，毫不留情地除掉对手。因此，莫顿无法充当莫尔心目中的理想化道德楷模，他实际上依然继承了理查的衣钵。莫尔发觉在现实中没有理想的仁义道德可言，只有以暴制暴式的血腥复仇，理想化的塑造手法也越来越难以和历史事实相调和，于是传记写到这里便戛然而止。根据海登·怀特（Hayden White）对叙事封闭性（narrative closure）的论述，故事的封闭性指故事的结尾使事件具有意义，尤其是在道德方面。他认为"历史故事中的封闭性需要是一种表现道德意义的需要，即按照道德剧中的意义对真实事件的序列进行评估"（White 20）。作者通过在结尾对事件投射价值观，使读者能够在回溯过程中理解叙事序列中的其余部分。莫尔刻意在这部传记结尾部分造成封闭性的缺失，遂使作品失去了确定的"道德意义"，表明莫尔已经意识到自己理想的道德价值观实属书生意气，凡间无法建立自己心中理想的乌托邦，不得不认可莫顿主教惩治恶人的不择手段。

评　　价

莫尔通过在传主与其他次要人物之间构建二元对立，并利用基督教文化符号，成功地塑造了理查的暴君形象。后又经莎士比亚改编为历史剧之后,理查的暴君形象便不容置疑了。但正如上文所述,莫尔为了构建这种二元对立甚至不惜违背历史事实。因此在本书写作之后,许多历史学家试图为理查翻案,例如 18 世纪史学家霍勒斯·沃波尔(Horace Walpole,1717–1797)和当代传记作家保罗·默里·肯道尔(Paul Murray Kendall,1911–1973)。实际上,莫尔之所以违背了历史真实性原则,是因为他在创作过程中不可避免地受到将传记用于教化目的这一传统的影响。因此从某种程度上说,莫尔为了达到其教化作用预先已经设定了传主的人物性格,之后再通过占用传主生平将历史事实转化为传记事实,且在此过程中未能信守历史的真实性原则。但是就传记的核心要素、人物性格刻画而言,莫尔以其高超的文学技巧,成功地向读者展示了鲜明的暴君形象,文本具有很高的文学价值。

第二章

十七世纪(上)

名词解释

拉丁影响
(The Latin Impact)

拉丁影响是指英国文艺复兴时期,随着白银时代(17-130)①的罗马古典传记在英国的译介,被当时英国传记作家所借鉴、学习,由此对英国本土传记所产生的巨大影响。

欧洲进入文艺复兴时期以来,随着基督教会对人们思想禁锢和控制的削弱,大量古典著作被重新发现,人们的自我主体意识开始觉醒,人文主义思潮席卷欧洲,人开始成为"大写的人"。人们普遍对人本身的研究产生了浓厚的兴趣,而传记作为一门以人为研究对象的艺术形式,开始得到广泛的践行。在这一思潮中,人们开始从古希腊、古罗马时期的著作中汲取文化精髓。由于传记在古罗马文学中占有重要地位,而古罗马白银时代的传记代表着古典传记的巅

---

① 古罗马文学分为共和时代、黄金时代、白银时代3个时期。进入白银时期后,古罗马文学已度过了黄金时期的辉煌,此时罗马统治日渐式微,权力斗争激烈,该阶段的主要成就为讽刺文学与传记的兴盛。

峰成就,因而其主要代表人物普鲁塔克、塔西佗、苏维托尼乌斯的作品被发现之后相继被译介到欧洲各国并受到广泛的推崇。

与欧洲大陆相比,英伦三岛偏居一隅、相对闭塞,它与欧洲大陆的文化联系受英吉利海峡阻碍。因此与 14 世纪率先进入文艺复兴的意大利相比,它直到 16 世纪才开始进入文艺复兴阶段。罗马古典传记作家对于 16、17 世纪的英国传记作家产生了广泛而深远的影响,并直接塑造了英国传记的发展进程。英国传记作家纷纷师承罗马古典传记作家,效仿他们著作中与本土风格迥异的写作风格。到了 16 世纪末,罗马古典传记作家已经成为英国传记作家的楷模。在古典传记作家的影响下,传统的圣徒传演变为艾萨克·沃尔顿(Izaak Walton,1593 - 1683)笔下注重典范人物形象塑造的亲密传记,约翰·利德盖特(John Lydgate,1370? - 1451?)笔下笼统化的英雄人物形象演变为约翰·奥布莱(John Aubrey,1626 - 1697)和安东尼·伍德(Anthony Wood,1632 - 1695)笔下观察细致入微、凸显人物个性的传记。这为英国 17 世纪传记多元化特征的形成以及 18 世纪传记的繁荣奠定了基础。唐纳德·斯托弗对此评论称,古典作家的影响促使"(英国)传记从历史学科中独立出去,成为一门独立的文学分支"(Stauffer,1930:45)。

概 述

从 16 世纪开始,罗马古典传记作家的著作纷纷被译为英文。托马斯·诺思(Thomas North,1535 - 1601?)于 1579 年将普鲁塔克的代表作《希腊罗马名人传》(*Lives of the Noble Grecians and Romans*,c. 96)首次译为英文,菲尔门·霍兰德(Philemon Holland,1552 - 1637)于 1606 年翻译了苏维托尼乌斯的代表作《罗马十二帝王传》(*Lives of the Twelve Caesars*)。除了合传之外,独立传记也被译入英国并极大地影响了 16、17 世纪的英国传记。例如亨利·萨维尔爵士(Sir Henry Savile,1549 - 1622)于 1591 年翻译出版了塔西佗的《阿格利可拉传》(*The Life of Julius Agricola*,c. 98),库提乌斯(Quintus Curtius Rufus)的《亚历山大传》(*The Actes of the Great Alexander*,1553)和狄

奥多罗斯(Diodorus Siculus，c. 90 - 21 BC.)的《亚历山大的继业者》(*History of the Successors of Alexander*，1569)也被译为英文。

在英国传记的流变中，这些译本产生了重要影响，使英国文艺复兴时期本土传记的风格手法、表现形式以及对待传记的态度都发生了巨变。英国传记作家对罗马古典传记作家的借鉴最突出体现在他们在文中对古典传记的拉丁原文或英语译文的大量引用，尤其是普鲁塔克、苏维托尼乌斯、塔西佗的著作。例如，艾萨克·沃尔顿的传记受普鲁塔克的影响很大，他不仅在传记中直接引用普鲁塔克英译本中的原文，而且还照搬了文中的许多意象和场景。乔治·保罗(George Paule)在1612年仿照普鲁塔克的《希腊罗马名人传》所撰写的《约翰·惠特吉夫特传》(*The Life of John Whitgift, Archbishop of Canterbury*)中，多次引用了苏维托尼乌斯的原话，而且承认自己在拜读过塔西佗的《编年史》(*Annals*，117)之后，有了为惠特吉夫特主教立传的想法。彼得·史密斯(Peter Smith, 1610 - 1652)在《安德鲁·韦雷特传》中引用了普鲁塔克《希腊罗马名人传》中《安东尼传》(*The Life of Antony*)、《地米斯托克利传》(*The Life of Themistocles*)、《亚杰西劳斯传》(*The Life of Agesilaus*)里的希腊原文。而约翰·巴纳德(John Barnard)在《彼得·黑林传》(*Life of Peter Heylyn*，1683)中则援引了普鲁塔克、萨勒斯特(Sallust)、苏维托尼乌斯、塔西佗、奥古斯丁的著作(Stauffer, 1930: 44)。

英国传记作家不仅从罗马古典传记中引经据典，而且其传记的表现形式与写作风格手法也深受古典传记作家影响，这直接推动了17世纪英国传记向多样化发展，使英国本土传记面貌一新。就表现形式而言，普鲁塔克独特的平行传记形式为英国传记输送了新鲜血液。借助这一形式，传记作家可以在刻画模范人物形象进行道德教化的同时，对高尚的品德这一主题实现多样化，以此为读者提供多种可供模仿的典型品德，这使英国传记摆脱了千篇一律甚至张冠李戴的圣徒传，开始呈现出多样化特征。在此影响下，艾萨克·沃尔顿、亨利·沃顿(Henry Wotton, 1568 - 1639)等人纷纷效仿平行传记的形式，展示各种类型的圣徒楷模，为公众人物立传。沃尔顿在每一部传记中都为传主提供了另一位模范人物互作比较。在《胡克传》(The Life of Richard Hooker, 1662)中,他通过平行传记的形式向读者展示胡克作为学者的虔诚品质与约翰·惠特吉夫特作为政治家的高尚品德,以此刻画出更为全面、完整的神圣品质。在《约翰·多恩传》(The Life of John Donne, 1640)中,传主多恩与玛格达莲·赫伯特(Magdalen Herbert)构成平行对比关系,虽然二者人物性格不同,通过这种平行关系却能向读者提供两种美德的典范。而亨利·沃顿在其1641年所著的《已故艾塞克斯伯爵罗伯特与已故白金汉公爵乔治平行传记》(A Parallel between Robert Late Earle of Essex, and George Late Duke Buckingham)中也采用双行传记法的形式对两位传主进行比较,更清楚地凸现了出两位传主的美德(Stauffer, 1930:44)。

就写作手法而言,罗马古典传记促进了英国传记从历史学科中独立出来。在文艺复兴以前,英国的本土传记局限于中世纪以来所形成的历史写作和宗教宣传两大传记传统。就宗教传记而言,其主要形式是叙述圣徒种种神迹的圣徒传,而世俗传记则主要是为帝王将相所立之传。它们共同的特点是以记录历史事件和人物成就为主,却很少刻画传主的人物性格和挖掘其心理活动,因而使传记成为宗教和历史的奴仆,局限于为少数成就显赫的人立传,无法成为描写"人"的艺术。随着罗马古典传记的引入,英国本土传记作家开始从中学习对人物形象的塑造和对历史事件及其原因的深层次分析,同时使英国世俗传记的传主从帝王将相扩展到小贵族、中产阶级甚至专业人士。例如,以普鲁塔克为代表的古典传记作家强调通过轶事和细节刻画人物性格,并塑造可供读者效仿的典范人物形象,这促使英国传记作家更注重对人物性格的雕琢。在此影响下,以人物素描形式写作传记的手法逐渐兴起,即传者事先确定传记中人物的某种品质或性格类型,然后以此为框架或主题塑造人物形象,并对细节进行调整。针对这一特点,现代主义作家哈罗德·尼柯尔森指出"17世纪是人物素描的世纪"(Nicolson, 1933:52)。而罗马古典传记的另两位代表人物塔西佗与苏维托尼乌斯同样重视对人物性格的刻画,但却对人类的本性持不同的态度。他们反对在传记叙述中保持缄默和宽容的态度,认为刻画人物性格的艺术

是"抓住自我这个核心,揭露出冠冕堂皇的面具下隐藏的人物性格,而权力正是利用这副面具来掩盖它的罪行"(Shuger 207)。他们擅长于揭露宫廷权谋斗争并对其原因作深层次分析,其传记著作与众不同之处是利用丑闻和谣言解读宫廷政治中的阴谋活动,刻画出阴险、残忍、腐败、邪恶的人物性格。因此,塔西佗与苏维托尼乌斯通过对宫廷政治运作的阴暗进行骇人听闻却又可信的叙述,使文艺复兴时期的英国读者意识到"詹姆斯一世统治下的白厅实际上与提比略统治下的罗马相仿"(Shuger 209),权力的背后隐藏的是种种阴险、血腥、腐败的政治权谋。在他的影响下,托马斯·莫尔和弗朗西斯·培根等传记作家与史学家意识到,他们的任务和职责是毫无畏惧地揭露权力运作中的罪行和隐秘,他们不再像以前那样在传记中为王权粉饰宣传,而是力图体现历史背后不为人知的真相。这其中最具有代表性的作品是莫尔的《理查三世史》,我们从这部传记中可以看到塔西佗和苏维托尼乌斯的深远影响,包括塔西佗式的反讽手段,为塑造传主卑鄙狡诈、阴险冷酷的暴君形象所运用的心理描写,揭露传主玩弄政治权术与阴谋时的那种不动声色、冷静客观的叙事口吻,凡此种种,有效地帮助传记揭示了传主阴谋诡计背后的本质。

主要代表人物:普鲁塔克(Plutarch, AD 46?‐120)

罗马普鲁塔克在其代表作《希腊罗马名人传》中明确了传记的独特属性,他有意识地将传记同一般历史著作进行了区分,重视传记中通过轶事表现人物的性格和道德品质这一特征,这对文艺复兴时期乃至之后的英国传记都产生了深远影响。传记大师詹姆斯·鲍斯威尔(James Boswell, 1740‐1795)评价普鲁塔克对17世纪的影响时,称其为"古代传记之骄子(the prince of ancient biographers)"(Cromphout 465)。布什则认为普鲁塔克对材料的处理为17世纪的传记作家提供了"最引人入胜的古典范例"(Bush 229)。普鲁塔克的作品不仅在英国文艺复兴时期广为传阅,而且被当时的传记作家纷纷效仿。吉尔伯特·伯尔奈特(Gilbert Burnet, 1643‐1715)的《汉密尔顿公爵家史》(*The*

Memories of the Lives and Actions of James and William Dukes of Hamilton and Castleherald，1677)、克拉兰顿伯爵(Edward Hyde, Earl of Clarendon, 1609 – 1674)的《爱尔兰叛乱史》(*The History of Rebellion and Civil War in Ireland*, 1672)以及艾萨克·沃尔顿的《多恩传》、《理查德·胡克先生传》(*The Life of Mr. Richard Hooker*, 1665)都仿照了《希腊罗马名人传》的写作手法。

因为普鲁塔克本人是个道德家，他对英国传记的影响主要体现在注重通过塑造高尚形象实现道德教化功用和精于雕琢人物性格两个方面。普鲁塔克的平行传记体通过比较不同的人物性格在不同的环境下对人物自身及其命运产生的作用，凸显人物的高尚品德，并籍此对各种人物性格展开评价，这样有助于读者通过比较选择适合自己模仿的品德，满足了传者对传记教化目的的需要。普鲁塔克虽然与塔西佗和苏维托尼乌斯都注重传记的道德教化功用，主张道德伦理是传记的任务，但他认为应当宣扬传主的美德和优点，而非对其缺点大肆渲染，因此他在传记中强调塑造高尚的人物形象，最终目的是促使读者效仿传主的种种善德。他将作传形容为绘画：

> 如果这些人物有些微的瑕疵，画家们既不能完全忽视也不应该加以夸大。因为后者将使肖像变丑，而前者将使肖像失真。同样，要将一个人的生平描述得完全纯洁无瑕，那是非常困难，简直是不可能的。在他一生中美好的篇章里我们必须尽可能把它的真相如实地刻画出来。但是，如果由于感情用事或迫于政治上的原因，他干了一些错事和蠢事玷污了他的业绩，那么，我们应当把这些视为白璧微瑕，美中不足，而不应该把它看作纯粹是卑鄙邪恶的产物。在历史上我们大家不应该过于热衷、不必要地描述这些缺点，相反，我们必须小心谨慎地对待，好像我们所以指出这些缺点，只是为了说明人类的本性不可能十全十美，没有缺陷，毫无瑕疵的人是没有的。(《希腊罗马名人传》，第384页)

这确凿地表明普鲁塔克在刻画人物时所遵循的原则：忽略人物的缺点、

描绘出人物美好的一生,即忠实于事实真相。因此如果传记的目的是为了刻画传主美德的话,那么强调性格上的缺憾之处就是不真实的。普鲁塔克在《伯里克利传》中指出,"有道德的行为则不然,它能立即对人产生影响,使一个人在赞美它的同时,马上就希望成为做这件行为的那个人……出自美德的事情,我们却喜欢身体力行……美德是有吸引力的,它能使人立即产生身体力行的冲动,不仅模仿它能使观看者的性格得以形成,就连研究它也能提供行动的准则。"(Ibid. 462-463)这道出了普鲁塔克"继续写作这些传记"的原因。约翰·德莱顿(John Dryden, 1631-1700)在1683年重译普鲁塔克的《希腊罗马名人传》时,在前言中也指出了普鲁塔克的立传方法与其他古典主义传记作家之间的区别:

> 苏维托尼乌斯与塔西佗都可以被称作历史学家或传记作家:但是前者过于热衷于色情描写,他在教诲人们的同时也进行此等叙述,另外那位作家……则经常关注于阴暗面。他们二人都不幸地选错了时代,他们不得不描写怪物而不是人……与他们相反,我们这位作者(指普鲁塔克——笔者注)通常喜欢称颂而并非谴责人物,他通常选择的是伟人并且他们以种种美德著称。至少可以说他们的弱点或邪恶在他们的优点面前是微不足道的。我们应当学习这些模范人物而非躲避他们。(Dryden, 1971: 276-77)

因此他认为普鲁塔克的传记将传主塑造为高尚的楷模形象,为读者所效仿,实现了教化目的;而塔西佗和苏维托尼乌斯对传主的负面描写实际上起到了向大众灌输邪恶的作用。他认为倘若塔西佗和苏维托尼乌斯的立传目的是为了让今后的统治者引以为戒的话,他们就应当将更多的篇幅用于弘扬善德而非展示恶行。针对普鲁塔克传记的道德教化作用,有学者也指出,"任何历史的教育意义以及它们给人的快乐都无法和关于伟人和名人的传记相媲美。传记的简短使许多读者愿意阅读它们,而且这其中有许多短小精悍的段落,它们由于过于琐碎而不适合放入描绘整个时代的历史中,但人们都迫切希望了解它们,因而使普鲁塔克的传记要比其他任何希腊、罗马的书籍更为广泛地传阅"(Clifford 13)。

与英国本土传统相反,普鲁塔克对人物性格的重视高于历史事件。他认为人物性格可以决定其命运,并指出人物内心的性格是传记区别于历史著作的本质特征。普鲁塔克在《亚历山大传》中明确提出了自己的创作意图和方法,即"因为我写的不是历史,而是传记。最显赫的业绩不一定能体现人们的美德或恶行,而往往一桩小事、一句话或一个笑谈,却比成千上万人阵亡的战役,更大规模的两军对垒,或著名的围城攻防战,更能清楚地显示人物的性格和趋向。因此,正如画家通过最能表现人物性格的面孔和眼神就能画出逼真的肖像,而无需斤斤于人体的其他部分一样,我也必须得到读者的许可,俾能专心致志于人物灵魂的特征及其表现,并借此描绘每个人的生平事迹,而将他们的赫赫战功政绩留给别人去写"(普鲁塔克,第13页)。

普鲁塔克对人物性格刻画的重视以及他认为人物性格是相对稳定、与生俱来的观点对文艺复兴时期的英国传记产生了重要影响,导致传记写作往往忽略与人物性格相矛盾的事实。在刻画人物性格的过程中,普鲁塔克主张人物的思维与行为前后保持一致就是善德的表现,而邪恶则是不理性的,变化无端的。当普鲁塔克力图叙述传主的善行时,他主要考虑的是如何表现出传主行为的前后一致,因为他认为善行是内在的、永恒不变的。但如若他的传主从善良转变为邪恶,他认为这就证明起初善良的人物性格是伪装的假象,最终其本性必将暴露无遗;或者是其原先善良的本性屈从于环境的压力而被命运改变,而这本身就意味着人物性格存在薄弱性,因为人物虽然可能无法改变某些事件,但却可以不惜一切代价坚持不被命运所改变。例如在《尼基亚斯传》(*The Life of Nicias*)和《克拉苏传》(*The Life of Crassus*)这一对平行传记中,普鲁塔克叙述了克拉苏是如何通过放高利贷发家致富,又如何将财富用于公益事业。对此他认为不仅纯粹的恶需要否定,而且像克拉苏这样既有善举也有恶行的人也无法归入品德高尚者之列。他指出,"可是有些人看到人们如此不光彩地聚敛财富而毫无意义地任意挥霍时,却认识不到这种性格上的不一致、不协调乃是一种邪恶的表现,这不能不使我感到惊愕"(Ibid. 620)。在普鲁塔克的影响下,英国文艺复兴时期的传记作家在为品德高尚的传主立传时首先必须确定人物性格,之后在刻画人物性格过程中必须确保其统一性和持续性。为了实现这一目标,传者必须压制其他与之相悖的事实,这直接导致传记的真实性服从于传者为传记预设的人物性格。例如,沃尔顿在撰写《多恩传》时,针对多恩在担任神职之前生平中的各种瑕疵,坦言他将多恩的前半生确定为"第二个奥古斯丁"(Walton, 1966: 47-48)。他以此人物性格为框架,将皈依基督教之前的多恩刻画为犯下种种错误的浪子形象,揭示出传主所犯错误的根源在于缺乏自制能力,迷失了本性。而在叙述传主的后半生时,沃尔顿不惜篡改传主的书信等史料,竭力刻画多恩伟大、光辉的形象,并与其前半生形成鲜明对比,以此阐明多恩的本质是崇高的圣人。

塔西佗 (Tacitus, Cornelius, 55? - 117)

塔西佗的著作在文艺复兴时期对整个欧洲都产生了巨大的影响。他的《阿古利可拉传》在 1591 年被亨利·萨维尔(Sir Henry Savile, 1549-1622)译为英文并出版,对英国文艺复兴时期的传记产生了重要影响。当人们开始质疑人文主义思潮早期所崇尚的理想主义理念并开始对政治权谋和权力运作产生浓厚兴趣时,便开始意识到塔西佗的重要价值。如上文所述,塔西佗之所以能通过其著作向读者揭开宫廷政治背后的种种黑幕,是因为他本人就是一名出色的政客,因而能够看透事物的表面现象,洞察一切阴谋诡计,并能对政治活动与历史事件作出客观冷静的分析。塔西佗这种揭开政客画皮的高超能力使他在文艺复兴时期深受读者欢迎。在他的影响下,以莫尔和培根为代表的人文主义传记作家不仅在传记中经常引用塔西佗的话语,而且注重发掘历史背后的深层原因。他们开始不满足于在传记中仅仅像编年史一样叙述历史事实,而是力图从历史事实出发挖掘其背后隐藏的深层次原因,希望从心理、道德、政治等各个角度重新审视人本身,以获得对人更透彻的理解。

在受塔西佗影响的英国文艺复兴时期的传记作家中,培根是其中的代表人物。培根不仅在文中引用塔西佗的话语,而且他反对罗马古典时期西塞罗式骈丽的文风。他认为修辞术往往会产生文过饰非的作用,因此主张叙述的内容或历史事实重于"文辞"。在培根的《亨利七世治理史》(History of the Reign of King Henry VII, 1622)中,他的文体和语言风格都十分接近于塔西佗。

塔西佗对培根最突出的影响是使培根从政治和历史的表面现象中挖掘真正的原因。即便这种原因看似十分细微,但却经常是理解人物权术运作的有效突破口。例如,《亨利七世治理史》述及亨利七世为安排其子亚瑟与阿拉贡的凯瑟琳公主联姻而举行商谈时提到:

> 这次联姻几乎相当于缔结了7年的和平条约,这一定程度上是因为这对新人当时正处于蜜月中,尤其是王子十分宠爱喜爱王妃。但是真正的原因是王子和王妃都具有制定伟大决策的能力并且深谋远虑。他们都绞尽脑汁思考彼此的命运以及他们将如何展开行动。(Bacon 186 - 187)

由此可以看出,培根并未停留在王子王妃相爱带来两国和平这一事实表面,而是深入研究历史事件的根本原因。

除了探寻历史事件背后的深层次原因之外,塔西佗还注重探寻历史发展进程的根本原因,这也极大地影响了培根。塔西佗所处的时代发生了一系列巨变,即罗马共和国瓦解、罗马帝国建立。塔西佗对这一系列历史进程背后的社会和政治原因心知肚明,他从道德伦理的角度叙述了人们对于权力和财富的饥渴是如何使他们丧失自由、道德堕落,从而导致政治派系林立、生活奢华、安于享受古罗马强大的统治所带来的安逸生活,这与培根所处的时代极为相似。当时英国无论在教会体制还是国家政治体制都发生了一系列革命性的变化,亨利八世发起的宗教改革虽然打破了教皇在英国的权威,但也削弱了大一统的王权与宗教意识形态。宗教界由此出现了多元化的局面,并在宗教思想界引发了关于真理标准的大辩论,这场辩论旷日持久并扩展到政治和科学领域,最终在培根去世十多年之后引发了英国内战。在塔西佗的影响下,培根意识到他所处社会的巨大变化并对此持欢迎态度,力图像塔西佗那样通过撰写编年史探寻这种社会巨变的根本原因,这就是他对都铎王朝产生浓厚兴趣并立志为五代都铎君主作史的原因。

评价

在罗马古典传记作家的影响下,英国文艺复兴时期的传记开始重视人物性格的刻画并探究历史事实背后的深层次原因,这促使传记脱离历史学科成为一门独立的艺术,并为18世纪开始传记的繁荣发展奠定了基础。但由于古典传记作家注重通过传记发挥伦理道德教化作用,因此他们刻画出的人物"从来不是全面的、真正的人"(Maurois 27)。古典传记的这种注重伦理道德的倾向与英国本土传记同样重视道德教化作用的传统完全一致。这直接导致传记写作中忽略历史事实,为达到道德教化效果而"塑造"出圣徒或罪人(saint or sinner)的形象,为尊者讳、为逝者讳的现象层出不穷,这极大地破坏了传记的客观真实性。正如薇薇安·德索拉·品脱(Viven de Sola Pinto)所言,普鲁塔克与塔西佗的伦理传记都对英国文艺复兴时期的传记文类产生了影响,而且他们与以比德为代表的英国本土传记传统是互补的,都提供了伦理传记或教化传记的典范之作,因而使传记成为宣扬道德楷模的载体,这极大地削弱了传记的客观性和特殊性(de Sola Pinto 22)。

世纪概述

17世纪是英国近代科学大发展的前夜,也是由封建社会向资本主义社会过渡的转型时期。进入17世纪以来,资产阶级革命、共和国建立、弑君、王政复辟、光荣革命、两党制诞生、教派纷争等一系列社会巨变促进了传记的大发展,传记无论是数量还是种类都急剧增加,"传记"(biography)一词也随之进入英语。新教所倡导的平等思想和封建等级制度的崩溃使传主扩展到教士和政治家以外的各行各业,为科学家、考古学家、文学家、学者所作的传记屡见不鲜;人物合传、传记字典、家族传记等新的传记类型也开始出现。斯托弗对此指出:"(17世纪)之后几个世纪中盛行的传记手法与流派均能从1550年至1700年之间找到雏形。"这其中最具代表性的传记体裁为短篇传记,它在17世纪盛极一时,种类繁多,包括前言传记、传记素描(常用于葬礼布道中总结逝者生平)以及历史著作中的人物论。它要求传者撷取人物生平的精华部分,摒弃无关本质的次要内容;需要敏锐的观察力、高度的概括能力和精确的语言表现力。托马斯·富勒(Thomas Fuller, 1608-1661)、约翰·奥布莱、艾萨克·沃尔顿等人都娴于此道。在他们的传记中,读者愈加受到重视,传记开始发挥娱乐性功用,这不仅推动了传记向文学方向发展,促进了现代传记的产生,也催生了小说的萌芽①。

英国传记在17世纪的蓬勃发展,与当时的时代发展息息相关。旧有王权和教会权威的打破、公共空间的扩张、印刷出版业的兴起与出版审查的取消等因素引发了一场认识论危机(epistemological crisis)。舆论和民意具有前所未有的重要性,导致传记急剧发展,成为控制民意与政治斗争的武器。首先,原本由封建王权与国教联合掌控的英国社会在大革命中被资产阶级新贵与清教势力颠覆,民众的思想和言论自由得到解放,人民敢于打破封建专制的禁锢和钳制,想象和实践原先的禁忌。在动荡的社会中,短篇传记显然更适合创作,原先热衷于古物研究的英国传记作家也开始重新关注现世。其次,17世纪出现了公共空间的急剧扩张②,这使公共空间的主体——公众的意见更为重要。由于

---

① 早期的小说普遍采用传记、回忆录、书信、游记等各类传记体,18世纪最杰出的四大小说家亦不例外,如菲尔丁的《汤姆·琼斯传》、笛福的《鲁宾逊漂流记》与《一个骑士的回忆录》、斯威夫特的《格列佛游记》与《大伟人江奈生·魏尔德传》、理查逊的《帕米拉》与《克拉丽莎》等。理查逊在《克拉丽莎》中甚至公然声称这是真实的书信,并对沃伯顿主教(Bishop Warburton, 1698-1779)在所作前言中称其为小说而大为不满,并在第二版中删去了沃伯顿主教的前言(Wallace 58)。
② 哈贝马斯借鉴康德的研究指出,公共空间是在理性原则的指导下,公共国家与私人公民之间思想自由交流的接触面;由于资本主义经济和商业的发展,英国斯图亚特王朝后期出现公共空间(McRae 14)。

资产阶级革命和宗教革命打破了封建等级制度，大大加快了民主化进程，英国向公民社会大幅迈进。不仅广场和会议厅成为公共空间，17 世纪 50 年代初从海外传入的咖啡馆也成为交流思想和公共集会的重要场所，其数量如雨后春笋般增加，17 世纪末时已经达到"约 500 家"，并从伦敦扩展到"外省的大部分城镇"（Knights 17）。公众开始对关系到每个人的公众事务发挥主导作用，例如人民主权（popular sovereign）、公民的抵制（civil resistance）、社会契约（social contract）、院外活动等。在此背景下，为公众人物所作的传记也随之大幅增加，以利于民众了解他们。再次，印刷出版业的大发展、出版审查制度的取消①、民智初开②、信用经济的发展，使出版物成为争夺民意的重要手段。如前所述，公众在公共事务中占主导地位，通过出版物的宣传获取他们的支持至关重要。职业写手开始活跃③，谣言四起，编造、虚构、欺诈行为在以假乱真的伪装下屡见不鲜，一则事实常常出现多个相互矛盾且都自称真实的版本。1661 年公司普通股的出现，大众可以持有并交易原先仅限公司成员间转让的股票，咖啡馆成为股票交易的主要场所，这带来了股票市场的繁荣，并促进了高风险的海外贸易活动。以货币为媒介的交换转变为通过信用完成交换，这使商品经济迈入了信用经济（credit economy）时代，并直接推动了封建主义向资本主义社会的转型，但随之而来的各种谣言、虚构、欺诈行为也误导公众投资者对公司价值的判定并从中牟利。当年出现的新词"忽悠"（wheedle）概括了这种常见手法。同理，出版物的作者也可以通过相同手法奉承读者骗取信任，以此牟利。鉴于原先大一统的社会文化规范分崩离析，大众既无从获得关于事件的权威报导，也无能力辨别真相，因而对真相的判定往往不是取

---

① 英国 1641 年取消出版审查，克伦威尔执政后又恢复了出版审查，此后 1679 年再度取消出版审查，直到 1695 年才永远取消出版审查制度。

② 英国平均识字率在 17 世纪大幅提高，全国男性文盲由 1640 年的 70％下降为 1715 年的 55％，女性文盲由 90％下降为 75％（Knights 17）。伦敦的文盲水平远低于全国平均水平。

③ 当时在伦敦出现了职业写手聚集地格拉布街（Grub Street），潦倒文人在此等候雇佣。

决于事实,而是文本叙述的逼真程度和作者的权威性。

在此背景下,传记作家自然责无旁贷,他们也利用传记来争夺公共空间中的话语权,以树立典型人物来捍卫或攻击所刻画的传主,这实际上是通过传记的宣传功用服务于教派纷争与两党斗争,因为一种话语如果通过牺牲真实性将主题表述为善恶分明的斗争时,这就是宣传(Racaut 44)。这也是杨正润所总结的传记主体与历史主体间偏移产生的主要原因之一——"社会习俗和利益驱动所造成的种种忌讳或美饰"(杨正润,2009:189)。为了赢得读者的信任并进而获得他们在宗教或政治事务上的支持,传记需要具有吸引力、说服力和可信度。传者一改面目可憎、言语乏味的说教,开始尊重读者、注重传记的可读性。这推动了传记向篇幅短小精悍、文风平实易懂、具备趣味性与娱乐性的方向发展。同时,这也为小说的繁荣奠定了基础,如果作者不愿因虚构造假而有损自身信誉,又希望在描写人物生平时编造合乎逻辑的事实以吸引读者,那么最终的作品实际上就已成为小说。

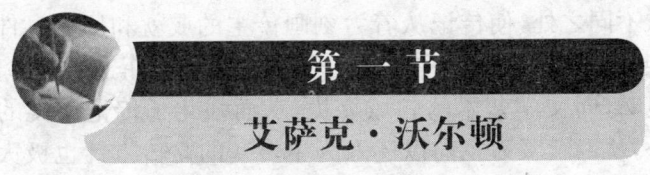

第一节 艾萨克·沃尔顿

(Izaak Walton, 1593-1683)

艾萨克·沃尔顿是英国文学史上划时代的一位作家。他的《垂钓大全》(*The Complete Angler*, 1653)在他死后多年里平均每年重印一次,就此而言只有《圣经》和《公祷书》(*The Book of Common Prayer*, 1662)堪与之比肩。他的与众不同之处在于他作为一个地位卑微的小商人,却能够在当时英国等级森严的社会中与地位较高的主教、出版商等人结为好友。正是这种友谊促使他为好友撰写出《多恩传》、《亨利·沃顿爵士传》(*The Life of Sir Henry Wotton*, 1651)、《理查德·胡克先生传》(*The Life of Mr. Richard Hooker*, 1655)、《乔治·赫伯特先生传》(The Life of Mr. George Herbert, 1670)、《罗伯特·桑德逊博士传》(The Life of Dr. Robert Sanderson, 1678)五部传记扛鼎之作,开创了亲切传记的写作手法,给英国传记的发展带来了革命性影响。他继承了当时日渐衰落的传统圣徒传写作手法,达到了英国传记史上圣徒传的巅峰。同时,他也吸收了文艺复兴时期英国盛行的希腊罗马传记传统,通过刻画典型人物的正面形象实现教化众生的道德目的,被约翰生①博士(Samuel Johnson, 1709 - 1784)誉为"伟大的赞歌手"(panegyrist)(Boswell, 1917: ii, 364)。

在沃尔顿所处的时代,传记种类已经空前繁荣。一如唐纳德·斯托弗的研究所示,"在文艺复兴的多重影响下,以及由于英语散文的发展,传记更加多样性。(17世纪)之后几个世纪中盛行的传记手法与流派均能从1550年至1700年之间找到雏形"(Stauffer, 1930: x)。在这些传记奇葩中,沃尔顿的亲切传记独树一帜。亲切传记使沃尔顿成为英国历史上第一位职业传记作家,也奠定了他在英国传记史上的地位。所谓亲切传记,即通过强调传者与传主之间的亲切关系,记录传主的轶事和与众不同之处,使传记从着力刻画传主的成就和历史事件转变为以刻画传主的人物性格为主。这一转变,使英国传记逐步脱离了历史学科的范畴,向文学艺术的领域靠拢,从而强化了传记文类的独立地位。此外,从以纪事为主向以述人为主转变的立传方针也极大影响了鲍斯威尔、斯特雷奇等后世著名的传记作家。导致沃尔顿实现这一转变的因素主要有二:一是西方古典传记的影响;二是沃尔顿个人特殊的传者身份。沃尔顿深受古罗马希腊历史学家普鲁塔克双行传记的影响,其传记以刻画、描摹和凸显传主的性格为重,而非单纯强调其事迹与成就。此外,与之前的传者有所不同的是,沃尔顿不是神职人员。作为一名普通信徒,他不具备对宗教教义进行讨论和解释的权威,也没有对各种宗教事件的解释权。因此他的叙事重点显然不是传主在宗教研

---

① 许多学者将 Samuel Johnson 译为塞缪尔·约翰逊。也有学者认为译作"约翰生"更具区别意义。本书除引用中译本《约翰逊博士传》外,一律采用"约翰生"译名。

究领域方面的成就,而是着力刻画传主作为一名虔诚的基督教徒所走过的心路历程。因此,沃尔顿在英国古典传记向近代传记的转变过程中发挥了承上启下的作用。杨正润先生将沃尔顿对英国传记发展的贡献评价为:"沃尔顿的出现可以说是下一世纪英国传记繁盛的前奏,他是古典传记同近代传记之间的一座桥梁,他虔诚的道德目标反映了旧传记的影响,他在传记的艺术形式上的刻意求工和情感色彩,又预示了新传记的特点"(杨正润,1994:244)。

沃氏传记对圣徒传传统的沿袭

沃尔顿所处的17世纪是动荡不安的时代。英国国内新兴的资产阶级与旧贵族形成了议会派和保皇派之间的斗争,同时英国国教与清教、长老会等更为激进的新教势力的教义纷争无休止,最终各种矛盾激化并导致了英国历史上最大规模内战的爆发。之后在护国公克伦威尔死后英国国王复辟,加强英国国教和王权的宣传和控制就成为亟需完成的任务。传记在此方面发挥了重要作用,这也是之前圣徒传记传统一直倡导的根本目的。沃氏传记也不例外,它们在道德教化目标方面继承了圣徒传记的传统,在某些方面甚至代表了圣徒传记传统的最高成就(Pritchard 6)。沃尔顿采用了程式化的叙事手法,有时明显违反历史严谨性的基本立传准则,对事实随意加工、虚构甚至捏造,这些做法都服务于宣扬英国国教的目的。因此,传记能够对受众产生什么样的实际作用是沃尔顿在传记创作中力图实现的根本目的。王佐良与何其莘从教化功用研究沃氏传记,揭示出沃氏五部传记的宣教作用:"这五人都是宗教人士,就连外交家沃顿也在后来任伊顿公学校长的时候取得了神职。沃尔顿写他们,也是为了宣扬国教的伟大。在这个意义上,这些传记是以前的'圣徒传'的延长和提高"(王佐良、何其莘,第461页)。具体而言,沃尔顿文本中主要通过文本操控、典型人物形象的塑造、借复述活动对意义进行加工这三种手段将传主个人的生平历史"打扮"起来,从而使读者在不知不觉中接受沃尔顿的道德教化和控制,并在此过程中严格遵守宗教规范。

沃尔顿的文本操控主要体现在断章取义、语言艺术、营造因果关系、编造事实、对时间的处理五方面。沃尔顿通过断章取义以片面的真实性来代替全面的真实性,即尽管他所叙述的都是事实,但他为了实现阐释的连贯性,按照自己的价值体系和规范进行选材并压制所有与其叙述相矛盾之处,因此在他的传记中每一位英国国教教徒都完美无缺,却没有一位清教徒得到了正面描写。沃尔顿能够隐蔽地展开叙事加工还得益于他高超地运用和掌握了语言艺术,他违背了自己"采用平实的语言,毫无艺术加工"(Walton,1966:21)的承诺,利用各种语言修辞手段在叙事加工中巧妙地实现了欺骗效果。沃尔顿还擅长故意将两个句子置于前后顺序以制造逻辑因果关系。以 E. M. 福斯特著名的"国王死了,然后王后也死了"(Forster,1963:93)论断为例,在现实中王后完全可能不是因为国王而死,但是在文学叙述中,事件是经过选择剪裁的,因此上述句子给读者的第一印象就是王后的死与国王的死有关系。这种印象虽是不合逻辑的,但读者对叙述文本产生这种印象是十分自然的,沃尔顿可以营造出这种时序关系使读者产生因果关系的错觉。最后,当前三种手法不足以满足沃尔顿的要求时,他不惜编造事实,伪造传主的书信和对话,篡改历史记录与文档。这种做法从现代治史的眼光来看无疑是离经叛道的,但却使人感觉出自传主本人,而看不出是沃尔顿凭空编造的。沃尔顿的这种编造事实的行为虽然未能做到忠实于传主的客观历史事实,但却忠实于沃尔顿在传记中刻意对传主性格的刻画。因此在读者看来,文本中所叙述的人物言行都符合传主的性格。

  对时间的处理是叙事重现客观现实的一个重要方面。沃尔顿还通过文本中的时间安排干扰读者将叙事时间还原为故事时间,使读者无法确定事件的具体时间,其目的是服务于沃尔顿的文本操控行为,这主要通过相对时间体系的构建与沃氏偏题(Waltonian Digression)实现。沃尔顿是怎样构建其相对时间体系的呢?他不愿意采用绝对时间体系,在传记中不向读者透露事件发生的具体年月日,而是采用相对时间体系,例如"3 年之后","不久之后"。其目的是为了防止读者将文本与外部世界加以对照并进而确定历史事件的具体时间,以此消除因加工事实而产生的痕迹。结果导致读者在阅读过程中明显感觉到文中的时间混乱,而且难以还原为绝对时间。幸而少数批评家采用阻抗式阅读,努力还原出文本中所发事件的绝对时间,并因而找出了沃尔顿在时间安排上蓄意的加工手法。通过在文本中构建相对时间体系,沃尔顿营造出永恒性意义。他将传主短暂的生平转换为无时间的永恒存在,将其树立为放之四海皆准的模范教徒形象,提升了传记的教化作用。沃氏偏题也是沃尔顿消除叙事加工痕迹的重要手段。这种手段制造出历史叙述的时间幻觉,使读者误以为叙事是如实遵照真实世界的时间顺序而展开,忽视了沃尔顿的加工手法。例如,当传主多恩因身体健康原因需要修养一段时间时,沃尔顿就会告知读者由于传主一段时间内没有活动,要暂时把他搁一搁,叙叙其他的相关事件或介绍背景环境。这种与真实世界保持同步的假象,使读者误以为自己是在阅读一部"信史"。

在英国16—17世纪,传记在罗马古典传记的影响下注重通过塑造典型人物形象激励读者效仿,从而收到预定的道德教化效果。在此影响下,沃尔顿不遗余力地塑造理想的传主形象,主要是通过演绎式塑造法和主情节塑造法实现的。演绎式塑造法是当时的宗教传记作家在刻画人物时普遍采用的手法,它指传者在撰写传记之前就已预设了传主人物性格,而传记只是围绕这一性格展开叙述而加以证明。为了实现理想化的传主形象,传者有选择性地对某些事件和要素加大了叙事频率,但却经常使人物变得简单化、扁平化。沃尔顿的高明之处在于,他并不像其他传记作家那样运用各种形容词对传主加以描述评论,而只是"客观地"叙述传主的言行。这是因为沃尔顿深知自己身为一名普通教徒,无权对作为高级教士的传主做出评判。于是沃尔顿让读者自行判定传主的各种模范品质,因而他的传记看上去似乎更加真实客观。主情节(masterplot)又被称作正统故事(canonical story),它受到规范所规训而且隐蔽地运作,实际上就是情节的原型,并可以根据具体情况加以改编,产生具体的心理图式并储存于特定文化的人群脑中,但又不像集体无意识那样先天产生并遗传,它是人们通过日常生活和艺术体验所获得的高度编码化的心理信息。主情节的突出功效在于高效性和修辞力量,传者可以摒弃与其力图刻画的人物形象无关或不典型的事

件,将复杂的人物性格变为简单的类型,从而更易于传者的文本操控;同时主情节的修辞力量极大地提高了叙事的可信度,营造了逼真的效果。沃尔顿在传记中频繁使用了《圣经》和杰出圣徒的主情节。以《多恩传》为例,沃尔顿在后半部分36页的篇幅中使用了36个主情节。他在论述传主选举与婚姻时采用了雅各的主情节,在论述传主作为教会领袖与赞美诗人时采用了大卫王的主情节,此外还采用了圣保罗、约伯、摩西、圣奥古斯丁、圣斯蒂芬等来刻画传主的不同品质。主情节可使读者将其中的文化编码与传主的特质相结合,在读者的意识中清晰地呈现出这些特质。如此,传主的模范形象便与基督教教义有机融合在一起,传主与基督教经典人物形象密切结合,成为基督教精神的个体化表现,因而在读者阅读传记过程中便强化了基督教宣传。

沃尔顿为了更好地服务于宣教目的,营造出文本客观可靠的假象,通过复述活动对意义进行加工。他在传记中大量引用了传主作品、书信中的语句,但这种引用采用了间接引语而并非直接引语的形式。这种复述行为起到了阐释、改编的作用,以服务于意识形态控制;同时也使传主晦涩的语句更加清晰,有利于文本的交际作用。赵毅衡认为:"文学叙述中任何形式的转述语都具有双重性质,一方面是人物语言的直录,是独立于叙述者的控制之外的;另一方面它们是被叙述的对象,服从于叙述结构的总的要求,因此在叙述者控制范围之内……人物的语气也可以侵入叙述者的语言之中"(赵毅衡,第151页)。通过这种方式,叙事者在文中伪装成传主,侵入了传主的话语,对其进行加工、调节,读者所看到的已经不是传主的原话,而是沃尔顿为实现道德教化目的而进行了阐释、加工之后的话语。另一方面,沃尔顿以间接引语的形式将传主晦涩的句法、词汇进行简化,消除其中含混的部分,使话语的意义表达更清楚,减轻了读者在阅读时的负担,避免读者对话语产生不同的解读,由此达到了更好的文本交际效果,强化了文本的宣教作用。

沃尔顿的上述手法背离了传记的历史客观性原则,但是始终遵循宣教共同体中严格的传统与规范性。这不仅限定了沃尔顿加工手法的范围,而且也充当了沃尔顿进行加工的依据,使他能够大胆地对人物的言行和心理活动进行想象和阐释。他利用《圣经》等基督教典籍中的叙述想象传记中人物的心理活动,以此为依据对他们展开心理描写。例如,沃尔顿多次以第一人称叙述传主的心理活动,但这实际上是他自己的想象。由于沃尔顿根据《圣经》等前文本寻找与传主相似的情形(例如多恩像圣约翰一样接受上帝的召唤从事神职事业),根据前文本描写来想象传主的心理活动与情感,力图深入传主的内心,捕捉其心理活动,甚至替人物构建了十分贴切的冥想,因此沃尔顿认为这种想象并非来源于自己的想象力,决不是凭空臆造事实,而是可靠、负责的行为。

沃尔顿对传记艺术的创新

虽然沃氏传记根本目的是为英国国教发挥摇旗呐喊的宣传作用,但它们在客观上对传记艺术的创新做出了巨大贡献。这是因为文艺复兴以来,随着理性力量的强大乃至新科学的兴起,人们已经不再相信圣徒传中宣扬迷信的圣徒显灵了,圣徒传记逐渐走入死胡同。如若宗教传记继续原先的写作手法,就会失去读者的信任和认同,其结果将导致传记无法充当推进、普及教会意识形态规范的高效渠道。因此,为了强化道德教化这一最终目的,传记文本必须更容易为读者所主动接受。沃尔顿为了实现更好的宣教效果,利用传记作为与读者交际的渠道,在传记手法上取得了突破。沃尔顿一反宗教传记写作中沿袭拉丁语写作而产生的刻板、冗长、结构复杂的写作风格,开创了亲切传记写作手法,并将当时英国散文繁荣发展所提供的平易近人的风格融入亲切传记手法。王佐良对此指出:"英国传记有正式的,可以写得冠冕堂皇;也有所谓'亲切传记'(intimate biography),则往往是用小品文的闲适笔调来写。17世纪上半叶,艾萨克·沃尔顿写的五篇传记属于后者"(王佐良、何其莘,第461页)。他拒绝采用叙事干预式的评论而仅仅充当传主的现场见证人或现场见证人的代言者,解读传主心理活动,展现传主作为一个虔诚的教徒所具有的弱点,刻画传主与众不同的特质,这些根本目的都是为了使传记中虚构加工的事实显得真实可信,使逐渐具有批判眼光的理性读者对其叙事文本"中止怀疑"并认同叙事文本,以此强化沃尔顿乃至英国当时的教会和王权所倡导的文化规范。朱文华在《传记通论》中简要归纳出沃氏传记的这一特点,即"对于传主的描绘都是

生动具体的,而且在各个传主身上也都掺入了作者自己特有的文雅和异想天开"(朱文华,第 84 页)。通过传记的艺术性,沃尔顿不仅使他的传记更好地为读者所接受,出色地产生了宣教这一言后行为,还使英国传记向文学领域大步迈进。因此被誉为"率先成为具有艺术性、精心创作的传记……不但是扛鼎之作,还是创新之作"(Dunn xviii),"能够用爱的力量将生平记录升华到艺术领域"(Stauffer,1930:280),"这些传记率先成为……文学艺术作品"(Altick 20)。美国 20 世纪传记理论家约翰·葛拉提(John A. Garraty)对于沃氏传记对英国传记的"范式转移"所做的贡献赞赏有加,他认为:"沃尔顿是普鲁塔克之后最接近职业传记作家的人;他为下个世纪的伟大传记作家开辟了道路……他既具有中世纪的虔诚和道德教化特点,也像现代传记一样注重诚实、艺术性、人物性格。公正地说,1683 年沃尔顿逝世时,传记的新时代拉开了序幕"(Garraty 75)。

  首先,亲切传记促进了文本与读者间的交际,更有利于读者对传记的接受和认可。沃尔顿传记的与众不同之处在于他在读者—作者关系和文体上一反当时传记写作中的慕史倾向,在传记中采用了亲切的写作风格。就读者与作者间的关系而言,作者并非将自己的观点强加于读者,而是在文本中与读者建立起平等、亲密的关系,让读者自行判断文中所述事件。他在 1658 年出版的《多恩传》修订版中坦言自己奉行的原则是:"如果我拥有权力的话,我不会用它来强迫任何人去认同我的观察或观点,而是留给他根据他自己理性去怀疑的自由"(Walton,1658:sig. A10)。这显然与当时常见的立传套路——传主生平叙述、作者评论、传主的性格分析截然不同。沃尔顿始终避免个人作出主观判断,因而使传记看上去极为客观真实。例如在《胡克传》中,作者在叙述因上帝选民问题所引发的教义之争时绝不发表评论,但却暗中将胡克的观点与高教会派的意见相提并论,诱使读者推测出胡克也属于这一阵营的结论。就文体而言,沃氏传记既不像当时仿造历史著作所写的传记那样生硬、严肃,也不像典型的宗教传记那样注重对抽象的宗教教义进行阐释,而是采用更为"平易"、"不矫揉造作"的语言(Oliver 280),这与其他同样以宣扬教义为己任的宗教传记极为不同。通过比较沃氏传记与同时代的其他传记,可以发现沃氏传记中以叙述和描写部分为主,而其他宗教传记则将大量篇幅用于针对宗教教义的说理和议论。沃氏传记的语言吸收了当时英国散文中流行的随意文体,语言平易近人,读者时常可以看到传者在文本中直接与读者展开亲切的对话。这改变了宗教传记刻板、晦涩的缺点,大大提高了宗教传记文本的可读性和对读者的吸引力,促进了与读者的文本交际。因此,沃氏传记赢得了高度的读者认同。虽然传记中必须遵守高度的规范性,但完全遵守规范也会扼杀传记作为文学文本的创造性,使读者缺乏继续阅读的兴趣。沃尔顿通过对传主私生活以及轶事的叙述,使读者感觉文本并非老生常谈,提高了读者的阅读兴趣,也使文本更加真实可信。

其次,亲切传记刻画出更为真实可信的人物性格。沃尔顿的传记中虽然延续了树立模范人物形象供读者效仿这一宗教传记传统,但又开辟了刻画传主特殊的人物性格的写作手法,使得人物形象真实可信。文艺复兴时期兴起的典范作品文类强调树立模范人物形象以便教育大众,因此为了使传主形象得到广泛的仿效,就必须强调传主各种品质的通约性,以笼统、抽象的原则来教导读者,而不是注重对个人化的品质进行细节刻画。根据这种原则所撰写的传记必然导致传主人物性格千篇一律,在一定程度上牺牲了传主的可信度,影响读者对文本逼真性的判断。而沃尔顿的亲切传记弥补了这一缺陷。它不仅塑造了传主模范的公众形象,而且利用自己与传主之间的友谊进入传主的私人生活,抓住传主不为人知的特殊品质为自己的传记服务。为此,沃尔顿强调传者与传主之间的亲切关系,采用亲切传记的形式拉近传主、传者、读者三者之间的关系。为了强化距离空间感的重要性,增强传记的逼真性,沃尔顿避免高谈传主生平中的历史性成就和抽象、高深的宗教教义,而向读者展示他所熟悉的传主生平中的轶事,使传主的人物性格惟妙惟肖,真实可信。

再次,沃尔顿之所以采用亲切传记手法,很大程度上是由他的身份所决定的。身为普通教徒,没有担任任何神职,沃尔顿为什么能够被权力强大的教会委以写传重任,而又胆敢冲破宗教传记的程式化藩篱,开创独树一帜的立传方法?这些问题的答案揭示出沃尔顿采用亲切传记

的根本原因,即他本人的身份使然。当时的宗教传记均由神职人员撰写并通常由教会发起、赞助,①而沃尔顿却只是一位普通教徒,他意识到自己卑微的身份不足以为高级神职人员立传。为了证明自己立传的权威,沃尔顿竭力强调自己作为传主亲密好友及其生平见证者的身份,以自己和传主的友谊来挖掘传主私人生活中的轶事。同时,沃尔顿的保皇派立场使他赞同英国王权和国教所倡导的愚民政策,主张普通大众不得对各派宗教教义的争议展开讨论,这也限制了他本人在传记中直接倡导宗教教义,而只能以"客观叙述"为主,采用更为隐蔽的手法来实现教化功用。

最后,亲切传记便于沃尔顿消除加工痕迹,这分别体现在叙事权威性、叙事者的自我伪装以及叙事视角这三个方面。就叙事权威性而言,如上文所述,宗教传记通常由神职人员所著,而沃尔顿作为不担任任何神职的普通教徒没有立传的资格。沃尔顿深知这一点,因此闭口不谈他所不了解的方面,而是致力于刻画出他所熟悉的轶事和人物品质。沃尔顿在《多恩传》前言中坦言自己的写作是在"真理之手"指引下完成的,是将自己作为一种工具来刻画传主的生平。沃尔顿力图充当地位卑微的信息传播中介,他诉诸于笔端的是传主本人和他获取信息的渠道——传主的朋友。他宣称自己的立传原则是不需要对事件进行评价,只需如实叙述,因此避免谈论宗教教义和事件的影响。他强调自己具备传者的权威性:与传主关系亲切,是传主生平的见证人,是历史事件的目击者。因此,沃氏传记首先强调传者资格的权威性,其次才是立传手法的艺术性,如选材和对模范人物形象的塑造。这反映出沃尔顿十分在意自己宗教人物传记的作者身份,并力图在"我亲眼所见"、"我亲耳所听"的基础上建立自己的权威。沃尔顿的立传权威确保了读者

---

① 当时的宗教传记为神职人员或神学家撰写,例如《殉教者书》(*Book of Martyrs*,1563)的作者约翰·福克斯(John Foxe)担任教会执事;《亨利·哈蒙德传》(*The Life of Henry Hammond*,1661)的作者约翰·费尔(John Fell)为牛津主教;《马修·黑尔爵士传》(*The Life and Death of Sir Matthew Hale*,1682)的作者吉尔伯特·伯尔奈特为萨利斯伯里主教(Drabble 365;343;148)。

相信他的叙事可靠性。叙事者在传记中的自我伪装是亲切传记与其他慕史型宗教传记的重要区别。在亲切传记中,由于传者强调自己与传主的友谊,传者在叙事中就需要同时充当叙事者和传记中的人物;而与此相比,慕史型宗教传记则仿造历史写作,叙事者超然于叙事层面之外。为了塑造传主的理想形象,传记中作为人物出现的传者本人披上了伪装,打扮成类似于格列佛式的天真、无知的人,表现出单纯、率直、胸无城府等品质,这一点对于鲍斯威尔等后世传记作家影响极大。亲切传记的叙事视角与慕史类传记也具有极大的区别,即传记中采用了两种不同的叙事视角。叙事者在叙述与传主之间的亲切关系时采用了沃尔顿自己的叙事视角和理解能力,这时读者透过沃尔顿的眼睛所看到的人物形象和事件是有限的,理解能力也是相对较低的;而在叙述传主其他生平事件时则采用全知全能视角,这样叙事者不仅能够知晓一切,而且能够对过去的所有事件清晰、正确地洞察。沃尔顿所采用的两种叙事视角之间的差异从根本上说是权力自限问题,因为作为叙述作品的创造者,沃尔顿对其中的全部信息拥有解释、选择、讲述的权力。他之所以刻意限制自己的权力,是因为他力图刻画出作为亲切好友的传者眼中的传主形象,而不像全知全能叙事中需要对传主进行全面的评价。这样就产生了两大好处:其一在于作为人物的沃尔顿成为传记中所叙述事件的亲身经历者,他刻画的传主就是经过自己的观察加工之后的人物形象,可以选取自己希望读者看到的场景展开叙述,这就使沃尔顿不仅能够为自己的加工手法找出依据,而且使传主形象更为可信;另一好处就是极大地增强了传记的生动性。这种手法将读者拉入叙事世界,并使读者透过沃尔顿的眼睛身临其境地体验经过戏剧化渲染的事件,这便使读者的阅读过程如同观看纪录片一般,大大提高了作品的逼真感。

评　价

沃尔顿沿袭了圣徒传传统,在此基础上开创了亲切传记,从而其传记得以从浩如烟海的宗教传记中脱颖而出,获得巨大成功。他在传记中精湛地运用了各种艺术手法,例如小说笔法、背景描写以及轶事,

使文本具有特殊的魅力,给人留下了深刻印象。阿兰·普利查德(Allan Pritchard)在《17世纪英国传记文学史》(*English Biography in the Seventeenth Century*,2005)中指出,沃尔顿的艺术手法深刻影响了现代主义时期的传记作家利顿·斯特拉奇(Lytton Strachey,1880 - 1932),二人的区别只是沃氏传记"为教会而辩"(Pritchard 12),而斯特拉奇是为了在传记中"建构丑陋、虚伪的形象"(Ibid. 89)。

沃尔顿在传记中所采用的艺术手法最终都服务于宣教这一目的,他的传记也确实对后人产生了巨大的教化作用。例如,约翰生将沃尔顿的传记列为他爱读的书籍之列并一度打算为沃尔顿立传。英国传记大家鲍斯威尔也对沃尔顿的传记欣赏有加。在他看来,教化作用是沃氏传记的特殊魅力。读这种传记,人的灵魂能够得到洗礼,精神能够得到提扬,能够自发地实施笃信教义的行动,冥想自省、检查自我,去教堂做礼拜等等。鲍斯威尔举例称他阅读了沃尔顿的《胡克传》后,"沃尔顿简单、虔诚的精神注入了我的灵魂。我决心除了完成事务并解决其他各种苦恼的事情之外,我还要在心灵中履行宗教责任"(Boswell,1960:239)①,因此他本打算星期天一上午都躲在被窝中休息,却在读完传记后针对继续享受安逸还是前往教堂做礼拜展开了思想斗争,最终"爬起身、吃完早饭、到了教堂却发现已经来迟了"(238)。在之后一次阅读沃氏传记时鲍斯威尔也收获了同样的教化效果,他称自己进入到最平和、最虔诚的状态。他在日后审视自己的心灵时发现:"年迈的沃尔顿使我受益匪浅;我白天经常对死亡和未来进行冥想。这使我每一刻都努力改善自我"(281)。浪漫主义诗人华兹华斯也看到了这种教化作用,他在商籁诗中称赞了沃氏传记对人心灵的巨大感染力:"传载诸君,国器明焕。清芬世守,盛德世冠。涕泪相读,珠泪渐渍。效而仿之,大德无忘。"(Wordsworth 164)他在这首诗中将沃尔顿传记的魅力归结为他的艺术手法,即沃尔顿"在书写这些好人的生平时,所用的鹅毛笔是用天使之翼掉落的羽毛制成的"(Ibid. 164)。在华兹华斯看来,这种高超的

---

① 以下引文凡出自该书均只注页码。

艺术性所产生的巨大力量使得沃氏传记成为典范之作:"在美丽的苍穹中,没有任何色彩能像这些星星一样耀眼"(Ibid.)。正因为沃氏传记出色的教化作用,保守的英国国教在之后福音教派大觉醒运动和英国宪章运动的双重夹击下,依然以沃尔顿的传记作为舆论宣传工具进行政治斗争。

第二节
托马斯·富勒
(Thomas Fuller, 1608 – 1661)

英国进入 17 世纪之后,短篇传记大行其道,成为当时传记的主流,这是 17 世纪英国传记最突出的特点。由于短篇传记篇幅较短,作者常常以合集的形式出版,涌现出大量的短篇传记集,例如托马斯·富勒的《英格兰名人史》(The History of the Worthies of England, 1662)、安东尼·伍德(Anthony Wood, 1632 – 1695)的《牛津名人录》(Athenae Oxonienses, 1691 – 1692)、大卫·劳伊德(David Lloyd, 1635 – 1691)的《国家名人传》(State Worthies, 1665)、威廉·温斯坦利(William Winstanley, 1628 – 1698)的《英国显赫诗人传》(The Lives of the Most Famous English Poets, 1687)、约翰·奥布莱的《奥布莱短篇传记》(Aubrey's Brief Lives, 1669 – 1696)等。尽管这些传记的写作目的和分类方法各不相同,但它们的普遍特点是在有限的篇幅中抓住人物最典型、最突出、最与众不同的特征展开描写,剔除次要内容,从而使人物的本质特点更为清晰。

短篇传记在当时成为风尚的原因有多种。首先,当时社会动荡不安,政权频繁更迭;在此环境下,作家大多无法安心于长篇传记的创作。其次,罗马古典短篇传记的译介也对当时短篇传记的盛行起到了推波助澜的作用。例如,科尔奈利乌斯·奈波斯(Cornelius Nepos,公元前

100？-24？)的《外族名将传》(Lives of Eminent Commanders,约公元前35或34)、迪奥吉尼斯·莱尔丢斯(Diogenes Laertius,约公元前3世纪)的《古代哲人传》(Lives and Opinions of Eminent Philosophers)、苏维托尼乌斯的《罗马十二帝王传》(Lives of the Twelve Caesars, 119)为当时的英国传记树立了榜样。在此影响下,当时的短篇传记大量采用传记合集的形式出现。最后,短篇传记具有更强的功利性,它的种类多样,能够满足多种不同的目的。它可以是葬礼布道所用的传记速写,粉饰、鼓吹传主生前的功德;可以附在传主的著作前充当前言传记;可以用于历史著作中的人物性格描写;也可以用于党派斗争和教派斗争中,充当宣传、辩护的工具。

短篇传记的多样性特点,使传记摆脱了对历史和宗教的仆从地位,拓展到新的领域,逐渐赢得独立身份。由于短篇传记的兴起,不仅传记数量和类型急剧增加,传主的类型也极大丰富,扩展到社会中下层人群,使传记不再局限于为帝王将相或圣徒立传的传统。同时,短篇传记短小精悍,表达灵活,分析入木三分。它们的流行为18世纪小品文的盛行做了准备。

在这些短篇传记作家中,英国牧师兼历史学家托马斯·富勒凭借其著作中引人入胜的趣味性和出色的艺术表现力脱颖而出。他不仅在传记实践方面取得丰硕成果,还注重对传记理论的探索,并在传记理论上取得了突破,对英国传记的发展起到了指导作用。

《英格兰名人史》

富勒出生于一个神职人员家庭,从小就对知识孜孜以求,这为他日后写作收集素材奠定了基础。在当时动荡不安的社会中,以往文人依靠贵族资助开展创作的局面受到冲击,但富勒率先依靠写作自食其力。他是一位高产作家,一生著作包括传记、随笔、布道祷文、历史著作、前言、诗歌等,总共出版了30多部作品,其中主要著作有《圣战史》(History of the Holy War, 1639)、《天国与凡界》(The Holy State and the Profane State, 1642)、《英国教会史》(Church History of Britain, 1655)、《英格兰名人史》等。他在这些著作中都穿插了大量的短篇人物传记,但与其他几部著作不同,短篇传记在《英格兰名人史》中绝非仅仅起点缀作用,因此这部著作是富勒最重要的传记著作。

富勒写作《英格兰名人史》原先是因为他发现早先的考古学家过于轻信、不求甚解,甚至采纳了超自然的材料。他希望像写作《英国教会史》一样,通过亲自开展调查研究,摒弃一切迷信的、缺乏事实依据的材料,撰写出一部描写英国各地历史风貌的信史并用于考古研究。作为风土人情的重要组成部分,对各地名人的描绘在创作中成为本书的重点。在炮火纷飞的内战期间,富勒不顾种种不利因素遍访英国各地开展研究调查工作,孜孜不倦地收集材料,完成了这部上千页的巨著。为了使本书成为一部信史,富勒对传记文献进行了大量的考据研究。他能够在文中提供自己采用的资料来源,并能以质疑的态度对待自己使用的教会文献。例如他指出了某些材料的不可靠,尤其是中世纪圣徒的生平和种种显灵行为,并否定了圣徒传记作家的立传态度,"认为他们缺乏诚实的心灵和灵巧的大脑"(Stauffer,1930:246)。如果无法从书面文献或纪念碑文中找到所需的材料,富勒便会不辞辛劳地走访传主的亲朋好友采集资料。

除了可靠性之外,这部著作的全面性也是无与伦比的,尤其是人物的全面性十分突出,这主要体现在两方面。一方面,富勒雄心勃勃,立志为有史料记载以来英格兰和威尔士的所有名人撰写短篇传记(当时尚在世的人物除外),因此就书中所涵盖的传主数量而言,17世纪其他任何一部传记著作都不能望其项背;另一方面,书中传主的种类也颠覆了之前的传统,革命性地收录了普通百姓的传记。富勒无视传主的出身门第与社会等级,他在书中对每个郡的名人分门别类地展开描写,其中不仅有之前传记中常见的王侯、圣徒、主教、法官、政治家、军人、作家(包括学者和科学家)、慈善家、医生、官员,还包括了大量地位卑微的水手和拥有过人之处的底层人民,最终使这部作品不仅仅是名人合传,而是为英国所有值得纪念的人物所写的合传。由此,富勒率先在传记领域掀起了民主化革命,打破了之前传记以叙述历史成就、为帝王将相和宗教人士立传的传统,将传主扩展到普通大众。这体现出当时随着资产阶级兴起,封建等级特权制度趋于瓦解的历史趋势。

富勒这部传记的另一大特点是趣味性强。这部传记短小精悍,充

满作者的睿智；每篇传记中充满各类新奇的趣闻轶事，有些离奇古怪，有些耸人听闻。自然界和人类的奇妙之处，尽展于读者眼前。这些特点加强了该书的可读性，读来令人心情舒畅，如坐春风。著名的日记家塞缪尔·佩皮斯（Samuel Pepys，1633－1703）、19世纪散文家查尔斯·兰姆（Charles Lamb，1775－1834）等英国作家对《英格兰名人史》爱不释手，两百年后的诗人兼文学理论家塞缪尔·泰勒·柯尔律治（Samuel Taylor Coleridge，1772－1834）也深受此影响，认为"在一个伟人层出不穷的时代中，富勒是一位拥有无与伦比的敏锐性和最公正中肯的伟人"（Coleridge，II 390）。与此相反，当时大量严谨的历史著作和布道祷文由于行文晦涩，缺乏趣味性，被后人束之高阁，普通读者鲜有问津。

富勒的传记理论

富勒不仅在传记实践方面取得了丰硕成果，还注重对传记理论的探索，大胆地革新传记理论。在17世纪传记写作逐渐兴起、需要理论提供指导的背景下，富勒的传记理论使英国传记从根深蒂固的传统中解放出来，为英国传记即将到来的繁荣奠定了基础。

富勒的传记理论浓缩于《英格兰名人史》的第一章中。他向读者开门见山地介绍了本书的大致结构与写作目的。他将英国比作一幢大宅子，每个郡相当于一间屋子，鉴于前人已经描写过这些房间，他写这部著作是为了"描述这些房间中的家具，即每个郡所出产的物品，这些地方孕育的出色个人，以及其他引人注目的方面"（Fuller，1662：I-1）。富勒别出心裁地以郡县为分类方式，将人物传记置于各地不同的背景中，真实再现了英国当时的风貌。他将这部著作"分为现实世界和个人"，现实世界指"每个郡的物产和引人注意的方面"，个人指每个郡孕育的杰出个人的人物性格（Ibid. 2）。通过对现实世界的描写，使读者更加清楚传主所生活成长的环境，并能够籍此更好地理解传主的种种言行。

富勒继而明确提出了他著名的五大传记写作目的：

> 首先，要宣扬上帝的荣耀，这应是我们一切行为的出发点……其次

要缅怀逝去的人物……第三,要为活着的人树立模仿榜样,为他们树立在勇气、财富、智慧、学识、宗教、布施方面十分突出的典型人物……第四,要为读者提供娱乐,使他们快乐……最后(我毫不羞愧地公开承认),要为我自己谋取诚实所得,以补偿我付出的辛劳……即便这部著作无法实现所有这些目的,能实现其中部分目的我就很高兴了。哪怕只能实现其中的一个目的(尤其是第一个目的)我就心满意足,谢天谢地了。(Ibid. 1-2)

由此可见,富勒对传记写作所总结的五个目的几乎涵盖了所有的传记。前三项反映了当时英国传记作家普遍遵循的传统,即首先他们的传记要宣扬上帝的荣耀,证明上帝之手在人间的显灵。富勒强调他通过描写英国这块乐土以及丰富多样的物产,促使人们对上帝的恩赐心怀感激,这是正统基督教传记作家的典型特征。其次,富勒认为传记是纪念逝者最好的方式,因为无论是木头、玻璃、石头、金属所制成的纪念碑都无法逃避岁月的侵蚀,他指出:"让这些杰出人物免遭遗忘的最保险方法是通过著作记录下来留给后人"(Ibid. 2)。第三点表明了当时传记具有强烈的教化目的,即传记通过塑造典型人物形象,为读者提供可供效仿的范例,以实现对读者的鼓舞、教化、指导、启发作用,规范他们的生活方式与言行。

富勒的传记理论不仅反映了根深蒂固的传记传统,也取得了创新和突破。富勒在其余两项立传目的中毫不掩饰自己写作传记是为了娱乐读者并以此安身立命。富勒对传记娱乐目的的论述具有划时代的意义。17世纪的道德规训依然十分严格,传记往往以严肃的笔调向读者说教,以宣扬基督教义、纪念传主、教化读者为己任,达到"文以载道"的效果。富勒认为这样会令作品言语乏味、面目可憎,因而大胆奉行娱乐性原则。他的娱乐性原则体现在他的各类著作中,即便是《圣战史》等严肃的历史著作,富勒也将其视为"娱乐性的著作"(Fuller,1840:vi)。在这些著作中,富勒巧妙地运用各种手法将传记的娱乐性与道德教化目的融为一体,在娱乐大众的同时清晰、有力地表达了自己的观点,以娱乐性为契机实现了极好的道德教化效果。这虽然依然无法实现尼柯尔森所倡导的"纯粹的传记",但却使传记向文学领域的方向迈进,并与之后兴起的小说不谋而合。富勒提出的传记的谋生目的与传记的娱乐性目的密不可分。唯有传记为读者提供了娱乐,使他们能够快乐地享受阅读传记的乐趣,传记写作事业才能为作者带来经济上的独立而无需贵族或教会的赞助。因此,富勒将传记的谋生目的付诸行动,实现了依靠传记写作自食其力的目的。这笔收入不仅满足了他日常生活所需,而且还足够让他的儿子在自己去世后将《英格兰名人史》付诸出版。

富勒传记的娱乐性

富勒的著作具有突出的娱乐性,可读性很强。这一方面是因为当时英国的社会历史语境使英国人有更多的机会传播交流他人的趣闻轶事;另一方面是富勒在传记著作中充分发挥了自己的想象力,别出心裁地组织材料,令读者深感意外。他强调通过细节描写刻画各种人物的特殊性与多样性,这满足了读者的好奇心。他还巧妙地运用各种修辞手段,烘托事物的真相,强化了传记的艺术表现力。艾迪逊对此给予了高度评价:"在大革命时代中,交战双方为了击败对方拼得你死我活,而富勒依然能够热爱和平并保持幽默感,这是了不起的成就。通过他的睿智,他使著作十分生动,充满生气,因而使得他所在的时代看上去不太黯淡"(Addison,1952:100)。

富勒注重传记的娱乐性,这与当时的社会历史语境息息相关。在富勒所处的斯图亚特王朝后期,公共空间开始兴起,英国逐渐向代议制社会转变。由于王权、教会等传统的政治权威在17世纪中期的内战中大大削弱,公共空间迅速填补了王权与教会衰败之后留下的真空地带,而当时兴起的咖啡馆与出版业对公共空间的扩展做出了重要贡献。咖啡馆自1650年出现在英国之后便像雨后春笋般在伦敦迅速发展,并在17世纪末达到500家左右,而且遍布英国大多数省会城市。同时,由于负责出版物审查的星法院(Star Chamber)于1641年被废除,出版物开始大量在英国涌现,越来越多的人加入到出版业中,结果在17世纪40年代伦敦甚至出现了"格拉布街"(Grub Street)专门从事出版活动。在这两个因素推动下,人们有机会聚集在咖啡馆中谈论各种国家大事、奇闻怪谈、人物轶事，散发宣传册、时事通讯或报纸等出版物，这为人们交流各类名人趣事的传言创造了条件。人们在这种谈论他人轶事的过程中获得了愉悦和满足，并以此作为打发时间和娱乐的方式。这一时代特点从客观上促使富勒、奥布莱、伍德等传记大家和佩皮斯、伊夫林等当时最优秀的日记家热衷于叙述名人的奇闻轶事。作为其中一员，富勒十分重视对人物趣事的渲染，其著作中包含了大量关于同时代人的各种传言，妙趣横生、引人入胜。

除了时代背景之外，富勒的个人特质也使他注重传记的娱乐性。富勒本人像孩子一样天真快乐，他认为快乐对于人生十分重要，并努力在传记中宣扬快乐的人生原则。例如，他在描绘哈特福德郡的名人耶利米·戴克(Jeremiah Dike)时评论道："读者知道，一盎司重的快乐加一盎司重的优雅要比一磅重的悲伤更能博取上帝的欢心"(Fuller, 1662: II-55)。他在诺丁汉郡部分的结尾专门描述了小集镇布利瑟(Blithe, 英文意思为"欢乐")，并指出"当地居民十分快乐幸福，布利瑟由此得名。鉴于如此，我希望将快乐遍及整个诺丁汉郡"(Fuller, 1662: I-583)。诚如布罗达斯(E. K. Broadus, 1850-1900)在出版《富勒选集》时对富勒这种个人特质的评价："当我们翻开富勒任何一部著作时，我们都会觉得他这个人很有趣；我们继续阅读下去的话，就会取笑他；但读到最后一页时，他就会抓住我们的心灵。他的神来之笔给我们带来了欢乐，但正是他这种品质吸引了我们"(Broadus xi)。为了在传记中突出娱乐性，富勒注重以奇制胜，以趣闻轶事娱乐读者，以出色的艺术表现手法吸引读者。

为了践行传记的娱乐性目的，富勒在传记中猎奇各种人物性格以飨读者，并在此过程中实现了人物高度的全面性。一方面，富勒被人类千奇百怪的个性所吸引，力争通过细节描写刻画各种人物的特殊性与多样性，以此吸引读者的兴趣，满足读者的好奇心。由于富勒立志为英国的所有名人立传，因此每篇传记的篇幅都十分有限，制约了富勒对每位传主展开深入细致的描写。富勒只能抓住每个人物与众不同的个性和最典型的特征，通过描写大量的人物展现人类的丰富多样性，最终完成了一幅全人类的全景化绘卷，这一点摆脱了英国传记传统的束缚。此前的

传记大多强调塑造传主的模范形象以供读者效仿,因此通常按照理想化的道德或宗教原则塑造传主,导致传记中人物性格趋同,鼓吹人物共性。富勒恰恰相反,他厌恶生活中的单调、统一、一成不变,热爱新奇多样,突出人物区别于他人的个人特征。例如,他在叙述英国姓氏演变时十分欣喜:"无论这在其他人看来如何变化多样,坦白地说,我对这种变化的前景十分开心"(Fuller, 1662:Ⅰ-71)。他描述了约翰·布雷(John Bray)的神奇膂力,称"他能够在1608年左右用自己的背上枪托那么长的地方,一次扛起6蒲式耳重的面粉",而基尔特(Kiltor)躺在朗斯顿监狱的地上时能"将一颗几磅重的石头扔过塔顶(我向您保证这座塔可不低)"(Ibid. 319)。另一方面,由于对多样性的热爱,富勒能够以宽容的态度认可各种人物性格特点所具有的价值,破除种种偏见,在著作中为各个社会阶层的人物立传,实现了人物高度的全面性。富勒在传记中无视社会等级,大量收录了之前为人们所忽视的人物,甚至连炼金术士也列入其中。这是因为富勒将传记视为"一间公共酒店,它招待所有旅行的路人,前提是他们必须拥有与众不同的特征(邪恶的特征除外)"(Ibid. 55)。根据这一原则,只要人物具有奇特的个性,就能成为富勒传记中的传主。在他看来,身份地位悬殊的人物在性格上并无轩轾。例如,威廉·亚当斯(Willam Adams)之所以跻身名人之列是因为他是第一位到达日本的英国人;莱昂纳多·马斯卡尔(Leonard Mascall)则是第一位将鲤鱼带入英国的人;托马斯·帕尔(Thomas Parr)的寿命高达150多岁;赫斯特·坦普尔(Hester Temple)有700位儿孙;约翰·莱普顿(John Lepton)能在6天内骑马从伦敦赶到约克。富勒甚至一反当时根深蒂固的封建忠君思想和等级制度,不仅为啸聚山林的草寇罗宾汉立传,而且在为林肯郡的名人立传时,将地位卑微却手艺精湛的铁匠詹姆斯·约克(James Yorke)和伊丽莎白时期声名显赫的伯雷爵爷(Lord Burghley, 1521-1598)相提并论,充分体现了富勒对人物个性的重视。

作为一名伟大的传记作家,富勒不仅擅长刻画各种独特的人物性格,而且热衷于描写各种有趣的轶事以娱乐读者。富勒意识到轶事的重要价值,能够将生活中的平常、琐碎之处写得妙趣横生、亲切动人,并通过自己的想象力使其增色不少。富勒为了在《英格兰名人史》中实现娱乐目的,在内战中跟随保皇派军队四处搜寻新奇的轶事和有趣的地名,查阅种种资料,最终使这部著作能够以短小精悍的趣事,精确巧妙地再现人物的形象。他从人物的私密生活中挖掘有趣的细节,例如人物的娱乐方式与爱好,甚至连人物的个人习惯、说话腔调、脾气都成为他的谈资。尽管他常常出口诙谐,戏谑性地描述传主,但却不会伤及他们的尊严,这与当时传主常常以严肃、令人望而生畏的形象示人的传统传记相比,无疑令人耳目一新,因此深受读者欢迎。

富勒的传记不仅叙述题材生动有趣,其叙述手法也极具艺术表现力,深深吸引了读者。富勒出色的文学技巧和无可媲美的表现能力主要体现在他对各种修辞表现手法的运用上,尤其是警句、双关和比喻。格言警句是富勒最常用的修辞手段。由于富勒的短篇传记篇幅有限,因此需要语言具有高度的概括性;警句满足了这一要求,它们简短扼要,能够以简练的语言引出富勒的中心思想,引发读者的思考。例如,富勒精辟地将律师所奉行的原则概括为"只要你戴过一次皇冠,就可以粉饰你的所有缺点"(Fuller,1662:III - 174),对谚语则概括为"谚语就是许多事情熬成几个字"(Fuller,1662:I - 7)。正因为富勒传记中大量采用了警句概括自己的思想,"几乎在每一页纸上的任意三句话中,你都能找出一句话当作格言或警句"(Prickett and Wright)。除了警句之外,富勒还通过双关手法表现出自己的睿智。例如,在叙述教皇乌尔班(Pope Urban)将五位红衣主教装进麻袋丢进水中溺毙时,他一语双关:"哦,这可真是最野蛮的文明人(Oh most barbarous Urbanity)!"(Fuller,1662:II - 73)富勒的比喻手法使他的传记更加生动形象,例如他在写到英国的音乐家时称:"我承认,有许多对音乐不懂装懂的人……但是他们在真正的音乐教授面前就像猴子在人类面前一样丢脸可笑"(Ibid. 40)。

富勒传记突出的娱乐性使它具有极大的魅力。与富勒同时代的著名日记家佩皮斯在1662年2月10日的日记中称,他在购买《英格兰名人史》后被其深深地吸引,"第一眼见到它就禁不住坐下来阅读",居然失去了时间概念,把宾客冷落一旁(Pepys I - 2 - 15)。查尔斯·兰姆也十分喜爱富勒的这部著作,爱不释手,他曾连续三天阅读,因而在信中抱怨称自

己的视力几乎快被《英格兰名人史》毁掉了。由此可见,富勒使传记更加接近文学作品而非古板的历史著作。但是,富勒在人物描写中突出娱乐性,甚至在严肃的历史著作中依然如此,这种离经叛道的做法显然与当时的主流传记传统格格不入,因而饱受指责。彼得·黑林(Peter Heylyn, 1559-1662)指责富勒在宗教史中竟然穿插了大量插科打诨的描写,使《英国教会史》沦为罗曼司和寓言故事的大杂烩,因而将此书斥为"《富勒杂录集》"(*Fullers Miscellanies*)(Addison, 1951:204-215)。

评　价

　　富勒对传记的最大贡献在于主张传记的娱乐性,并在人物描写中注重多样性和个性。在17世纪的英国传记中,富勒的立传原则具有开创性,对传记的演变发挥了重要作用。尽管17世纪后期的传记作家奥布莱也持相同观点,但他未出版传记,也就未能像富勒一样起到推动作用。富勒一反之前传记高高在上、令人望而生畏的做法,而是通过生动的描写、丰富多样的趣闻轶事、出色的修辞手法,将人物描绘得栩栩如生,将人生的琐碎细节与人物的千奇百怪刻画得淋漓尽致,从小处发掘人物的伟大和过人之处。因此他的传记更像一部文学作品,深受读者喜爱,并因而推动了英国传记从历史和宗教领域独立出来,向文学著作的方向演变。斯托弗发现了这一点,他评价富勒"意识到传记是一门独立的学科"(Stauffer, 1930:84)。

　　然而,富勒的立传原则依然存在局限性。他的传记依然无法摆脱为宣教和道德教化目的服务的传统,这从他提出的前两项传记目的中可以看出。因此,他的传记也常常是寓教于乐,从而更好地服务于此功能,这种传记传统需要奥布莱及之后的传记作家彻底打破。富勒的第三项传记目的也打上了英国传记传统的烙印,他在《英格兰名人史》中明确提出自己要对传主的错误和缺点非礼勿言:

　　你只能叙述美德,而需要在我们的记忆中隐瞒许多人所犯的错误……我认为本着慈悲为怀的原则,我必须这么做。当一位演说家要赞美一位已故的人时,这个人常常会因品性不端而受人憎恶,这无可厚非。有人因而怀疑演说者为了报酬昧着良心夸耀他,以此打消了人们对他的负面看法。而演说者认为:"这位逝者必须在某个方面被所有人称颂,因为他是上帝所造;另一方面,任何人不应对他做出负面评价,因为他已经去世了;即为逝者讳。而且当有人具有多种美德,却同时有一些缺点时,就应当忘记他的缺点,将此埋藏在他墓中"。(Fuller, 1662:I-100)

除此之外,富勒的《英格兰名人史》中也存在许多错误与疏漏并因此而受到批评,这主要是因为富勒的资料来源有误而并非他缺乏批判精神。总之,这部著作最重要的贡献并非历史考据的准确性,而在于其趣味性和全面性,以及对英国传记发展的巨大贡献。

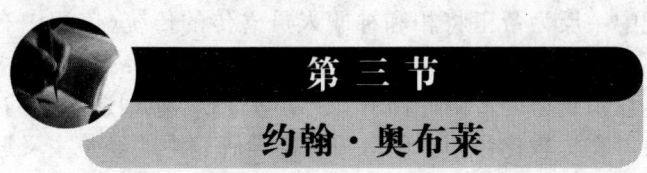

第三节

约翰·奥布莱

(John Aubrey, 1626-1697)

17世纪英国短篇传记发展迅速,涌现了约翰·奥布莱、罗杰·诺斯(Roger North, 1653-1734)、托马斯·富勒、安东尼·伍德等一大批杰出的短篇传记作家。奥布莱是其中最出色的代表人物之一。奥布莱作为英国皇家学会最初的成员之一,深受当时兴起的新科学影响,强调传记和历史写作的客观性和中立性。例如他的历史著作《威尔特郡自然史》(The Natural History of Wiltshire, 1656-1691)致力于客观地研究和认识各种现象。他的传记合集《奥布莱的传记》则与之前的圣徒传传统彻底决裂。在这部作品中,奥布莱不再根据道德教化目的组织、加工材料,而是通过细节刻画人物与众不同的个性并注重传记叙述的全面性,力求展现传主的私密生活,并在传记中展现出敏锐的观察力、理解力和栩栩如生的表现能力。在他的传记中,传主不再像之前的传记

一样局限于名人,而是扩展到普通民众;传记的叙述也不再局限于传主的公众生活,而是兼顾到私密生活。因此,奥布莱被誉为"17世纪英国最具原创性的传记作家"(Pritchard 172)。

与圣徒传传统的决裂

奥布莱作为英国皇家学会的成员,结识了一大批高级知识分子,例如托马斯·霍布斯(Thomas Hobbes, 1588-1679)、威廉·哈维(William Harvey, 1578-1657)等,他对印刷术、天文学、历史、民俗、教育、数学、绘画也都颇有研究。在当时兴起的科学理性思潮的影响下,中世纪的神学研究逐渐向现代自然科学过渡,而科学的革命以及由此产生的研究方法和思想吸引了奥布莱,他的思想被这种"培根式的、经验主义的新观点或自然哲学"所占据(Aubrey, 1972: xvii)。这不仅使他在传记中一反为帝王将相和神职人员立传的传统(传记中有关科学家的篇幅大大超过神职人员,仅数学家的传记就约占五分之一篇幅),而且使他意识到圣徒传中种种不实之处,因而不愿塑造片面的、典型的人物形象以实施教化作用。他力图将科学研究中的经验主义运用到传记中,全面、客观地再现传主的生平,体现出现代传记的意识。这一想法反映了当时新科学对于传记的冲击,即传者希望通过如实记录客观事实,表现出传主真实的面貌。这一思潮导致1660—1700年这一时期成为英国传记的分水岭和升华期,并为18世纪英国传记的繁荣奠定了基础。在此期间,"经验主义、归纳法与'新科学'的研究方法紧密结合起来并应用于一系列著作中……它们就是传记。它们不仅精确、详细,而且还是关于人类的生动的、有说服力的绘卷",奥布莱和德莱顿是其中最重要的代表人物(de Sola Pinto 31)。

受新科学的影响,奥布莱在传记写作中十分反感之前的圣徒传传统,他竭力打破这一桎梏。圣徒传通常在写作之前根据道德教化的需要预设传主的人物性格,然后以此为框架,依照严格的规范和传统对传主的生平进行筛选和加工;为了刻画出模范的人物形象供读者模仿学习,甚至不惜刻意压制、隐瞒、篡改、捏造某些事实。奥布莱完全摒弃了这一传统。他首先反对德莱顿等人倡导的以道德教化作为传记写作的目的,认为这样做会忽视人物的各种细节,读之索然无味。其次他反对事先预设人物性格,而是力求通过对传主生平的叙述总结归纳出传主的人物形象。最后,他为了避免材料的客观性和全面性受破坏,不惜打破作品严谨的结构并拒绝进行修饰加工,结果使其传记结构十分松散,成为"传记性的人物速写"(杨正润,1994:245)。在传记中,奥布莱力图展现传主每个方面的细节,甚至对传主的性生活直言不讳。针对理查德·布莱克波恩博士(Dr. Richard Blackburne)为自己好友霍布斯所写的传记,奥布莱在写给安东尼·伍德的信中指出其中的不足之处:"现在我声明,赞歌手和历史学家的职责是十分不同的……我从来没听说哪位智者(除非他是一位考古学家)曾写过出色的墓志铭,此类文章让读者对这位逝者一无所知,仅仅是耳中充斥了歌功颂德之词"(转引自 Prichard 174)。针对这一问题,奥布莱道出了自己恪守客观真实性的立传原则:"除了真实之外什么都没有。这是赤裸裸、不加修饰的真实,这种真实毫无遮掩,即使是最隐秘之处也呈现出来,其中许多段落会让年轻的未婚姑娘羞赧不已",其原因在于他不满现有的传记和历史中所缺乏的对客观事实的尊重:"在已出版的历史著作中,我们发现了什么不确定性呢?它们有些是不敢道出真相,有些是因为缺少信息(由于事件已经变得久远了)而使真相变得模糊甚至一片暗淡!我在此不会重复业已出版的内容(我将尽力挖掘我的回忆),而且我始终将自己想象成与你展开对话"(Kite 58)。由此可见,奥布莱的传记采用了同读者对话的方式将传主的全貌娓娓道来,他不仅在传记中表现出同时代人所无法实现的真实性和全面性,而且力图展开微小的细节描写以突出传主不同于他人的个性,避免隐瞒某些事实(包括传主令人生厌之处甚至他的性生活),这也是当时传记所罕见的。这种与传统彻底决裂、激进地追求传记写作中的客观性和全面性的做法,导致奥布莱的传记无法在他的有生之年出版。

奥布莱传记中的真实性和全面性

如上文所述,奥布莱传记的特点是真实性和全面性,这在当时尚未经过科学理性彻底洗礼的时代中难能可贵。他之所以能够在传记中恪守客观真实性,是因为他能够通过与众多传主的友谊获取第一手资料,他对待历史事实坚持严谨求实的态度,以及他在传记写作中始终秉承公正中立的原则。

奥布莱身为贵族成员和皇家学会的早期成员,能够跻身上流社会,接触到显赫的人物;他为人随和,待人以诚,宽以待人,深受朋友的欢迎。因此他的好友都愿意向他吐露一些不为人知的轶闻趣事,这便于他收集传记素材。凭借敏锐的观察力和理解能力,奥布莱不懈地收集各种第一手事实材料,确保了传记的真实可靠,因而具有权威性。例如,当时有多位传记作家为哲学家霍布斯立传,但唯有奥布莱的传记是利用与传主亲密接触所获取的第一手素材写作而成的;他为解剖学家哈维写作传记而被誉为"第一位为这位圣贤留下不可磨灭的记录的权威"(Keynes 3)。因此,他不像其他传记作家那样依赖于前人的书面资料,而是利用宝贵的第一手资料展开原创活动,不辞劳苦地从与朋友的交谈中记录下各种内幕信息和爆料。但是,他传记中的客观性却常常被后人误解,甚至被认为是偏听偏信。这是因为奥布莱不仅是传记作家,还是民俗学家,他的传记著作直到1813年才得以出版,而他出版的第一部著作《杂录集》(*Miscellanies*,1696)中却充斥对怪力乱神的描写,这不禁使人误以为作者也相信迷信。殊不知奥布莱是为了抢救民间风俗与传说,在它们湮没在历史长河之前,将其收集保存以备后世研究所用,故而在《杂录集》中用大量篇幅叙述科学无法解释的奇闻怪谈。

与民俗著作相反,奥布莱在传记中表现出截然不同的特质,体现出现代传记追求精确的考据精神。首先,他坚持质疑精神,绝不偏听偏信,以严谨求实的态度对待历史事实。由于奥布莱能够直接获取信息,因此他可以通过直接提问将信息补充完全。不仅如此,他在提供历史事实的同时,也给出了材料的出处以供读者进行评估,而且经常在叙述中告知读者是何人向他透露相关轶事的,以供读者求证。他的传记也绝非偏听偏信,虽然后人常指责他的传记中存在大量道听途说的内容,但他总是明确地在文中指出,并提醒读者这些并非不容置疑的事实。如果他认为信息可疑或不确切,他的叙述就十分谨慎并且在叙述中坦率地表明这一点。因此,即便奥布莱传记中存在不实之处,他"至少花费了大量精力寻找最可靠的信息来源"(Altick 16)。

其次,奥布莱力求像自然科学研究那样实现传记写作的精确性。其他传记作家常常会刻意掩饰自己对传主某些情况的无知,但奥布莱却毫不隐瞒自己未能掌握某些材料的事实。当他无法获取某些信息时,他就在传记中留出空白;而当某个历史事实存在争议时,他会将该事实的各个版本均收录文中。这充分证明奥布莱是一位认真负责、严谨准确的叙述者。但这也导致其传记因缺乏组织性和精巧完善的结构而成为传记速写并饱受诟病。他在短篇传记《弥尔顿传》中繁琐而详尽的注释就是一例。达比舒亚对此给出了中肯的评价:"任何愿意阅读奥布莱在弥尔顿传记中注释的人,都会惊讶地发现他是费尽了心血从最好的资料来源获取了事实,并采用了系统的手法"(Darbishire xxxv)。

最后,奥布莱能够在处理材料时秉承公正中立的原则。他反对在传记中粉饰传主的生平,拒绝以自己的推断代替客观事实,力求在材料的处理中尽可能保证传记的真实性。因此,他不仅能避免为了某种目的需要塑造出传主的某一侧面而压制、修改事实,而且意识到了当时的传记叙述传统对真实性的破坏。当时传记写作中普遍存在的对事实的加工行为常常会掩盖真实性,意义在叙述过程中常常被扭曲、增减。而在奥布莱的传记中,他对材料的处理目的是让材料更加清晰,表现出其原本的意义,绝不将本人的臆断转化为事实写入传记。因此达比舒亚称"他认真的删除、更正行为使人们能够信任他的作品",而且"他对于夸张做法有一种发自内心的不安"(Ibid. xxxviii)。

正因为奥布莱在传记中尊重事实,他的传记具有较高的史料价值,经得起后世的考证。例如,奥布莱同参与王政复辟的人物之间结下友谊,由此他获得了第一手资料,在传记中揭开了蒙克将军(George Monck, 1608-1670)在王政复辟中倒戈,协助查理二世复辟的真正动机。他的记载尽管令人难以置信,其真实性却在之后得以证实。由此可见他的传记作为历史文献所具有的准确性和价值。

奥布莱之所以能够在传记中做到尊重客观事实,在于他能够坚持公正中立的原则。17世纪政治局势动荡,宗教和政治纷争层出不穷,出版业的兴起更是让传记成为教派斗争或政治斗争的工具。传记经常为

传主歌功颂德或对其横加诽谤,而以沃尔顿为代表的传记作家大多缺乏中立性,他们满怀热情地认同于某一宗教派别、政治体制或个人。因此,传记作家的个人立场经常影响传记写作,传记自然无法实现客观中立。在此语境中,奥布莱却能远离当时动荡的政治局面,坚持中立性。他蛰居于皇家学会这片躲避世俗和宗教纷争的净土中潜心写作,不受政治宗教派别或道德教化目的的影响,充分体现了"纯粹性"传记作家所具有的品质①(Nicolson,1933:9-12)。他虽然是英国国教教徒,但由于受好友霍布斯影响,对任何宗教都漠不关心,能够在宗教问题上不拘泥于教派之争,保持中立。他作为贵族成员,政治立场自然属于保皇派并同情保皇党人,但他从未参加过内战,也没有参与保皇派的任何阴谋活动。他在传记中对政见分歧泰然处之,目光始终未被政治立场所蒙蔽。因此,无论是描写他所敬佩的人物或受共和国迫害的保皇党人,还是叙述议会派人物(例如他高度评价了议会派成员亨利·马丁的爱国情怀),他都能确保叙述的中立,避免传记陷入政治纷争的泥淖,伤害传记的客观性。因此,他既没有利用传记证明或阐释某项理论,也摆脱了教化目的,如实地展现出传主的原貌,这是他超越当时时代的过人之处。

正因为奥布莱在传记中坚持客观公正的原则,因此他坚决反对英国传记中为纪念传主而立传的传统,并对"为尊者讳"的做法深恶痛绝。在此原则指导下,奥布莱的目光不局限于杰出个人,也不仅限于人物光辉的一面。他的传记中展现了英国国民的众生百态,只要人物具有与众不同的个性就可以成为他的传主,充分体现出传记的民主化发展趋势。正如英国小说家安东尼·鲍威尔(Anthony Powell,1905-2000)所言:"这是一幅织锦绘,它刻画了英吉利民族中的智者和愚人、心怀坦荡的人和道貌岸然的人、举止乖张的人、精神忧郁的人和伟大的人"(Powell 13)。

奥布莱不仅为普通大众立传,而且在传记中将传主的全貌如实展

---

① 尼柯尔森认为,保持独立、中立和客观立场不受其他因素干扰、不为其他目的服务的传记是"纯粹性传记(pure biography)"。

现在读者眼前。以往的传记通常强调传主功成名就的时期而忽视童年时期,这其中尤以圣徒传为甚,但奥布莱却认识到童年时期的重要性。尽管他的传记篇幅较短,却依然突出了传主年幼时的情形。他不仅意识到传主童年时期的天赋对之后人生的影响,而且注重描写传主早年的人物性格和个性,这体现了他立传的超前意识。在刻画人物方面,奥布莱从各个方面突出人物不同于他人的独特之处,例如人物的外貌、衣着、言谈、举止、嗜好、怪癖。他的视野也进入了传主个人的隐私生活,以前所未有的坦诚展现传主私下里亲密的一面,努力展现传主作为人的各个方面。因此,有研究在将奥布莱与同时代的克拉兰顿伯爵(Edward Hyde, Earl of Clarendon, 1609-1674)做比较后发现,克拉兰顿更注重伦理,更注重理想化的描写,其传记更像是在写英雄人物而不是人,而奥布莱则更为坦率,他像一位新闻记者一样报导传主的生平(Kite 132)。因此,他的传记具有同时代其他传记不可比拟的准确性、真实性和反传统性。但由于当时的传记传统主张塑造传主受人敬仰的光辉形象,因此奥氏传记中许多内容是不入主流的,甚至对传主大为不敬。正因为奥布莱奉行这种过于直言不讳的立传原则,他的传记在当时看来离经叛道而无法付梓,也正因为奥布莱不打算出版这部传记,他才能够在写作中畅所欲言。他在前言中指出:"现在这些隐秘之事还不适合公之于世,这要等到大约30年后;届时笔者与其中的人物都会(像树上的果子一样)不在人间"(Aubrey, 1898: I-12)。

奥布莱传记的艺术性

奥布莱的过人之处不仅体现于力求传记的客观全面,而且表现出出色的艺术性,使传记向文学迈进了一大步。这主要体现在通过轶事和个性化的细节描写刻画人物性格,以及通过生动的描写实现传记的娱乐功用。

奥布莱在新科学的影响下,在传记中不仅力求客观公正,而且竭力追求传记的艺术性。在奥布莱的时代,由于普鲁塔克的影响,许多传记作家已经意识到轶事对刻画人物性格的作用。约翰·德莱顿认为,传记应当描述"细致入微的环境以及生活中的琐碎细节"(Dryden, 1971:

275);而威廉·温斯坦利(William Winstanley)则认为"传记作家的一项主要职责就是要描绘伟人琐碎、私密的一面",他进而指出,只有如实展示人物各方面才能实现真相。因此,应当"扯去伟人的加法和伪装,展现他们本来的面目",让他们"在私下里抛开表现出来的习惯,显露出自己的本性"(转引自 Barker 149)。奥布莱同样如此,凡是能够突出人物性格的细微之处,他都不遗余力地将其表现出来。为了表现人物真实的一面,奥布莱善于抓住最具说服力的轶事,通过两三件轶事揭示人物真实的一面。奥布莱在人物性格刻画方面的突出成就主要体现于突出人物个性,力求细节细致入微,强调人物私密方面上。

奥布莱传记艺术的过人之处是通过细节描写突出人物个性。法国作家马塞尔·施沃布(Marcel Schwob, 1867－1905)区分了艺术与历史的写作手法,即历史科学让人们不了解个人;与此相反,艺术应当描绘个体,表现出特殊性(Schwob 10)。传记作家作为艺术家,其责任并非记录事实,而是要塑造出比现实世界更新、更好的现实(Ibid. 20)。奥布莱正是以艺术家的眼光对待传记写作,他对人物个性产生了浓厚的兴趣,在传记中努力探索人物的个性和生活,极为重视传主区别于他人的个体差异性。因此他拒绝遵循圣徒传传统塑造千篇一律的人物形象,不愿意选取规范认可且能够强化规范的人物共性,而是遴选出最能体现传主人物个性的细节,甚至通过衣着、发型、声音这些前人较少涉足的侧面,着力展现出人物与众不同的个性。在他看来,各种各样的人物个性要比人物的成就更具吸引力,因此他的立传范围扩大到普罗大众,其中许多人物是第一次成为传主。例如他为一个无名之辈马丁·莱维林(Martin Lluelyn)立传,原因仅仅是他的父亲在几个兄弟中排行第七,而马丁本人也在兄弟中排行第七而已。在他的笔下,无论是政治家、将军、文人、手工匠都表现出不同于他人的特质,绝不会出现张冠李戴的现象。这也使他的传记具有高度的独创性。法国传记家安德烈·莫洛亚(André Maurois, 1885－1967)对此作出了中肯的评价,他发现"奥布莱和鲍斯威尔的长处就在于他们对细节的喜好",而奥布莱竭力付诸笔端的就是传主身上显著的个性化细节特征(Mauris 66)。W. H. 奥登也认为奥布莱对特殊性的嗜好使他的传记成为最出色的历史文献和艺术作品(Auden 130 – 134)。

  为了凸显人物个性,奥布莱在刻画人物时力求细节细致入微。他的传记篇幅虽短,却能够有力地通过琐碎的轶事刻画人物个性,这使他从同时代的传记作家中脱颖而出。在 17 世纪的传记中,作家遵循传统的立传手法,将传记视为宣扬道德模范人物的载体,以为人物歌功颂德为己任。因此,他们普遍注重人物的模范品德、忽视人物的琐碎细微之处,因而通常模糊地再现人物形象。例如伯尔奈特虽成功刻画出传主高大威严的形象,但他未能展开细腻的描写,导致人物形象模糊。与此相反,奥布莱善于通过细节产生出色的效果。例如他在对培根作肖像描写时,称"他有一双灵巧、充满生气的淡褐色眼睛,哈维博士告诉我这宛如一双蝰蛇的眼睛"(Aubrey,1898:I - 72);他在描写托马斯·摩根爵士(Sir Thomas Morgan,1604 - 1679)时提到,"他们拜访了他(托马斯·摩根)。他们以为他身材魁梧,就像阿喀琉斯一般,结果发现他五短身材,比侏儒也高不了多少……他抽着大约 3 英寸长的烟斗,头戴一顶绿帽子。他的声音非常细,而且当他对士兵们恼火时向他们吼着'小鬼,看我不打破你们的脑袋!'这声音就像太监发出来的一样"(Ibid. I - 87)。由此可见,奥布莱并非树立传主光辉的正面形象,而是从具有代表性的细节着手,惟妙惟肖地刻画出传主的与众不同之处。

  奥布莱在传记中更注重人物的私密生活而非其成就或公众生活。他的传记短小精悍,不可能对传主的成就或学术作品展开深入分析,因而他对此只是笼统地介绍。施沃布认为"他完全意识到自己在做什么。不要认为他错误地评价了霍布斯或笛卡尔作为哲学家的价值。他只不过对此不感兴趣"(Schwob 18)。他感兴趣的是人物在私密生活中所展示的"真我",并且采用与伍德对话的口吻娓娓道来,使其传记具有高度的亲密性。这种亲密传记的手法虽然已被与他同时代的沃尔顿等人运用于传记中,但沃尔顿等人的目的是为了在私密生活中将传主神圣化,塑造理想的人物形象,以更好地体现传主的模范性供读者模仿;而奥布莱笔下赫赫有名的人物在私密生活中与普通人并无显著不同,他们同样有七情六欲和各种瑕疵,也随时会做出不体面的举动。例如他在为自己好友、著名哲学家霍布斯所作的传记中指出:"和谐的灵魂是不会

憎恨女性的,(霍布斯)也不会对一瓶美酒产生厌恶之情……会豪饮到呕吐不已,这对他来说是家常便饭"(Aubrey,1898:Ⅰ-350)。他甚至将传主的床笫生活写入传记,这些都与根深蒂固的英国传记传统格格不入。实际上,奥布莱与文艺复兴以来的人道主义一脉相承,他一反之前基督教对于人性的桎梏以及灵肉二元对立,抵制圣徒传宣扬禁欲主义和扼杀人性。他对于传主私人生活中所表现出的种种离经叛道之举和人性的弱点非但没有批判,反而持容忍态度。因此不难理解他为何对外表的艳丽可人和常人的七情六欲津津乐道,也对培根奢华的排场艳羡不已。

奥布莱的传记之所以大胆地背离传统,是由其立传目的所决定的。他并不打算出版传记,而是要将传记用作后世研究的历史资料和自娱自乐,以满足自己对他人生活的好奇心,因此他传记中的娱乐性功用十分突出。一方面,奥布莱的传记中充满了有趣的志人志怪内容。他在《杂录集》等民俗作品中就收集了许多匪夷所思的神异鬼怪故事,在传记中则将大量篇幅用于叙述人物的趣事,因此探险家、作家、科学家等各类人物的故事都能深深吸引读者。斯托弗肯定了奥布莱传记的娱乐性,他指出"富勒与奥布莱都强调有趣轶事的价值"(Stauffer,1930:280);另一方面,他擅长生动、戏剧性的描述,重视栩栩如生地表现人物,使读者身临其境地观察人物。通过他高超的艺术表现力,人物不再是一幅静止的肖像画,而是多幅的动态的画卷。传记中除了有大量生动、鲜明的人物素描之外,还通过生动活泼的语言、恰到好处的幽默和反讽手法令读者爱不释手。因此,"在鲍斯威尔精妙地再现约翰生的外貌、衣着、仪态之前,英国无人能在此方面(肖像描写)与奥布莱媲美"(Pritchard 183)。

评 价

奥布莱的传记超越了他所在的时代,它摆脱了历史和宗教的束缚,更具现代传记特点。奥布莱在传记中追求事实的客观真实性并恪守公正中立的原则,这打破了英国圣徒传传统,即传记的目的是为宣扬宗教教义提供神圣光辉的模范。他还力求通过轶事和个性化的细节描写刻画人物性格,通过生动的描写实现传记的娱乐功用,使传记成为优秀的艺术作品,这打破了英国传记中围绕人物叙述其成就和公众生活的历史叙述传统。奥布莱很清楚自己离经叛道的传记创作手法无法为当时所接受,他没有打算在有生之年出版传记,而是预见到自己的立传手法将在一百年后盛行于世。他的价值被同样力图打破传统桎梏的20世纪作家斯特拉奇发现。斯特拉奇十分欣赏奥布莱的传记风格,他发现了奥布莱竭力展示真实面貌的特点与现代"揭丑派(debunker)"之间的密切联系,并欣赏他传记中的"准确性"和"趣味性",他提出"传记应当像鲍斯威尔的一样长,或是像奥布莱的一样短",因为奥布莱的传记扬弃了多余的部分,只保留其中的精华,因而使"我们获得纯粹的本质"(Strachey,1931:28-29)。

奥布莱之所以能革新当时的传记手法,创作出一部传世之作,是因为他未将传记付诸出版,因而能逃避当时传统对传记的规训。遗憾的是,这也是一把双刃剑。由于他的传记直到19世纪才公之于世,因此他未能用自己的才华对当时的英国传记发展做出贡献。诚如美国学者理查德·D·阿尔提克(Richard D. Altick)所言,奥布莱的天赋本可以在17世纪末对英国传记发展产生革命性的影响,结果却"未对他当时的传记艺术产生任何影响",只得"等待手法更为系统化的詹姆斯·鲍斯威尔将此发扬光大"(Altick 27)。

第三章
十七世纪（下）

名词解释

日 记
(Diaries/Journals)

日记是一种大众化的文学体裁，17世纪开始盛行，至今依然方兴未艾。作者通过记日记与自我展开交流，记录自己的见闻与感受，展示他/她不为人知的一面。日记具有私密性、多样性、即时性特点，它既可以作为日后研究作者或作者所在时代的史料文献，也可以通过作者与自我的对话充当作者的自传。

定 义

钱念孙将日记归纳为"面向自己进行写作，它是一种最纯粹、最隐秘的私人著述，其本意不仅无心传世，而且担心别人窥探"（钱念孙，第39页）。日记起初充当日常生活的书面记录，以记事为主。日记一词对应英语中的"diary"与"journal"二词，两者都是从"日"（"day"）这个词的拉丁词根派生而来，"diary"源于拉丁语中的"diarium"，而"journal"

则来自于"diurnalem",因此两者间区别不明显,基本可以互换使用,只是其中"diary"强调私密性更强的记录,而"journal"是更具公开性的记录。由此可见,日记是一种记事体裁。朱光潜通过考证日记一词的词源后发现,日记脱胎于编年记事史。"希腊的 ephemeris(意谓'日记')还是官书,记载军队行动或是国王起居;罗马的 diarium('日记')只是记载奴仆的配给账目",两者间的区别在于"编年纪事以一国为中心……日记以作者私人为中心,其中的'我'只是作者自己……日记是作者站在他的资禀、经验、修养所形成的观点上,以自己为中心,记载每日所见所闻。自己所见所闻可能为天下国家大事,也可能为私人琐事……编年纪事不记私人琐事"(朱光潜,第 358—359 页)。由此可见,早期的日记作家书写日记是为了记录军事战役、气象变化、旅行见闻、航行路线等各种事件与现象,以获取关于现实世界的第一手详细资料,而且主要采用记录流水账的形式。通过写作日记,作者不但可以将各种经历和事件永久性地记录在案,而且可以籍此从现实生活光怪陆离的现象中寻找秩序,把握纷繁芜杂的大千世界中的层次感和确定性,以便控制、支配、主导个人的经历,系统化地驾驭客观世界。

由此可见,记事是日记的一项重要功能。如果没有日记为作者记录,作者的思考与言行活动都会逐渐被遗忘。因此,热爱写日记的人不会坐视此等珍贵的资料散佚,他们会努力将其留存于世。如若作者不希望将某些事件向众人公开,身边又没有亲人好友可供倾诉,他就可以发挥日记的记事功能,永久性地保留自己的经历。例如,文豪亨利·菲尔丁通过《里斯本航海日记》(*Journal of a Voyage to Lisbon*,1754)记录他临终前赶赴里斯本的航海旅程。由于家人未能陪伴他身边,菲尔丁决心通过日记让家人能够在自己逝世后得悉这次旅途情况。探险家斯哥特船长(Robert Falcon Scott,1868 - 1912)在最后一次探险旅程中孤身一人深陷冰原,知道自己已无法活着离开南极,为了不使自己此次探险失去价值,他决心在大冰棚的帐篷中写下日记,将自己的探险经历流传于世。又如约翰·卫斯理(John Wesley,1703 - 1791),他写日记是为了记载自己一生的传教经历以及在皈依教徒方面的突出成就。如果作者与身边朋友的交情尚未达到推心置腹的程度,又希望随时记

录自己的心情,并且其中涉及到羞耻、忏悔的感受而需要保密时,日记在保证其中内容不为人知的前提下使作者不必担心自己的经历湮没于尘世。因此,日记作者通常希冀在日记中记录自己的经历和目睹的事件,发表自己的感想与思考,并通过日记的形式将这些经历与感受永久地保留下来,以备日后重读之需。如此,自我的经历成为永恒,记日记也不啻为一种乐趣。

但是,现代日记早已不再局限于编年史的范畴,它跳出了以记事为主的窠臼,深入到作者内心与作者的自我展开对话,成为一种独立的文学形式。罗伯特·弗特吉尔(Robert A. Fothergill)在《私人编年史——英国日记研究》(*Private Chronicles: a Study of English Diaries*, 1974)中指出:"我认为日记写作的主要成就来自于对日记这种文学形式的有意识的尊重",并将日记定义为"是充满热情写就并被珍藏的自我之书,它是人存在于世间的本质特征"(Blythe 5 - 6)。英国日记在17世纪之前寥寥无几,17世纪之后写日记成为一种普遍行为,这是因为一方面由于文艺复兴时代人文主义思潮的影响,人们开始萌生自我意识并强烈地要求发现自我、认识自我,于是一些受过良好教育的人开始通过日记记录自己的日常生活,力图更透彻地了解自我;另一方面,在宗教改革之后,新教提倡个人凭借内心信仰修行悟道的法门,这逐渐取代了天主教所尊崇的外在的圣礼仪式,日记也开始用于宗教自省。教徒对照日记,可以参悟自我,检查自己的修行是否更上一层楼。因此日记日益向内省式风格演变。因为新教强调个人与上帝的直接沟通而并非通过教会这一中介实现,因此新教的蓬勃兴起促使人们重视心灵与上帝的沟通,而不像之前天主教那样需要向牧师忏悔,这直接导致日记逐渐取代了天主教所推崇的忏悔录。在新教诸派中,贵格教派尤其重视日记对修道的促进功用,并在教徒中大力推行日记写作。在此影响下,日记作家对心灵愈发重视,以约翰·班扬(John Bunyon,1628 - 1688)和乔治·福克斯(George Fox,1624 - 1691)为代表的新教日记作家将他们对宗教的虔诚信仰和对自我的敏锐洞察力结合起来,通过日记的形式检查自己经院修行的成果。班扬的《功德无量》(*Grace Abounding to the Chief of Sinners*,1666)与福克斯的《福克斯日记》(*The Journal of Gorge Fox*, 1694)是新教日记作品中的典范之作。

由此可见,现代日记演变为与编年史等其他文类截然不同的文学形式。它是一种难以严格界定的文类,具有灵活多样的特点,可以通过各种形式叙述作者的种种经历,因而缺乏明确的外延范围,并且常常与其他文类相杂合。从本质上说,日记同时体现出编年史和自传的主要特征,它既可以归入文学艺术作品的范畴,也可以归入文献史料的范畴。如若作者在日记中过多地以年代记编者的面貌出现,日记则主要体现出史料价值。例如,笛福在他的《瘟疫年记事》(*Journal of the Plague Year*, 1722)中以个人的视角记录当时的历史事件,因而使日记更接近于历史而非传记。而倘若作者力求在日记中通过日常的琐碎轶事描写作者与自我的对话,以此展现自己的灵魂,日记则具有自传的显著特征。例如 W. N. P. 巴贝良(W. N. P. Barbellion, 1889 – 1919)在《最后的日记》(*A Last Diary*, 1921)中采用自省手法探索自己的内心深处,力求如实刻画自己的良知与自我。

属 性

日记具有私密性、多样性、即时性三大特点。其中私密性是日记最突出的特点,它是界定日记不同于自传、回忆录、游记等自传性文体的最大区别,它保证了作者与自我自由地展开交流,并确保了日记真实可信。首先,私密性使日记不同于其他自传性文体。作为一种自传性质的文体,日记往往与回忆录和游记混为一谈。虽然它们性质上较为接近,但日记的私密性特点使它更为真诚,矫揉造作的成分更少,也不像回忆录那样重视读者的期待。诚然,日记写作同样受个人自我意识推动,日记作家在现实生活中无法表现出过于强烈的自我意识,时常需要言行谨慎;但却能在日记中畅所欲言,处处以自我为中心记录自己对日常生活的观察与感受,将自己的生活置于重要位置。在日记中,作者与自我展开私密的交谈而无需考虑读者的在场,作者往往无需将日记留给读者阅读,而只是通过日记将飞逝的光阴保留下来,以便自己日后追忆往事。但自传、回忆录、游记则截然不同,它们写成后几乎必然要被

他人阅读，作者也是为了留给读者阅读而写作的。因此它们无法客观公正地叙述自我的经历，作者往往根据自己的愿望与需要对文中出现的自我披上伪装，因而成为"作者针对其读者所举办的一场表演"（Delany 114）。

其次，日记的私密性保证了作者不必顾忌社会道德规范的约束，自由地与自我进行文本交际。俄国女日记家玛丽·巴西柯塞夫（Marie Bashkirtseff,）称她在日记中"根本没有任何隐瞒，就如同不会有任何人看到它一样，但是我的目的却是让别人阅读"（Cottam 268）。她的这番话表明，日记是一种作者与自我之间的文本交际；由于此交际过程不会为外人窥探，确保了作者能够在同自我的亲密交流中道出种种不可告人的真实想法和感受。在日记中，由于作者逃避了社会文化规范和传统的规训，作者甚至愿意主动披露自己曾经做过的违反社会道德规范之事，并通过倾诉自己种种羞耻、隐秘之事减轻心中的负罪感，即作者通过日记写作满足了精神上的宣泄需求。这正是英国作家乔治·麦克斯（George Mikes, 1912 – 1987）所说的"尽管所有的作品都可能是精神需要的表现，但这在日记写作中更为突出"（Blythe 1）。为了确保这种交流活动的私密性，大多数日记作者唯恐别人窥见自己的日记。他们或是将作品束之高阁，或是在临终前付之一炬（例如深谙精神分析之道的弗洛伊德焚毁了14年来所写的日记），甚至用另一种语言或密码撰写日记。例如佩皮斯就使用由法语、英语、西班牙语和拉丁语合成的一种私人语言符码，记录各种为社会规范与主流意识形态所不容的行为，譬如私通女仆、藐视国王、身为高官却对革命党惺惺相惜、心中的贪欲与嗔念等。通过写作语言与母语这两种语言符码的差异，作者强化了自我的分裂，实现了"吾丧我"的境界（赵白生，第4页），因而能够在日记中观看自我在此之前的所作所为。

最后，日记的私密性特点使其中的叙述更加真实可信。如上所述，作者通常并不打算出版自己的日记，其写作日记的动机也并非为了向他人展现经过精心装扮的自我形象，而只是为了自我消遣；况且作者在写作时往往不必担心他人会看到自己的日记，因此日记中的叙述十分坦诚，作者可以在日记中坦言自己的各种错误和缺点甚至罪行。日记中没有明确的功利性，由于作者在与自我的交流中进行欺骗毫无意义，因此不会像自传那样展开自我塑造（self-fashioning）或是给自我披上伪装，而是毫无防备地打开心扉，摘去日常生活中示于外人的面具，由此使日记实现了其他文类难以媲美的真诚与自由。这使得日记中的事实往往不加修饰，缺少诸如戏剧化场景或预留悬念等艺术加工手法，具备高度的可靠性，读者在阅读日记时仿佛就像在窃听日记作者与自我的对话。例如，佩皮斯、鲍斯威尔等杰出的日记作家都竭力坦诚如实地表现自我，以至于某些描写甚至不适合公之于世。佩皮斯的日记在出版时，其中许多描写被编辑或删减。而鲍斯威尔的妻子也反对将日记留给子孙，鲍斯威尔对此表示："我认为我的儿子可能会阅读这部日记，并且会感激我对他的关心……我的妻子并不喜欢记日记，她说这使我袒露在后人面前……但是我认为这会让我永垂不朽"（Blythe 4）。当然，如若作者是以出版为目的写作日记，就会破坏日记的私密性，其结果导致作者丧失了日记写作的自发性并且无法在日记中实现真诚的叙述，作者往往需要竭力迎合读者的口味与期待，具有较强的功利性。套用尼柯尔森对传记的评述，此类日记是"不纯粹的"日记。①

　　日记的第二个特点是多样性，这体现在文类层面和作者个人层面上。就文类层面而言，日记杂合了多种文类的特点，而且每一部日记中所包含的特征也各不相同，因而难以对其精确定性和分类。弗吉尼亚·伍尔夫认为日记写作不能算写作活动，作者只是在打草稿；并指出日记的特点是包罗万象，兼容并蓄（转引自 Cottam 267）。由此可见，日记缺乏完善的组织结构与系统化的艺术形式和写作手法。日记写作中可以排除艺术手法，直接记录作者参与的历史事件及其言行，即相当于未经过艺术加工的素材收集记录活动。日记中也可以没有组织安排和精巧的结构，可以缺乏完善的艺术形式，可以时常中断叙述，可以充斥大量日常生活中的琐事，可以采用模糊的、零散的、碎片式的叙述，也可以直接采用日常生活中的口语而无需提炼语言。就作者个人而言，日

---

① 尼柯尔森认为，"纯粹传记（pure biography）"保持独立、中立和客观立场，不受其他因素干扰。反之，则为"不纯（impure）"（Nicolson，1933：10）。

记是作者在经历人生的过程中所记录下的生活中的各种材料,不同的作者在日记中突出体现出不同的个性与写作手法,这就使日记中出现了多种特征和高度的灵活性。日记可以是作者对自我的认识与反思,可以是个人私下吐露内心不可告人的秘密,可以是通过内省捕捉自己稍瞬即逝的情感,可以用于记录家庭与个人的琐碎事务,也可以记录作者亲历目睹的历史事件。

日记的第三个特点是即时性。与其他文类不同,"日记最大的好处在于作者在叙述自己的生平故事的过程中,事先并不知道明天会发生什么事情,因此他的日记精确地反映了生活中不断发生的不确定性"(Ponsoby 11)。由于日记中所记录的作者生平始终在前进和变化中,因此日记具有高度的开放性。作者不会写出整部日记的结尾,作者可以将日常生活中转瞬即逝的事件与感受记录下来,他所记录的永远是当时的事件与感受,而不像回忆录或自传等文体那样叙述往日的经历。正因为作者在日记中记事时正处于事件发生的过程中,因此日记可以如实地记录作者在某一刻期盼、焦急抑或是忐忑不安的心情,作者本人也不知道未来的结局究竟如何。但是在回忆录中,作者对之后所发生的一切心知肚明,而在之后的回忆与体会中,往往会淡忘之前未得知结果时的心情。因此,在当天立刻写就的日记要比多日之后再根据回忆所写的日记更有价值,因为前者更能够捕捉到作者鲜活的情感变化。正因为这一点,很多有责任心的日记作家如若无法在当天写日记则往往会将这一天空出,而不会在几天后再补上。

评　价

写出优秀的日记作品并不需要过人的创作天赋,日记作者通常是敏于观察、善于参悟、热爱写作的人;这需要作者具有较强的语言表达能力和天赋,但却不需要出色的艺术想象力和创造力,因为这种能力往往会将材料塑造为虚构作品。因此,日记是富有创作天赋作家的滑铁卢,杰出作家中很少有人能写出出色的日记,而伟大的日记作家则通常文学成就很小。日记理论家罗纳尔多·布莱瑟(Ronald Blythe)认为,

"评判日记的标准是看作者是否能够满怀热诚地描写生活中最细微之处,并如实地记录日常生活中看似冗长乏味的事情和激动人心的事情"(Blythe 4)。因此,日记作家通常十分热爱生活并孜孜不倦地探索人性,他们对于自己的人生经历和见闻都十分感兴趣,并认为十分有必要将自己的各种所见所感付诸笔端,在日记中记录。即使是家庭生活中的琐碎一面,日记作家都必然以大量篇幅将其描绘得生动活泼、趣味盎然,读者也可以借此清楚地了解作者在写作时的心情与体会。通过写作日记,作者从心理层面满足了自我宣泄、自娱自乐的目的,在与自我对话的过程中实现"吾丧我"的境界。因此,作者在此过程中不必受任何成规束缚,不必考虑读者的口味或期待,也无需模仿之前任何典范之作,他在写作中可以尽享高度的自由性。

　　日记的意义体现在史料性、娱乐性和文学意义上。首先,日记是可靠性较高的史料素材,日记真实地再现了往日的生活,史学家可以借助它阐释和理解作者所目睹或参与的历史事件及其个人言行。日记不仅像历史和传记一样叙述重大的历史事件与人物个性,展现个人的私密生活与意义深远的重大事件之间的相互关系,而且往往着眼于生活中的细微之处,将以往社会时代背景中的细节部分展现于读者眼前。例如,以往人们的品味、风靡一时的时尚、流行的娱乐方式、各种美食和服饰等均可以在日记中找到记载。其次,日记满足了读者的娱乐性需要。人们与生俱来的好奇心驱使他们都希望窥探别人的隐私,从奇闻异事中获得乐趣,日记中所透露的种种隐秘之事正满足了这一需要。最后,日记可以用于文学研究和文学创新。一方面,由于日记中的叙述通常排除艺术加工手法,作者的人生并未受到较多的修饰和塑造,往往能显露出真正的意义和作者的原貌,因而常常被用于阐释和理解作者的其他文学著作;另一方面,日记也因其独特的叙事形式,被乔伊斯和伍尔夫等现代主义作家用于各种创新和实验。日记缺乏统一的结构和秩序,同时采用了非线性叙事、中断、开放性等手法,这颠覆了传统的语言结构和表现规范,对于女权主义作家,日记的不连贯性更能体现现实话语中被男权秩序所压抑的意义,因此日记这一形式更接近于真实的现实或作者自我。

第一节

约翰·伊夫林

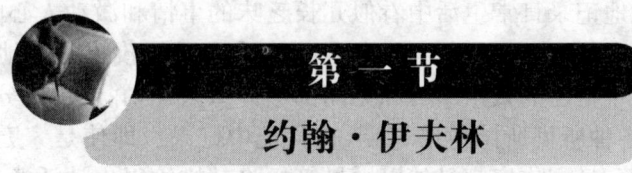

在17世纪的英国日记作家中,约翰·伊夫林是令人瞩目的一位。他的日记与佩皮斯的日记遭遇相仿,在其去世后一百多年一直不为人知,直到1818年经他的后人许可才节选出版。但伊夫林本人与佩皮斯不同,他出身贵族世家,一生经历丰富,涉猎广泛,视野十分开阔。他年轻时曾游历欧洲大陆多年,娴于建筑、绘画、园艺、雕塑、艺术品鉴赏与收藏、音乐、文学创作等二十多个领域;他又是英国皇家学会的创始人之一,对自然科学兴趣颇浓,交际圈中也不乏众多高级知识分子;他与当时政界的头面人物也过从甚密,并在王政复辟后出任政府专员,负责海军伤病员救治和收容战俘事务,因而能够亲身经历和观察历史事件。因此,伊夫林的日记包罗万象,其中大量篇幅用于记录自己的海外游记,描写独具特色的建筑、雕像、绘画、音乐等艺术作品,体现出他作为上流阶层的一员所具有的广泛兴趣爱好与修养。另一方面,伊夫林十分关注自己所目睹的重大历史事件,因而使他的日记具有重要的史料价值。伊夫林持之以恒地写作日记长达66年之久,从21岁(1641年)一直记录到辞世前最后一个月,因而对于研究当时的历史和社会文化生活具有重要的文献价值。但这部作品缺乏日记文类所特有的私密性与即时性特点,文中以记事为主,却不愿向读者展示作者真实的自我。读者所看到的伊夫林是他塑造出的威严、虔诚的自我形象,因而这部日记实际上更接近于回忆录。

伊夫林日记的魅力

伊夫林日记的魅力来自于他出色的观察与叙述。作者不但兴趣广泛、在日记中表现出强烈的好奇心与求知欲,而且善于观察,通过自己敏锐的观察力展示出一幅独具特色的画卷。

伊夫林日记的一大突出特点是作者具有强烈的好奇心与求知欲望,文本具有较强的娱乐性与可读性。首先,伊夫林与佩皮斯一样,无需从海外归来的商人旅客那里间接获取各种奇闻异事,而是通过多年的海外旅行获得第一手的有趣见闻,回国之后也利用各种机会同荷兰、丹麦、法国、瑞典、波兰等国的外交使节与公民交谈,籍此打听到各种奇闻异事并记录在日记中,满足自己的好奇心。这其中不乏不着边际的迷信与离奇的传说。例如,他发现今年的月亮比往常要大许多,由此相信蘑菇无法生长,木匠的女人会产下双胞胎。他认为泰晤士河中出现白鲸是不祥之兆,1658年白鲸的出现预示着护国公克伦威尔崩殂。他甚至认为彗星的出现将会给英国带来暴力革命的灾难。这表明在新科学尚处于萌芽阶段的16世纪,即便是像伊夫林这样参与创建皇家学会的高级知识分子,依然无法摆脱中世纪以来旧式思维的影响,对日记中所记录的奇异现象做出迷信的解释。其次,伊夫林在日记中对自己的海外游览经历津津乐道,将人文风貌、风景名胜描写以及自己的兴趣融为一体,使日记中的相当一部分篇幅成为引人入胜的游记。伊夫林在旅行中始终注意观察各地的风土人情和各种娱乐活动。响尾蛇、鲸鱼、犀牛等奇珍异兽,街头玩吞火把戏、吞匕首、走钢丝的卖艺人,威尼斯妇女的奇装异服,布鲁塞尔街头拖车的狗,费拉拉野外极为明亮的萤火虫等新奇事物,无一不将他深深吸引。伊夫林还对所到之处进行了细致入微的观察,例如他详细描写了自己在意大利来亨所目睹的奴隶市场:

> 这里聚集了大量的奴隶,他们中有土耳其人,摩尔人,以及其他国家的人;有的人在买奴隶,有的人在卖奴隶,有的人在喝酒,有的人在玩乐,有的人在工作,还有的人在睡觉、打斗、歌唱、哭泣。几乎所有的奴隶都光着身子,可怜地被锁链拴着。这里有个帐篷,人们只要无事可做都可以来这里卖身押注;如果他们输掉赌局,就会立刻被拴上锁链,拉到船上做几年奴工,很少有人能够再回来。

(Evelyn, 1906: I-188-189)

除了叙述海外的奇异之处,日记中也全面精辟地描写了作者所到的风景名胜。伊夫林在日记中以大量篇幅记录了旖旎的自然风光,这在当时的日记中较为少见。而他所描写的人文景观中,最具吸引力的莫过于意大利的名胜古迹。伊夫林对此表现出极大的兴趣,他在日记中重点记录了在罗马、那不勒斯、威尼斯等地的游览经历。为了全面地观赏罗马,伊夫林特地聘请了一位向导,整个游览总共历时32天。因而他的游记有别于走马观花式的作品,成为英国宗教改革之后第一部由英国人写作的全面的罗马游记。在叙述中,伊夫林通常选择性地描写对象最突出的特征并冠之以"高贵"、"宏伟"、"庄重"等词汇,再围绕这些特点展开叙述。由于伊夫林热爱知识、勤于探索,他的海外旅行绝非纯粹游山玩水,主要目的是在意大利和法国参观高雅艺术并修习自然科学,因此他描写人文风貌和风景名胜时始终体现出自己对艺术和科学的浓厚兴趣。作为艺术造诣颇深的高雅人士,伊夫林的叙述重点是各种独具特色的纪念碑、绘画雕塑作品和园艺景观,许多篇幅甚至堪称艺术评论作品,例如,他对法国和意大利庭院的描述经常被学界引用(Coffin 157)。而文艺复兴发祥地的新科学同样吸引了作者,他热衷于参观帕多瓦大学的解剖学、植物学、药学等领域的学术研究,在日记中详细记录了各种实验,而且参观了兵工厂、玻璃厂、造纸厂等工厂,对钟表、焰火、发动机、潜水钟、玻璃器皿等事物的制造工艺均叹服不已。

伊夫林敏锐的观察力和生动的叙述使日记具有高度的可读性和原创性。首先,伊夫林的叙述详细全面,观察细致入微。他甚至会在圣诞夜彻夜不归,四处观察罗马各大教堂举行的圣诞夜庆祝仪式。他对教皇英诺森十世加冕典礼的全过程及之后的庆祝活动展开了惟妙惟肖的描写,不放过仪式的每一个细节。其次,他在日记中通过自己独具慧眼的观察,使读者在阅读时获得直观的认识,犹如身临其境一般。其中最著名的篇章是对伦敦大火的描写,这与佩皮斯的日记一样使读者犹如置身于这场灾难中:

整个天空火光冲天,仿佛在熊熊燃烧的炉子上炙烤一般,方圆40多英里的地方接连好几个晚上都能看见火光。上帝赐给我的眼睛可能从未看过如此惨烈的景象,我看到一万多间房屋都燃起了大火,熊熊烈焰所产生的杂音、爆裂声、巨响声不绝于耳,我听见妇孺的尖叫,看见人们在飞奔,塔楼、房屋、教堂顷刻灰飞烟灭,宛如一场可怖的暴风席卷而来。周遭的空气全是灼热的,到最后再没人能靠近火场……浓烟汇聚而成的乌云着实可怕,根据计算它的长度竟然达到约50英里。因此,我今天下午离开这里。这就像被上帝焚毁的索多玛城一样,有如世界末日来临。(Evelyn,1906:II-253)

伊夫林日记的史料价值

在日记中,伊夫林大体上更为关注各种历史事件与外部活动而并非自我的内在本质与人物性格。通过细致入微的观察,伊夫林在日记中不仅生动再现了自然风光、人文艺术作品、科学研究活动,而且将自己所目睹的历史事件娓娓道来,并对自己熟悉的历史人物作出较为中肯的评价,使日记具有高度的信息量与史料价值,因而"对历史学家是无价之宝"(Coffin 157)。它的史料价值就在于"这是一部无可比拟的文献,它记载了英国半个多世纪的日常生活、社会风俗习惯、宗教思想、政治转型、文化以及人们对自然科学日益浓厚的兴趣……日记中最具价值之处也许是共和国与护国公时期英国国教教徒的宗教生活,以及英国大革命之前公众舆论的演变情况"(de Beer 238)。

伊夫林日记的最与众不同之处是作者全面地记录了60多年中发生的历史事件,堪称"六十余年英国的政治、社会、文化和宗教生活的见证"(汉舍尔,第8版)。它在时间上从查理一世一直叙述到安妮女王时代,描写大气磅礴,堪称一部个人编年史。他力图向读者展示他所在时代的各种宏大、重要的场合,着力描写盛大的仪式、华美的服饰、声势浩大的游行、光辉璀璨的珠宝、丰盛的宴席等场景,因而被誉为"王政复辟时代文化的伟大记录家"(Howarth 126)。伊夫林力图用日记描绘他所在时代的全貌。作为一名亲眼目睹重大事件的历史见证者,伊夫林将内战前的国内矛盾、内战经过、伦敦大瘟疫、伦敦大火、1684年大霜冻、英荷战争、国内的各种叛乱与阴谋活动都一一道来;作为英国皇家学会的创始人之一,伊夫林将大量的篇幅用于介绍新科学在英国的诞生与发展;作为虔诚的英国国教教徒,伊夫林用大量篇幅记录了自己聆听布道的经过及所听的布道祷文,并对克伦威尔统治初期国教教徒的宗教活动和1655年11月后因遭取缔和迫害而转入地下的宗教活动做出了翔实的记录。这些对于研究英国17世纪下半叶的历史都具有重要的史料价值。

伊夫林为何能在日记中实现高度的史料价值?这是因为他不仅在当时剧烈的社会变革中远离政治漩涡,清醒把握历史事件,而且他与当时重要的历史人物私交都很好。伊夫林在日记中频繁使用的词语之一是"谨慎"(discreet),这也是他的人生信条。他的墓志铭将他概括为"在重大事件与革命层出不穷的时代,他懂得一切皆是虚假的浮华,除了真正的虔诚之外没有绝对的智慧"(Evelyn,1825:xxiii),因此他能够在波谲云诡的大时代中清醒敏锐地观察种种愚蠢、荒唐之举,竭力避免自己也陷入狂热。尽管他是坚定的保皇派,但却担心卷入内战会给家族带来灭顶之灾而远走欧洲大陆,甚至在晚年政治主张逐渐倒向与保皇派对立的辉格党;王政复辟后,他对宫廷生活十分厌倦,对高官厚禄敬而远之,称其为"镀金的玩具",甚至谢绝担任皇家学会会长和接受骑士封号;他不仅奉行"无官一身轻"的理念,而且也不愿在日记中议政。除了内战前对政局的思考以及对宗教问题发表自己的见解之外,日记中大部分的政论都摘自报章。另一方面,正因为伊夫林远离政治,他能够与当时的头面人物保持亲密的关系,并与当时几乎所有的英国知名知识分子建立了友谊,因而能作为历史见证人享有近距离目击各种重大事件的特权。因此,伊夫林日记中不仅叙述了众多历史事件,而且对当时诸多重要历史人物与大知识分子进行了细致的肖像描写,例如查理二世、詹姆斯二世、路易十四、桑德利奇爵士、博伊尔、贝内特、克拉兰登、霍布斯、吉本,并将其与人物评价加入到对历史事件的叙述中,使日记中的历史叙述更加丰富、全面。

伊夫林日记的局限性

伊夫林小心谨慎的处世之道却有损他的日记的价值;他在日记中刻意隐藏自己的隐私,显然违背了日记的私密性原则。作者担心真实的自我在日记中被旁人一览无余,因此叙述以记事为主,压制自己的情感,甚至将日记的即时性写作原则抛之脑后。更何况他的日记还具有一定的功利性,即力图对读者实施教育,并为实现此目的而对自我形象进行理想化塑造。总之,伊夫林日记更像一部回忆录、自传、游记而非日记,有学者就称这部日记为"英国17世纪的一部经典的自传作品"(Underdown 160)。

首先,伊夫林在写作日记时已明确意识到将来要将其出版,因此在文中强烈地意识到读者的存在并对此深为忌惮,而不愿像佩皮斯那样在日记中袒露自己的灵魂,致使读者无法看到作者与自我的私密对话。伊夫林采用倒叙手法交代了自己先前的情况。伊夫林从21岁开始记日记,但日记中却叙述了他此前的童年时代和自己家人的情况。他在文中写道:"我出生于1620年10月31日(萨里郡沃顿市),星期二上午2点20左右,当时我父亲已经结婚7年了,我母亲已经给他生了3个孩子,两女一男;我父亲83岁,我母亲23岁"(Evelyn, 1906:I-1)。之后他用大量篇幅叙述了21岁之前的童年回忆,也介绍了之后在他人生中具有重要地位的诸多人物。显然,从写作日记的角度看,伊夫林大可不必赘述自己耳熟能详的背景信息,但此举却大大方便了读者的阅读。正因为作者的写作是为了满足读者的阅读而非自我阅读,他对日记精雕细琢,却没有像佩皮斯日记一样展示自我的真实一面和隐私,使这部日记更像是一部回忆录或自传而非私人日记,也因此破坏了日记的私密性。伊夫林不仅未能像佩皮斯一样坦言自己的缺点和不道德的行为,甚至不愿在日记中提及自我与家人,读者只有在作者孩子的葬礼上才有机会认识他的妻子与孩子①。因此,伍尔夫批判了伊夫林日记中

---

① 伊夫林的子女大多早年夭折,其中只有一个孩子活到了成年。

的隐晦笔法:"它有时像一部回忆录,有时像日程安排表,但他从未在日记中坦言自己内心的秘密,他写的所有内容都可以在夜晚坦然地对他自己的儿女大声朗读"(Woolf,1925:113)。显然,这与伍尔夫的日记创作原则背道而驰,即"好的日记作家要么是为自己写作,要么是为很久以后的子孙写作……不必矫情,也无所顾虑"(Ibid. 113)。

其次,由于伊夫林的慕史倾向,他在叙述中以记事为主,压制自己的情感,甚至为了阐明历史事件的前因后果而不惜违反日记的即时性写作原则。伊夫林在日记中关注外部世界的重大事件而并非他的内心世界。为了将这部日记写成个人编年史,伊夫林在叙述中排除了个人情感,文中无论是对历史事件的叙述、景物描写、布道祷文的引述,还是人物描写,都很少自然流露作者的真挚情感。另一方面为了达到书写个人编年史的目的,作者常采用全知全能的叙述手法,并且将许多事后才能做出的评价与想法穿插在事件发生过程的叙述中,这需要作者在事件发生一段时间之后通过回忆、总结方能写成,显然违背了日记的即时性写作原则。根据德比尔的考证,伊夫林并非每天撰写日记,而是每天记录笔记,之后再根据笔记写作日记。他于1660年左右开始整理自己先前的记录,并利用回忆和书面材料对其加以扩充;他在写到1646年时便中断了写作,之后在1682年左右继续整理自己的记录,并在此过程中加入新的材料,直到他写到1684年,之后才严格地按照常规每天写日记(de Beer 237)。由此可见,这部日记并非即时写作而成,而是在记录下素材之后多年再写日记,并在写作时对原有记录进行修改和删减,加入了事后的看法和意见。但此时的作者自我常常与当时的自我大相径庭,因而丧失了日记的即时性价值。经过作者的编辑修订之后,这部日记无法捕捉即时发生的每一个瞬间并展示当时作者的自我,它在很大程度上可以视为一部采用日记形式、经过精雕细琢的回忆录。例如,他认为1618年彗星出现的异常天象带来连年累月的人祸战乱,在欧洲各国开启了"一个革命层出不穷的时代",并指出其影响直到他整理之前的记录时(17世纪80年代)还未结束(Evelyn,1906:Ⅰ-6)。在写到长期议会于1640年11月3日举行的一次会议时,伊夫林称"这引发了我们在此之后长达二十年的痛苦"(Ibid. 21)。在论述英国国王1672年颁布的《信仰自由宣言》(*Declaration of Indulgence*)对英国国教的危害时,他指出"就这样放弃管控,然后幻想他们可以轻而易举地重新实施管控,这是错误的施政,产生了巨大的破坏性"(Evelyn, 1906:II-341)。这些绝非作者能够对未来未卜先知,而是他摒弃了即时写作、采用对回忆进行加工的手法使然,使得这部日记"像是伊夫林的回忆录而并非他的日记"(Harris and Hunter 7)。

最后,伊夫林力图通过这部日记教育后代,帮助他们自我提高和进步,并为实现英国国教的道德教化目的塑造威严、虔诚的自我与他人形象。一方面作者将大量篇幅用于叙述自己的日常生活,尤其是参加的各种宗教活动,斯科特爵士称他的"生活、举止、原则都在他的回忆录中得到诠释,这应当成为英国绅士的手册"(Willy 14)。另一方面,伊夫林塑造出理想化的虔诚信徒形象以实施示范作用,使日记落入了圣徒传的窠臼。作为一名虔诚的英国国教信徒,宗教活动在他的日记中占据了重要篇幅,这对读者产生了强烈的示范作用。因此汉舍尔认为伊夫林的作品虽然引人入胜,但却难逃说教的诱惑(汉舍尔,第8版)。作者在日记中详细记录了自己参加圣餐、聆听布道、做祈祷、感谢上帝恩赐等活动,以及他与地位显赫的神职人员所展开的谈话,每一次成功脱险或抵制住诱惑,都会心怀感恩地向上帝祷告致谢。日记中对布道祷文的记录给读者留下了深刻印象,"他的日记越来越多地充斥着叙述翔实但却言语乏味的布道祷文,而且由于他年事已高不免昏昏欲睡,文中还经常穿插着他为此对上帝的致歉"(Bowle 3)。伊夫林着重在日记中叙述了17世纪50年代,因为当时英国国教正遭受克伦威尔的严酷迫害,伊夫林认为这段经历坚定了自己的宗教信仰,并通过日记记录了自己内心虔诚程度的变化。当克伦威尔于1655年下令禁止英国国教的教士进行任何公开活动时,他认为"这是我有生以来最悲哀的一天,这也是英国国教自宗教改革以来最悲哀的一天"(Evelyn, 1906:II-107)。为此,伊夫林不遗余力地谴责克伦威尔。他认为克伦威尔是"全世界有史以来最该死的暴君,最不择手段的压迫者"(Evelyn, 1995:95),在日记中将克伦威尔斥为"逆贼魁首"、"篡位者"(Evelyn, 1906:II-184;

70),将参加克伦威尔葬礼描写为一件大快人心之事,称:"这是我有生以来看到的最开心的葬礼,因为没有一个人为他哭泣"(Ibid.,II:186)。除了用自己日常行为活动对读者产生示范作用,作者还树立了众多模范的虔诚教徒形象,以圣徒传的笔法鼓吹宗教教义,实施宗教意识形态的教化作用。在神职人员中,伊夫林常常以他的好友、坎特伯雷大主教托马斯·泰森(Thomas Tenison,1636-1715)为圣徒典范实施教化,称他过着"模范的神圣的生活,不辞劳苦地不断进行布道",同时始终在"公开场合和私下场合弘扬对上帝的信奉:因此他拥有普世的、无私的灵魂,他的谦虚,谨慎,虔诚都是我从未见到过的"(Evelyn,1906:III-94)。而在普通教徒中,伊夫林则主要选择王后的侍女玛格丽特·布拉格(Margret Blagge)为模范,将其写成"不仅拥有过人的智慧、美貌且十分完美,而且在虔诚与美德方面是罕见的一位模范","在充满淫欲的王宫里,在世风日下的时代中,这位女士堪称是个奇迹"(Evelyn,1906:II-350)。其他的模范人物还包括博克夏郡的克拉登女士——"一位与众不同的圣徒"。她主动愿意过贫穷、单身的生活,常会探望病人并送给他们救济品,"拥有无可比拟的虔诚与美德"(Evelyn,1906:III-186-187),以及"诚实的木匠"、造船大师约纳斯·希什(Jonas Shish)。

评 价

伊夫林的日记涵盖了长达66年的历史事件与社会文化风貌,突出了作者广博的知识与兴趣,并以作者敏锐的观察力和生动形象的叙述见长,具有珍贵的史料价值,是英国日记的一部巨著。但由于突出作者虔诚的宗教信仰,强调思想与道德价值观的灌输作用,有悖于日记的真实性和即时性,因而这部作品未能体现出日记所应有的真诚,而更像一部以日记形式写成的回忆录或自传。这部作品在重视道德教化的维多利亚时代备受推崇,但随着以布鲁姆斯伯里作家群体为代表的现代主义兴起,维多利亚时代的价值观受到颠覆,伊夫林日记也开始遭到批判,其中最典型的莫过于伍尔夫的评价。她认为伊夫林作品的特点是虚伪,因为"他的作品晦涩而并非清晰。我们无法看到作品的深度,其中也没有他思想或心灵的隐秘活动……我们不禁要怀疑他是个令人厌烦,吹毛求疵的人。他有时盛气凌人,有时对自己的长处过于自信,而对他人的优点却有些不以为然"(Woolf,1925:121)。

第二节
塞缪尔·佩皮斯

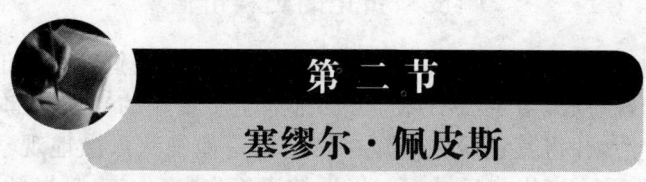

(Samuel Pepys, 1633－1703)

英国最早的日记作品可以追溯到 1442 年,但它真正兴盛发展是在 17 世纪(Houlahan 695)。塞缪尔·佩皮斯是英国历史上第一位留下优秀作品的日记大家,他与同时代的约翰·伊夫林堪称 17 世纪日记作家的代表人物。

与出身特权阶级、无需努力奋斗便可跻身上流社会的伊夫林不同,佩皮斯没有家世和祖产的荫庇,他需要凭借个人努力在政界谋取更高的职务。他顺应时势、见风使舵,最终被擢升为权倾一时的海军高级文官。他所写的这部日记记载了他从一个普通人到成功人士的九余年奋斗历程,其中的记载始于王政复辟前夜,直至他身居高位、因眼疾而不得不罢笔。一方面,这部日记体现出作者对生活的热情,叙述了作者所经历的生活中的细节和英国的重要历史事件。佩皮斯不但善于观察,注重描述生活中的琐事,通过平实的语言和直白、真挚的叙述如实表现了自己眼中的历史事件、生活中的细节以及发自肺腑的感想;而且能够生动幽默地叙述事件,使每一个细节都体现出独特的重要性。透过佩皮斯亲切的叙述,读者仿佛穿越时光,亲身目睹作者当时所经历的各种事件。另一方面,这部日记的突出特点是私密性。作者采用了自创的速记编码体系记录日记,因而使这部日记在他去世一百多年后才得到破译,这确保了作者能够真诚地敞开心扉与自我展开私密的对话,使读者在旁观中看到了作者的灵魂和当时的人性。因此,杨正润先生的《传记文学史纲》对这部日记给予了很高评价:"他的《日记》是一部独特的作品,无论从真实性和史料性,还是从文学性和生动性来看,在日记作品中都是最出色的"(杨正润,1994:248)。

佩皮斯日记的史料价值

作为一名出色的日记作家,佩皮斯热爱生活、涉猎广泛。他拥有超乎常人的好奇心,对生活中各个方面都产生了浓厚的兴趣,无时无刻不在观察生活,并将其记录在日记中。这正是他细致入微地观察生活的动力,也因此在逝世之后被好友伊夫林评价为"一位杰出、勤勉的人,好奇心极强"(Lucas-Dubreton 289)。不仅如此,佩皮斯还善于观察、拥有敏锐的观察力,他通过精确、具体的细致描写,即便是日常的琐事也使其体现出独特之处。如是,他的日记因其全面性、详细性和真实性等特点,体现出很高的史料价值。

佩皮斯日记中的描写十分全面,它通过作者的日常观察将英国王政复辟时代的全景栩栩如生地展现于读者眼前,使读者可以籍此清楚地掌握当时英国社会的面貌。这部以作者自创的速记编码记录的日记长达 6 部之多,翻译成英语之后多达 54 本,资料全面详细,成为后人研究他所在时代的重要资料。如上文所述,佩皮斯的重要特质之一是热爱生活,他会充满热情地观察和记录生活中的各种变化并乐此不疲。因此在他的日记中找不出两篇雷同的记录,他每天的活动都丰富多彩,通过他的叙述体现出各自的重要性(Taylor,1989:4)。在这部日记中,佩皮斯重点记录了自己感兴趣的领域、重大历史事件以及奇闻异事。首先,佩皮斯具有旺盛的求知欲,他的兴趣广泛,对积累金钱、政局变化、科学研究动向、宗教状况、王室活动、音乐、戏剧、书籍、美食、美女等都有浓厚的兴趣。佩皮斯所在的时代正是新科学孕育而生,各种新的创造发明、娱乐方式、时尚潮流大量诞生的时候,佩皮斯在其巨大的好奇心推动下,对光怪陆离的大千世界事事关心。他在日记中称自己和孩子们一道去看陌生的事物,记录了自己去皇家学会观看科学家的各种实验(例如对狗的输血实验),去造币厂观看钱币的制作过程,观察大理石的切割过程并与建筑工人交谈,甚至用自己的望远镜在屋顶观察各种天文现象。此外,他还大胆品尝各种新奇的食品,甚至尝试刚开始流行的娱乐方式。日记中记录了他去剧院、去赌场、滑雪、看耍猴、看意大利绳索舞表演、看摔跤、看狗熊、看斗鸡等娱乐活动。他甚至把观看刑场处决犯人也视为一种娱乐方式,而且描写得十分轻松、不以为意,全然不顾此过程的血腥恐怖。在这些观看过程中,佩皮斯始终注意观察身边的各种轶事,打探传言,并对在场的各类观众进行全面描写,上至国会议员,下至学徒工、乞丐、酿酒工、屠夫、马车夫,有时还在叙述中发表自己的看法。佩皮斯最大的爱好莫过于看戏,他在日记中生动全面地记录了当时的戏院场景、演员表演和服饰、舞台布置等,具有重要的史料价值——"如果不查阅这部日记的话,没有人能够针对王政复辟时代的戏剧做出令人满意的研究"(Ibid. 83)。其次,佩皮斯通过对所经历的重大历史事件的叙述,为后世的历史学家提供了重要史料。由于佩皮斯是英国海军的高级文职官员,他不仅参加了迎接查理二世回国复辟、加冕典礼、英荷海战、伦敦大火、伦敦大瘟疫、国王下野、议会质询等许多重大事件,而且将大量的篇幅用于记录自己对公务和国事的处理,尤其是对建设强大的海军所做的贡献。甚至当火灾、瘟疫等灾难降临,别人大多争相逃命时,佩皮斯依然在好奇心的驱使下赶赴现场,不顾自己繁忙的事务,坚持以个人的眼光对当时的场面进行细致的观察。例如在伦敦大火发生时,佩皮斯需要将家人转移到安全的地方并藏匿自己的财产,但他仍然不忘记录火灾中的各种骇人场面,仿佛自己置身事外一般:

> 每个人都在拼命转移自己的家当,有的顺手就扔进了泰晤士河,有的把它们带到渡船上。穷人们待在自己的房子里,直到火烧眉毛才跑去船上,或者就从河边的一个梯子爬到另一个梯子。还有其他的生灵,可怜的鸽子,我看到它们不愿意离开自己的家园,都围着窗户和阳台盘旋徘徊,直到有些被火烧着了,它们的翅膀一旦着火,便随之纷纷跌落。(汉舍尔,第 8 版)

最后,佩皮斯的日记中记录了大量稀奇古怪的奇闻异事。佩皮斯在强

烈好奇心的驱使下,喜欢从归国的商人或旅客那里打听外国的风土人情、奇妙见闻。他在日记中用大量篇幅记录这些海外奇谈,并由衷地感慨大千世界的奇妙。此外,他还记录了英国国内耸人听闻的事件,例如突然遭遇袭击而丧生的演员,在酒后的口角中被法国人杀死的著名外科医生,在酒馆中捅死自己亲兄弟的伯爵之子,死于考文特花园(Covent Garden)的苏格兰骑士等各种血案,当时人们所患的各种疾病,甚至咬死一百多只猫的一条狗都被收入日记中,极大地满足了他本人和读者的好奇心。

佩皮斯的日记不仅包罗万象,而且重视细节描写,热衷于捕捉生活中的琐事,无论对重大历史事件还是日常生活的描写都十分生动具体。以英荷海战这一重大历史事件为例,佩皮斯本人作为海军高官亲身经历此战,因此十分熟悉战争的详情,并能够针对自己的职责和英国海军发展状况提供大量不为人知的细节,这远非一般的文献记载能够做到。佩皮斯在日常生活中也注重细节描写。他在日记中针对平日的饮食、衣着、娱乐等方面都做了细致的描写。例如,他在文中详细说明了他食用的20种不同的鱼类和30种不同的肉类,例如凤尾鱼、鲤鱼、鱼子酱、螃蟹、小龙虾、培根、牛肉、动物脑、小牛头、阉鸡、鹿肉等。他去看戏时将周围观众的相貌、言谈举止、衣着甚至自己的心理活动都详细记录下来。他去教堂做礼拜或出席其他公众场合之前的穿着打扮也详细地记录在日记中。就捕捉轶事而言,佩皮斯作为一名优秀的观察者,充分认识到琐事的重要性:它们虽然不可能像重大历史事件那样载入正史中,但却与作者本人的体验、观察、感想息息相关,突出了作者在日记中的重要性和核心地位,因此在日记中具有重要作用。例如,日记中有大量佩皮斯因各种琐事对妻子大发雷霆的描写:他会因为看见皱巴巴的台布而暴跳如雷,在为小事和妻子吵架时会将盘子在房间里到处乱砸,将从国外买给妻子的篮子踹烂,甚至将之前写给妻子的情书扯得粉碎。但发完脾气后自己内心忏悔不已,并对妻子给予补偿。所有这些看似微不足道的轶事都记录在这部日记中。

佩皮斯日记除了全面性与详细性之外,还具有高度的真实可靠性。他的叙述十分坦诚,表现出真实的自我。这正是优秀日记的核心品质。

他的日记采用了自创的速记编码体系,具有高度的私密性;同时他写作日记的目的仅供自己日后阅读而并非出版,因此日记文本逃避了社会规训。作者通过日记构建出封闭的空间,在其中与自我展开交谈并随心所欲地记录事件。他无需掩饰自己的性格与爱好,能够毫无顾忌地叙述为当时社会道德传统所不容的方面,因而前人的日记在坦诚方面都无出其右,读者可以透过日记看到作者的灵魂。因此,研究者普遍认同佩皮斯日记真实可靠,认为佩皮斯"绝对是无意识地展示自我,既没有不符合事实之处,也毫无保留……他没有面对读者,因而无需故作姿态"(Tanner xii),强调佩皮斯"没有考虑去创造自己的形象……也没有为公众开展写作,而是为自己而写作"(Hill 259)。文森特·布罗姆也指出,佩皮斯在日记中毫无保留地透露自己大量隐私是因为只有自我才是可以信赖、能够告知秘密的对象:"日记中通篇都是自我毁灭式的暴露事实,这也是忏悔录式的叙述。他一心要将事实付诸笔端。何故?……因为他在日记中有一位可以推心置腹的知己"(Brome 72)。

具体而言,日记的真实可靠性体现在作者对自己缺点的如实暴露与对社会现实的批判。首先,由于这部日记高度的私密性和读者的不在场,佩皮斯对自己的缺点毫不避讳。正因为这部日记难以解密,佩皮斯既不必担心读者阅读后导致自己缺点暴露而有伤自尊或带来耻辱,无需对自己的缺点刻意粉饰;也不必像大多数自传作家一样夸大自己的成就,塑造自我的高尚形象。他乐意将自己各种缺点、错误乃至卑鄙、可耻的行为与想法如实记录在日记中,叙述十分真诚。他不仅记录了自己嗔怒、贪婪、好色、爱慕虚荣、喜爱吃喝玩乐和华美服饰的缺点、有悖于基督教戒律的饕餮和纵酒狂欢行为,而且将每个人都竭力掩饰的隐私与尴尬事也表露无遗。例如他偷情时的兴奋与恐惧、借督办海军物资采购之机收受贿赂时的狂喜与激动、醒来被自己的枕头惊吓、把自己的假发弄着火、和仆人打拳击时弄伤手指、在教堂做礼拜时酣睡不醒,甚至和妻子的争吵与冷战都记录其中。此外,由于日记中对性爱的描写过于直白,不得不删节后于1825年首次出版。其次,由于日记中的言论不会公之于众,佩皮斯能够在日记中根据自己的良知畅所欲言、批判社会现实,无需顾忌自己的保皇派身份与高官地位。他不仅指责人

们的冷漠无情、听任一具浮尸在泰晤士河上漂浮四天,将法庭斥为草菅人命、令人沮丧的邪恶场所,揭露教士淫乱、酗酒、举债、阿谀奉承的丑行和教会过于奢华的宗教仪式,对当时错误的政策法令和权贵要员的愚蠢与荒唐之举直言不讳,甚至胆大包天地对国王陛下的情人卡斯尔梅恩女伯爵(Castlemaine,1641-1709)垂涎三尺;而且富有同情心:他对复辟中遭镇压的革命党人和参加非法宗教集会而被逮捕的人心怀同情,对穷人的困境遭遇也始终心怀怜悯(例如他十分同情捡垃圾的小男孩)。这其中描写最真挚的莫过于对征兵制度的批判。当英国与荷兰陷入战事时,佩皮斯奉旨强征壮丁入伍。虽身为征兵官员,他却能深刻揭露此暴政的野蛮残忍:

> 我一生中从未看到过如此真实的情感表露。我看到有的妇女哭天抢地,她们冲到一队一队押来的壮丁中寻觅自己的丈夫。每条船开走时她们都会痛哭流涕,因为她们觉得自己的丈夫就在这艘船里,并借着月光竭尽全力目送船只离去。听到她们的哭泣,我油然而生悲恸之情。而且当我看到贫病交加的劳工与杂役突然被陌生人带走,被迫抛妻离子时,这可真是一幕人间惨剧……这简直是暴君的行径。(Pepys, III: 103)

由此可见,正因为佩皮斯日记的叙述真实可靠,我们才能深刻地认识到他真实的一面。从表面上看,他作为一名高级官员向来以威严的面目示人:他工作勤勉、不苟言笑、诚实可靠;对上级谨小慎微,对下级脾气暴躁、要求严格。若非他的日记公之于众,人们很难想象他在私生活中狂放不羁、喜爱挑逗骚扰女性、酷爱冒险刺激。

佩皮斯的叙述魅力

佩皮斯不仅善于观察周围的世界,而且以艺术家的笔法将自己的观察记录在案。通过他生动的叙述,平淡无奇的日常生活顿时充满魅力。他的日记不仅善于将日常生活中的小事叙述得与众不同、引人入胜,而且通过自己的想象力和真实情感的表露等手法打动人心,因而这部日记可读性很强,具有极大的吸引力。

佩皮斯在日记中向我们展示了一个人丰富多彩的日常生活。尽管他是一位高级官员,但却从未在日记中认为自己与众不同,而只是具有正常人性的普通人。因此他叙述的事件大多十分寻常,但却能够在叙述中独具匠心地将它们组织起来,利用自己的亲身经历赋予这些事件独特的重要性,并能用三言两语勾勒出各类人物性格。作者在日记中还突出了日记作家的另一项重要品质——热爱生活,他不仅从广泛的兴趣中获取快乐,还时常会为琐碎的小事而欣喜不已;而且善于从平淡的生活中捕捉快乐。正是通过筛选材料和叙述艺术突出生活中的乐趣与奇妙之处,日记中每天记录的事件在作者的笔下才能产生独特的吸引力。例如他在叙述宏大壮观的国王加冕和伦敦全城庆祝复辟的场景时,独具慧眼地展开了风趣的叙述。不但在文中突出查理二世的王冠与权杖的滑稽,还将他身边簇拥的大吏要员描绘成服务员一样为国王试吃御膳。而作者在叙述自己随舰队去荷兰迎接国王回国复辟时,本应突出自己对重要历史事件的见证,但他却抓住其中有趣的场景:"我去了,还有曼塞尔(Mr. Mansell)先生和国王的一个随从,还有国王喜爱的一只狗(这狗在船里拉了泡屎,我们都笑了,我觉得国王和所有属于国王的东西其实和普通人并没有多少区别)"(汉舍尔,第8版)。由此可见他在琐碎小事的叙述中表现的幽默感和好奇心。

佩皮斯的叙述不仅能让读者捧腹不已,也能通过想象力和真实情感的流露打动读者,表现出人文主义精神,这突出体现在对伦敦大瘟疫和大火的描写中。佩皮斯利用自己丰富的想象力和细节观察,以现实主义的笔调将悲惨的场面展现于读者眼前,其中的临场感、动作性、紧张性使读者宛如身临其境。例如在对伦敦大瘟疫的描写中,很多日记作家在目睹哀鸿遍野的惨状时选择闭上双眼,不忍心加以叙述。但佩皮斯却强忍悲痛记录他的所见所闻:门上画上红十字、写着"求上帝怜悯我们"字样的民居,达官贵人纷纷逃往乡下,墓地里不断传来的丧钟,白天举行的葬礼,令人毛骨悚然的传言与轶事,街头偶遇的死者的悲惨故事,许多殒身于这场瘟疫中的熟人(例如杂货店老板、为军舰服务的送水工、酒馆的老板和服务员)等等,所有这些描写都让读者领教了这

场瘟疫的可怕。当佩皮斯写到自己亲眼目睹的伦敦大火时,他同样生动细致地描写了火灾的巨大破坏与人民的悲惨遭遇:惊慌失措、四散而逃的人群,忙于抢运金银细软的灾民,卧床不起被人背出着火的屋子的病人,大难临头仍不愿离家逃命的贫苦百姓,烧死在烟囱里的猫,翅膀烤焦的鸽子,教堂废墟中弯曲变形的玻璃,可怕、邪恶的火焰,化为一团巨大烈焰的伦敦城,自己的失眠与噩梦,梦中的火焰与倒塌的房屋,等等。所有这些描写震撼人心,令人不忍卒读。

双重自我间的对话

佩皮斯的日记不仅具有宝贵的史料价值和出色的叙述魅力,而且展示了一位优秀日记家的重要品质——双重自我之间展开的私密对话,这使读者在旁观中看到了他的灵魂。这具体体现于双重自我、浓厚的自我意识以及追求快乐与自我规训之矛盾三方面。

首先,日记这种形式使佩皮斯能够在文本中实现双重自我。杨正润先生在《现代传记学》中指出,日记是"现在的自我同过去的自我在进行对话……写日记时对话依然在进行,白天里自我的冒失、急躁、鲁莽……到晚上写作日记时都没有了"(第380页)。由此可见,作者现在的自我与过去的自我截然不同。在这部日记中,佩皮斯能够做到在事件发生后不久将其记录在案,并在反观自己此前的所作所为时实现了自我的分离。因此,他的日记给读者的感觉常常是由另一个自我所写一样。例如"吃过晚饭后,我妻子、梅塞尔、汤姆,还有我一直坐到夜里11点,又是唱歌,又是弹琴。看到我在我自己家中如此快乐,这可真是开心"(Pepys, II-1: 148)。显然,佩皮斯在日记中具有双重身份,因为他不但是记录日记文本的作者自我,也是现实生活中发出行为并在日记中被书写的作者自我,即作为书写日记的叙述者自我与作为叙述中心的被叙述者自我。叙述者自我在叙述中的层次要高于被叙述者自我。由于他是在事后写作,因而更加冷静、客观,对所发生事件的认识更为全面,在叙述中始终观察并理解、同情被叙述者自我,同时能够客观真实地描写被叙述者自我的言行并揭示其动机,洞察被叙述者自我的缺点与错误,最终对被叙述者自我做出评价并进行规训。

其次,作者的自我意识极为浓重。学者们发现,佩皮斯"在写作时只关心充满魅力的自我"(Park 238),当代作家克莱尔·托马林直接将她所写的佩皮斯传记命名为《塞缪尔·佩皮斯:无与伦比的自我》(*Samuel Pepys: The Unequalled Self*, 2002)。在这部日记中,叙述的主线是佩皮斯努力奋斗并取得成功的历程。作者亲切地将自己的发达之路娓娓道来,不无夸耀自我,并以所获得的成功证明上帝对自己的眷顾。与宗教日记不同,作者并非专注于检查自己每天的精神修行成果,而是强调自己在世俗方面的成就,将财富和地位的提高作为成功的衡量尺度。他在日记中记录了自己日常收支的详细账目,甚至还如实透露了自己所收的贿赂。虽然在他地位稳固、收入稳定之后便不再记账,但对他来说金子无论何时都是"璀璨动人的"。他依然时刻盘算着如何挣钱,每一笔额外的收入都会让他打心底里欢欣雀跃,仅仅看到自己的财产与日俱增就使他获得了成功的满足感。另一方面,他的成就感也来自于地位的不断提高,这体现在他描述的长官、同僚、部属对他的态度,体现自己身份的交际圈与衣着打扮,甚至在叙述自己日常家中就餐时也重点描写高档名贵的菜肴。由此可见,佩皮斯对财富和地位的变化具有高度的意识,他乐于见到自己变得更富有、更成功并由此获得陶醉与满足。通过描写被叙述者自我的成功之路,这部日记实际上成为佩皮斯个人的奋斗史。除了以金钱和地位衡量自我的成功之外,佩皮斯始终认为上帝对自己格外眷顾,因此尽管自己犯下了种种原罪,却能够幸运地获得成功。他在日记中不禁感叹道:"上帝啊,看到人们对我如此厚待,我感觉这实在太神奇了,要知道我的地位起初可是极为卑微的"(Pepys, XII: 175)。正因为自己受上帝的额外关照,佩皮斯始终怀有一颗感恩的心,无论是新年、生日,还是挣大钱、受上司赏识,甚至健康状况的好转,他都会感谢上帝。他认为自己受上司赏识是因为"上帝保佑我,为我派来的上司能够注意到我所付出的努力"(Ibid. 163),并坦言自己"是一个知道满足的人……我认为自己和其他人一样都十分快乐……感谢上帝,他让我们心怀感恩"(Ibid. 18)。

再次,佩皮斯在日记中展示了矛盾的双重自我,他一方面竭力寻求快乐,另一方面又因为快乐而忏悔、羞愧、自责。佩皮斯在叙述中坦诚

地描写了自己狂浪的一面,不愿被清教禁欲思想所禁锢。在日记中,被叙述者自我的人生宗旨是追求生活的快乐,他想方设法寻找乐趣,心情总是十分愉快。品尝美食、去酒馆喝酒、观看娱乐活动、欣赏音乐、看戏、偷情都是他平常获取快乐的方式。他善于寻找快乐,因此看戏时不喜欢令人心情压抑的悲剧和正剧,而喜欢有很多歌舞表演的剧目。他甚至去教堂做礼拜也并非出于虔诚的宗教信仰,而纯粹是去找乐子,因为不仅有机会"穿上自己最好的黑色套装——那上面镶着红色丝带,非常优雅;穿的斗篷上镶着天鹅绒,还有一件崭新的海狸皮草,这些整体搭配起来十分高贵"(Ibid. 23-24),而且在那里能看到漂亮女士和别人华美的丝绸、天鹅绒礼服。在严肃庄重的宗教仪式上,作者也能陶醉在快乐中,例如他会情不自禁地盯着漂亮女士,在听到有趣的祷文时会忍不住暗自偷笑,甚至呼呼大睡。虽然被叙事者自我渴望快乐,但叙事者却是一位恪守清教戒律的虔诚信徒,他在审视自己此前的所作所为时发现与内心的信仰相悖,由此产生了负罪感并深深忏悔,力图通过在日记中双重自我之间的对话规训自我,限制自己对快乐的无度追求,即他在日记中所坦言的"看到我自己如此快乐……但我对快乐的爱好已到了迷恋的地步。由于我追求快乐时爱慕虚荣,致使我的灵魂极为愤怒"(Pepys, III: 78)。针对佩皮斯的自我规训,学者斯通认为佩皮斯"记录下他自认为错误的行为,并以此帮助自己改正……他在和自己斗争,并成为他所在时代与阶级的缩影"(Stone, 1979: 379)。显然,佩皮斯的叙述自我表现出根深蒂固的清教信仰。根据威廉·哈勒对清教徒特点的总结,他们"对舞台剧和罗曼司反感,只愿意审视自己的内心并记录内心的活动"(Haller 96),努力获取世俗的成就并以此作为自己是上帝选民的证据,并通过做好世俗的职业增添上帝的荣耀,他们勤勉劳作、杜绝享乐甚至禁欲、在经济活动中精打细算,成为近代资本主义发展的精神支柱,也是欧洲理性主义长期发展的产物。由此可见,清教思想与日记中被叙述自我的所作所为相矛盾。因此佩皮斯在日记中构建出一片私密空间,在其中大量记录了自己的心理活动并力图对被叙述自我实施规训,在此过程中展现了双重自我之间的对话。为了规训自己对快乐的无度追求,他下决心节俭度日、杜绝女色、看戏、饮酒、买书等获取快乐的途径,并为此立下了誓言以规范自己的行为。但他的理智却根本无法战胜自己的情感与本性,他无法遵守自己的诺言,依然迷恋看戏等娱乐活动。最终佩皮斯找到了调和双重自我间矛盾的方法,即针对自己贪财的本性,在每次违反承诺后都要往一个白铁皮盒子里缴纳5先令的罚金以示惩戒。

评　　价

　　佩皮斯的日记表现出出色的叙述魅力和独特的双重自我间对话,同时具有珍贵的史料价值,这些特点使这部日记成为英国日记史上一部划时代的著作。它为后人研究王政复辟时期的英国社会全貌提供了翔实的第一手资料,其高度的可读性使之拥有庞大的读者群,而且透过双重自我的对话向读者袒露了作者的灵魂,对后世的内省式日记产生了重要影响。正是由于这些原因,这部日记在1825年出版之后经久不衰,多次再版,影响了后世的日记写作。例如,19世纪著名的历史小说家沃尔特·司各特就从中受益匪浅,他创作日记的念头正是在读毕这部日记后萌生的。

第四章
十八世纪(上)

名词解释

自　传
(Autobiography)

自传是个人以第一人称自叙生平的一种写作模式。自传一般应包括以下几个因素:第一,自传以个体生命的**本真构成为基础**,**自我的经验**是一条基本的线索。第二,自传中历史和文学互动交融,科学和艺术交汇结晶,这是自传作品特有的魅力。第三,现代自传要求作者详尽地叙述自己的"人格故事"或"经历故事","**故事性**"是现代自传的重要特征。第四,当代自传趋向于真实与虚构的混杂,自传趋于**虚构化**。

概　述

从根本上说,自传是用第一人称叙述自己的生平故事,自明心迹。自传作品或抒怀述志,表达自己的抱负和追求;或记述自己的道德情操,总结人生经验。由于各人的社会地位、人生道路和写作风格不同,有的直陈其事,慷慨激昂;

有的胸怀坦荡，无所忌讳；有的幽默风趣，寓庄于谐；有的命运多舛，悲愤凄恻。英语中的"自传"（autobiography）最早是由罗伯特·骚塞（Robert Southey，1774－1843）在 1809 年的一份英语杂志《评论季刊》中首次运用。自传这一词汇出现之前，人们常用"apology"（愧悔）、"confessions"（忏悔录）和"Memoirs"（回忆录）叙写自己的生平故事。"apology"一词意味着辩护或澄清事实，尽管也不乏谦恭、坦白和诚实之意。这一用法在 18 世纪尤为流行。诗人兼剧作家考利·西伯尔（Colley Cibber）的《考利·西伯尔一生的道歉》（*Apology for the Life of Colley Cibber*）（1740）开了 18 世纪英国个人化的、轶事性质的自传传统的先河。"confessions"（忏悔）一词隐含着对个人罪过、过失、不道德行为或缺点的承认，起源于传主因宗教信仰的改变而进行的忏悔行为。正因为此，文学理论家诺思罗普·弗莱把自传等同于"忏悔录"（Frye 306）。奥古斯丁的《忏悔录》就是一典型的例证。18 世纪英国自传的发展深受法国的影响。法国大量的回忆录作品在 18 世纪被迅速翻译成英文并且广为英国人喜爱。蒙田（Montaigne）的随笔、女公爵玛扎伦（Mazarin）等人的自传性回忆录使英国人明白了自我思想状态分析的重要意义。历史学家霍勒斯·沃波尔所说的"法国人的优点在于解剖人类本性的全部，而我们的虚伪肢解的只是轮廓，破坏了所有的真实性"（转引自 Stauffer，1970：258），一语道破了 18 世纪英法两国对于生平写作的认识和态度。在近代，特别是卢梭的《忏悔录》之后，自传一词的意义变得越来越世俗化，自传作品中一般隐含一些令人震惊或反感的内容和信息。英国作家托马斯·德·昆西（Thomas de Quincey，1785－1859）的《一个鸦片吸食者的忏悔》（*Confessions of an English Opium-Eater*，1821）坦白了自己真实而污浊的生活状态。弗洛伊德以来，自传则逐渐幻化成心理学家们的话语表达。之前忏悔的旨意被耸人听闻的暴露癖和自夸所淹没。保罗·迪拉尼（Paul Delany）在其《17 世纪英国自传》（*British Autobiography in the Seventeenth Century*，1969）一书中用了"ad hoc autobiography"一词把自传描述为"以作者所从事的主要政务或他意欲探求的一时的名望为动机"的写作，是一种与某一具体政治事件相关联的证明（Winslow 4）。

19世纪的自传主要是以个人作品为主。其中最有影响力的作家当属约翰·斯图亚特·穆勒(John Stuart Mill, 1806-1873)、纽曼大主教(Cardinal Newman, 1801-1890)、安东尼·特洛罗普(Anthony Trollope, 1815-1882)和亨利·亚当(Henry Adams, 1838-1918)。到了20世纪,自传作者空前活跃,自传内容充斥着诗歌、小说、戏剧等主要文学形式。从普鲁斯特、乔伊斯、劳伦斯、菲利普·罗斯(Philip Roth)到亚瑟·米勒(Arthur Miller)、约翰·厄普代克(John Updike)等,他们的作品道出了个人感情与心路历程,而读者所感受到的是一个独特生命的个性历险的诡谲轨迹。自传中的想象与细节的虚构,小说对人物的阐释和评价,日益促成二者从形式到内容上的"严丝合缝"。与此同时,表现各种自传理论的书籍和文章也与日俱增。1909年安娜·罗伯森·波尔(Anna Robeson Burr)发表她的《自传——批评比较研究》(*The Autobiography: A Critical and Comparative Study*)时,自传还只是一个相当新颖的研究议题。而到了20世纪末,"自传最终与传记并驾齐驱",并且大有"矫枉过正"(赵白生,第230页)之嫌。自传作者的价值观随着新的生活方式和个性解放的进程而日益更新,他们开始严肃思考自我的意义,期盼更高层次的自我实现,追求更高的人格层次。美国自传研究大家詹姆斯·奥尔尼(James Olney)等其他众多研究者的自传研究理论成果极大地推进了自传作品前行的步伐。

定 义

给自传下严格的定义并非易事。从自传诞生到现在的几百年间,人们对它的界定从来就没停止过。《新大英百科全书·传记文学》是这样界定的:"自传是传记的嫡亲或特殊形式。它是由作者本人写的生平,故而是不完整的"[1]。1866年,法国权威的《拉罗斯百科全书》中自传的定义是:"由某人写作的其本人的生平",这一定义曾经为大多数学

---

[1] *The New Encyclopedia Britannica*. Chicago: Encyclopedia Britannica Inc. 1979: 186.

者所赞同。一百多年以后的 1971 年,法国学者菲力普·勒热讷通过对 11 世纪以来的几百部法语著作的仔细研究,对自传作了新的阐释:"由一个真实的人,关于自己的存在所写作的回顾性的散文体叙述,重点在于他的个人生活,特别是他的人格的故事"(Lejeune 4)。根据这一裁定,人们阅读自传的第一乐趣就未必是透过文本去认识历史,而是从字里行间去亲密接触一个鲜活的生命,阅读一个灵动的灵魂。这一定义仍被当代西方学术界普遍接受。1972 年美国学者阿伯特·E·斯通也作过一个关于自传的定义:"对一个人的一生,或者一生中有意义的部分的回顾性叙述,由其本人写作并公开表明其意图:真实地讲述他或她公众的和私人的经历故事"(Stone,1972:24)。从以上三个定义来看:现代理论都倾向于把自传的重点置于传主的"人格故事"或"经历故事"上,传记理论大家勒热讷称之为自传的"被叙述的主体"(Lejeune 5)。"故事性"逐渐成了现代自传的重要特质之一。我国学者王成军对自传的概括与总结全面、精细而富有条理,在此不妨摘录如下:"自传是一个真实(自传契约中的真人)的叙述人(当下的'我')通过记忆和有意无意的遗忘,用'话语'语言(discourse)而非'历史'语言对自我人生镜像(多重的'我')的不断(纠葛着叙述时的情感、欲望与身份政治等)重新塑型与叙述的文学形式"(王成军,第 15 页)。王成军博士还对这一定义做了进一步解释:"真实之人是自传契约中的人,即有其他资料可证明这个人写过这个自传。叙述者是当下的'我'而非被叙述的'我'。所谓'话语'(discourse)语言是指法国语言学家邦维尼斯特在《普通语言学问题》中所发现的'历史叙述排除所有自传语言形式'。是有'我'的话语形式"(王成军,第 16 页)。这一定义的优点在于:保证了自传的真实性,并使之与别传和自传体小说区分开来;第二是强调了主观性而非客观性是自传文学的自然生态,给自传作者留下了创作的主动性和更大的艺术想象空间。

属 性

自传属于传记的概念之中,传记的属性自然涵盖自传的内容。但

自传是叙述者把自己当作传主而写出的传记。自传作者自述生平经历,作者与传主是同一个人,这是自传不同于他传的独特性。

同时,自传不仅是把自己当作传主的传记,它还可以在作品中大量或主要写别人的生活(他传),这是自传的另一个特性。就如同传记作品蕴含有作者对自我的剖析和刻画一样,自传作品中有作者对他人的怀想和纪念,这或许是传记作品与自传作品最为关联的地方。《约翰生博士传》(*The Life of Samuel Johnson*,1791)中的鲍斯威尔实际上就是把他人和自己同时当作传主来叙述的。"名声不佳但精力过人的苏格兰律师詹姆斯·鲍斯威尔被称为传记文学领域中独一无二的天才是有多方面的原因的,他的这种超人之才在传记和自传两方面都显露出来"(Daiches 189)。在《约翰生博士传》中,作者的自我描摹丝毫不亚于他对传主约翰生的叙述。"鲍斯威尔用一生来寻找鲍斯威尔","他在描述约翰生①的过程中贪得无厌地应用自己性格的种种侧面"(Daiches 297)。看似一辈子以观察别人为己任的鲍斯威尔,在自己的鸿篇巨制《约翰生博士传》中寻找、记录、怀疑和求证的其实还有自我。自传作品中人物可以是开放性的。

一般说来,传记的初始形态是记录生平;其后传记开始注重表现人格;到现代传记,传记家又力图解释人格。如歌德所说:"我们生活中的事实,不是当它是真实的,而是当它有意义的时候,它才是重要的"(Bowen 64)。从卢梭开始,"……自传写作的特点是对一种生平的解释,卢梭通过小说的手法进行这种解释"(歌德,第 4 页)。英国"新传记"的奠基人斯特拉奇有段名言:"不加解释的真相如同埋藏着的黄金一样毫无用处;而艺术就是一位伟大的解释者"(Strachey,1909:20)。法国传记家莫洛亚认为:"如果说传记家没有权利杜撰事实,然而他完全有权利甚至有义务解释事实——有些情况下甚至很多情况下,事实本身是说不清楚的,有时读者不知道该怎么理解它们,在这些情况下,传记家就有权利停下来尝试进行解释"(杨正润,2003:11)。"解释性"成了自传的显著特征。

---

① 有学者将 Samuel Johnson 译为塞缪尔·约翰生,以区别其他"约翰生"。本书在此随同多数研究著作采取译名"约翰生"。

发展脉络

"自传"一词尽管直到 1797 年才正式进入英语语言中,但这一文类的存在源远流长。远古时期的作家们诸如希腊抒情诗人品达(Pindar)和萨福(Sappho)、历史学家希罗多德(Herodotus)等,就曾记录了各自生活经历的某些片段。到公元前 4 世纪,圣奥古斯丁的长篇作品《忏悔录》开了这一文类的先河,但它与欧洲启蒙时期激增的传记文本有着很大的不同。奥古斯丁讲的是个人的故事,把自己描述成一位不能复制的个人,而不是上帝的模范仆人。随着法国 17 世纪作家米歇尔·蒙田(Michelle de Montaigne,1533 - 1592)《小品文》(*Essais*,1595)的出现,自传作者们才开始把自我当成关注点和聚焦点。美国当代历史学家卡尔·温特拉伯(Karl Weintraub)在他的《个人的价值:自传中的个人和环境》(*The Value of the Individual: Self and Circumstance in Autobiography*)一书中提到,自传从道德说教到自我呈现的转变是自传史上里程碑式的变化。"通过一件事去阐释另外一件事是无法达到精确的",最贴近的办法就是对自我的内视和研究。他认为是蒙田和他同时代人的怀疑主义改变了自传发展的路径,使其开始关注人类的独特性,关注"个人努力实现自我的方式"(Gunzenhauser 75)。

当代美国学者波恩·J·岗真豪瑟(Bonne J. Gunzenhaser)说过,评估传记发展的最好办法,"或许是这一文类所彰显出的独特魅力:它有能力显现个人不断变化着的文化概念"(Ibid. 76)。在后启蒙时代的欧洲,"个人"几乎还不是一个静态的概念,自传作者们往往通过强调与现行文化价值相一致的生活细节来描述和界定自己。17 世纪英国清教徒约翰·班扬(John Bunyan,1628 - 1688)在他的《大罪人的浩大神恩》(*Grace Abounding to Chief of Sinner*,1666)中致力于描写"我这颗邪恶心的虚荣和内在的悲惨"(Abbs 81);19 世纪德国作家歌德在他的《灵与肉》中坚信"世上所有的人都扮演两个角色,一个是真实的,另一个是理想的"(歌德,第 4 页),来回应当时越来越复杂的个性观念;爱尔兰诗人叶芝(Williams Butler Yeats,1865 - 1939)在承认自己没有能力在杂乱的生活中提升出一种真实的秩序时,强调了现代主义的碎片性和疏离感,他在自传中写道,"我肯定是在不知不觉中改变了很多东西"(Yeats 397)。

自传作者们不仅让他们的故事内容与文化观念合拍,还使作品的形式和结构发生了变化。自传不管是作为一种单独的文类还是其他文类所遵循的形式(小说、随笔、诗歌、短篇小说),它都有着自己的文学传统。斯蒂芬·夏皮罗(Stephen Shapiro)在他的《自传:文学的黑色大陆》("The Dark Continent of Literature:Autobiography")一文中清楚地表达了自传作为文学的第一原则,即"必须提供一种能引起读者共鸣的语境以达到经历的再创造和与艺术结构的融合"(转引自Gunzenhauser 76)。这里的语境主要包括自传作者对形式和结构的选择。威廉·斯朋哲曼(Williams Spengemann)在他的《自传的形式:文学文类史中的插曲》(*The Forms of Autobiography: Episodes in the History of a Literary Genre*,1980)一书中详尽地记叙了文艺复兴以来自传作者不断校准自传形式的过程。他认为自传形式的变化经历了三个阶段:首先是按照时间顺序记叙的"历史自传"(historical autobiography),比如中世纪和早期的自传作者的作品,包括但丁的《新生活》(*The New Life*,1292)、班扬的《大罪人的浩大神恩》等。这些叙述严格追寻传主的生活事件,从某种程度上标识出自我意识的显现和精神上的渐次完整;第二阶段是跟随浪漫时期而来的"哲学自传"(philosophical autobiography),诸如卢梭的《忏悔录》和19世纪英国诗人华兹华斯的《序言》(*The Prelude*,1850)。这些文本不仅展示了作者对认识论和个人思想进程的强烈兴趣,而且还将这些兴趣融入到了文本结构当中。"诗性自传"(poetic autobiography)是自传发展的最后一个阶段,是作者把真实性与"诗性的自我表白和诗性的自我创造"相并置的一种写作范式。

事实上,20世纪的自传都可以归宗到斯朋哲曼所说的"诗性自传"。自传作者和小说家的区分界限越来越不清楚。勒热讷感叹道,"必须承认,如果只停留在文本的内在分析上,那就没有任何区别。为了使我们相信叙事的真实性,自传使用的所有手段,小说都可以模仿,而且也经常模仿"(Lejeune 14)。当然,这种模糊不清显然不是现代才有的。早期的小说家往往愿意把自己的小说归类成自传作品。丹尼尔·笛福(Daniel Defoe)的《鲁宾逊漂流记》(*The Life and Strange Surprising Adventures of Robinson Crusoe*,1791)、乔纳森·斯威夫特(Jonathan Swift)的《格列佛游记》(*Gulliver's Travels*,1726),甚至夏洛特·勃朗特的《简·爱自传》(*Jane Eyre: An Autobiography*,1847)也都贴有自传的标签。早在蒙田的17世纪,自传作者们已经意识到讲述一个完全真实的故事十分困难。但是直到19世纪,大多数的传记家才把"真实性"视为珍宝。历史学家吉本坚持历史的首要品质是"赤裸裸的,不怕出丑的真实";卢梭坚信他的忏悔录"显露出真实的自我本质";英国哲学家约翰·斯图亚特·穆勒在《自传》中对童年生活、所受教育、智力成长的事实及其环境做了翔实的叙述和描写。

然而,到了20世纪之后,现代主义者的怀疑主义对自传所竭力表现的"完整自我"的可能性提出了质疑。这些未来的自传作者们已经明白:人的生命经历是非连续性的,而对处于发展中的完整、统一的生活图景的把握并非易事,因此真正的"真实"是真的无法企及的。他们清楚地意识到弗朗西斯·哈特(Francis Hart)在其开拓性的文章"现代自传解剖学评注"("Notes for an Anatomy of Modern Autobiography",1970)中的思想:"断裂性中的连续性矛盾本身就是需要实验的一个问题,它关涉真实和形式两个方面"(Hart 500)。因此这一时期出现了自传作者们对自传形式的大胆尝试和创新。

爱德蒙·高斯(Edmund Gosse)记叙自己童年及父子关系的自传《父与子》(*Father and Son*,1907)可以说是对自传形式的最先锋的实验。他同时代的作家们纷纷模仿,都把自己等同于第三人称的主人公,叙写自己的成长经历和生活百态。其中小说家詹姆斯·乔伊斯的《一个青年艺术家的肖像》(*A Portrait of the Artist as a Young Man*,1914-1915)、普鲁斯特的《追忆似水年华》(1913-1927)以及美国史学家亨利·亚当(Henry Adams)记录了他哈佛时代的《亨利·亚当的教育》(*The Education of Henry Adams*,1918)就是典型的例子。此时的传记文本中自传内容的部分虚构与小说内容的真实性齐头并举,二者

的关系朦胧而"暧昧"。

多元体自传（multiple autobiography）的出现是 20 世纪自传形式的第二次重大实验，指同一作家在不同的时间、以不同的模式、用不同的方法创作出来的几种自传作品。叶芝在他的《自传》中首先尝试了这一方法。当代美国黑人女作家玛雅·安吉洛（Maya Angelou）的《我知道笼中的鸟儿为什么歌唱》（*I Know Why the Caged Bird Sings*，1969）就曾用叙述和抒情诗两种不同的文体叙写了自己的生命故事。

总之，自传作为西方文化中最民主、最开放的写作形式，根源于不同的文类，也在不同的文类中大放异彩。单独的自传文本可以采取戏剧、诗歌、散文、小说等不同的形式策略。作为人文主义者关注的场所，自传提供了任何一种单一的写作形式所无法比拟的艺术丰富性。不管传主有名还是无名，富裕还是贫穷，男性还是女性，白人还是有色人种，都可以用自传的形式探讨人生意义、思考社会生存、探究受教育的过程、提炼可以遵循的生活原则。如果说自传提出了有关记忆、身份和"真实性"的实践和理论性问题的话，那么自传的形式则使人类寻求一种严肃而有意义的生活做出的努力戏剧化和永恒化。

世纪概述

人类学家拉斯特说：所有社会，包括我们每个人，最终都会"迷失在时间中"。所以人类不仅需要真实的历史事实，更需要记载真实人物的传记。经历、故事和语言是人类生活的全部内容（拉斯特，第 4 页），而传记正是将传主的经历借助语言加工成故事，并通过故事语言达到对他人和自我的理解。因而在传记中我们能看到经历，听到故事，还可能享受到语言的美感。

18 世纪是英国传记文学的盛世，当时的学界几乎没有人拒绝传记写作。没有哪一个年代的人会如此关注这一文学形式，并创作出如此丰饶的传记实例。诗人蒲柏（Alexander Pope，1688 - 1744）去世后的 20 年间，有 5 部关于他的传记作品问世，还不包括有关他的轶事和信件;约翰生去世后10年间,至少有7部他的传记出现。"18世纪后半叶的传记艺术作品如此丰富,任何试图将其全面列举出来的想法都不仅单调乏味而且是不自量力的。这是一个威廉·奥尔蒂斯(William Oldys,1696-1761)、康尼尔斯·米德尔顿(Conyers Middleton,1683-1750)的时代;是威廉·梅森(William Mason,1775-1859)、约翰生的时代,更是鲍斯威尔的时代"(Longaker 63)。

17世纪末、18世纪前期的英国,科学理性根本性地改变了人们的世界观,启蒙运动的"狂飙"唤醒了人们的心智,人们由"王权崇拜"走向了"自我崇拜"与个性主义。这是继文艺复兴运动之后又一次"人"的解放的时代,是公认的理性时代。这里的理性是指"人的天然的知性能力,一种天然的法则"(蒋承勇,第188页)。理性的张扬标示出人的进一步独立和生命个体更充分的自由。理性的思想养料也因此孕育成文学中自由人性的灿烂之花。对人的空前推崇催生出人们对走向心灵深处的心理学的关注和兴趣。人们被自我这面镜子所吸引,自我意识不断增强。因而精神自传充斥着当时的书架,忏悔文学泛滥,从而有力地推动了传记艺术的发展。传记不再只是人的行为及外在的个性表征。既然记录和公开自我思想的经历成为时尚,那么传记艺术所崇尚和重视的走进他人生活和思想深处之路近在咫尺。

18世纪人们对传记文学话题的谈论、写作实践及阅读兴趣空前高涨。18世纪新的读者群厌烦了那些不真实的虚构,他们想了解人的特性和事件,想了解圣贤之外普通人身边的趣闻轶事。而传记刚好可以满足这些求真的诉求,传记的黄金时机到了。

埃德蒙·科尔(Edmund Curll)是一个"难以言说"的英国传记文学的真正鼻祖。印刷工人出身的他创建了有名的出版社。他自己很少写传记,但不遗余力地帮助其他作者收集资料以满足读者的猎奇心。18世纪开始的十年里,他首先批量出版了涉及当时社会各阶层人物的传记。虽然其中虚构事实不少,但作者们反复强调"真实性,及具体的日期、地点、环境,让其带有文学的色彩而非纯粹的虚构"(Altick 29)。他们对虚构技巧的运用,如具体的对话、戏剧性场面的描述,为传记增添了趣味性和艺术性。

18世纪小说的发展也促进了传记文学的进步。18世纪早期丹尼尔·笛福(Daniel Defoe,1660?－1731)、塞缪尔·理查逊(Samuel Richardson,1689－1761)、亨利·菲尔丁(Henry Fielding,1707－1754)等人的小说开始关注生活、生命本身。他们对小说人物的心理描写为传记作者真实地刻画传主的个性特征提供了不可忽视的模式。游记、书信、自传等趋向于个人意识的探究和坦露的形式也转向人的自我、内心,成了传记的绝好传料。

18世纪是一个归纳与经验主义的时代,人们努力寻求宏大的宇宙法则,通过数据的积累和分析来解密物质的本质。而要找到一个解决个体习性、爱好、动机和选择的力量,人类行为的记录必不可少。正如休谟在其《人性的协定》一书的引言里所说,"在心理学方面,我们必须通过对人类生活的仔细观察,通过对人的合作行为、事件及他们的兴趣的了解,捡拾起我们的试验结果,并将其视为世间的平常事"(转引自Altick 34)。约翰生就曾经说过:"我尊重传记,因为它给我们提供了自己身边的事,而且是可以直接拿来用的东西"(转引自Altick 47)。传记的这一实用功效使18世纪的传记艺术绽放出独特魅力。

谈论传记发展迅速、成就最大的18世纪,不能不谈及18世纪初期相关学者在促进传记健康发展的过程中对准确性的坚守。这一时期强调传记写作的客观性的大多数是牧师。他们带着些许的得意和胜利感,开始查证有关英国伟人的第一手资料,并以书面的形式把自己的调查结果公之于众。

塞米尔·奈特(Samuel Knight)是18世纪初的代表性人物之一。他第一部受到关注的传记作品《约翰·科莱特传》(*Life of John Colet*,1724)和后来的《伊拉兹马斯传》(*Life of Erasmus*,1726),对怀特·肯尼特(White Kennett)《英国史》(*The Complete History of England*,1706)中的有关内容进行了考证并附加了自己调查研究的事实真相资料。

约翰·路易斯(John Lewis,1675－1747)在《威克里夫传》(*The Life of Wyclif*,1720)和《卡科斯顿传》(*Life of Caxton*,1737)这两部传记作品中,列举了自己查证过的有关翻译家和英国首位印刷业大亨的资料。他广泛搜集信函和原始记录以及建立自己权威性的方法值得后人称赞。

在搜寻和调查历史数据方面,威廉·奥尔蒂斯堪称表率。他于1747年开始编写《大不列颠传记大全》(*Biographia Britannica*),既担任编辑又是主要撰稿人。到1760年去世前他共撰写了22篇相当具有传记价值的文章。

康尼尔斯·米德尔顿是18世纪前半叶对传记撰写方法做出最大贡献的另一位学者。他的《西塞罗传》(*The Life of Cicero*,1741)10年内再版三次,是研究18世纪后期传记叙写方法的重要材料。米德尔顿对传记的认识和态度无疑是超前的。不管从占有材料的完整性还是从写作的方法和风格上来说,《西塞罗传》都比同时代的作品略胜一筹。作者不仅按照严格的时间顺序,详尽地罗列出传主的公共事务,还将其私生活的许多细节写进叙述中。他对传主的客观性评判,避免了因个人的崇敬和忠诚而导致的叙述偏差。

戴维·莫莱特(David Mallet)的《弗朗西斯·培根传》(*Life of Francis Bacon*,1740)在献词中这样描述传记作者的责任:"历史学家最有价值的品德应该是对真实的绝对坚守。除此之外,其他品质都可以忽略;否则应该受到强烈谴责:他们误导了本该告知和指导的读者……这是我将坚持的原则"(Longaker 216)。在传记的结尾,他还按照时间顺序罗列了培根的所有作品,这一手段标志着学者传记的一大进步。

以上学者分别在自己的领域、以自己的特有方式,为人们提供了事实真相,并且声称希望"他们的成就为以后的传记发展扫清道路"(Altick 193)。在学术还处于初始阶段的18世纪,他们对传记研究方法的贡献毋庸置疑。在他们看来:真实性是史学家们追求的主要目的,典雅性只是个点缀。当代学者马克·隆加克(Mark Longaker)给予他们很高的评价:"追求真实性的人应该得到我们的敬重。……他们用耐心和能量奠定了用文学魅力抒写真实故事的地基。他们的传记作品给这个世纪树立了精确的标准,他们的考证调查方法对促进传记的健康发展意义非凡"(Longaker 290)。

对传记体裁影响巨大的人物非威廉·梅森莫属。他在《托马斯·格雷回忆录》(*Memoirs of Gray*,1775)中,把私人信函用于传记内容

中。尽管运用信函作为传记的技巧之一早已出现,但梅森是首位把传主的信函当作人物分析主要工具的传记作者。在传记撰写方法的改进方面,《托马斯·格雷回忆录》具有"里程碑的作用,梅森进一步证实私人信件在传记中的强大功效"(Longaker 298)。难怪霍勒斯·沃波尔在写给他的信中略显夸张地说:"它(《托马斯·格雷回忆录》)的价值远远超出当今的技能:是你奠定了传记的书写方法,任何人想写好一部传记必定要模仿你"(Ibid. 300)。

罗杰·诺斯(Roger North)是17世纪最后一位伟大的传记作家,也是18世纪传记史上第一位伟人,是18世纪末的传记理论和实践的先行者。他在《诺斯兄弟传》中关于传记写作的坚定而独特的思想预兆着鲍斯威尔的传记观念。"他擅长从生活的琐事中总结人类的行为功过,这一点与约翰生博士颇为相似,他的随性漫谈甚至超过约翰生"(Stauffer,1970:354)。罗杰·诺斯的传记作品以回忆为主,但他的故事因来自对其生活经验的老练总结而个性飞扬。

爱德华·吉本(Edward Gibbon)算得上18世纪传记历史中的重要人物之一。他探究出了许多传记家根本没有意识到的真理:创作时的用心可以使一个平凡的生活记录变成审美意义上的如意。他用自己的实际行动证明了"风格是人的性格肖像"。他在一页页的书里把自己的存在精炼到艺术的高度。在他的风格即生命中,18世纪的尊严、高雅、才智和矜持将永远不会消亡。

仅凭在《理查德·纳什传》(*The Life of Richard Nash*, 1762)中对传主艺术的、原创性的界定,奥利佛·哥德史密斯(Oliver Goldsmith,1730 - 1774)也堪称传记艺术的开拓者:"如果以牺牲真实为代价把这个故事叙述得更令人满意,应该不是什么难事,但我选择按照他的本来面目而非想象来完成他的肖像"。哥德史密斯这样看待传记的道德教诲功效:"传记不仅可以提供想像,还可以给人以教诲。给人们提供了一个不用得罪人就可以随意给人以建议的机会。……(通过)把规诫变成实例展现给众人"(Altick 34)。他对纳什一生的精辟总结进一步彰显出他的传记才能。

直至20世纪初利顿·斯特拉奇的出现,史上没有一个人对传记发展史的影响超过历史上第一位重要的理论家、艺术实践家、最伟大的传记的传主、历史文学巨匠——约翰生。他认为传记作者的任务是关注人,而非人之外的事件。而对于一个人物性格的真正了解,从其与佣人的谈话中要比讲述其从出生到葬礼的叙述还要真实。因此人们应该重视,而非鄙视那些给人物及其动机带来灵光的卑微的事实碎片。"用我最惯常的方法,详尽而仓促即就"的《英国诗人评传》①(*Prefaces, Biographical and Critical to the Works of the English Poets*,1779 - 1781)开创了传记写作的新诗篇。在此之前从没有人单独撰写并出版人物传记,尤其是关于文人作家的传记。约翰生独具匠心的选材和写作方法是"对英国文学史上那段伟大时期的一个精炼的总结,是一个伟人成就的一部伟大作品"(Arnold 351)。达姆罗什(Damrosch)精当地评论道:"《诗人传》的作者将自己的个人判断融合于客观的论述之中……它们巧妙地将文学史和对个别作家的评述综合在一起,其方法的绝妙应用至今无人能够匹敌"(Damrosch 204)。约翰生的《诗人传》大大拓宽了人物传记的写作手法,为后来的直述式传记奠定了基础。

18 世纪末人们对文学天才的崇拜及对娱乐精神的崇尚共同造就了一批热爱传记文学的人。不管当时的哲学和批评意见是孤立还是抑制了传记作为文学类别的繁荣,人们对一墙之隔的另一个人的生活——哪怕是坐在椅子上想心事——的兴趣弥足高涨。鲍斯威尔的《约翰生博士传》就是一个例证。他自觉地吸收、借鉴前人的宝贵意见,以大量细节,描摹出一个有血有肉、个性鲜明的英国 18 世纪怪才约翰生,并通过约翰生及其与同代人的活动,勾勒出了 18 世纪英国社会的缩影。作者站在 18 世纪理性哲学的高度,始终以人性(人的本质)、人生意义及人的行为准则为思考对象。理查德·阿尔提克激动地说:"鲍斯威尔之后英国所有的传记都笼罩在他的阴影之下。《约翰生博士传》不仅没能推动传记艺术的发展,反而以自身的不可模仿性的态势而阻滞了传记的发展。它把传记抬高到等级森严的文学形式中尊严的位置,使传记

---

① 以下简称《诗人传》。

形式成了一种文学活动,他在传记中展现出了以前从来没人梦想过的可能性……"(Altick 76)。

正如约翰生在《漫游者》(The Rambler)中提到的那样:没有任何一种体裁比传记更值得我们去研究和挖掘。18世纪传记文学的盛世之后,传记的写作、阅读和研究都有了更大的群体和爱好者。

第一节
罗杰·诺斯

(Roger North, 1653–1734)

罗杰·诺斯是18世纪英国的法学家、传记作家和业余音乐家,是诺斯男爵四世的第6个儿子。在约克公爵的首席司法官、哥哥加尔福特男爵的帮助下,他在律师界曾名噪一时,1685年被任命为邓威治市下议院议员。除了1683年发表的《雨与鱼塘的对话》(A Discourse of Fish and Fish Ponds)之外,罗杰·诺斯没发表过任何作品。在其生命的黄昏时分(1690–1734)他放弃了律师生涯,退休回到诺福克郡自己的庄园里,开始写《诺斯兄弟传》(The Lives of Baron Gulford; Of Sir Dudley North; and of the Honourable and Reverend Doctor John North)①。尽管他的自传记叙的只是他生命中的某些片段,与《兄弟传》中的部分内容时有交错、重复,但仍不失为他最具魅力的作品之一,从中可以管窥出他内心深处某些本质性的思想。另外,他关于音乐演奏方面的评论对于研究英国巴洛克风格的音乐学者来说具有不可估量的价值。罗杰·诺斯卒于1734年3月1日。

《诺斯兄弟传》完成于1705到1715年间。在怀特·肯尼特(White

---

① 以下简称《兄弟传》和《自传》。

Kennett)发表了《英国全史》(*A Complete History of England*，1706)之后，罗杰·诺斯发现其中有很多误解、偏差和错误，于是动笔以澄清该书对查尔斯二世和长兄弗朗西斯的责难和诽谤。这部辩护性的文字后取名为《每日的反思》(*The Examen*)。这份报道全面而翔实地记录了作者的长兄弗朗西斯的公务及私人生活。对长兄的回忆带来的愉悦心情，激发了他记叙另外两位兄长达德利和约翰的冲动。因为占有资料的翔实、全面和准确，罗杰·诺斯对后两位哥哥的记述比前者更直接、更单纯。

罗杰·诺斯的传记观

下面这两段话清楚地标识出诺斯的传记观：

> 人们可能会以为我对环境的描写太过琐碎，大部分都可以略去……我保证大部分都是真实的；我喜欢自己变成画家，把同一个画像像我期望的那样呈献给观众。就如同画一棵树，叶子和树枝很小，而且纠结在一起，比树干和大树枝难描画得多。但如果没有这些细枝末节，就很难画出一幅好的树的图画。历史是一幅肖像画和轮廓画，不是索引和目录；没有"怎么样"和"为什么"，一切历史都是浅薄而无价值的。(转引自 Stauffer, 1970: 355)

> 人们可能会说我在此颂扬的内容过多，但是我所拥有的最真实的内容还没有形成文字……如果我写下来的东西被多数人视作琐碎而没有意义的话，那么他们是否可以这样想，了解一个大忙人生活中的小事和了解那些大事同样有意义，尽管大事可能会有趣一些。受益和愉悦应该平分秋色。就让这些成为我为本书中那些清淡的段落的致歉吧。(North 154)

然而，传记的客观、公正是考验传记优劣的试金石之一。诺斯正是为了澄清事实真相才动笔开写传记。他的传记观念也许是追求真实，但也难免存在偏见，这正是传记写作中难以逾越的精神或灵魂鸿沟。

他在《吉尔福特男爵传》(*Life of Francis North，Baron of Guilford*)的前言中说："我宁可让他们相信这是训导而不是历史"(North 9)。他清楚地意识到为兄弟作传的局限性，所以在叙写长兄的婚姻观时反复强调了自己的传记写作目的：

> 尽管通过此办法我可以介绍很多内容，有人可能会认为这些细枝末节和这样一位大人物比起来无足挂齿。但我仍然认为大多数人会更乐于关注它。如果对一个人的经历的记述只关注教堂和国家这样的要事却放弃那些特殊的经济和私人事务，那只能算历史，一部不错的历史，而不是传记……。传记应该是一幅画，如果它的特有质素被省略，那断然算不上好作品。瑕疵、伤疤和污点应该和它的美一样被描写出来，否则它只能算一幅填满了百合和玫瑰的轮廓图。(North 154)

毫无疑问，罗杰·诺斯对自己创作方法和目的的注解正确且新颖。他的"一部好传记不仅是对传主一生重大事务的记录，同时也是对其私生活和家庭生活中具有特性的细节的描述"(Ibid.)的结论是实现传记真正目的的关键一步。

难能可贵的是，罗杰·诺斯意识到了传主的私生活和家庭生活琐事的传记价值。他认为兄长们的公务和琐碎的私事都能揭示出他们的本性。在描述这些所谓的琐事时，他时常向读者道歉，认为过多的细节难免会破坏记叙的连贯性。但他仍然断定，这种方法将会比只记录重大事务更能真实地勾勒出传主的人格特征。他始终怀着愉悦的心情追忆兄长们生活的点点滴滴。写作过程中他有时会有意放慢速度，沉浸在对某些片段的幸福回忆里。《兄弟传》中大部分的叙述，亲切感溢于言表，力透纸背；手足之情，至深至远。但字里行间我们却读不出他与他们生离死别时感伤的唏嘘呜咽。他对他们的追忆没有苍凉与悲伤。他带着完全的宽恕和谅解，回忆他们的生性弱点；他用温和的讽刺和字里行间的同情来应对他们的过错。

罗杰·诺斯担心读者会质疑自己对兄弟们的品质颂扬，因为手足情谊难免会产生认识上的误区,所以当写到"别人会认为我颂扬他们的成分太多"时,直言自己明白颂文和传记目的各异:他不仅是为兄长们辩护,而且是如实地记述他们的生活和品行。对于他们的公共事务的评判他有时难免失之偏颇,但为展现他们的人格而对其私生活细节的记录却不偏不倚。诺斯凭借他丰富的资料信息和卓尔不群的传记写作标准,完成了英国18世纪颇具影响的传记作品之一——《诺斯兄弟传》。

《吉尔福特男爵传》

《吉尔福特男爵传》是诺斯对18世纪传记发展及写作方法所做出的最大贡献。传主本人的特质为这部传记平添了生命的光辉。整部传记条理分明,人物展现极具穿透力和亲切感。他以真诚、崇敬与激情,把一位个性复杂、大气阳刚、正直坦率、雄心勃勃、小心谨慎但又不会过分谨小慎微、有时又缺少魅力的哥哥弗朗西斯描写得光鲜亮丽,饱满生动。

为保持传记叙述的连贯性,作者对素材进行了精心布设。传主相去甚远的公众生活和私人生活,使人们很难将两者归总到一个人身上。从某种程度上说,国家的掌玺大臣和私生活丰富的弗朗西斯是两种全然不同的人物。作者也意识到保持故事连贯的难度,所以他选择了一种巧妙的叙事方式,让读者轻而易举地了解到其中的关联。为了让读者更好地了解他的叙述模式,作者一开始就把掌玺大臣的生活分为四部分,每部分又分成两个小部分:一是有关他公众生活的描述,另一个则聚焦于他的私生活描写。把一个人的生活分成两方面来写无疑会形成两种人格。如果两种叙述间隔的时间过长,时间的连续性就会丧失;但严格按照时间顺序来叙述故事,也会差强人意。所以作者在不打断两种主要事件的前提下,保持了时间的顺序,让读者在对每个故事都作出评判之后,再将两种生活整合到传主一个人身上。这显然需要精妙审慎的构思才能达到。

诺斯在回忆长兄"琐细的事件"时,表现出了他非凡的择别能力。他用一种未着色的微笑,从自己的记忆库存中勾勒出兄长私生活中的"瑕疵、伤疤和污点"。他原谅了他的过分和错误,用一种诡异的微笑来对待他非英雄的一面,把他描绘成一位性格干净的人。例如作者在回

忆兄长的婚娶经历时,极尽详尽之能事,惟妙惟肖地刻画了传主在婚娶阶段努力攀高枝以改变命运的故事。

这些精致的细节呈现,让我们惊喜地发现原来人性和历史也可以被描绘得一样奇趣横生。整部传记中,著名的掌玺大臣始终只是一个鲜活的人,一个有人性弱点、言行间透着真实的人。尽管作者用主观的、解释说明的方法揭示其性格,难免会因情感因素而欠真实,但却避免了一味记述的冰冷,完成了对一个人极富同情的欣赏。作者对兄长的敬重并没有太多地影响到对他性格的分析。他这样说过:"我所描述的这个人物不是出于我的想法,而是出自我个人的理解和论证;我可以用自己的生命起誓,其中的任何一个物件都是真实的"(North 179)。《吉尔福特男爵传》是最早把人活灵活现地还原给生活的一次尝试。作者本着一种真正的传记态度和超前意识,动用一些表面上看来无足轻重的小事,立体式地建构起一位鲜活的人物。

《达德利·诺斯爵士传》

相对而言,《达德利·诺斯爵士传》不及前者精彩。达德利·诺斯爵士是位成功的商人,后半生才开始关心政治。他在伦敦市与宫廷间的争斗中,以宫廷司法官的身份毅然决然地站在皇室一边。因为作者在早期发表的《每日的反思》中对他涉足政府要务的事情做过详细的报道,也驳斥过他人对达德利的恶意攻击,因此传记中省去了历史学家们对兄长的诽谤,主要记叙了传主身为商人在伦敦和地中海地区的活动和作用,把笔触直接伸向对其品格与性格的描述。

达德利·诺斯因为长期生活在土耳其西部港口西麦纳和君士坦丁堡,与作者相处的时间有限,因此作者主要借助他的信件(其中大部分是写给弗朗西斯的)以及回伦敦后的自我讲述来记述他的异域生活。写到达德利出国旅游后,作者加入了很多他写给弗朗西斯的信件,提供给读者大量有关其兄活动和思想的有趣信息,从而赋予了这些段落一定的传记价值。但其中大部分对地中海地区以及土耳其风情的描述,偏离了传主的生活。

本传记三分之一的内容与传记并不相干。传记中最成功的部分是对哥哥青、壮年时期生活的描摹。当作者开始描述传主回到伦敦后的生活时,才以自己神奇的人物塑造能力把目光重新聚焦到传主的身上。浓厚的手足之情并没使他一味地褒扬哥哥的优点,对他的瑕疵也是直言不讳:"我应该早点说明,他从西麦纳回来途经威尼斯,并在那里逗留个把月。在此期间,他乘坐马车周游了整个城市,尽情放纵自己。与那里只跟有名望的参议院有交往的名妓混得很熟。这是他曾有的取乐方式,他认为男人有时候是可以放纵自己的"(North 366)。作者用一系列的趣闻轶事为我们描述了一位一表人才、风流倜傥、脾气暴躁、嗜好酒色、生意上精明、持公平交易观的传主。整部传记既充满了奇趣和新奇,又不乏柔情与幽默。

然而与前一部传记不同的是,作者没有将传主的公共事务与其私人生活分隔开来。阅读前者,加尔福特男爵和弗朗西斯·诺斯俨然是两个角色。但在这里,达德利·诺斯、伦敦和君士坦丁堡的商人、宫廷司法长官、旅行者同属一人。作者用精良的技巧把传主多姿多彩的生活贯通一体。实际上,达德利的私生活描述在本传记中占绝大部分篇幅,每个细节似乎都不可或缺,就连达德利用来防止失眠的办法也做了详细的说明。难怪当代评论家隆加克感叹道:"要是描述17世纪土耳其的那几十页离题的内容被删掉的话,这本传记应该不失为一部相当优秀的传记作品"(Longaker 182)。

《约翰·诺斯传》

《约翰·诺斯传》是三兄弟传作品中最短的一部,主要叙写了在剑桥大学三一学院任教的约翰·诺斯的生平故事。作者所记录的这位17世纪学者的典型生活,对于普通读者来说,也许少了前两部作品的多彩多姿,但关注17世纪末剑桥人学识状况的读者会发现,作者对三一学院教师的生活细节的描述可圈可点。

传记一开始,作者就开诚布公地谈起了自己的写作目的:"旨在以一位熟知他、经常陪伴他的人的身份,向那些活着的人描述其生命故事,既不想争宠于公众,也无意取悦于个人"(North 273)。诺斯对传记发展的真正动力心知肚明。若读者知道这一传记作品"用的是一种熟

悉的对话方式写成的"时,会相信这本传记将会是三部中最具吸引力的作品,因为它"少了需要人们去努力回顾的公共事务或国家大事"(Longaker 184)。

从传记的视角来说,《约翰·诺斯传》比前两部作品略胜一筹,它履行了作者在前言中宣布的"不争宠于公众,不取悦于个人"的宗旨。写这本传记时,因为传主的活动与当时的政治风云瓜葛很少,作者完全脱离了政党作家的身份。但他所谓"用的是一种熟悉的对话方式写成的"这一说法却不怎么令人信服。整个传记文本作者始终围绕着传主的生活和性格,这一直描方法有时难免枯燥单调。

从传记本身的价值和文学魅力上来讲,《约翰·诺斯传》不敌前两部。毕竟,没有多少人会对这位博士精通希腊语感兴趣,也不会有多少人在乎传主老年时期所患疾病的名称。传主既无名人之光彩,也无伟人之功业;既无奇人之机巧,也无圣人之声望。青年无才俊,盛年无勤业,暮年且从容。他的名誉和成就似乎不值得人们花费时间去打探。原则上说,传记并不势利,它既可聚焦德高望重的人物,也可选择恶贯满盈的传主,但却很少选取平庸或中庸之人。平庸的人须要趣味十足,中庸的人应该值得我们揣测反思。当传主的成就能满足这样的兴趣时,传记才最容易成功。从传记本身来看,《约翰·诺斯传》和《吉尔福特男爵传》无法同日而语。

《约翰·诺斯传》中,作者在描写约翰的生活和性格时并不缺少情感,只是我们从中看不到前两部作品中隐匿于字里行间的亲切感和诡异的微笑,少了些许前两部作品的热情和精神。也许是约翰·诺斯溃弱的体格和气质中缺少两位哥哥那样的霸气,作者才用这样的方式处理他的生活。面对哥哥的弱点,作者无法做到一笑了之,因为这些弱点大多来自于他可怜的身体。可以说,如果没有前两部传记,这部传记作品在传记的发展中无疑是有情趣的。隆加克说得好:"他的名字值得我们敬重,但不值得全力去关注"(Longaker 186)。

结　　语

《诺斯兄弟传》之前的传记关注的主要是传主的公共事务,传主的私生活一般被当作无关痛痒、无足挂齿的事情。诺斯在展现其兄弟们的私人生活时,尽管也曾为过多生活细节描述而致歉,但他分明意识到了这些表面看来无足轻重的细节的传记意义和价值。这一认识与普鲁塔克的灼见不谋而合:"并不是那些突出的成果才能展现一个人的善与恶;通常情况是,一篇短短的信函,一句话,一个笑话可能会比最伟大的围城或最重要的战争更能展现一个人的真面目"(转引自 Longaker 24)。有了如此这般的原则指点着他锋利的笔芒,我们才有幸看到《诺斯兄弟传》中人物和时代的至真描摹。

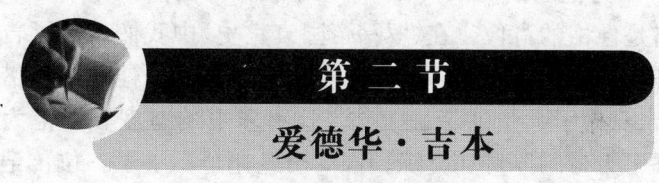

第二节
爱德华·吉本

(Edward Gibbon, 1737 – 1794)

爱德华·吉本是 18 世纪英国著名的历史学家和自传作家。他以渊博的学识素养和启蒙时代的哲学理念,写出了英国最重要的一部历史巨著《罗马帝国衰亡史》(*The History of the Decline and Fall of the Roman Empire*, 1776 – 1788)。本书以堂皇宏阔的篇幅,叙述了罗马帝国从公元 2 世纪安东尼时代的赫赫盛极,到 1453 年君士坦丁堡陷落黯然谢幕共 1300 多年的历史风貌。洋洋洒洒 400 万文字中,吉本以典雅的文风和坚毅的精神诠释了盛衰兴替这一永恒的历史命题。本书兼具史学经典和文学范本的双重荣衔,是公认的有史以来英语世界中最伟大的史学著作。吉本的《回忆录:吾生与吾作》(*Memoirs of My Life and Writings*, 1796),尽管是以"取悦与犒劳自己"为初衷,但后世读者从中同样能领略到这位伟人的才情妙笔,窥探其自我剖析背后的"真实"生命,而他的"风格是性格的肖像"或许是最好的出发点。

书中记述了他看似平淡无奇却又蕴藉厚致的一生,重点则是其如何通过一己之力在学术上取得巨大成就。吉本出身豪门。他祖父善于

经商，积蓄的家产达十万英镑以上。吉本的父亲和吉本本人因此都成了"有身份的人"。凭着这一点，父子俩先后都进议会当了议员。吉本是家中独子，10岁时丧母，由姑母抚养，年少时多病。他喜欢读书，在《回忆录：吾生与吾作》中提到自己早就发现历史是自己"特有的粮食"。1764年他在游历罗马废墟时萌生了写作罗马帝国史的念头。1770年吉本的父亲去世，他开始经商，定居伦敦。两年后他动笔写作《罗马帝国衰亡史》。1776年《罗马帝国衰亡史》第一卷出版，大获成功。1781年吉本的《罗马帝国衰亡史》第二、三卷出版，前后耗时20年。吉本1788年开始写他的回忆录，1794年在伦敦家中去世。

风格是性格的肖像。在《罗马帝国衰亡史》中我们看到了吉本对待历史的态度和作风。在考古学尚不发达的18世纪，他主要凭借同时代的文献，亲身做了大量的考证工作。这种求真的态度和风范为其历史巨著平添了无量的厚重和凝练。吉本已经完全具备了一位传记作家该有的艺术品质。

《回忆录：吾生与吾作》

《回忆录：吾生与吾作》①由《吉本回忆录》和《吉本书简》两部分组成，是吉本去世后由他的朋友谢菲尔德勋爵（原名约翰·贝克·霍尔罗伊德：Lord Sheffield；John Beck Holroyd）选取他的遗稿和他致谢菲尔德及其家人的信函编纂而成。之后谢菲尔德又收录了一些书简，填补了从自传完成至吉本去世之间的时间空白。《回忆录》记述了吉本看似平淡无奇却又蕴藉厚致的一生，重点叙写了这位历史学家通过自己努力取得巨大成就的历程。

据吉本自己说，他在完成《罗马帝国衰亡史》之后，就决定写《回忆录》"以取悦和犒劳自己"（Gibbon，1907）。但这部《回忆录》并没有写完。他留给后世的只有六篇体裁不一、详略参差的草稿。在第一部分里，吉本以细腻的文笔和详细的史实记述了他的家世，一直记录到1753

---

① 以下简称《回忆录》。

年他离开牛津大学的这段时间;第二篇记述落笔于他的意大利之旅(1764年);第三篇终止于他父亲的去世(1770年);第四篇按年月顺序叙写了自己1791年3月之前的生活,内容较前三篇略显简略;另外两篇草稿则更为简短。如同他对待《罗马史》一样,吉本在《回忆录》中对数据的要求实事求是,他力求辞章的典雅干净和文字的凝练优美,并且以简洁明晰为基准。他飞扬的文采和独到的风格为这本传记作品赋予了理性之美。

如今读者所见到的《回忆录》,是由谢菲尔德煞费苦心编纂而成的。谢菲尔德发现了吉本记在草稿上的往事,到1788年他返回瑞士后就没有什么内容了。而从1788年到他去世这五年多时间,《回忆录》中实际上属于空白。谢菲尔德和吉本交情深厚,通信来往时长30年。为弥补这个缺陷,谢菲尔德从吉本自1788年7月以后寄给他和他家人的书信中选取了一批,续刊在《回忆录》的后面,从而使读者见到了这位历史学家生活的起讫和他的完整形象。正如谢菲尔德所说,由于书信写来较为随便而亲切,所以读者从中可以管窥到这位作家更真实的个性特征。

《回忆录》开始于对家世的描述。吉本的母亲养了七个孩子,他是第一个,其余六个在幼小时都不幸夭折。他母亲因为连续生育,体弱多病,在吉本十岁时撒手人寰。吉本生来羸弱多病,在青春期之前一直没有进过正规学校学习。他在威斯敏斯特公学的两年,也因多病而时时请假。直到满了15岁,他的体格才有了好转。

吉本满15岁时进了牛津大学学习,但在牛津只待了14个月。原因之一是导师教学内容与方法单调乏味。另外,手头宽裕的零花钱使他可以经常与一帮玩伴溜出校外游耍,甚至纵情酒色,无心读书。而最大的问题是他怀疑英国国教而暗自改宗天主教。此事一经揭穿,学校立即就叫他退学。在当时的英国,天主教徒必定会受到上流社会的排挤。因而他被父亲遣送到瑞士洛桑,交给一位基督教新教导师,接受严格的基础教育。从小喜好读书的他,在这种压力下索性安心苦读,并在到洛桑的第二年又成了新教徒。作者在其历史巨著《罗马帝国衰亡史》中的最后两句机智且幽默的话,或许可以用来解释他宗教信仰的变更:"流行于罗马帝国寰宇之内的各式各样的宗教信仰和膜拜,在一般民众

看来同样灵验；明哲之士看来，同样荒诞；统治阶级看来，同样有用"（Gibbon，1907）。

吉本改信天主教和离开牛津的这一段描述让我们看到一个真实的吉本，也似乎理解了他所说的"历史是自己'特有的粮食'"的含义。他这样记录了自己在牛津求学期间对历史的偏爱和不太"干净"的生活：

说来也真奇怪，一离开马格德林学院，我的读书兴趣很快就恢复了；不过还是那种盲目、稚气的探究外国历史的兴趣。我还没有阅读原本的知识，思考习惯上缺乏条理，写作技巧也不熟练，但我下了决心——要写一本书。

也许是受了伏尔泰流行很广的新作《路易十四时代》的影响，我将这第一次试作的书定名为《西索斯特里斯时代》，但我的目的只在研究这位亚洲的征服者在世和掌权的大概年代。当时我非常喜欢约翰·马香爵士所著《编年史标准》……住在伯里顿的那两个月里，我勤奋地从事我那幼稚的著作，很少因为同伴们或乡下人的娱乐活动而有所间断。我已经听到别人悦耳的赞许之声了。发现自己的弱点，是我懂得分寸的第一个兆头。

由于缺乏人生经验，缺乏旁人忠告，又没有正当工作，我不久便沾染了一些不正当的行为，交上了一些人品不端的朋友，深夜不归，花费无度。负债越来越多倒还可以隐瞒，可时常外出却是瞒不了人的，于是流言四起……。（Gibbon，1907）

在吉本的这段个人生活叙事中，真实成了惟一可以推许的特点。从中我们看到了严肃一点的回忆录所应具有的首要品质：赤裸裸的，不怕出丑的真实。

《回忆录》中吉本对于法国革命的认识和态度值得我们思量。作为伟大的史学家，吉本完全没有意识到这场革命将会在历史中留下莫大影响。相反，他厌恶民主政治，称它为"铺满鲜花的地狱之路"（Gibbon，1907），又把当时的法国国民大会称为"群魔殿"。吉本本人有强烈的精英思想，支持王权统治，所以难免会用有色眼镜看待当时的形势。难怪他晚年在洛桑的书简中,写的全是对法军兵临城下的惶恐,却丝毫不提整个欧洲对法国新政权的围攻。看来,当时历史洪流的突飞猛进,不仅罗伯斯庇尔等当局者不能看清,即便是这位独具慧眼的旁观者吉本也是难以理解。

吉本很重视读书的目的性。在致谢菲尔德勋爵女儿的一份书简中,他说女性一般读书比男性多,但往往漫无目的,对个人并无太大用处。他还以长辈的口气说愿意指导那位小姐读书,字里行间吐露出一种自满自得的气息。实际上他这种习惯性的卖弄辞藻渗透在整部自传中。难怪传记研究专家唐纳德·A·斯托弗感叹:吉本"崇高的文体风格用来叙述平常事的时候会显得有些荒谬,不伦不类"(Stauffer, 1970:374)。不过当时已功成名就的吉本懂得良好的读书习惯对于自己终生的助益,所以这种自然的张扬也在情理之中。

吉本在回忆录中,还重点提到了他写作《罗马史》的起因和动机:"1764年10月15日黄昏时分,我坐在罗马卡皮托山的古迹里沉思默想,听到神庙里传来赤足僧侣的晚祷声。我要为这座名城写一本书的概念开始在我的内心酝酿成形"(Gibbon, 1907)。他原来只想写罗马城的衰颓,无意把整个帝国包括在内,但后来随着阅读面的扩展,思想的成熟和阅历的丰富,他决定将罗马帝国作为叙述的对象。他不无感慨地说道:"我逐渐由期望进到构想,从构想进到计划,从计划而正式写作,哪里会想到最后会完成六厚册,消耗了二十年的岁月"(Gibbon, 1907)。

吉本的《回忆录》验证了他"风格是人格的肖像"的名言。他用灵巧的笔触,把自己想要描述的内容展现得如水晶般透明。这与他养尊处优的性格不无关系。他老于世故、温文尔雅、热爱奢华、生性多疑、讲究实际、机智聪慧、自负自恋,是典型的18世纪英国的缩影。从他自传中那句有关他的风流韵事的名句中我们可以发现其自传的核心:对于他们的"奇异的结合",父亲持反对意见,"我像个情人那样长叹,像个儿子那样遵从"(I sighed as a lover, I obeyed as a son)。在这样的妙言警句中,我们难以想象这位情人的叹息,却容易猜透这个儿子的动机,而不能不折服的,是他的文体。

吉本在自传中的自我表露昭然若揭。他的每一句话都是经过精雕细刻，深思熟虑。他认为尽管"文如其人"，但"语言的选择和掌控是训练的结果"（Gibbon 1907）。他在自传中所表现的"舒缓、精确和规整"丝毫不逊色于他的《罗马史》；而他对句子节奏和比例的审慎绝不逊色于他投注的感情。他喜欢蒲柏英雄双韵体中的技巧。他语句的对称与平衡使他可以随心所欲地强调某个词汇，让他的思路敞亮清晰，让他对生活的观察巧慧而独到。他的很多对称平衡的句子后来都变成了名言警句。"我来到了牛津。我的博学可能会让一个博士费解，而我的无知会使小男孩也感到羞愧"。(I arrived at Oxford with a stock of erudition that might have puzzled a doctor, and a degree of ignorance of which a schoolboy would have been ashamed.)（Gibbon，1907）他惯用的韵律和节奏为其语句平添了莫大的力量和动态之美。吉本感叹到："当下疾驰而过，过去不再有。未来灰暗一片"（Ibid.）。在这样一个任他思想纵横驰骋的世界上，他用"二十年的幸福时光"劳动得来的成果为自己打造了一片自信的天空。他创造了自己找不到的幸福。在财富和知识的占有方面，他是个富翁。

吉本与传记

实际上，吉本对传记一直很感兴趣。他的最后一项文字工程是打算叙写从亨利八世开始到当时的所有英国名人传。而他在《回忆录》中对威廉·奇利沃斯（William Chillingworth）的精彩描述完全证明了他作为一个传记作者的才华和天赋。有人说，世上大部分人的志向都远远大于他的才能。但吉本的决心和耐心帮助他完成了远远超越他计划的伟业。他的《罗马史》成就了传记中最光彩的篇章：

> 我要记住最后收笔的这一刻。那是1787年7月27日晚上11点到12点之间。我在花园的凉亭下写完最后一页的最后一行字。放下手中的笔，我在林荫道踯躅独行。空气温和，苍穹安详宁静，柔柔的月光映照在水面上，四周寂静无声。此时此刻，我不想掩饰即将获得自由或功成名就的激动。但我的自豪感很快卑微下来，一想

到我将永远离开这位常伴左右的愉快伴侣,想到我的罗马史前景的无定数,一种莫名的忧郁瞬间占据我的内心。历史学家的生命必然是短暂而不确定的。(Gibbon 1907)

吉本的忧郁感不无道理。他功成名就之后,孤独紧随而来,这是他年轻时没有料到的:"我感到,而且一直觉得独居在家的孤单感不管怎样地被外部的世界、学习甚至友谊冲淡,却总是不舒服的,而且随着年龄的增长会变得更加痛苦"(Gibbon 1907)。他在写给谢菲尔德的信中也透露了自己的孤寂:"自从可怜的德福顿去世后,就剩下我一人;即使是在天堂,孤独对于一个社会人来说依然是痛苦的"(Ibid.)。他在《回忆录》中更是渲染了这种感觉:"我感到,随着年龄的增长,我越发痛苦地感到我在天堂的孤独"(Ibid.)。

为了在这个世界上为自己打造一片"尊贵、舒适和名望"的天空,吉本专心于日记写作长达30年,记录自己的进步和发现。这种志向的坚持其实需要严格的训练和作出牺牲,而他这种行为就如同年轻时改信天主教一样,是其本性使然,被父亲遣送到瑞士去悔改更强化了他的这一特质。吉本对父亲的顺从可以从他对父亲第二次婚姻的接受中窥见一斑:对继母的认可意味着财产的分割,而对她的否定则意味着财产归零。因而我们可以看到他在后来的生活中,尽管对政府的政策持怀疑态度,但他仍能做到无比效忠,因而他赢得了贸易部长这样的肥差。毕竟,拥有耐心和智慧不会没有回报,吉本本来就不是个无能的人。

尽管谢菲尔德认为吉本"在《回忆录》中,带着完美的真诚毫无保留地描述了自己",但斯托弗认为,"他虔诚地保留下的那部分应归功于他的文体,是他在世人面前假装出来的"(Stauffer,1970:376)。吉本在《回忆录》中一再强调"作者的风格应该是他思想的写照",但他语词的高雅反映出了他努力要达到的高贵。这种高贵使他将自己"致命的无能"隐瞒了32年而没有告诉他最好的朋友,让他在名声如日中天时因入不敷出而离开伦敦去了洛桑。"在离开英国的束缚前,我难以平息内心的争斗,难以克服我性情中的好逸恶劳,难以改变我对世界的看法,这一切都在谴责着我的自我驱逐"(Gibbon 1907)。

总之，吉本作为18世纪传记历史中的一位重要人物，他以自己的身体力行——对平凡的日常生活的创新性记录，完美而灵慧地论证了"风格是人的性格肖像"这一文学特别是传记视界中的慧言妙笔，因而我们才能在他的文体也即生命中，读到了18世纪颇具艺术高度的尊贵、雅致、才情和矜持。

第三节

奥利佛·哥德史密斯

(Oliver Goldsmith, 1730－1774)

奥利佛·哥德史密斯是18世纪英国著名的散文家、诗人、剧作家和传记作家，尤以奇异的性格而闻名。哥德史密斯出生于爱尔兰一个牧师家庭。早年毕业于都柏林三一学院(Trinity College)，遵照父亲的意愿学习神学，但未能获得牧师职位。后又在爱丁堡及荷兰的莱顿大学就读医科，不过他并不是一个成功的医生。他1756年回到英格兰，先后做过学校的助理教员、出版社的校对、报刊评论和自由撰稿人。在此期间，他有幸结识了英国18世纪的文学巨匠约翰生，并受到后者的赏识和接济，成为以约翰生为首的"文学俱乐部"的成员之一。

不论是诗歌、小说还是剧本，他的写作风格均是以嬉笑怒骂的形式讽刺时弊。他最著名的两出喜剧是《善性之人》(*The Good-Nature Man*, 1768)及《屈身求爱》(*She Stoops to Conquer*, 1773)。他的戏剧遵从了莎士比亚闹剧式的传统结构，并企图重建他所谓的"畅笑"喜剧("laughing" comedy)，致力打破当时英国舞台盛行的感伤主义，提高公众的欣赏品味。

哥德史密斯是一位以风格见长的散文家。他的散文集《世界公民》(*The Citizen of the World*, 1760－1761)借一位旅居英国的中国人之口，历数英国法律的迂延，讽刺上层社会懒散、矫饰、虚伪等特点。他写的启蒙主义思想家伏尔泰（Voltaire）和英国散文家纳什（Richard Nash）的传记备受传记大家约翰生的赞赏，成为18世纪英国上流社会女子学校的流行读本，作者自称其宗旨是"不尚精确，但求自然"。

哥德史密斯于1774年在伦敦去世。

哥德史密斯的社交圈

在"文学俱乐部"另一名成员、传记巨匠鲍斯威尔的笔下，哥德史密斯个头不高，面容粗糙，但文质彬彬。他具有极强的虚荣心和嫉妒心，在任何场合都乐于表现自己，容不得他人在任何方面超越自己。有时候为了赢得他人的关注，他不惜歪曲事实真相，以达到他想象中的光耀目的。他曾经向鲍斯威尔吹嘘自己的《威克菲尔德牧师传》(*The Vicar of Wakefield*, 1766)为他赢得了四百英镑稿费。约翰生揭穿道，当年的哥德史密斯没钱交房租，被房东太太囚禁，捎话让约翰生前去解救。约翰生拿着这部小说的手稿去找出版商，最终以60镑成交才帮他解了围。

不过，哥德史密斯与约翰生的亲密关系连鲍斯威尔也羡慕不已。约翰生对哥德史密斯在每一个场合都试图炫耀自己的个性颇感遗憾，两人因此冲突不断，但这并没有影响到他们的关系。在约翰生眼里，"无论是作为诗人、喜剧家，还是历史学家，哥德史密斯都属于第一流的"（鲍斯威尔，第151页）。事实上，他的《旅行者》用词简洁精美，充分显现了他在诗歌方面的杰出才能和潜力；《荒村》(*The Deserted Village*, 1770)里凝练的意象、充实的内容、精湛的技巧都为后人所称颂；而《屈身求爱》也不失为出色的喜剧，在揭露社会现实的同时，表达了一种田园牧歌般的幻想。这种幻想也充溢于他的小说《威克菲尔德牧师传》中。幽默和想象力使哥德史密斯把各种文学形式贯穿于浪漫的叙述中。小说中的民谣和故事和谐地将主题和情调结合在一起，为小说增添了奇特的普适性和哲学深度。而以深刻的思想娱乐读者的哥德史密斯让读者明白了，他对人类美德的信念是毋庸置疑的。

作为一位历史学家，哥德史密斯编写的《罗马历史》(*The Roman History, from the Foundation of the City of Rome, to the*

Destruction of the Western Empire，1769)堪与同时代休谟的作品相提并论。约翰生对他节略的叙事技巧赞不绝口:"他有编辑的技巧,并有以合意的方式说出他必须说的每件事的技巧"(鲍斯威尔,第152页)。

哥德史密斯为了表达对约翰生的崇敬,也把《屈身求爱》题献给约翰生:"谨将这本区区之作呈献给您,告诉读者大众我已和您缔交多年,这也会使我很光彩。告诉他们,在一个人物身上会找到最杰出的睿智,这也许合乎人类的利益,而对出乎最至诚的恭敬,则没有丝毫减损"(约翰逊,2006:146)。约翰生的盛名确实曾促发了哥德史密斯的成名,而哥德史密斯的机敏天资也诱发过约翰生思想的灵动。两位智者的深厚友谊也让后世读者为之津津乐道。

哥德史密斯的传记

约翰生曾经这样赞赏哥德史密斯的《托马斯·帕纳尔传》(The Life of Thomas Parenell):"哥德史密斯如此多才多艺,有条不紊的叙述节略恰当。他似乎写每件事都能做到极好。精确而不沉闷,概括而不繁杂;语言丰富但不轻浮,确切但不压抑,简单但不软弱"(转引自Stauffer,1970:381)。尽管这位传记大家的评论如此之高,但哥德史密斯的读者却很少有人知道,除了他反响不凡的诗歌、散文、小说和剧本,他其实还写传记,而且他的传记作品从数量上可与艾萨克·沃尔顿相媲美。哥德史密斯是在不经意间成了传记作家的。1758年特殊的出版环境使哥德史密斯拿起笔,开始写作《新教徒回忆录》(The Memoirs of a Protestant, Condemned to Galleys of France, for His Religion. Written by Himself, 1758)。该书主要记叙了18世纪初困挤在战舰上的胡格诺教徒们的冒险经历、他们经受的磨难和所表现出的英雄主义精神。哥德史密斯的另一传记作品是不太完整的《伏尔泰回忆录》(Memoirs of M. de Voltaire, 1761)。其中的部分内容发表于1761年的《女性杂志》上。这是一部"粗制滥造"(Stauffer,1970:381)的作品,比例失衡,叙述时间前后交错混杂,关于伏尔泰的普鲁士之旅写得凌乱而缺少章法。但从了解法国人在英国的生活状况来说有一定的价值,且趣事和文体也值得肯定。1763年,哥德史密斯和别人签署了叙写《大不列颠及爱尔兰名人传》的合同。尽管这部两卷长的传记最终没有完成,但其中的《帕内尔博士传》却备受约翰生的赞赏。除了他惯有的急躁、欠精确等缺点之外,哥德史密斯上乘的写作风格并没有变。

哥德史密斯作为一名传记作者的名誉最终得益于他1762年发表的《理查德·纳什传》。为保证传记内容真实可信,他百般辛苦查证资料,确认事实真相。这部传记作品与约翰生20年前发表的《萨维奇传》(*Life of Richard Savage*, 1774)在风格上有很多相似之处。两人显然都清楚地懂得传记的功能,都注重叙述的简练清晰,都恪守传记的真实性原则,都知道从传主个人的言行中吸取某种道德教训。

哥德史密斯在为本书所作的广告中这样说:"读者至少可以看到一些真实而非一些传记作品中那样的虚构性的故事"(Stauffer,1970:382)。他在书的序言中说:

> 这本回忆录既不打算用殷勤的描述点燃读者的热情,也不想用一些流言蜚语惹来读者的愤恨。纨绔子弟的风流韵事在我们的生活中并不少见,没有什么可以吸引我们的魅力。纳什的生活故事不会提供任何用以满足淫秽的好奇心。尽管他也做过一些荒唐淫乱之事,但无一不是被迫而为的。尽管他生活在一个崇尚献殷勤的时代,但他对此并不感兴趣,而且他的身份也不容许他这样做。因此读者将要看到的不是一个充满浪漫色彩的传奇故事,而是从传主留下来的资料中整理出来的直接的、准确的事实陈述。作者既无讽刺之意,也无颂扬之心。(转引自 Stauffer,1970:384)

然而艺术文本本身在哥德史密斯惯有的性情中表现了出来。在这部传记作品中,如果说他真像自己承诺的那样没有讽刺的话,那么我们至少可以说他表现得超然而高傲。他曾用这样一句话来评价他的传主:"他为了追求享乐所受到的苦痛,他对待小事情所表现出的严肃态度,有一天可能会受到后人的取笑"(Ibid. 383)。关于传记的真实性问题,他说"如果以牺牲真实为代价把这个故事叙述得更令人满意,应该不是什么难事,但我选择按照他的本来面目而非想象来完成他的肖像;

他是个软弱的人，支配着一些更软弱的事，就好似西塞罗笔下那个'一群小人物中的小国王'一样。"

仅凭哥德史密斯对传主这一艺术的、原创性的界定，他也堪称传记艺术的开拓者。序言中同时还包括一些有趣的传记概念，从中我们能明显看出普鲁塔克的影子。其中的几个段落严明地道出了哥德史密斯的传记思想，可以视作优秀的传记宣言之一：

> 历史因作者的态度而精彩，而不是它所占有的材料……不管传主是英雄还是小丑，他们都是带着诸多细节的人。毕竟，人性中的那些小材料是无法构成其伟大的。
>
> 所以只有那些了解人心，了解它的情感和罪恶的人，才能正确地抒写历史。这些情感和罪恶才是他需要的材料。那些历史事件彼此间的关系或许可以用来指导那些掌控着数以万计的人的极少数；但人类的大多数却总是从生活的表面得到最真实的进步。这说明，人们不只是学着如何去掌控，而是要学着如何去生活，不是去关心怎样才能赢得众人的拥戴，而是如何赢得朋友和熟人的尊敬。(Ibid. 384)

哥德史密斯对真理尝试性的探究让他的思想变得情趣横生。《理查德·纳什传》主要记述了纳什在巴斯作为一位"礼仪评判人"、一个赌徒、一个情人、一面时尚镜子的生活。"他经常说，风趣、奉承，外加一身华丽的衣服，足以让尼姑庵变成堕落的地方"(Ibid. 386)。带着些许的怜悯和道义，哥德史密斯把晚年的纳什描写得沮丧而癫狂：

> 现在的他贫困潦倒、老态龙钟、脾气暴躁，已经没有能力再给予或接受任何快乐了。然而他还是做不到痛改前非，再去追求自己的幸福。这位老人努力想要实践他当年的恶习：他用自己已经衰竭的激情追逐平日里的每一件小事；他以耄耋之身，跻身于年轻人之列，他似乎情愿在自己曾经年轻的地方找寻一些情感的残羹冷炙。

一位如此热衷于寻欢作乐的老年人,的确值得人同情;但既老且穷的他依然保持这种"雅兴"却让人怀疑。……看着他不顾自己曾经备受尊敬的形象和应该得到的尊敬,和情妇酗酒作乐,与娼妓打情骂俏,这种画面简直就是对人性的极大讽刺;让人觉得男人是活在这个世界上不用诱惑而追求享乐的最荒谬的生物。

他这台老机器自行垮掉了,再也无法修补;他明白自己会死去,但每当想起死他便浑身颤栗。他的优点不太突出,但很和蔼。坚韧和刚毅不是他的个性。忧虑重重,胆小羞怯,但他的思想还会在这个世界里继续传播。他渴望的只不过是享乐的时间能够大大超越自己曾经受苦的时间而已。(Ibid. 386)

哥德史密斯这样看待传记的道德教诲功效:"传记不仅可以提供想像,还可以给人以教诲。给人们提供了一个不用得罪人就可以随意给人以建议的机会。……(通过)把规诫变成实例展现给众人"(Altick 34)。他对纳什一生的精辟总结进一步彰显出他的传记才能:"把他树为被人效仿的榜样显然是错误的,因为他的每一种品德都无不带有愚蠢的气息;但一味地指责对他的特色评判同样是不公平的,因为他的过错让我们开心却不会让我们嫌恶。他错把空虚当幸福,把享乐当目的。然而不幸的是,他最终懂得了:寻欢作乐的男人只会过着世界上最没有乐趣的生活"(Stauffer, 1970:386)。

哥德史密斯以自己的才情与写作天赋来弥补传料方面的缺失和不足。《理查德·纳什传》以纳什反对赌博的几封信件和两句极富夸张的墓志铭作结。作品中哥德史密斯经常会经不起轶事的诱惑而恣意渲染,偏离主题;但他会亲自把脉传主的一言一行,有时也会加上一些情景剧的手法,给这一人体模型注入生命的气息。所以我们有幸在18世纪英国的传记史上,看到了一位"可笑但不可恶"的散文家纳什。

第五章

十八世纪（下）

名词解释

回 忆 录

(Memoirs)

　　回忆录是追忆本人或他人过往生活经历和社会活动的一种文体。回忆录作者的历史活动是通过记忆而再现的，而记忆作为人的一种思维能力，会因岁月蹉跎而衰退，所以回忆录的真实性并非指全部内容的完全真实，而是指主要事件的基本真实。回忆录的写作，有些依凭个人的记忆，有些需要搜集忆主的详细资料，一般采取访谈、查找历史资料、拜访忆主亲属等方式。现代回忆录趋向于把事实素材和虚构资料相结合，把历史与虚构、现实与梦幻相融合的叙事模式。回忆录的基本要素有：一、强调真实性；二、提倡艺术性；三、允许某些细节、情节的虚构。

概 述

　　回忆录是记录当事人回顾自身经历所形成的文字，是与传记文学有一定关联的写作模式。回忆录在18世纪的英国发展迅猛。当时尽管人们始终没有将其视为一种独立的写作形式,但作家们在自己以回忆录命名的作品当中赋予其特殊的解读和内蕴。严格来说,回忆录是作者对忆主的追忆,是一种相对完整的、简短的传记记录。但这一释义在英语语言中不尽相同。对于18世纪的英国作者来说,回忆录尽管相对完整,但其细节却不一定都来自作者的个人回忆。传记和回忆录在当时英国人的心目中并没有明显的楚河汉界。

在18世纪的英国,人们更愿意叙写传记而非回忆录。回忆录的外延较为宽泛,几乎找不到单纯的例证作品。严格意义上来说,回忆录应是作者对记忆中或观察下所发生的事件的连续叙述。这一叙述通常是通过作者的实际经历或详尽观察,针对与自己相关的某个人生活或历史的一部分,而叙写出的一系列回忆,没有轻重之分。其目的具有传记和历史双重的性质,但人物描述和事件记录都不完整。回忆录的风格往往属于闲谈杂论性质,布局较为凌乱,叙述视角仅局限于作者个人的观察和反应。作为一种单独的形式,回忆录更适合于法国人的头脑和笔触,英国人则倾向于完整、正规的记录而非零散的追忆内容,所以书写传记或历史成了他们的最爱。英国人除了喜爱完整之外,通常还会添加一些个人记忆之外的资料知识,共同构建成历史或传记。罗杰·诺斯有足够的天赋与能力记录王位复辟后那段不平常的日子,但他的作品最终变成了《吉尔福特男爵传》。鲍斯威尔与约翰生的交往足以让他完成一部"约翰生后半生回忆录",但完整的"约翰生传"却听起来更理性、更严肃、更崇高,诸多的细节描述为他宽博的个人记忆添加了完整性和毋庸置疑的真实性。

18世纪回忆录的传统中还缺乏传记和历史所具有的严肃性。思想保守且做事严谨的英国人,往往喜欢谈论与自己相关的趣闻轶事和有影响力的社会活动,尤其以锐利地透视人性、人格及其巨大成就为乐。而可能会给别人的生活带来负面影响的闲言碎语式的谈资显然不是英国人所拒斥的。

1707年,爱尔兰出生的法国作家安东尼·汉密尔顿(Anthony Hamilton)的《格哈蒙爵士回忆录》(*Memoirs of the count de*

Grammont)为英国人提供了法国回忆录写作传统的杰出范例。早在沃波尔的译作出现之前,这本回忆录在英国已经拥有很大的读者群。吉本曾这样赞赏道:"汉密尔顿舒缓、纯正的风格是不可模仿的"(Longaker 492)。18世纪早期来自法国的回忆录,对于一直寻找合适的途径来详尽记述自己现实生活的英国作家们产生了明显的影响。格哈蒙爵士在赌桌上的恋情激发了大量的作家开始创作缺少严肃性和真实性的回忆录。基于这一形成和发展的根基与传统,严肃的英国作家们拒绝回忆录的写作也就不难理解了。

18世纪曾经出现过大量以"回忆录"命名的半虚构或虚构作品,更是为这一词汇增加了虚构的成分和特性,由此引起当时的评论家及严肃的作家们的质疑。即使今天,有些作者仍表现出对回忆录的不信任。《奥斯卡·王尔德传》的作者弗兰克·哈里斯(Frank Harris,1856 - 1931)就坚信"回忆录是虚构小说的一种突出形式"(Longaker 495)。

尽管18世纪的评论家和作家们都认为回忆录不适合记述一些严肃的话题,但仍有一些忠实的作者们以回忆录命名自己的作品,并在作品中阐释了这一文类的特质。约翰生的《普鲁士国王弗雷德里克三世回忆录》(The Memoirs of Frederick III, King of Prussia, 1756)就试图忠实地记录事实本身,但他只是当时的报纸杂志内容的编辑者,还算不上真正的回忆录作者。他对弗雷德里克和那一段历史的了解程度还不足以写就一部回忆录。同样,《奥古斯塔斯朝回忆录》(Memoirs of the Court of Augustus, 1756)的作者托马斯·布莱克威尔(Thomas Blackwell)通过大量阅读对忆主有了颇为深刻的了解,但其叙述缺少回忆录所要求的详尽与细节。约翰·戴尔雷姆普(Sir John Dalrymple)的《大不列颠及爱尔兰回忆录》(Memoirs of Great Britain and Ireland, 1771)以生动有趣的方式记述了一段历史事实,给读者提供了一些有价值的传记数据资料。但作为回忆录,它也有不少不尽如人意之处。约翰生这样评价道:"戴尔雷姆普似乎是个挺诚实的家伙;他公平地叙写了对双方都不利的内容。但其写作模式实在不敢恭维……"(Longaker 496)。鲍斯威尔倒是挺客观地认为作者的写作方式中充满了"鲜明的活力"。

弗朗西斯·布莱克波恩(Francis Blackburne)的《托马斯·赫里斯回忆录》(*The Memoirs of Thomas Hollis*, 1780)算得上是18世纪一部比较接近回忆录内涵的作品。在长达两卷的内容中,作者以自己的亲身经历,叙写了一系列生动有趣的历史事件和细节琐事,给读者描绘了一位热情忠贞的辉格党支持者的形象。托马斯·戴维斯(Thomas Davis)的《演员加里克回忆录》(*The Memoirs of the Life of David Garrick*, 1784)是一部引人入胜的回忆录杰作。作者通过个人回忆,凭借非凡的叙述技巧,把忆主的性格描绘得鲜活饱满,对于想了解18世纪英国的戏剧界和加里克本人生活的读者具有相当大的参考价值。这部回忆录最终成为19世纪初《西登斯夫人回忆录》(*Memoirs of Mrs. Siddons*)和《肯末博回忆录》(*The Memoirs of Kemble*)两部作品的蓝本。

总之,18世纪的英国尽管出现了不少以回忆录命名的作品,但都缺乏文学的魅力和艺术的生命力。严肃的英国作家们面对回忆录流言碎语式的特质,面对历史和传记这两条敞开着的大道,自然不愿意在回忆录写作上费力劳神。

定 义

回忆录是记录当事人回顾自身经历所形成的文字。从内容上来讲,回忆录是指当事人对自身经历的回顾,是回忆者对自己亲身经历的社会活动、历史事件所作的追忆。从物质形式来看,回忆录表现为文字资料或音像资料(包括录音、录像、光盘、记录片等)。如果从作者的角度出发,回忆录则是把当事人的回顾记录下来形成的资料,既可以是自己亲笔写下来,也可以由当事人口述、其他人记录整理而成。

在拉丁语中,"回忆录"(*memoria*)的意思是"回忆"或"旧事"。早期的回忆录多数是政界或上流社会的人物所写,军方要人和商人后来也开始书写回忆录。回忆录记述的重点往往是公众事务,一般不涉及私人生活内容。美国剧作家兼评论家高利·维达尔(Gore Vidal, 1925—)在其回忆录《重写本》(*Palimpsest*, 1996)中对回忆录做了这

样的界定:"回忆录是人对自己生活(生命)的回忆,而自传是历史,需要仔细查证时间和事实真相"(Longaker 490)。当代传记评论家马克·隆加克也对回忆录作了尝试性的界定:"一般记述一个人生活的一段或作者自己的亲身经历或观察过的事实片段。其目的既是传记性质的,又具有历史意义。回忆录对人物的描述或是对事件的记录皆不全面"(Longaker 492)。从某种程度上来说,回忆录更像是从某一生活片段中捡拾回来的生命碎片,而非全部的生活内容。

在西方,很早就出现了回忆录这一文体。公元前四世纪,古希腊哲学家苏格拉底的学生色诺芬(Xenophon,公元前430? -355?)写了一部书,较为完整而忠实地记载了苏格拉底的言论和经历,取名为《苏格拉底言行回忆录》(*Memorabilia*, c. 371 B.C.)。这可能是历史上最早以回忆录题名的一本书。古希腊罗马时期,回忆录就像备忘录,用以暂时记录以备后用的零碎的、未公开的作品。到了近现代,回忆录得以进一步的发展。像自传文本一样,现代的回忆录趋向于把事实素材和虚构资料相结合,虚构化现象更加突出。

属 性

像自传一样,回忆录的真实与虚构问题是我们无法绕开的关口。美国幽默大师、评论家威尔·罗杰斯(Will Rogers,1879 - 1935)一语道破回忆录的"天机":"回忆录是你记录下你曾经应该做过的好事,而省略那些你曾经做过的坏事。"**真实性和虚构性**同时成为回忆录的重要属性。回忆录是一种文学性的表述,正确地认识这一属性是我们解读生命故事的根本。

首先,追忆是回忆录的根本特质。由于作者对事物的主观感受、印象、记忆可能与事实相左,或考虑艺术性的因素会适当地加入某些虚构情节,但这一般不会影响其真实性。回忆录作者的历史活动是通过记忆再现出来的,而作为中介的记忆是人的一种思维能力,它会因岁月蹉跎而衰退,所以其真实性就不是指全部内容的完全真实,而是指主要事件的基本真实。

尽管传记大家茨威格(Stefan Zweig,1881-1942)坚信自传(回忆录)的虚构性"必将减弱",但他仍然对其真实性保持怀疑:"事实上,要求一个人在他的自我描述中绝对真实,就像要求尘世间绝对公正、自由和完善那样荒唐。最热切的决心,最坚定的信念,想忠于事实,从一开始就已经是不可能的了,因为无可否认的事实是,我们根本就不具有可以信赖的真理器官,在我们开始描述自己之前就已经被记忆骗取了真实的生活经历的情形"(茨威格,第7页)。识记和保持是回忆和认知的前提。人们的记忆内容会随着时光的流逝出现量的减少或质的变化,因而记忆越来越背离事物的原来面貌和原有意义。而回忆录提供的材料大多是无意识记忆,即与被忆主接触时并没有明确的记忆意图,材料似乎是自然而然留存于脑海,这就更加影响了记忆的牢固性。

茨威格还说过,"羞耻,它是每种真实自传永久的对手,因为它要谄媚地引诱我们,不是按我们真实的样子去表现,而是按我们希望自己被看到的样子。它要用所有的诡计和伎俩诱使很愿忠实于自我的艺术家掩藏他的隐私,掩盖他的危险性,隐藏他的秘密;它本能地让创造的手删去或虚假地美化有损形象的小事(然而却是心理学意义上最本质的)"(茨威格,第9页)。显然,作者在回忆曾经历过的尴尬之事时,为摆脱懊恼和忏悔的长期煎熬或为推卸责任,往往需要对自己的行为有一个相对合理的解释。所以回忆录中多少都会有当事人自我合理化的成分。这种自我合理化的因素,在主观上有自我解脱的需要,在客观上有着时过境迁的记忆误差。从历时性上来看,人们所经历的历史现场,都是整体过程中的一个断面,印象深刻的只是一些具体事件和情节,所以回忆往事时还需具有一种历史整合的能力。从共时性的角度出发,时代的发展和社会价值体系改变,是非评价标准也随之改变,而这些变化会随着人们的生活同步发生,在改变人们思想观念的同时也会改变他们的历史记忆方式,把现在的合理性移植到过去的合理性上,产生一种所谓"合理"的历史遗忘。因此,能否以现在的认识高度,重新回到当时的语境中反省事实,以维护历史的真实性,客观地记录历史是回忆录需要面对的难题之一。同样,对于那些根据当事人或者亲属的记忆所写的回忆录也难逃感情因素的纷扰。人们的历史活动是自身生命过程

的一部分,他对这些活动必定会作出自我评价。无论对自己还是相关的人,其评价都与自我价值相关联。因此,他的褒贬必然带有感情因素。无论回忆自己的经历还是回忆他人的往事,作者心理上的爱慕、感恩、自恋、怀旧、荣誉感、崇拜感等等情绪都可能流注进去,进而影响到回忆录的真实性问题。

尽管回忆录只是作者对某个(群)人、某一段时间、某个地方的回忆,但其艺术性也不容忽视。如何以"我"所见、所闻、所感的人和事为线索加以铺陈,如何以个性十足的语言,鲜明地凸显出忆主的形象与性格,是考证回忆录艺术性的标准之一。

非真实性尽管是每一部传记类作品的软肋,但却正是史上无数的纪实性作品汇集成为人们自身的历史,真实地记载了人类的过去和现在。

结 语

任何时代都需要诚信的代言人,每一段历史都需要忠实的记录者。人们追忆的东西毕竟是自己不愿遗忘、不想遗忘的生命轨迹,对其内容的忠诚与否会成为拷问良知的砝码。而以艺术性为目的的适当的细节虚构,则是一切艺术品所必需的属性之一。回忆录不仅能够弥补文献记载的不足,而且还能提供比一般文献典籍更为丰富的素材、更为生动的细节。各种类型的回忆录越多,对校正历史记忆所起的作用就越大,越能接近历史的真实。毕竟,回忆过去也是在开拓未来。

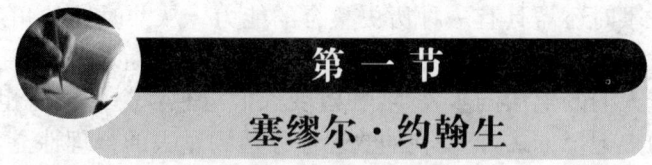

第一节
塞缪尔·约翰生

(Samuel Johnson, 1709 - 1784)

塞缪尔·约翰生是 18 世纪英国一位"才能卓绝,学识超群,德行高劲"的散文家、文艺批评家、词典编纂家和传记作家,是 200 多年来英国文人高山仰止的传奇。他出生于英格兰的斯塔福郡里奇菲尔德镇,父亲是当地的书商。约翰生从小就有惊人的记忆力和理解力,父亲藏书丰富的书店给他提供了博览群书的便利。从家乡的文法学校毕业后,19 岁的约翰生在牛津大学的彭布罗克学院就读了 14 个月,因父亲投资不利、家道破败而辍学回家。21 岁时父亲去世,家境更为窘迫。25 岁时,他用妻子 800 镑的嫁妆尝试办学以失败告终。为贫困所迫,他在既无经济资助又无权势朋友提携、无恩主施舍的境况下,只身来到伦敦,开始了他的闯荡生涯。他"不戚戚于贫贱,不汲汲于富贵",以卖文为生,用自己的智慧和才华换得一日两餐,也曾因交不起房租和朋友一起整夜徘徊于伦敦街头。1759 年母亲病重、去世期间,为了筹足医疗费、丧葬费用,他用了短短八个晚上的时间写成了"即使没有别的著作,这部书也足以使约翰生名垂千古"(鲍斯威尔语)的小说《拉塞拉斯王子的故事》(*Rasselas, the Prince of Abissinia*,1759)。1762 年,53 岁的他因自己的著书立说得到英王乔治三世恩准的三百镑年薪,捉襟见肘的生活才略有改善。陶渊明所描述的"贫富常交战,道胜无戚颜","宁固穷以济意,不委曲而累己"的状态,恰是约翰生当时的生活写照。

与贫穷相伴的还有约翰生的疾病,抑郁症、弱视是其一生的痛苦。他过人的禀赋经过苦痛生活、勤奋笔耕的磨砺,终在而立之年后大放异彩。他为《漫游者》杂志和《环球纪事》(*The Universal Chronicle*)的"闲人"("The Idler")专栏所撰的精彩文章至今仍是美国大学课堂的必读材料。他影响了整个英国 18 世纪传记发展的思想大多出自其中。约翰生应出版商之约为五十二位诗人的选集写的一系列长序,被单独辑录成册,成为英国文学史上的重要批评文献《英国诗人评传》。他凭一己之力、七年之功编纂了历史上首部具有权威性的《英语辞典》(*Dictionary of English Language*)。而同等的任务,在法国却是动用了法兰西学院的 40 位院士,耗费 55 年才完成。《英语辞典》的问世进一步确立了约翰生在英国文坛的地位。他所制定的辞典编纂总旨,他开创的编纂方法,他对词语的定义、例句的选择,映照出他对英语语言的

认识,他的道德观、政治立场和个性特质。有人说,早在鲍斯威尔出场前,约翰生博士已经在他的辞典深处描摹好了自画像。

约翰生的长篇讽刺诗机敏、雄辩却无剑拔弩张之气,字里行间透露出对人生经验的沉思。有人甚至说,自约翰生以后,英国的讽刺诗再无可观者。他去世7年后,好友鲍斯威尔出版《约翰生博士传》,把他的传主引荐给阅读大众,使他的名声渗透到文学圈以外的各个角落。他的学问、趣味、善良、诚实、癖好、偏见,由是深入普通读者之心。有关这个可爱的怪人的奇闻轶事流传颇广。他的许多妙语应答已经成为英语中有名的趣言乃至格言警句。在其《拉塞拉斯王子的故事》一书中,约翰生曾说过:"矛盾双方不能同时都正确,可集中到一个人身上,可能都是正确的。总而言之,多样性并不矛盾"(约翰生,第24页)。这正好可以用来诠释他自己多重的性格和复杂的人性所表现出的矛盾性。

诚如鲍斯威尔在《约翰生博士传》的结尾处所言,"愈念及他的人品,他将受当代和千秋万代人们的尊重,钦佩与崇敬之情绵延不绝"(鲍斯威尔,第354页)。1784年约翰生病逝,葬于伦敦西敏寺的诗人角。

约翰生的传记理论

约翰生从1738年为伦敦的《绅士杂志》(*Gentleman's Magazine*)写传记作品开始,就已经认识到作为文学形式之一的传记的价值。在他看来,传记是文学中最有价值的部分之一。鲍斯威尔说:"哲学和传记是他最大的追求"(Longaker 317)。约翰·霍金斯爵士认同道:"传记是他最喜欢的文类之一。它促发了他思想的权力,使他有机会思量人的生命和行为"(Longaker 317)。瓦尔特·雷利教授(Walter Raleigh, 1861-1922)精辟地总结了约翰生对人的兴趣:"他对人的兴趣给了他创作传记的热情。他对生活的熟谙给了他评判的理智和清晰"(Raleigh 156)。约翰生在1759年的一篇文章中说:"传记是各种叙述性作品中最容易读、也最易应用于抒写人生的写作方式"(转引自Stauffer, 1970:388)。他的一生几乎读遍了当时所有的传记作品。鲍斯威尔曾记载的他对当时传记作品的评论就有二十多次。

约翰生的传记观改变了18世纪英国传记发展的路径。他衡量传记优秀与否的标准是看其是否忠实于事实,他强调对细节的忠实,重视艺术的想象力的作用。约翰生的传记观在他写给《漫游者》杂志第60期和《闲游者》杂志第84期的文章中表现得最为全面。

1. 传记与真实

当鲍斯威尔问及传记写作中绝对真实的必要性时,约翰生的回答既简单又直接:"任何故事的价值取决于其真实性。故事要么是对单个人的写照,要么是对基本人性的描述;如果不真实,就一无是处"(Ibid. 416)。正如他在自己编撰的《英语辞典》中这样界定传记的内容:传记是抒写"人的生命"的写作形式。在写作过程中,"有些作家完全按照时间顺序来进行叙述"。从中我们不难看出,作为"人的生命"的写作形式,传记必须具备一定的真实性。他强调绝对的事实性是必要的,但保证绝对真实的前提是对重要细节的观察和记录,不管它有多么细碎。他认为好多看不见的情景或琐细的行为要比公共事务更有传记价值,因而传记作者应该重视而非鄙视那些给人物及其动机带来灵光的卑微的事实碎片。

在鲍斯威尔谈到"写传记时,应该突出一个人的个性,因为个性决定着他的性格"时,约翰生回答:"先生,突出个性没错。问题是一个人的恶习是否也该提到。比如艾迪生和帕尼儿(Parnel)经常喝得酩酊大醉是否也该写上;人们读过书后很可能更容易放纵酗酒;所以说,完全讲真话产生的负面影响会比正面的多……",但他接着解释道:"如果人们写的是颂文,那就得回避传主的恶习,但如果写的是人物的传记,他必须如实记录"(Longaker 319)。

传记作者首先应做到尊重事实真相,这是约翰生的信念。鲍斯威尔曾发文说过:"约翰生对事实真相坚持不懈的关注是他一生最显著的特征"(孙勇彬,第11页)。他对同时代诗人萨维奇的描述就是不错的例证。这位女伯爵的私生子是伦敦大街上身无分文的浪子、厚颜无耻的寄生虫,经常依附某个熟人为他管一顿饭或提供住宿的地方。在别的传记作者笔下,萨维奇很可能会被描述成一个闹剧或伤感淫秽故事的主角,然而约翰生却用尖刻和客观的眼光来审视这一人物。

> 他没有能和谁成为永久的朋友,大多数都不得不很快成为陌路。
>
> 他其实更有资格获取知识而非财富,因为他实际上很喜欢打听别人的隐私,并渴望从别人的言谈中获取某种信息,可惜他不太会利用这些机遇去改变自己的命运:他能够经常坚持自己的观点,一旦拥有,很少放弃。这种品质并没有给他带来钱财。
>
> 他一生最大的错误在于误解了对于道德操守的爱,从德性而言,他确实不是什么好人。
>
> 显然,至少此人的刚毅是值得言说的;不管有什么样的过错,他的忍耐本性不容忽视。埃皮克提图(Epictetus)曾说过:两种特质构成一个睿智的人:忍耐和克制。尽管这两种特质不均等地表现在萨维奇身上,但他对其中一种品质的需要迫使他经常去实践另一种品质。(转引自 Altick 53)

《萨维奇传》为英国传记史提供了第一个非正统的诗人的形象。约翰生富有同情且温婉的笔触,把一个游手好闲、奢侈放纵,但又"激情四射、见多识广、睿智诙谐"的人才描写得惟妙惟肖。他对这位"既没有做过令人称颂的伟大事迹,也没有科学上值得记载的成就,更没有任何特殊事件值得众人评述"(Hawkin 154-155)的人的关注,除了两人私交的原因,更揭示了约翰生所关注的是生活本身,而非生活中人们所取得的成就。这一点与现代传记有某种异曲同工之处。正如他在《萨维奇传》开篇所写的那样:"文学中的英雄,和历史中的英雄一样,常常不是因为他们取得了怎样的成就而变得伟大,而是因为他们比常人忍受了更多的痛苦和折磨"(Stauffer,1970:398)。约翰生用同情但公平的笔触描写朋友臭名昭著的行为,实际上"创造了一种写作的范式,这种范式将对此后的几个世纪的传记文学产生深远的影响"(Wendorf 90)。难怪瓦尔特·雷利说:"约翰生的天才在于他对生活真实的永恒的直觉……他在叙述中对绝对事实性的关注已经到了迷信的地步,不是为了名声,而是为了追求真实,出于对人类生命科学的强烈的兴趣。"雷利接着感叹道:"如果人们都能够如实地记录他们的感觉和体验,那么人类生命科学将会被推进一大步"(Raleigh 70)。约翰生写给朋友伯尼(Burney)博士的信中这样说:"人们不该停止对故事真实性的判断。有些人讲的是自己不知道或似乎不知道的故事,而有些人则干脆不在乎真实。说真的,也不是所有的真实同等重要,但是如果容许有小小的偏离,那么每一种小小的偏离最终都被视作无关紧要;作者应该从一开始就警惕忽略或懒惰的诱惑"(转引自 Stauffer,1970:420)。约翰生对文学真实的重视和提倡可见一斑。

2. 传记与道德功效

约翰生认为传记艺术是为实用道德服务的,但他认为这一道德作用不会从所写的具体人物身上自发地流露出来。所以他从来没停止过对某一人物或其行为做出客观评价和解读。"历史、悲剧和浪漫剧都不能轻易地感动我们这样的普通人。但传记对我们来说既有用又好玩(讨人喜欢)。历史对个人来说益处并不大,但对个人生活的记述对我们却很有裨益,因为我们的生活基本上是相通的"(Ibid. 388)。

约翰生也是个道德家,这一点毋庸置疑。他认为对任何一种文学形式价值的判断均基于其对渴望更好生活的人的贡献。他确信,"没有哪一个文类比传记更值得去耕作。因为没有哪一个更能让人快乐或更有用,没有哪一个能更引人入胜或更广泛地针对每一种情势传播出教益"(Ibid. 425)。传记比历史或小说包括的实例都要多,对于普通读者来说,这些事例不仅清晰易懂,更可以直接满足其私人的道德需要。传记中到处都是实用的经验教训。不管传主是迂腐还是德惠,张扬还是谦卑,对读者都会有道德意义,因为"我们都受同样道德的驱使,同样谬误的欺骗,同样希望的激励,同样危险的阻滞、欲望的纠缠和性欲的诱惑"。毕竟,"没有任何一种文学形式能够像传记这样令读者有所收获,也没有哪一种形式可以凭借其不可抗拒的魅力将人们的心完全锁住"(Ibid. 428)。约翰生在1779年《诗人传》中说过:它"只是给每个诗人做广告,指出几个重要日期,粗描一下诗人的性格;但我最重要的目的在于:真诚地希望这部作品能够给读者带来愉悦和裨益"(Boulton 252)。所以他坚持认为"写作的唯一目的是令读者能够更好地享受生活,或更有效地去忍受苦痛"(Seraphin 176)。

3. 传记与想象力

传记是一个颇具个人色彩的题材,传记作者与传主的关系以及作者自己的个性表达意识都无不影响到传记的"真"。约翰生在对传记定义时所说的"有些作者完全按照时间顺序来进行描述",其实隐藏着自己对纯粹按时间罗列事件的手法的不满。

他曾说过:传记作者"去校准文学史中某一微不足道的细节是非常无聊而且是自找麻烦的举动;这种工作不需要作家具备任何对于生活的深邃理解力"(Boswell, 1917:8),不过"如果这些信息像雨点一样从天而降,我会伸手去接;但是我不会费尽心思地去寻找,这无异于给自己找麻烦"(Boswell, 1934:334)。这种不屑于单纯记录事实的态度一方面表明了约翰生强调"真实"的重要性,另一方面也表现出他对传记真实性的反作用力——文学想象力——的欣赏和赞叹。《诗人传》前四卷出版时约翰生已经69岁高龄。他在搜寻第一手资料方面所表现的懈怠情有可原。他曾说过,(关于德莱顿)"要确认文学史中的小事件既乏味又麻烦,它需要的不是很强的理解力,而须依赖一些没法调查的、取材于不在手边的书和小册子"(Altick 54)。所以对于他无法确认的、有争议的事情,他不希望被当作事实真相。他在为罗斯考曼(Roscommon)作传时写到:"人物就是这样写就的,我们了解一些,其余全靠想象"(Altick 58)。

约翰生在《诗人传》中不止一次地提到单纯的记录和收集信息并不会令真实重现。所以在《艾迪生传》中,他这样说:"我写就的文章没有大的错误,但并不能宣称所有的都是真实的"(陈茵,第145页),因为他清楚"人物生平中的生活和那个人真正的生活是截然不同的"(Boswell, II:125)。

4. 传记与艺术性

约翰生虽然未曾讲过对传记艺术性的重视,但他把这一思想践行于自己所有的传记作品中。《诗人传》语言简洁、精炼、干净、利落,不像人们想象的"笨拙的句子中充满了大量对称的从句和先行词、分号及冗长的拉丁词汇"。他在句子转换方面有着奇才大智,往往几个简单的词汇就可以构建成一个道德的世界;一个个抽象的语词像被施了魔法一样充满了诱惑力。他的评论很少局限于理论或形而上学式的空谈,但却毋庸置疑受其写作经历的影响和印证。在《萨维奇传》中,作者在结尾处用精炼的言语动情地告诉读者:"这就是理查德·萨维奇的生与死,一个善良和邪恶并举,瑕疵与能力皆不寻常的人"(鲍斯威尔,第329页)。约翰生看到了传主的生活,更理解了他的生命。他用如椽之笔描绘出一幅幅富有诗意的肖像画,让人觉得美不仅在于真实,更在于作者对语言的想象的驾驭。

约翰生的传记

约翰生对传记的兴趣非同寻常。1738到1756年间,他就写过不少传记性的故事,但均属于雇佣文人笔下的产物,从中看不到《诗人传》(完成于1777-1781年间)中凸显的主题、隽永的词语和深刻的人物分析,但他生动的智慧、开阔的思想、机敏的才情都从中显露出来。

在鲍斯威尔认识他之前,他计划要写国王阿尔弗莱德传、一些哲学家的传记,并编辑有关普鲁塔克和沃尔顿的传记,很遗憾都没有完成。他来伦敦之初,就开始为杂志撰写一些风格各异的传记文章。从年轻的学者到伟人弗雷德里克·威廉姆斯(Frederick William),从意大利历史学家神父保罗(Father Paul)到荷兰的科学家博哈武(Boerhaave),从冒险家兼诗人萨维奇到文学隐士托马斯·布朗(Thomas Brown),从海上的船长布雷克(Blake)到书商爱德华·科威(Edward Cave),无不成了他的传主。他以实际的事例告诉人们,尽管传记记录的是事实,但也不能忽略文体的巧妙作用。其中罗杰·阿斯科姆的贫穷让他联想到世上的公平和运气:"现在我们无法说清他的贫穷是出自他的过错还是他人的过错。但可以肯定的是很多富人确实没有长处。""阿斯科姆在53岁辞世,……谁又能说得清他是死于长处还是被营救出灾难?"(转引自Stauffer, 1970: 397)

1740年,约翰生为《绅士杂志》写的《海军上将布莱克传》("Life of

Admiral Blake"),被公认为他早期传记作品的代表。他这样评说写这篇传记的目的:"在一个国家卷入复仇的战争的时候,撰写一个值得后人敬佩的指挥官为了自己国家的荣誉和权力而战的故事,似乎很适合读者。因此我将简明扼要地叙述海军将领布莱克的故事和行为,公正地表现他的勇敢和事迹"(Longaker 322)。在故事结尾,约翰生以自己惯有的风格写道:"我不得不带着遗憾告诉大家,王位复辟一年后,他的遗体被下令埋进圣玛格丽特墓地的一个坑里。如果他杀死查尔斯一世有罪,这样侮辱他的身体是个不善的报复;然而,他是无辜的,这样做就太没人性,或者太忘恩负义了。古人云:'不要让任何人用胡须去拉一头死狮'"(Ibid. 324)。

到了1744年,约翰生作为传记家的天赋达到顶峰。他仅用36小时就完成了《萨维奇传》,后被收录在《诗人传》中。这篇传记成了英国传记发展中的里程碑,为18世纪前半叶的传记及其结构形式做出了最大的贡献。从传记的角度来说,它位居52个诗人传之首(Ibid. 325)。

1777年复活节的前一天,一位来自伦敦的出版商找到了约翰生,就其在爱丁堡出版、伦敦已经有销售的、打印错误很多的《诗人传》进行协商,期望出一版更标准的版本,即每一位诗人前写一篇传记性质的批评性文章。68岁的约翰生这时已颇有名气。他以200几尼(英国旧金币)要价和出版商追加的100几尼签订了合同。这是一次激发他兴趣的机会,属于"文学中的传记部分"——他最最钟爱的事。在英国除了德莱顿曾在《普鲁塔克传》(英文译本)中学究式地简要讨论过普鲁塔克的生活之外,约翰生成了第一位严肃对待传记的英国批评家。

1777年,当长篇传记迅速成为一种流行的文学形式时,约翰生的《诗人传》问世。18世纪还没有哪一部作品能像这本书一样受读者和评论家们的热议和钟爱。他本想4年内完成,但结果并不乐观。他说,《诗人传》是"用我最惯常的方法,详尽而仓促而成。常常不想工作,但工作起来又充满活力和草率。"用鲍斯威尔的话说,"这是约翰生所有作品中最为广泛阅读、趣味性最强的作品"(Altick 50)。

一位署名为"W. R"的人这样评论《诗人传》:"世人都应该感谢有着一颗诚实的心、机敏的思想和非凡才情的约翰生博士在传记方面的贡献。他所描绘的传记人物个性鲜明、真实,让我们觉得他们好像自己的家人一样"(Stauffer,1970:393)。《诗人传》中更是充满了丰富成熟的思想。他在评价约瑟夫·艾迪生时说道:"我用批评的眼光观照人生的重要内容,从计谋深处到情感表层把玩人的心灵。"这种来之不易的生命知识弥散于整个传记文本的每一页。他的风趣和智谋似乎永远用之不竭。尽管他的行为有时刻薄尖酸、冷峻,但作品读起来却让人心旷神怡。看看他写的下面一段话:

> 据了解,(Waller 的)妻子因他的诗歌而获胜。尽管关于她一概没有提过,但她确实为他生过很多孩子。毫无疑问,他歌颂了那些他不敢与之结婚的女人,或许却与他羞于歌颂的女人结了婚。很多特质构成家庭的幸福,但诗词却并没饰其以颜色。很多的氛围和妙语可以愉悦想像,但那些吹嘘它的人却永远得不到。魅力只存在于远距离的赞美。再没有比火焰更宏伟的奇观了。(Altick 51)

谈到诗人威廉·柯林斯(William Collins)时,约翰生说他,"构思过很多书,但他最大的毛病是优柔寡断或是经常出现的对其计划的随时打断。因而他苦于没有一个固定追求目标。一个连自己的晚餐都不能确定或看见债权人就颤抖的人是不会习惯于抽象思维或远虑的人"(Altick 52)。

谈到斯波兰特(Sprat)对于早期诗人的素描,他说,"他对待友谊的热情或雄辩的志向所创造出的不是历史,而是葬礼上的演讲:他对诗人考利(Cowley)除了长篇的颂文之外,几乎看不到他生活中的任何细节描写"(Altick 54)。而在他的《诗人传》中,我们看到的自然不是颂辞,而是公正。

然而,约翰生也有出错的时候。信息不全、误读资料和他的政治、宗教偏见(特别是对弥尔顿的误读)影响了他对一些事件和动机的公正把握。因为手头占有资料的不均衡,叙述缺少平衡。某些传主的重要事件缺乏必要的信息,而有些不太重要的事件却因为占有资料的富足而占据了很大的空间。这成了《诗人传》最大的缺陷。约翰生喜欢事实的杂陈胜过连贯的描述,他的笔触不停地在各大要点间跳动,喜欢随意

停留于自己偏爱或同情或意欲讽刺的人物特点或史料上面,毫不吝惜地泼墨挥洒。不过这种随意性所造成的不均衡有时也是作者有意为之,比如德莱顿的生平故事,尽管占据的资料不会少,但记叙他的篇幅并不多。

同时,《诗人传》的结构显然没有像它的内容一样精彩。像那个时代的大部分传记作品一样,作者简单地将资料按时间、年代挂靠在一起,长短比例的分配与布局不够精当契合。而也许正因为还没有像新古典主义美学在建筑、绘画和音乐等方面主张的那样必须有某种结构上的逻辑对应关系,传记才没有被纳入文学艺术的行列。

总之,《诗人传》的经典性不在于它的精神启示,而在于其丰富的见解。《诗人传》具备一切优秀的传记应有的特质:孜孜不倦地探求传主的本真;传记作者用自己的社会经历来解读叙述中的道德和伦理;作者惯有的怀疑主义精神;等等。约翰生的名字,和他伟大的传记作品一起,为这一文学形式增添了尊贵和荣耀,增强了这一时代的人们对传记的兴趣。可以说,没有哪一个世纪、哪一部作品能使人意识到传记的可能性和价值。约翰生的《诗人传》向后来的文人学者、批评家、传记作家们提出了挑战。它是约翰生投入"已经涟漪四起的传记池塘里的一块巨石,水花开始溅散向更有趣味性和重要性的地方"(Longaker 404)。

鲍斯威尔曾经预言,"这是一部可能会被广泛传阅和喜闻乐见的作品"。人物分析的紧凑、敏锐和透彻,18世纪评判生命和作品的标准和观念,作者的文学个性和人格魅力等都是《诗人传》留给真正的传记读者们的厚重的精神遗产。

约翰生的文学圈

随着约翰生经济条件的逐渐改善、学术上的声名鹊起——都柏林和牛津两所大学都授予他博士学位,他的身边聚拢了越来越多的崇拜者,其中大多为伦敦的文人墨客。不必再为每日的面包奔忙,约翰生便喜欢同朋友们聚会聊天,而他雄辩的口才在每日的运用中得以极致地发挥。1764年约翰生建立了著名的文学俱乐部(Literary Club)。画家乔舒亚·雷诺兹(Joshua Reynolds, 1723 - 1792)、政治经济学家亚当·斯密(Adam Smith,1723-1790)、著名演员加里克(David Garrick,1717-1779)、剧作家谢里丹(Richard Brinsley Sheridan,1751-1816)、文坛多才多艺的怪人哥德史密斯等都是俱乐部的成员。他以自己的广博学识和人格魅力影响着周围的每一个人。雷诺兹观察到:"他们所有人都以热爱真实和准确为荣,如果他们不与约翰生相识的话,他们不会爱好到如此程度"(Boswell,1934:278)。

这段时期的约翰生以广博风趣的谈话闻名,他睿智敏捷的辩论尤为精当。作为当时文坛的一代盟主,他对文学作品的评论,即使片言只语,也被众口相传,当作屑金碎玉。他学识广博,谈吐诙谐机智,措辞优雅,声音洪亮,发表意见或反驳别人时铿锵有力,滔滔不绝。他在许多场合垄断话题,对在场的许多人进行调侃,能就任何话题进行深刻和令人难忘的谈论。他的文学圈内人士对他连续几小时的高谈阔论从不厌倦,总显得兴致勃勃,全神贯注。不少人当场受他的嘲讽也不生气。第二天约翰生的一些"名言"就会传遍全伦敦。到了傍晚,听众们又会聚集在他身边,渴望听到更多的精言妙句。

约翰生把谈话视作是对自己知性活力和应变技巧的试验,因此是无法容忍辩论中的劣势地位的。从某种程度上来说,约翰生的文学圈不是一个风平浪静的温暖港湾,这里人们最易看到的不是文人们的和平相处,而是约翰生时不时的偏激、他的愤世嫉俗、他对真的追求、他保守的政治观念和不畏强势的勇气和信心。

约翰生一生都鄙视喜剧演员,包括和他关系非同寻常的演员加里克和谢里丹,他极端地把演员比作"在桌子上或凳子上做鬼脸以逗人的狗"。加里克是约翰生的学生,是和他一道来伦敦谋生的伙伴。尽管学识和天资与约翰生相比都要逊色,但他依靠自己的努力,名利双收,成了伦敦家喻户晓的喜剧演员。后来做了德鲁瑞剧院的经理后,他提出把约翰生一直被演艺界拒之门外的《艾琳》搬上舞台。但固执的约翰生坚决反对对其剧本做任何修改以利于舞台剧演出,两人就此发生不少争辩和冲突。约翰生经常以不失时机地纠正他的错误挫其锐气为荣。对于演员谢里丹的演出,约翰生这样说:"我认为他没有能力担当值得尊敬或具有优雅品格的角色,他两者都不具备。一些过着平常生活的

人却能够在舞台上表演。他说话时的声嘶力竭很令人讨厌,小声说话时别人又根本听不见……"(Boswell,1934:260)。听说谢里丹也获得200镑年金时,他觉得自己很受辱,声称自己想要放弃。这些话大大刺激了一直很崇敬他的谢里丹,后者在自己的作品中借机把他描述为"在小人横行的日子里有着巨大声望的作家",两位文人的水火不容不能不说是文学圈里的一个遗憾。约翰生的怀才不遇和落魄强化了他对世态炎凉的敏锐和审视,演艺界人士的轻易成功固然是他无法接受的。

哥德史密斯是约翰生文学圈内不可或缺的成员之一。他与约翰生关系的亲密连鲍斯威尔也难以望其项背,被认为是当时约翰生最亮丽的"装饰"之一。约翰生对哥德史密斯在每一个场合都试图炫耀自己的个性颇为不满,两人因此而时有冲突,但这并没有影响两人的关系。哥德史密斯出于对约翰生的崇敬,也把《屈身求爱》题献给约翰生,以表达自己的崇敬之情:"把这本小小的剧本赠与您并不足以表达我对您的敬意,但我确实无比荣幸地向公众宣告我曾经和您有着多年的亲密关系。这也可以满足人们的兴趣,使他们了解在一个人物身上也可以发现最伟大的智慧,但又无须损害最真挚的虔诚"(Boswell- II,1934:6)。

其实在约翰生的文学圈子内,我们看到的并非全都是他的机智和咄咄逼人。他与鲍斯威尔之间的关系就相对平和了许多。从某种意义上来说,约翰生对鲍斯威尔起到了父亲的作用。波特尔写到:"他敞开了心扉,向约翰生讲述了自己跌宕生活的全部故事:他的宗教信仰变化,他与父亲的争执,他的风流韵事。他把自己交给了约翰生,恳求指点"(Pottle 117)。约翰生虽然对苏格兰存有偏见,但他却特别看中鲍斯威尔的亲切、勤奋的个性、开放的爱心和他孜孜以求的探索精神。他们共同生活的465天内,鲍斯威尔提了成千上万个问题,引导这位博学的怪才有机会在一个忠实而聪明的听众面前恣意博论自己的观点和思想,促使他进一步思考和运用自己的才能和智慧。而面对约翰生的奚落和嘲讽,鲍斯威尔曾经信心受挫,但约翰生的善良和伟大的人格魅力让他克服了一切心理的障碍和年龄、性格、兴趣、爱好诸多方面的不同,最终两人结成师生兼朋友的深厚友谊。约翰生鼓励他坚持真实,告诉他准确的、真实的家庭琐事是传记的本质。鲍斯威尔融会贯通了约翰生思想的点点滴滴，并将其汇集成连贯的传记模式。而《约翰生博士传》就是阐释鲍斯威尔传记主张和理论的最好蓝本。很难说是鲍斯威尔的睿智和巧慧成全了约翰生，还是约翰生的生命光辉激发了鲍斯威尔的灵感和观察，总之，18世纪的英国乃至整个传记史绝对不可或缺的一页正是鲍斯威尔的《约翰生博士传》。

约翰生的文学圈慰藉了他惯常孤独的灵魂，激发了他的才情和思维，历练了他的思辨和胆识。这里鸿儒满座，智者思想激扬。18世纪理性的力量张扬的正是人类自己的进一步独立和生命个体更充分的自由，而理性的思想养料也因此孕育成文学中自由人性的灿烂之花。英国18世纪传记文学的长足发展离不开从这里迸发出的思想火花。

第二节

詹姆斯·鲍斯威尔

(James Boswell, 1740－1795)

詹姆斯·鲍斯威尔是苏格兰传记作家和日记家、现代传记文学的开创者。他留下来的大量日记不仅彰显了他的传记天赋，更展示出他对传记特质的阐释和践行。他与文坛巨擘约翰生的莫逆之交，成就了其鸿篇巨制《约翰生博士传》(*The Life of Samuel Johnson*, 1791)。他以一个艺术家的才情与敏感描摹出一个有血有肉、个性鲜明的英国18世纪的怪才约翰生。该部作品的特立独行至今无人能够超越。

鲍斯威尔于1740年10月29日出生于苏格兰爱丁堡的一个贵族家庭。他先后就读于爱丁堡大学和格拉斯哥大学，学过法律，但严谨的法律不太适合他好动的脾性。他喜欢结交有才情学识的名人志士。早在大学期间就结识了经济学家亚当·斯密和哲学家休谟。1763年，只有22岁的鲍斯威尔初次认识了50多岁、当时颇有名气的作家约翰生，从此开始了两人二十多年的传奇式交情。约翰生去世后，鲍斯威尔对

自己多年来积累的数量浩繁的日记、笔录和资料进行整理、筛选、编排，花费了长达七年的时间终于完成了他的旷世之作。《约翰生博士传》出版时鲍斯威尔50岁，与他们初次见面相隔了28年。

鲍斯威尔对日记情有独钟。他二十多岁起就开始坚持记日记。他声称自己记日记的目的是为了"了解自己"。他是否达到了这一目的自不必说，但《伦敦日记》(London Journal, 1762-1763) 开头的这番话完全可以看作他一生钟情日记写作的原因。耶鲁版的《詹姆斯·鲍斯威尔个人文稿》(The Personal Manuscript of James Boswell) 长达13卷，从1950年出版的第一卷到1989年出版的最后一卷，历时近40年。鲍斯威尔日记的发现和出版极大地改变了人们对他作家身份的看法。他对自己私生活的坦白揭开了英国18世纪社会的面纱。但更重要的是，这些日记帮助我们更全面、更深刻地了解了他的生活。

然而，鲍斯威尔这位传记大师并未能很好地享受他的成功。他的个人生活在《约翰生博士传》出版之后陷入极端的混乱，他纵情酒色，债台高筑。1795年5月19日辞世，享年不满55岁。

1773年秋季，鲍斯威尔随约翰生完成了长达100多天的苏格兰之旅。正是这一时期，他决心竭尽全力记录约翰生的生活。1784年12月13日约翰生辞世，伦敦的书商查尔斯·狄里询问他是否愿意出版有关约翰生的传记资料。鲍斯威尔认为自己在有限的时间内可能无法完成一部完整的传记，但他猜想公众可能会对他和约翰生的苏格兰之旅感兴趣。于是在1785年的9月底，约翰生去世不到10个月的时间内，他整理出版了《赫布里底群岛旅行记》(Journal of a Tour to the Hebrides)。这篇旅行记的成功鼓舞着鲍斯威尔不断搜寻新的资料、收集查证事实，继续从日记中挖掘重要材料，酝酿构思他的旷世之作。

鲍斯威尔的《约翰生博士传》是欧洲第一部近代传记，它完全摒弃了从中世纪圣徒传开始的颂词化的陋习。鲍斯威尔站在18世纪理性哲学的高度，择别了那些最重要、最富戏剧性效果的材料和大量细节，始终聚焦于丰润的"人"的事实，把传主的个性张扬得如怒放的花朵，芬芳四溢。整部传记没有历史发展线索的铺陈，没有恣意汪洋的宏论，没有吟风弄月，没有壮志山河；只有叙述事实的横向的交流互动和栩栩如生的灵动的细节描述。飘逸洒脱的文笔下,丰富多样的传记事实与深邃的精神传播相得益彰。丰饶的事迹纪传和宏博的精神传递形成空灵与富足并举之美。一组组动态排列、组织的事实不经意间建构出传主人格的散片,使外在的流动性事实逐渐内化为传主的学问、趣味、善良、诚实、癖好、偏见,凝结成传主的人格、性格、人性、品行。瓦尔特·雷利这样评论:"人物描写如此宽宏、清晰、技艺高超,构思巧慧绝伦,细节如此精当真实,世人会乐于认为'我们熟悉的约翰生就是鲍斯威尔的约翰生',别无他法……鲍斯威尔是人物肖像描摹方面的大师"(Longaker 469)。

鲍斯威尔用细碎的生活琐事表现了约翰生上帝般的善良天性、他对道德崇高境界的追求、他高尚的美德及其他教士般的秉性。在写给鲍斯威尔的信中,约翰生说:"生命不能存在于社交,而是存在于互惠的让步"(鲍斯威尔,第163页)①。他认为"一个人该做的事不光是挣钱,培养爱心乃是人生事业中不可缺少的组成部分"(217)。"他对落难的人总是慷慨解囊,非常大方,然而使人不易觉察的是,他却性喜节俭,花钱很抠"(308)。"他常常把口袋里所有的钱塞给穷人们,他们在他的住宅和他吃饭的酒馆之间守候着他"(137)。听到斯雷尔夫妇失去了独生子,他面带同情说:"我要是能保住那孩子的一条命,走遍天涯海角也在所不辞"(194)。当朋友爱德华兹谈及把全部财产遗赠给彭布洛克学院的事,约翰生说:"一个人的财产该不该全部捐给学校,那要看情况。换了我,把财产赠给学校,而把财产所生的利息留给我的亲友,作为贴补生活之用……我是想让我的亲友也得点好处"(240)。有一次深夜回家,他看见一穷困潦倒的妇人横卧在街上,疲惫不堪,已动弹不得。他让她搭在自己的背上,搀扶到自己家中。明白她的身份后非但没有责备,还细心照顾她很长时间直至其恢复健康(331)。奥利弗·哥尔德斯密对约翰生这样评价:"虽然约翰生在行为举止上有些不雅,但活着的人当中没有谁的心比他更加仁慈、温和了"(203)。通过这样一些生活琐事,作者向我们展现了传主是如何用自己的言行和信仰来散播爱,颂

---

① 引文出自詹姆斯·鲍斯威尔:《约翰生博士传》,王增澄等译。上海:上海三联出版社,2006年。以下引文只注页码。

扬爱,展现爱,证实爱,实践爱的。

约翰生"真"的特质突出地表现在他憎恶说假话、信口开河、虚情假意、卖弄学问。对于到处都是有意无意讲假话的现象,约翰生感触很深。当听见别人讲起一桩离奇古怪的事情时,没有人比他更会表示怀疑和反感。他教导自己的朋友们"哪怕是半句假话都要永远保持警惕是何等的重要"(225)。正如乔舒亚·雷诺兹所言,"凡属约翰生一派的人,莫不以喜欢实事求是讲真话见称"(225)。他最讨厌做作、虚荣,曾因作者多付给马车夫小费可能会引起车夫对其他乘客的不满而批评作者的虚荣心(104)。"约翰生严格的对事实真相坚持不懈的关注是他一生中最显著的特征"(276)。

表现传主的个性是传记文学价值的体现。学者詹姆斯·C·约翰斯顿也说过:"从根本上来说,传记就是个性的文学,这也是传记区别于其他文类的特征,因为还没有哪一种文学形式像传记这样要求个性完全成为其决定性的因素"(Johnston 93)。《约翰生博士传》中丰饶的生活细节刻画不仅表现出传主个性中某个方面的规律性,而且还张扬了传主个体生命的复杂性。具体表现为传主"分裂"和悖谬的个性特质:他注重人的身世和等级,主张保持等级服从的本分,不相信一切人类都是平等的,但却勇于公开承认自己出身卑贱并对自己的下人(黑人仆人巴伯)关怀备至;厌恶甚至鄙视苏格兰人,但却有几个终生相伴的苏格兰鸿儒挚友;鄙视演员这一职业,但与演员关系密切(对待演员加里克总喜挫其锐气,以击败其为荣,但却容不得他人对其有半点不屑的言语);放任自流、懒散成性,但却单枪匹马,历数年之功编纂出一部史无前例的《英语辞典》;物质生活上捉襟见肘,精神生活上却富足豪迈;飞扬跋扈而又妥协、宽容;粗鲁、好辩又主动寻找机会与人讲和;性格狂放不羁而又乐于循循善诱;孤傲而咄咄逼人但对穷人却总有菩提之心;崇尚理性但又寄精神生命于基督教;外表丑陋、粗鲁而灵魂精美、善良。

18世纪的启蒙主义者要求艺术在创作中遵循"自然"的原则,也即要描摹与表现人与事物的自然本性和天然状况。因此,一切发自人的内在的本性的真诚、淳朴的情感与自然欲望,也都是合乎自然法则、合乎理性原则的。在《约翰生博士传》中,我们不仅看到了风骨伟岸、德高望重的传主光耀天地的性格特质,也看到了他更贴近生活、贴近民众、贴近人性的弱点。而正是这些弱点展露了人的自然天性,舒展了自然的人性,张扬了自由的人格。他不修边幅,吃相不雅,不拘小节,甚至在做客时偷拿主人家的橘子回家自己独享(170)。他平日生活马虎而漫不经心,以至于别人不愿把自己珍藏的珍本和善本借给他(144)。受朋友萨维奇影响,他生活放任自流,性格褊狭,胸有成见。对演员的偏见伴其一生,认为演员的表演像狗(183)。他一生痛恨美国人,骂其为"流氓、盗贼、海盗"(234)。约翰生的妇女观更是与他的博识相左。当听说一个妇女讲道时,他说:"一个妇人家的讲道,好像狗用后腿行走。讲道不会怎么好的,而你看到这样讲道会感到惊奇"(103)。谈到私通罪时,他说:"一个破坏结婚誓言的妇女的罪责,要比破坏誓言的男子大得多。一个妻子应考虑想尽办法使她丈夫喜欢,从而感化他。假如他妻子在恪尽妇人之道方面没有懈怠的话,一个男子决不会离开他妻子而去寻花问柳,招蜂引蝶,这种例子在 100 个中也不会有一个"(125)。约翰生还认为,画肖像画对一个女子来说是一种不适当的职业:"公开练习任何艺术,还有盯着看男人们的面孔,对一个女子来说是不文雅的"(175)。难怪崇拜他的作者也这样评论道:"头脑里有浓厚的男性继承观念,哪怕是对于寒门素族,他也是这种态度"(194)。他主张只有男性才有家庭财产继承权。"女子对于我们干坏事羡慕不已;她们没有我们那样坏并非处于自己的选择,而是因为受我们约束的缘故;她们是秩序和习尚的奴隶"(321)。尽管我们不能以现代的女性意识来求全约翰生当时思想的偏激和狭隘,但相对于他博深的智慧和修养,这种对女性的偏激的认识却多少会令现代人失望。

在文学艺术中,"自然"是启蒙文学的一种基本审美原则和理想。《约翰生博士传》中所表现的自然的、原生态式的个性的描摹,让我们体会到一种震撼的美,看到一个才能卓绝的鲜活的约翰生和他的那些不完美。他是一个扁平人物,却富有圆形的、丰富复杂的性格生态;他是一个身体、意识不完整的人(外表丑陋、严重的抑郁症患者),却有着一个完全的人格之美:理智、毅力、深刻的感悟和生动的想像力。

约翰生认为,"人的本质是理性的"(118)。他光耀的一生本身就是

对人的知性与智性的无限肯定与高扬。鲍斯威尔在传记中把传主的理性的才情风貌与上帝的万能并置在一起,使人的智能的光辉逾越长虹,普照千秋不衰。

读《约翰生博士传》,我们还可以感受到浓浓的宗教情绪,可以触摸到一颗充满救赎热情的教徒的心灵。约翰生对宗教的虔诚来自于他的母亲。"他深以为憾的是,自己远没有尽到一个基督徒应尽的本分"(14)。他认为"现在基督教是一种极为有利的制度,因为它给我们光明和肯定,在此之前我们是处于蒙昧和怀疑之中"(98)。"一个不信基督教的人的品格,较之一个恶名昭著,犯下残暴罪行的人还要令人深恶痛绝"(202)。他支持英国国教,反对国家剥夺教会的权利,希望维持宗教的权威以便恢复稳定的社会秩序。就当时的怀疑主义盛行,以及17世纪"秩序被破坏,既定的规则被废除"的时代给世界带来的不确定、狂乱和焦虑,约翰生提出"向古代探寻"来熟悉上帝的意志,抵达心灵的栖息地。他始终认为没有教会的社会是危险的,"公民生活中所缺乏的,只有通过宗教来填补,因此政府的第一职责就是在社区内普及一种宗教精神"(163)。约翰生还强调人类愿望的虚妄、不可靠以及人类的自我欺骗性。他认为得到上帝的拯救是有条件的,"没有人能够确信通过顺从或忏悔,自己就会得到拯救"(14)。所以他无法做到对死亡无所畏惧,也忌讳谈论任何死亡的话题。他认为自己的行为始终在上帝的注视之下,上帝将会依据每个人的行动给予惩罚或奖赏。传主如此虔诚地相信上帝,个中理由可用他自己的话来阐释:"现实对任何人来说,决不是幸福的,但是作为我们意识到的生活的每一部分,都希望幸福存在于未来的某一时间,通过希望产生幸福。""看到的比我们能够达到的要多,这正是我们的现存状态,意识到的缺乏比满足更具有持久性"(174)。既然现实生活中人们无法达到真善美相结合的理想境界,所以人们更寄望于来生彼岸,寄望于对上帝的祈望。

需要指出的是,和约翰生生活在同一时代的18世纪的思想家们通过张扬人类认识真理的自然能力,试图否定彼岸上帝对于人的权威与意义。而按照基督教的教义,真理掌握在上帝手中,只有上帝才能把握宇宙的真理。既然人类自身拥有认识真理的能力——理性,那么,人也就无需依赖上帝而存在,人本身就是上帝。因此,强调和肯定人的理性本质以及理性对真理的认识与把握能力,也即对人自身的主体力量与价值的肯定,进而用人取代神,把人放在神的位置上,这一点正符合18世纪启蒙运动对理性意义上的"人"的发现。当时的科学成就使人类从中找到了精神的依托,从而对自己充满了信心,认为凭着自己的知性追求,可以认识自然、改造自然,创造出一个类似天国的世界。约翰生也说过:"只要专心致志,坚忍不拔,什么都可以达到以至于每个人都可希望,只要勤奋不已"(187)。正是越过作者和传主对上帝基督的鼎力膜拜,人们才能感悟到《约翰生博士传》中作者对人的个体生命意志的极致张扬甚至胜过对彼岸上帝的敬仰:地位的卑微阻挡不了人的追求;贫穷动摇不了人的坚毅;疾病削弱不了人的锐气;死亡阻挡不了人的光辉。

《约翰生博士传》以"人"的历时性的生活事实组成发展链,展现传主人格的演进过程,用共时性的事实来补充阐释周围的动机。而在历时与共时的交叉点上,作者把约翰生生命之虹中斑斓的瞬间与片段巧慧地弥合成一个动态的、有生命气息的人,传主生活事件的来龙去脉、细梢末节无不涌动着人性的光鲜。

英国历史学家托马斯·卡莱尔(Thomas Carlyle,1795－1881)特别推崇《约翰生博士传》的教育意义。他认为"一位优秀人物的传记无疑就是一部福音,利用他的眼睛、心灵以及行为进行布道,就连恶魔也会因此而受感化"(卡莱尔,第196页)。他这样评价作者:"这是一位人物,让世界再次对人有信心!"二百年过去了,鲍斯威尔的这部巨著让生活在21世纪的我们依然能感受到它的震撼和魅力,让我们依然对"人"有兴趣、有期待、有敬仰、有信心。

总之,鲍斯威尔的作品没有必要再加上任何称赞的语词。从历史的角度来讲,《约翰生博士传》标志着英国传记在求真方面的巅峰。鲍斯威尔从某种程度上来说是一名革新者:他对传记"特殊价值"的认识和阐释——传记中大量的对话记录——是他给予传记形式的重大贡献,他的作品扬升了细节和事实的绵密和透彻,是那个时代的完美表达和内心精神的反映,是18世纪的一部史诗。

然而，如果我们按照传记"应具备严格的历史真实性，再现传主生平经历的相对完整性，着意表现其个性并具有艺术性"这一标准来审视《约翰生博士传》的话，鲍斯威尔的"图画"中也会有阴影。首先，《约翰生博士传》结构的失衡是众人皆知的。约翰生死于 1784 年。整部传记约翰生的前半生只用了十分之一的篇幅，而他最后的 8 年则占据了整部传记一半的篇幅。他与约翰生认识 21 年，在一起的时间加起来只有两年零两个月，而且分开时也少有联络。《约翰生博士传》其实大部分写的是约翰生整个生涯的一小部分，充其量只不过是对约翰生老年生活的记述而已。

第二，鲍斯威尔 1763 年的日记构成了传记的部分事实，但日记本身也有缺陷：大部分的场景都来自于作者自己的观察视角。阿尔提克认为，"他完全可以采用回顾的方式把约翰生的私人生活与其文学生涯结合起来"(Altick 76)。但传主的资料来源从 1763 年开始彻底改变了。日记控制着整个传记的形式。以前少见的广延场景变成了主角，概括性的叙述减少了许多。当作者用一页页日历来随意支配写作方向时显然会造成某种庞杂和混乱。时间的变化越直接，主题间的过渡会越显突兀。鲍斯威尔在一年的时间里，堆砌了对约翰生外在生活的讨论、文学活动、家庭事件、旅行以及由信件及谈话形式传达的感情和知识趋向等等。对每一次对话，作者只能随对话内容延展到传主的观点，他人的宗教、政治、哲学观念，人类行为的反复无常及人格的点评等。约翰生不止一次对死亡这一主题的探讨，他对美食的偏爱，他的善良、暴躁的性格，这类资料散见于整部传记的始末。尽管生活本该如此，鲍斯威尔也如实地展示了生活的原貌，但艺术的目的之一毕竟还是减少生活的混杂性。

第三，也许是资料的匮乏或兴趣所致，鲍斯威尔对约翰生从孩童到年老的成长过程似乎并不感兴趣。他把过多的关心投入到约翰生变成了什么，而不是他是怎么变化的。他竭力搜集了约翰生在里兹菲尔德时多病的童年生活及不太称职的牛津学生时代的相关资料，但却没有用同样的篇幅和关注度记述他的年轻时代。这些恰恰给现代传记作家詹姆斯·L·克利福德(James Clifford, 1901 – 1978)留下了探究约翰生从童年到中年的思想形成过程及感情生活的机会,也即后来的《青年塞缪尔·约翰生》(*Young Sam Johnson*, 1955)。

必须承认的是,《约翰生博士传》1791年问世后对鲍斯威尔的同代人和之后二百多年传记文学的发展产生了巨大的影响。就在它出版的当年,有位朋友写信告诉鲍斯威尔:"你已经使他们讲话像约翰生了。"这里的"他们"当然是指英国人,特别是指《约翰生博士传》的读者。鲍斯威尔回信说:"是的,我已经使英国'约翰生化'了;而且我相信,他们不但讲起话来像约翰生,思想起来也像约翰生了"(鲍斯威尔,第13页)。这么说尽管有些言过其实,但多少反映了《约翰生博士传》的问世所引起的轰动和在读者中的巨大影响。

《约翰生博士传》为英国乃至世界的传记文学树立了一块里程碑——一个新的传记时代从此开始了。事实上,在大多数19世纪的传记中我们总能找到模仿它的痕迹,如戏剧化的对话、大量的资料、传主与作者的亲密关系等;尽管鲍斯威尔之后,特别是20世纪以来又出现了许多杰出的传记文学作品,但《约翰生博士传》的典范地位却从未动摇过,鲍斯威尔的创作方法至今对传记文学界仍有重要的影响。他通过及时笔录再现会话的"鲍氏手法"(the Boswellian Techniques)和重现杰出人物生平、个性的"鲍氏模式"(the Boswell Formula)仍是当今西方传记文学界的常用术语。

鲍斯威尔的传记理论

历史学家兼评论家沃尔多·H·邓恩在他的《英语传记》中指出:"没人能够否认,《约翰生博士传》在理论、宗旨、构思上几近完美。他(鲍斯威尔)不是一个发明家,也不是一个发现者,更不是一个理论家。在传记领域,他是一位很细心的学生,勤奋的工人。如果说他不够完美的话,至少可以说他是位无与伦比的艺术家"(Dunn 156)。

鲍斯威尔始终把约翰生视作自己的一部分——理想中的那部分,是他最想成为的一个人,他羡慕约翰生坚定的意志和决心(Stauffer, 1970:414)。他与传主志趣相同,有着对社会地位和家庭、宗教信仰、伦理观念等方面相近的认识,有着对文学和社会等方面共同的热爱,而最大的共识则是对传记的钟爱。约翰生说"文学中的传记部分是我的最爱",鲍斯威尔一生的业绩和所有作品证明了他的情趣;约翰生说"真实是故事的根本",鲍斯威尔为确认一个日期会跑遍伦敦大半个城市;约翰生坚信一个过往的生命没有什么不是有趣的,鲍斯威尔不顾别人的嘲笑奚落,担心别人会遗忘,会把一些无关紧要的人物也阐释得详尽透彻;约翰生没有有关传记实践的箴言和概括,鲍斯威尔的《约翰生博士传》也没有对此做过任何界定。鲍斯威尔是位超越圣徒的信使,是知性导师理论的践行者。

"哪怕是最平常的对话、最不起眼的场景,都要作精确的记录。了解他的原则和习惯的朋友对他讲的任何故事都深信不疑,但若换成别的一些人,则另当别论了"(Stauffer,1970:417)。鲍斯威尔在讲到约翰生扶着一位老妇人过马路后,这位老太太施舍给约翰生一个硬币的事情时,精确地补充道:"她给他的是一个先令,地点在福利特街"。他用热情、执着和认真保护和捍卫约翰生的声誉,但不会以隐瞒真相作代价。他坚持着一个近乎机械的完美标准。为了真实,他一次又一次挑战约翰生的耐心极限,不顾他的恼怒以确认约翰生的早期生活故事。约翰生好多精良的语句和论证都是鲍斯威尔"敲诈"出来的。1769年10月26日在约翰生家,他反复追问关于死亡的主题激怒了对这一话题敏感的约翰生,在他临走时约翰生不无气愤地说"明天我们不要再见面了"。斯托夫感慨道:"他对日期、参考资料和证词证据的精确呈现简直成了艺术"(Ibid. 422)。

鲍斯威尔之前的传记家们在收集资料方面没有谁会有他十分之一的勤奋,连约翰生自己也只是坐在摇椅上从手边的书中寻找材料而已。鲍斯威尔认为传记的真实性和逼真性来自于占据材料的多少和材料来源的广泛程度。他堪称从众多材料来源中归总出单一事件的专家。比如约翰生和乔治三世在皇室图书馆的那一次会面就是他从多方资料中汇总出来的:有来自贝内特·兰顿(Bennett Langton)(他在别人家听到约翰生把这件事告诉兰顿),有来自约翰生印刷界朋友写给丰教沃巴顿(Warbarton)的信,还有的是从私人文件和口头回忆中整理而来的。

如果说鲍斯威尔在追求传记的真实性方面付出了比同时代的人更

多艰辛的话,那么他拒绝不加批评的称颂更表现出他的个性。他曾说过,"我承认我写的是他的生活,而不是对他的颂扬;尽管他很了不起,但却不一定很完美。做人做到他这样,确实应该成为称颂的主题,但每一幅画上应该既有光线,也肯定有阴影"(Altick 62)。当约翰生的宠儿汉娜莫尔恳请他减少一些"我们这位德高望重的、过世的朋友的粗鲁"时,鲍斯威尔反驳道:他"不会为了取悦任何人而砍去他的爪子,也不会把老虎画成猫。"尽管他确实删除了约翰生被演员加里克激怒后一些淫秽、下流的言词,但约翰生生活中没有一件不尽如人意的行为不被囊括在册。当代一些评论家认为鲍斯威尔损毁了一个英雄,因为这部传记缺少那些伟大的、令人刻骨铭心的行为,但约翰生的弱点却为他增添了英雄般的权威。鲍斯威尔呈现给读者的是一个丰润鲜活的人:趾高气扬、满腹怨言、不以为然、拖沓呆滞、脸上长满痘痕、邋里邋遢、高度近视、蛮横无理、武断好辩、迷信褊狭;可这些缺陷丝毫没有遮掩住他的睿智、才情、趣味、善良、诚实。作者在选材和构思上的独特匠心不能不说是其成功的原因之一。

鲍斯威尔说过,"我不能允许任何与这个伟大主题相关的细节从我的记忆中逃掉。尽管对一些人来说,一个细节显得太微不足道,但也许会被另一些人津津乐道;每一个小火花都会为闪亮的火焰增色"(Ibid. 64)。在写到约翰生在伦敦街头碰到一位老同学时沉闷的气氛以及他们如何慷慨地给了出租车司机一先令钱等事实时,作者把街道的名字适时地讲了出来,让任何一个熟悉18世纪伦敦的人都能想象出具体的位置、建筑物、人行道、排水沟、街上的嘈杂声,甚至闻到街上的味道。约翰生的各种怪癖和行为被鲍斯威尔用非常个性化的形式和全方位的细节描绘出来,仿佛雕刻在读者的心中,几个世纪不衰。

鲍斯威尔的自传

鲍斯威尔在传记方面取得的巨大成就其实开始于他的自传。他二十多岁时开始记日记。他的日记被集结成15卷,囊括了18世纪英国一位个人生活的全部内容。

鲍斯威尔的自传才能造就了他卓尔不群的传记技巧。《约翰生博士传》作为完整的作品出版前,其实就是鲍斯威尔的自传材料碎片,散乱地存在于他的日记中。约翰生只是他个人生活的一部分,是他巨大抱负的化身而已。他早年开始记录对话的习惯和技巧,在《约翰生博士传》中发挥到了极致。这本18世纪的巨著是从作家心灵深处汩汩流淌出来的,它跳动着作者的生命,燃烧着作者的情感,饱含着作者对美好人性的不懈追求和褒扬,富含着作者对传主的崇尚与敬爱。他用一颗慈善之心为人类塑造和颂扬了一个美好人性的辉煌典范。

著名传记理论家保罗·默里·肯道尔说过:"在另一个人的踪迹中,传记作者想必会时不时地找到他自己的影子。所有的传记都在它自身内部笨拙地掩盖着一部自传"(Kendall 98)。如果我们以开放的方式阅读《约翰生博士传》,它何尝不是作者的自传?在大量的事实细节背后,我们可以隐隐约约地勾勒出作者为艺术真实而"献身"的艺术家形象。为了准确记录约翰生的行为和谈话的内容,他会移动自己的椅子,靠近约翰生的背后,为听清每个字,瞪大眼睛,身子前倾。在时常雄辩、讨论、嘲讽、挖苦、批评的传主背后,我们看到了一个执着、天真、博识但又谦卑的鲍斯威尔。

人若有兴趣观测别人,往往首先会反观自我。自我意识是激励对他人兴趣的源泉,而对别人的观察角度映照出自我的价值观念。鲍斯威尔坚持忠实自己的日记资料,把传记和自传有机地结合起来。鲍斯威尔把自我意识融入到约翰生的心灵,成为点燃他智慧的火花。正是他敏感的观察和体悟才激发出如此灵动饱满的文字。戴奇思在《鲍斯威尔和他的世界》一书中写道,"鲍斯威尔在描述约翰生的过程中贪得无厌地应用自己性格的种种侧面。看似一辈子以观察别人为己任,他其实是在寻找、记录、怀疑和求证自我"(Daiches 146)。难怪斯托弗感叹道:"至少到现在还没有谁能像鲍斯威尔一样在传记里留下如此完整而令人满意的自画像"(Stauffer,1970:411)。我们从《约翰生博士传》中,看到的其实是两个传主的肖像画。

鲍斯威尔的《伦敦日记》里,同样凸显出了他的个性特征。日记记录了从1762年11月15日他离开爱丁堡,到1763年8月3日他离开伦敦赴欧洲大陆求学的经历。日记是他写给好友约翰斯通的,他希望这本日记"对我的好朋友约翰斯通有用。虽然我的离开使他难过,日记会在一定程度上弥补这一缺失,让他开心"(韩加明,第 112 页)。其主要内容涉及他为加入皇家卫队而徒劳奔波、与女性交往的风流韵事以及与约翰生的结识。关于日记,他想坚持"宁肯少而精,不要多而乱"。他认为记日记没什么害处,"它并没有刻意追求惊人的冒险,既记录了我吵吵嚷嚷的生活,也记录了无声和严肃的思索"(同上,第 115 页)。

对文学情有独钟的鲍斯威尔违背了父亲的希望,未能成为一名律师,于 1762 年来到伦敦,欲在皇家卫队谋求军职,结果因种种原因失败。波特尔在《导论》中写道:"日记表明鲍斯威尔从信心十足到信心动摇,再到怀疑、绝望、沮丧。他最终放弃了钟情的皇家卫队计划,同意退化为律师"(Pottle 14)。

鲍斯威尔在日记中对自己的性欲望、性期待、性行为的大胆直言,让戴希斯用"毁灭性坦诚"来形容。"现代读者也很清楚鲍斯威尔的吸引力……但这个有展示癖的人,这个着迷的自我分析师,这个始终受到忧郁症困扰而无能为力,又在几乎可笑的程度上屈服于一切肉体弱点的人,确实也叫我们不能不同情"(Daiches 6)。鲍斯威尔的坦诚和自我剖析"表现了可与卢梭相媲美的对动机的探究,同时具有胜过卢梭的超脱性"(Ibid. 112)。然而,鲍斯威尔的日记也有其坚持的原则,"我会小心谨慎,不涉及可能有害的事情(如果真的有),我会避而不谈。还有,那些可能给当事人带来麻烦的事情,我会为了安全起见使用化名(Ibid. 113)"。鲍斯威尔所创立的近代传记求真、写实的特点也完全适合于他的自传。

鲍斯威尔总希望从别人的生命中认证自我。他对自己缺乏信心,渴望别人的赞成和欣赏。他的日记清楚地展现出他性格的双重化:既是传道者又是罪人;道德家传播爱,而罪人渴望爱。鲍斯威尔曾经这样说:"女人在镜子前调整衣服,男人通过日记调整自己的个性"(转引自 Stauffer, 1970:452)。他在一次日记中,记录了自己酒醉回到家中的餐厅,砸断了手杖和座椅,还拿东西砸向妻子后,自言自语道:"简直是个野兽!"鲍斯威尔的自知之明使他能够客观地看待自己。而这一特点把他的性格撕成了两半:一半是艺术家和道德家,另一半是好冲动的热血动物。

《伦敦日记》还让我们了解到他当初如何与约翰生接触的事。日记的内容从不同的侧面反映了鲍斯威尔在这一阶段的生活,也反映了当时伦敦生活的风貌。苏珊·曼宁说过:"日记把行动的自我投射到可视的舞台——语言上,因此行动的自我可以受到观察的自我的考查、评判和整理。对作者来说,舞台是词语,是'文体'"(Manning 132)。鲍斯威尔在为自己的日记写的"引言"中说:"记下我的各种情感和行为,这不仅有用,而且有趣。它将使我养成应用习惯,提高表达能力;同时知道自己的行为要写入日记也会让我更注意言行举止。如果错了,它会帮我下决心改正"(韩加明,第 113 页)。由此我们不难理解鲍斯威尔坚持日记写作的理由。鲍斯威尔最成功的人物肖像画何尝不是他自己?!

第六章
十九世纪（上）

世纪概述

19世纪的传记文学在批评声中不断发展，不断前进，是传统文学观念和写作形式的复苏和回流。华兹华斯在1816年写道，"传记是一种高雅的、具有自己特定原则的文学形式"（Altick 183）。当时的传记作家大都认为，传记应该向读者提供大量关于人物和剧情的细致描写；对于背景的描写要精妙而不滥用；应该展现出相对真实的价值观，去杂取精，挑选并突出重要的事件；传记作品还应追求结构的完整性。可以说，19世纪传记文学的主要特点是：文学性较弱，强调细节以及书信式传记大量涌现。

在维多利亚女王长达64年（1837-1901）的统治时期里，整个19世纪的英国社会被维多利亚式的保守观念所笼罩。这个时期的英国传记文学性较弱，主要表现在内容的保守、枯燥和传记目的的单一。以维多利亚时期的观点来看，人们的社会公共生活和私生活应有严格的区分和界限，尤其是人们内心深处、较为隐私的东西只能为自己所知。同时，很多作家与传主保持了亲密的关系，并受到了传主家庭的资助，而传主的家庭则希望作者赞美自己亲人的良好品行和丰功伟绩，保护传主的隐私。在这种背景和思潮的影响下，"不要说死者的坏话"（De mortuis nil nisi bonum）

成了19世纪传记伦理观的精髓,"而英雄崇拜也就成为19世纪传记作家的普遍特征了"(Cockshut, 1974: 42)。此外,内容的保守枯燥还表现在传记中堆积过多的书信、日期和事件。"19世纪的传记作家为了避免陷入阐释和证据两者关系的泥沼,大大减少了自己的阐释"(Ibid. 12)。正是由于这些原因,19世纪的传记文学在内容上比较保守和枯燥,大多数传记变成了作家为传主歌功颂德、著书立传的作品。传记为了"满足人们获得有益知识的愿望",达到了树立榜样、教育民众、感化社会的目的(Ibid. 57)。约翰·福斯特(John Forster)的《查尔斯·狄更斯传》(*The Life of Charles Dickens*, 1872–1874)就是一部典型的维多利亚时期英雄崇拜式传记。作者通过讲述传主历经磨难、饱受沧桑而又光辉灿烂的一生,成功塑造了一个励精图治、奋发图强的伟人形象。

这一时期的传记文学,对材料的采用和处理始终比较谨慎,然而细节描写却是一大特点。18世纪初的传记作家罗杰·诺斯也没有忽视细节在传记中的作用,他的理论是:"一部传记就好比一幅肖像画,传主具有明显区别于他人的性格和特征,如果作品中没有突出或是遗漏了传主的特点,那么它就算不上是一部好作品。除此之外,传主的伤疤和瑕疵,甚至是美貌都应该在传记中体现,否则它只是用百合和玫瑰勾勒的一幅轮廓"(Altick 191)。然而到了18世纪后期,鲍斯威尔在其《约翰生博士传》中使用了大量的细节描写,从此细节描写成为传记文学的另一艺术准则。在鲍斯威尔的影响下,19世纪初的传记作家最大限度地向读者展示传主的信件、讲述关于传主的故事,以此来勾勒和突出传主所独有的品质和特点。这正如柯尔律治所说,"坚持对传主细节的展示,能够帮助揭示传主不为人知的真实个性,这就像拂去肖像画上的灰尘,还原被劣质松脂熏黑的天主教村庄所敬仰的偶像的本来面貌"(转引自 Altick 193)。对人物肖像细节的描写和刻画是传记作家所把握的重点。"作家通过对材料的精挑细选和对细节的巧妙安排,实现了对人物外在形象的良好塑造"(Altick 222)。然而19世纪一些传记开始对传主的心理进行描写和阐释。约翰·莫莱(John Morley)在研究传主格莱斯顿首相时,就对他的心理活动和内心世界的变化产生了极大的兴趣。另外,临终和死亡场景的细节描写也频繁出现。例如,托马斯·

摩尔(Thomas Moore, 1779 – 1852)的《拜伦书信日记及其一生》(*Letters & Journals of Lord Byron, with Notices of His Life*, 1831)和托马斯·卡莱尔的《斯特林传》(*The Life of John Sterling*, 1851)中都对传主的临终场景进行了细致的描写。而在 A. P. 斯坦利(A. P. Stanley)的《阿诺德传》(*Life of Arnold*, 1844)中,斯坦利"对传主临终前两到三个小时的叙述也许是最受好评的"(Altick 211)。

19 世纪的传记作家开始在叙述手法和技巧上做一些新的尝试。其中,小说式的叙述手法和语气被 19 世纪的传记作家广泛采用,最著名的就是约翰·吉布森·卢卡特(John Gibson Lockhart)的《司格特传》(*Life of Scott*, 1837 – 1838)和伊莉莎白·盖斯凯尔(Elizabeth Gaskell)的《夏洛蒂·勃朗特传》(*Life of Charlotte Brontë*, 1857)。在《司格特传》中,作者不光使用了许多小说所采用的对话和人物肖像的描写方式,还根据想象描绘了一些现实以外的情景。《夏洛蒂·勃朗特传》也是如此。乔治·艾略特评论道,"这部传记第一眼看去像是一部小说。其中,光影和色彩的分布巧妙、精致。整部作品重点突出、层次分明,阅读后能让人感到戏剧般的精巧和细致,绝非只是那种简单的昼夜交替"(转引自 Altick 208)。此外,威廉·哈兹利特(William Hazlitt)的《回忆逝者托马斯·霍尔克罗夫特》(*Memories of the Late Thomas Holcroft*, 1816)和托马斯·杰弗逊·霍格(Thomas Jefferson Hogg)的《雪莱传》(*The Life of Percy Bysshe Shelley*, 1858)中也进行了大量的对话和独白等小说式描写。

19 世纪的传记在形式上多种多样,但传记文学的体裁发展却较为缓慢,远远不及同时期的小说体裁发展迅速。当时大多数人都认为:传记都是具有某种服务性质的作品。这一观点也就解释了 19 世纪传记这一文学体裁发展相对缓慢的原因。但值得注意的是,这一时期书信体式的传记作品却大量涌现。威廉·哈兹利特道出了其中的缘由,"书信是那些我们可以了解的伟大思想最忠实的记录"(Altick 195)。对于书信类传材的钟爱彰显了 19 世纪传记作家对逝去年华的痴恋——"19 世纪早期,人们对于伟人书信的重视表明了对原始文件、公开文件以及早期历史资料的尊敬"(Altick 196)。乔治·奥托·特瑞维林(George Otto Trevelyan)

的《麦考利勋爵的一生与文学成就》(*Life and Letters of Lord Macaulay*,1867)就是一个典型的例子。在这部作品中,为了让读者对传主有最直观、清晰的认识,特瑞维林引用了传主大量的信件,而不作任何阐释。此举的目的就在于"让传主自己阐述自己",进而"让读者对传主形成自己的判断和理解"(Ibid. 198)。此类的作品还有詹姆士·斯宾丁(James Spedding)的《培根传》(*Letters and Life of Francis Bacon*,1861)、列奥纳多·赫胥黎(Leonard Huxley)的《T. H. 赫胥黎传》(*Life and Letters of T. H. Huxley*,1900)等。纵观 19 世纪的书信体式传记可以发现,此类传记条理分明、逻辑清晰,大都以传主书信和回忆录的时间为顺序,而且语言十分谨慎,尽量避免解释性和评论性的话语。

讨论 19 世纪传记作品,必须提到詹姆斯·弗鲁德(James Froude)的《卡莱尔传》(*The Life of Thomas Carlyle*,1882-1884)。在这部作品中,作者突破了以往维多利亚时期传记一味歌功颂德的主导观念,以治史的坦诚与对人的同情心,向读者展示了传主的生活常态与真实的心理,从一个前所未有的侧面塑造了一代伟人的形象。牛津大学著名学者考克舒特(A. O. J. Cockshut)为此评论道,"这部作品的成功之处就在于作家和传主的完美结合。弗鲁德的学徒身份,他的写作天赋和使命感,冷静、超脱与幽默感,以及他清晰的思维和良好的顺序感,这一切造就了这部作品的伟大。"(Cockshut,1974:152)

较之文学性较弱、体裁单一的传记文学作品,19 世纪的传记文学理论却百家争鸣、名家辈出。19 世纪的传记理论是在对鲍斯威尔的《约翰生博士传》的激烈讨论中发展起来的,相继涌现出了一大批在传记文学理论方面取得瞩目成就的批评家,如詹姆斯·斯坦菲尔德(James Stanfield)、柯尔律治、卡莱尔、卢卡特、阿伦·坎宁安(Allan Cunningham)以及玛格丽特·奥利芬特(Margret Oliphant)等。

詹姆斯·斯坦菲尔德的《传记研究及写作》(*An Essay on the Study and Composition of Biography*)后来于 1813 年出版,曾在文坛引起不小的轰动。尽管有人批评它过于刻板单调,但是这部著作的影响是里程碑式的。它率先对传主进行批评研究,探讨了一个合格的传记家所应具备的素质。他认为传记作家的生活与其作品是紧密相关的,传记家不只是一个传主生平的编纂者,更是一个使用各种材料的艺术家,并且还详细讨论了传记作家写作过程中可能遇到的困难等一系列重要问题。他始终坚持公正、准确和怀疑的记传原则,不光强调环境、传主的心理以及心理品质的重要性,还提出人们的生活细节和趣闻轶事对于传记作品具有十分积极而重要的作用。

除了斯坦菲尔德外,在爱德蒙·高斯之前的 19 世纪,只有托马斯·卡莱尔对传记应该怎样或不应该怎样提出了全面的观点(Altick 185)。他曾评论道,"一部好的传记作品就如同一个光辉灿烂的人生一样难得"(Carlyle,1869:3)。他主张传记是一门艺术,而不仅仅是一个拼凑和编纂传主资料的过程。那些资料汇编式的所谓传记不过是传记索引而已,是一具无血无肉的干瘪躯壳,毫无生气。

回顾 19 世纪的传记发展,我们可以看到:英国传记文学经历了 18 世纪后期的辉煌,塞缪尔·约翰生的《英国诗人评传》和鲍斯威尔的《约翰生博士传》使英国传记登上了"黄金年代"的顶峰,此后便落入 19 世纪发展的低谷期。然而,传记理论和传记形式的发展,以及小说式叙述、心理描写、细节刻画等新的传记记叙手法的引入,也为英国传记在 20 世纪继启蒙时代之后第二个发展高峰的到来打下了坚实的基础。

第一节

小作家

约翰·吉布森·卢卡特(John Gibson Lockhart,1794 - 1854)
约翰·斯图亚特·穆勒 (John Stuart Mill,1806 - 1873)
伊莉莎白·盖斯凯尔(Elizabeth Gaskell,1810 - 1865)

约翰·吉布森·卢卡特

约翰·吉布森·卢卡特是 19 世纪英国著名的传记家和批评家。

卢卡特出生于苏格兰教堂一个牧师家庭,1805年进入格拉斯哥大学,后又获得一个奖学金进入牛津贝列尔学院学习。毕业后回到苏格兰爱丁堡从事法律工作,并于1816年取得律师营业资格获准当律师。但是卢达特的兴趣并不在律师行业,而是在文学上。1816年,在发行商布莱克伍德(William Blackwood)的资助下卢卡特游历欧洲大陆,在德国会见了歌德等著名的文学家,并翻译了德国文学批评家施莱格尔(August Wilhelm von Schlegel, 1767-1845)所著《文学史讲稿》(*Lectures on the History of Literature*)。1817年卢卡特成为《布莱克伍德杂志》(*Blackwood's Magazine*)的编辑,发表了多篇讽刺爱丁堡社会的辛辣文章,使得刚刚成立的该杂志一夜成名。

1818年卢卡特结识了司各特爵士(Sir Walter Scott),并与之结下了深厚的友谊。这一段友谊对于卢卡特无论在生活上还是在文学生涯上都有重要意义。1820年,卢卡特与司各特的女儿结婚,之后将大部分精力投身于文学创作事业,陆续发表了一些刻画爱丁堡社会的小说。同一时期,卢卡特开始创作一些传记作品,如《罗伯特·彭斯传》(*A Life of Robert Burns*, 1828)、《拿破仑传》(*A Life of Napoleon Bonaparte*, 1829)。但是,卢卡特最著名的作品是《司各特传》(*Life of Sir Walter Scott*, 7 vols., 1837-1838; 2nd ed., 10 vols., 1839)。这部洋洋洒洒的传记自出版后就广受好评,堪称是一部经典之作。同时,《司各特传》也为卢卡特赢得了荣誉,确立了其在英国传记文学史上的地位。

晚年卢卡特生活充满不幸,一直受疾病折磨,家庭问题不断,1854年病逝。

《司各特传》

《司各特传》被称为是自《约翰生博士传》以来"最值得称赞的"传记,是英语语言中仅次于《约翰生博士传》的最好的传记(Dunn 161)。而卢卡特本人也一度被称为英国传记史上地位仅次于鲍斯威尔的"第二伟大的传记家"(Nicolson, 1933: 116)。卢卡特在《司各特传》中对于这部传记的写作方式曾做过这样的阐述,"我试图运用司各特的书信和日记,而不是其他任何材料,来展示司各特的性格特点,这些性格特点就隐含在书信和日记所记载的司各特的言行中。同时尽量避免掺入我个人的评论"(转引自 Ibid. 117)。卢卡特在这部传记中很好地践行了他所提倡的这种传记写作思想与宗旨。尽管这部传记篇幅很长,但是并没有给人无聊或枯燥的感觉。这一点从传记出版后读者对该传记的兴趣与反应可以得到充分的证明。在写作过程中,卢卡特并没有像留声机一样记录司各特的所有对话与活动。更为难能可贵的是,在这部传记中,卢卡特披露了传主司各特一些不为人知的缺点。为此,卢卡特在当时承受了激烈的批评,说他心地不善良,对司各特不忠诚,揭露了本该随传主一起进入坟墓的缺点。对此,卡莱尔为卢卡特进行了辩护,"对我们来说,我们希望英国所有传记写作方式都应该如此。如果不这样写合适的话,那么干脆不写更合适"(Ibid. 124)。

从传记写作方式与传记发展史的角度来看,卢卡特的《司各特传》具有很大的贡献和重要的意义。加拿大传记批评家伊拉·B·奈德尔认为,正是从卢卡特和《司各特传》开始,传记家们不再满足于"记录"、辑录事实,尤其是流水账似地罗列事实,而是致力于用事实来彰显人物的个性(Nadel 7)。这是一种传记创作观念的转变,是对过去传记创作中事实至上论的反驳与颠覆。在这种观念的引导下,传记家们开始有目的地、有针对性地去筛选事实,选取那些有助于表现传主个性的事实,而不是一股脑地将能够收集到的所有事实都陈列出来。这些事实被选用是因为能够说明、展现甚至佐证人物的形象特征。为了突出人物形象和个性,传记家有时候甚至要对他所掌握的事实做一些"改动"(Ibid. 76),以达到让这些事实去说明传主个性和表现人物形象的目的。对此,后来的弗吉尼亚·伍尔夫创造性地用了一个新词"创造性事实、再生性事实"来为传记家不恪守"记录"事实这一传统传记的做法辩护。这样一种方法论上的变革使得传记作为一种文类具有了新的生命力,脱离了传记事实的羁绊与束缚,避免了发展成为一种单纯的历史事实编纂载体;同时,这样一种"创造性事实、再生性事实"又在另一个维度上限制了传记滑向虚构小说的可能性,从而使得传记在历史与小说的夹缝中明确了自己的文体定位,在方法论上具有十分重要的意义。

而这一点正是始自卢卡特(Ibid. 78)。

约翰·斯图亚特·穆勒

约翰·斯图亚特·穆勒是英国19世纪最杰出的哲学家、经济学家之一。他的父亲詹姆斯·穆勒(James Burrow Mill, 1773-1836)是当时著名的哲学家、历史学家和经济学家,他的一生成就辉煌,但他最伟大的成就是教育出了一个杰出的儿子。穆勒从小接受希腊语教育,学习拉丁语,阅读拉丁语作品、亚里士多德的《修辞学》、柏拉图的一些对话集、逻辑学等,13岁时在父亲指导下学习政治经济学,并将斯密的《国富论》和李嘉图的《政治经济学及赋税原理》作为课外阅读材料;14岁后他基本完成早期的学业,开始独立阅读洛克、休谟和边沁等人的著作。穆勒的主要著作包括《逻辑学体系》(1843)、《政治经济学原理》(1848)、《论自由》(1859)、《代议制政府》(1861)、《功利主义》(一译《功用主义》,1861)、《孔德和实证主义》(1865)、《宗教三论》(1874)等。穆勒的一生跨越于哲学、伦理学、经济学之间,这主要得益于他早期接受的扎实的基本教育。在穆勒晚年撰写的《自传》中,他用极富感情的语言评述了父亲对他的影响:

> 我比别人懂得更多一点,不是因为我有什么了不起的地方,而只是我的命运赋予了我不寻常的优越条件:有一位能教育我的父亲;而且他愿意承受必要的麻烦和耗费必要的时间;如果说我比不具备同样优越条件的那些人懂得多一些,那么我是不应该受称赞的,假如我知道的不比那些人多些,那才是我莫大的羞耻了。(Mill 37)

约翰·斯图亚特·穆勒的《自传》于1873年出版,这本自传是穆勒的最后一部著作,完整地记录了他的早期教育、功利主义思想的形成、因对功利主义的怀疑而产生的精神危机以及圣西门和妻子哈丽特·泰勒对自己思想发展的影响等方方面面。学者考克舒特认为这部作品"叙事极富力量,而且反映真实,字里行间显示出传记家过去的一切历历在目、难以忘怀,但是不容否认的是它缺乏一定的深度"(Cockshut,

2001：604）。

　　这部传记作品最为出彩的也许是讲述自己对父亲的思想不可抗拒的质疑部分。少年时代父亲就告诫过穆勒，生命的意义或世界的由来这样的问题是无法回答的，"因为我们不具备回答问题的经验和可靠的知识"（Mill 43）。但是，父亲的方式是在回避而不是解决问题。1826年秋天，对于生命意义的大量疑问以排山倒海之势向穆勒袭来。功利主义没有为他提供解决问题的答案，穆勒陷入精神危机之中。他用简单明晰的词句，没有一点故作优雅的造作，描绘了这一精神历程。功利主义强调行为的结果是行为评价的唯一依据，在否定动机的评价意义的同时也否定了过程即行为本身的意义。于是，生命本身的意义受到怀疑甚至否定。这是穆勒精神危机产生的关键。其实，作为一个生命体验的过程，生活本身就是意义所在。但是，老穆勒对小穆勒的早期教育中，在一个孩子最需要情感培养、情感训练甚至情感抚慰的时候，他否认并刻意贬低了情感体验的价值，代之以生硬的逻辑和分析，在穆勒所接受的教育中，这重意义被父亲粗暴地否定了。

　　随着功利主义哲学家边沁和父亲的理论权威在自己心目中轰然倒塌，穆勒转向了圣西门的学说寻求解释和满足。圣西门学派的理论不仅为穆勒提供了整理其丰富而复杂的人类知识的有效工具，也成为指引其走出精神苦海的灯塔。圣西门从理论上为穆勒提供了支持，而他的妻子哈丽特·泰勒则帮助其弥补了早期教育中情感陶冶的缺失而导致的感情空虚。"就在我达到心智发展的这一时期，我得到一位女士的友谊，它是我一生的荣誉和主要幸福，也是我为人类进步所奋斗或希望今后实现的大部分事业的力量源泉"（Mill 84）。穆勒的自传对哈丽特充满了无限的敬意和赞美。穆勒在与哈丽特的思想交流中体味着生命的价值，丰富着人生的意义。

　　但这仅仅是穆勒在自传中表现出来的看法，穆勒的笔触清晰平静，但是可以从他的字里行间中感受到他被压抑了的情感。一个精通于欧洲传统哲学思想、受到文学熏陶并且熟知当时诸多大思想家的人对平庸的妻子如此百般歌颂、讨好奉承，实在是令人匪夷所思，甚至那些最温和的评论家也感到可悲甚至讽刺："这样一个杰出的人竟为他的妻子神魂颠倒到这般令人难以置信,在作品中如此夸大她的能力"(Cockshut, 2001: 604)。

对于现代读者来说,这部自传最为显著的特征是它对功利主义环境的古典式的描绘以及一种矛盾的状态:它是19世纪一个古怪的人的自画像,尽管忠实,但却让人难以理解。读者虽从这本书里看不到传主的私生活,但可了解19世纪英国思想史上发生的所有大事,以及当时的英国社会和政治的历史,极具史料价值。并且,这本书不仅收入了穆勒自传,还收入穆勒六篇演说稿。正如哈罗德·拉斯基所言,"穆勒提高了他那个时代的精神高度,他的《自传》像任何一部为社会公共利益做出持续贡献的文学作品一样高尚"(穆勒,第8页)。

伊莉莎白·盖斯凯尔

伊莉莎白·盖斯凯尔,常被称为盖斯凯尔夫人,是英国维多利亚时期著名的小说家和传记作家。1810年,盖斯凯尔出生于切尔西的一个牧师家庭。她的父亲威廉·史蒂文森(William Stevenson)是一位苏格兰牧师。她是家里的第八个孩子,除了大哥约翰外,其他的孩子都夭折了。盖斯凯尔在柴郡度过了大部分的童年时光,她的名作《克兰福德》(*Cranford*, 1853)所描述的就是她当时居住的那座小镇。后来,在纽卡斯尔居住的时间里,她结识了后来的丈夫威廉·盖斯凯尔(William Gaskell)。1850年,盖斯凯尔定居在曼彻斯特,也正是那里的工业化环境为她后来的小说创作带来了灵感与激情。她和丈夫在曼彻斯特租下了一座名为"普利茅斯之林"(Plymouth Grove)的别墅,她在这个别墅里居住了近15年。期间,她几乎所有的文学作品(只有一部除外)都是在这个别墅里完成的。1865年,盖斯凯尔在汉普郡逝世。

盖斯凯尔一生作品颇丰,第一部小说《玛丽·巴顿》于1848年匿名发表。在她的小说作品中,《克兰福德》、《南与北》(*North and South*, 1855)以及《妻子与女儿》(*Wives and Daughters*, 1866)都是人们耳熟能详的佳作。另外,盖斯凯尔的短篇小说也十分出名。她的短篇小说以哥特式的鬼怪灵异见长,在好朋友查尔斯·狄更斯的帮助下发表了不少作品。尽管盖斯凯尔的文学创作秉承了维多利亚时期的一贯风格特点,但是她常常在作品中流露出对当前社会的一种批评态度,这种态度在她早期的工业派小说作品中尤为显著。她还在作品中运用复杂的叙述手法、塑造鲜活的女性形象,以此来强调女性的地位和角色的问题。另外,使用方言也是盖斯凯尔的一大写作特色,阅读她的作品可以发现,方言常常被运用在中产阶级以及叙述者的话语当中。

1857年她发表了代表作《夏洛蒂·勃朗特传》(*Life of Charlotte Brontë*)。这部作品的发表在英国传记史上具有十分重要的意义——这是第一部由女性作家为同一时期另外一位女性作家所著的传记(Shorter xiii)。通过与传主的亲密接触,盖斯凯尔以其独特的观察视角,为读者展现了一个栩栩如生的传主形象。纵观整部作品,作者以时间为主线,将传主的生平事例叙述得清晰、简洁,其中还不时穿插着彼此往来的书信和关于传主的各种趣闻轶事。为了使读者对传主有更清楚、透彻的了解,作者在传记中还记叙了自己的理解和阐释,"这些阐释如此生动有趣,以至于一个半世纪后,好多关于夏洛蒂·勃朗特的书比起她来都要逊色一二。"(Ibid.)。毫无疑问,盖斯凯尔对夏洛蒂·勃朗特的生活十分感兴趣,包括她是如何在艰难困苦的环境下完成了《简·爱》,又是在怎样的条件下用自己的文字去争取妇女的权利。正是靠着这种兴趣与激情,盖斯凯尔向读者生动地再现了传主崎岖坎坷、命运多舛的一生,以及她为了追求幸福生活做出的不懈努力——当家庭教师,出版诗集,写小说等等。

传记作家记传往往是为了让两个人出名——一个是作家自己,另一个就是传主。维多利亚时期的女性传记作家还有着另外的负担和顾虑,她一方面要为了自己女性作家的地位和权利而争取努力,另一方面她还要使自己笔下的传主得到人们的认可。盖斯凯尔一直以来受到读者、评论家以及学者所关注的原因众多,但其中最重要的一个原因就是她的作品中散发着女性特有的温柔气质。对此,19世纪著名诗人、政治家迈尔尼斯(Richard Monckton Milnes)在她去世后曾这样说道:"每一个认识她的人都会怀着深切而又遗憾的心情去怀念她。作为一个亲切、优雅的女士,她将光明、舒适与温暖带给了她的家庭,将欢乐和喜悦带给了社会"(转引自 Matus 2)。不光是她的作品如此,她在生活中更是一位令人尊敬和崇拜的女士,"她是人们心目中的完美女性,温柔、恋家、圆润、顺从、可爱"(Ibid.)。而她的名著《夏洛蒂·勃朗特传》也会被世人代代铭记。

第二节

A. P. 斯坦利

(Arthur Penrhyn Stanley, 1815–1881)

A. P. 斯坦利是英国著名神学家,威斯敏斯特教堂教长,传记作家。斯坦利出生于英国柴郡阿尔德利角,父亲是阿尔德利角教区牧师,后来成为诺维奇主教。斯坦利从小就浸染在英国国教的精神世界中,对英国国教充满了虔诚和尊敬,对真理也充满渴望和热忱。14岁时,斯坦利进入拉格比公学学习,时任校长托马斯·阿诺德(Thomas Arnold, 1795–1842)给予了很多指导,让他受益匪浅。在拉格比,斯坦利对历史的兴趣得到了极大的鼓励,而拉格比公学老师的言传身教也使斯坦利对英国国教的真实地位有了更加深刻的理解。1834年,他进入牛津大学巴利奥尔学院。1840年在结束希腊和意大利之旅后,他重返牛津大学,继而任教10年,以其人格魅力赢得了各方朋友。1844年,他的《托马斯·阿诺德传》(*Life of Arnold*)(以下简称《阿诺德传》)出版,奠定了他早期的文学声誉。

斯坦利的文学创作无不浸透着他对英国国教和历史的兴趣。1847年,他发表了《使徒时代布道辞与随笔集》,这为其之后成为著名的神学家奠定了基础。可以说,斯坦利是同时代英国最杰出的自由主义神学家,当时的教会生活对斯坦利有很大的影响。对于英国国教来说,没有比斯坦利更忠诚的子民了。他的著作反映了他独特的观点、目标和愿望。他认为他所生活的时代是一个过渡时期,将会过渡到一个"信仰缺失"的年代,抑或过渡到一个"基督教在更广泛领域复兴"的年代,"全面的,无所不包的基督教""可能征服整个世界"。他认为,基督教教会尚未将其"终极的,最完美的一面"呈现给世界,"每个连续的基督教时代的信仰,较之前一个时代都产生了巨大的变化",并认为"仍然存在着一个更高层次的基督教,超越过去所有形式";他认为"现代神学家的首要责任是研究《圣经》,不是为了建立或维护由其衍生的体系,而是发现它实际上包含的究竟是什么。"(Williamson 760)斯坦利的一生与英国教会密不可分,他帮助过同时代的很多教徒清除英国教会未来几百年中进步的障碍。人们很容易看到他这种生活和工作的局限性。他是一个高尚的人,在这世界上他感兴趣的是人而不是物。因此,他很少关注自然科学的伟大发明与发现,对此他也所知甚少。但他对做出这些发明和发现的科学家们很感兴趣,他热切地将他们的形象融入历史图景,从而与自然产生了真正的联系。他是一个历史天才,能将所有知识与艺术完美融合。他的作品是人物与目的的高度统一。他的所有作品均基于历史,但没有一处是简单的重复历史,他作品的价值在于都可以在现实中找到根源,也必须从现实中汲取灵感和例证。他的所有作品都充满了活力。但他远远不只是一个历史艺术家。他总是对世界目前的状况和问题充满了兴趣。

斯坦利的个人魅力是任何与其相识的人都可以感受到的。他有着完美的朴素和忘我精神,随时帮助追求真理、渴求知识的人。他早年在牛津的家,以及晚年在威斯敏斯特的家,都有很多虔诚的英国绅士以及渴求和热爱真理的外国人慕名前来,他们都会得到最热情的招待。在斯坦利生命的最后五年,他的生活蒙上了一丝阴影,但是热情接待和亲切问候从未间断过。1878年秋,斯坦利进行了一次难忘的美国之行,在那里他备受尊崇。他的离世就像他的一生一样,宁静而平和。染病短短几天,他就在朋友的关怀下去世了。他永远是同时代最辉煌的、最具吸引力的英国人之一。

斯坦利一生笔耕不辍,著述颇丰,虽然这其中很大一部分都是专题文件、演讲、评论和布道辞,但也不乏《犹太教史》、《苏格兰长老会》、《美国演讲和布道集》、《基督教典籍》这样的大部头著述。当然,作为杰出的传记作家,斯坦利的《阿诺德传》为阿诺德树立了不朽的丰碑,为其在

传记史上留下了浓墨重彩的一笔,并一直在英国传记史上熠熠生辉。

《阿诺德传》

《阿诺德传》是斯坦利为19世纪传记发展史留下的宝贵遗产。传主本人的特质为这部传记平添了生命的光辉。斯坦利是一个真正的艺术家,整部传记条理分明,人物展现极具穿透力和亲和感。斯坦利怀着真诚、崇敬之心将阿诺德塑造成了一位品行高尚、人格魅力超群的牧师、能力出众的维多利亚时期的教育改革家,和成就卓然的历史学家。《阿诺德传》的文学技巧充满魅力,有时复杂,甚至晦涩,好像是处于思想的压力下仓促写就,但通常都是水晶般的清澈。斯坦利的写作风格灵动,富于生命力和动感;充满历史画面的美感,又不流于沉闷和说教。

阿诺德的一生涉及了多种活动领域,在其中三个领域建树颇丰:教会、历史和教育研究。他的作品也主要分为三个部分:第一,信件、布道文和日记(这些是他作品中最私人的部分);第二,论文(通常是关于教育问题与教会和国家当前事务的论争);第三,古典学术研究成果(例如《罗马史》等)。而斯坦利也正是从这三个领域塑造阿诺德的形象。

斯坦利笔下的阿诺德,是一位能力出众的维多利亚时期的教育改革家。他在担任英国公学拉格比学校的校长期间,面临着激烈的时代变革和教育变化,他持重老练地运用复兴基督教人文主义精神改造公学,使公学成为培养英国"完美绅士"的学校,恢复和增进了英国人对公学的信心。他强调个性的发展,希望他的学生对他既爱又怕,同时致力于发展更理性的教学方法。他增设了数学、现代历史学、现代语言学等课程,认为这些课程和古典文学同等重要。他的一系列改革对英国学校产生了深刻影响,使得拉格比公学成为世界公学的楷模,并促使公学开始逐渐形成自身特有的传统。

斯坦利对阿诺德的宗教生活做了较为完整而系统的描述,向人们展示了一位伟大神学家的高大形象,而这一人物形象也获得了人们的接受和认可。他将阿诺德提升到基督教英雄的地位,盛赞他是有原则的个人主义者,其动机有三个方面:通过平息教派争端来拯救教会,通过为《圣经》提供历史依据来拯救《圣经》,以及通过强调上帝的道德原则拯救基督教知识分子的尊严。这种动机正反映了阿诺德,以及他的传记作者,作为圣公会广教运动成员的动机。阿诺德留给广教运动的遗产非常丰富,包括符合现代信念和道德准则的《圣经》注释,它将基督教实践置于基督教教义之上。但他最重要的贡献是他为广教运动提供了一位逝去的英雄。在他去世多年后,阿诺德仍然被视为维多利亚时代独一无二的践行基督教行为的忠诚典范。他的思想仍然影响着许多社会改革者和维多利亚殖民地统治者中的很多人。正如阿诺德一样,他们认为自己是推动历史前进的战士,而他们手中的《阿诺德传》像《圣经》一样不朽。事实上,《阿诺德传》是斯坦利最畅销的传记作品,它创造了发行三年中再版六次的传记出版史奇迹。

《绅士杂志》(*The Gentleman's Magazine*)的评论家也详细说明了阿诺德值得称赞的"真诚、正直和认真"的品格,这也解释了为什么一提及阿诺德的名字,他的学生和朋友就流露出依恋和崇敬的表情。继称斯坦利的《阿诺德传》为一座文化纪念碑之后,《北英评论》(*North British Review*)上的另一篇文章也盛赞斯坦利的作品揭示了阿诺德"内心生活"的尊严和正直。这位评论家说,正是从阿诺德的个人习惯中,我们可以看到"他性格中净化和治愈心灵的影响力"(Maitland 404)。维多利亚时代对于阿诺德性格中治疗与鼓舞的效果的热情是短暂的,但它却充分体现了一种世俗的圣贤传记的特征。正如所有圣贤传记一样,对于阿诺德的崇拜替代了对于超自然圣人的崇拜,所以,《阿诺德传》保留了对阿诺德性格的崇拜与迷恋。多年以后,在约翰·霍普金斯大学的一次演讲中,这种维多利亚时代早期文化现象的意义再度被一个人提及,而这个人就是致力于研究这种现象的斯坦利。回顾阿诺德的影响,斯坦利对听众说,"似水流年只会使我更加深信,没有任何礼物可以比回忆一个影响了你一生的伟人给你的鼓舞更有价值"(Stanley 17)。

同样,《评论季刊》(*Quarterly Review*)的一篇文章在最后总结评论斯坦利的《阿诺德传》时指出,只有"拥有信徒精神"的人才能理解阿诺德鼓舞人心的启示作用(Lake 508)。这些评论家们将阿诺德,而非基督,视为社会凝聚力的象征,当作人化了的基督教的卓越象征。类似地,一篇发表于《不列颠与外国评论》(*The British and Foreign Review*)

的对于阿诺德作品的评论,在其去世不久便赋予了他行为榜样的功能。这位评论家总结道,"如果我们未能激起任何人去崇敬并效仿阿诺德的卓越行为,我们应该对自己写作技艺的缺憾感到遗憾"(Blackett 397)。

斯坦利的《阿诺德传》为后世学者研究阿诺德提供了较为完善的资料,其影响非同一般。不过,即使是这样一部鸿篇巨制也存在着瑕疵甚或缺陷,而由于该书一向被奉为权威著作,相当程度上会影响到诸多阿诺德研究者的基本取向。因此,指出其中所存在的问题就显得尤为必要了。

斯坦利此著的第一个问题就是作者的立场不够客观,这源于他本人对于阿诺德的景仰。全书浸透着对阿诺德的褒扬赞颂之意,难免有过誉之嫌。有评论家指出,"斯坦利的《阿诺德传》只是象征性和自我参考性的以书为中心的文化广告罢了,所以读者阅读之后,读到的是效法基督的阿诺德,这样便产生主观的近圣意象"(Bolitho 131)。又如莱克所说,《阿诺德传》呈现出的阿诺德是集合了"亚里士多德,修昔底德和圣经的"完美结合体(Lake 468);这样一个人物"完全地……彻底地彰显了高尚的道德"(Lake 507)。斯坦利《阿诺德传》数年间先后多次再版;一经问世便被当作"对一个伟人的神圣的回忆录"来阅读(Empson 233)。查尔斯·狄更斯在给弗罗斯特的信中说道:"我必须也要珍藏这本书(《阿诺德传》),你从中引用的每一句话都是金玉之言,足以作为我的座右铭"(John Forster 125)。

同样,斯坦利在书中认为阿诺德对英国教育发展做出了巨大的贡献,但是许多学者对此持有异议,认为斯坦利对阿诺德教育成就的评价言过其实,包含了主观因素。例如,莱克认为,"阿诺德并未在实质上改变公学生活的特征"(Lake 474)。一些学者认为斯坦利在《阿诺德传》中,对阿诺德与从前学生的关系描绘稍微理想化了,因为作者本人的出类拔萃正是受益于与校长的亲密友谊。阿诺德的另一位学生休斯在《汤姆·布朗的求学时代》一书中对阿诺德任职期间拉格比公学状况的刻画,就与斯坦利的描述大相径庭,书中大量描绘了拉格比公学中欺凌弱小的现象。休斯的《汤姆·布朗的求学时代》展示了一个人性化的阿诺德和普通学生对他的反应,可以视作是对斯坦利过于理想化的肖像刻画的一个颇有价值的矫正。

20世纪上半叶英国传记史上划时代的人物利顿·斯特拉齐在《维多利亚时代名人传》(*Eminent Victorians*, 1918)一书中,更是对阿诺德进行了极端讽刺和严肃批评,甚至把他刻画成一个骗子和小丑,认为他是糊涂虫,却摆出一副深刻的思想家的样子。当然,斯特拉齐的描述也是带有偏见的,但足以看出,斯坦利著述还是带有主观色彩的,他笔下的阿诺德是被神话了的阿诺德。

斯坦利的《阿诺德传》的第二个缺憾是未能指出(或者说是刻意回避了)阿诺德一些自相矛盾的言行。鉴于阿诺德的兴趣和活动范围极为广泛,许多学者认为,如果不是矫饰的话,他确实存在着自相矛盾的言行。例如,巴姆福特曾指出阿诺德人格中一些明显自相矛盾的地方:信奉宗教但又世俗;批判他人喜好骄傲的心态和虚荣心,但自身又渴望被公众认可;推崇和喜爱古典知识,但又热切地关注现代问题;强调法律和秩序的重要性,但理论上却是革命性的;对建立在坚固的阶级组织基础上的英国政治的稳定性感到自豪,但又拥护下层阶级的权利;欣赏绅士的生活方式,但同时公然抨击它的邪恶;关注曾经公开轻视过的学生的职业准备(Bamford 153)。关于阿诺德性格的其他自相矛盾的特点,英国学者麦克也曾经特别提到,认为他既专制又宽仁,既独断又开明,既保守又自由,是一位有原则的人士,同时又是一名投机分子,是一位理想主义者同时又是一名现实主义者。还有的学者认为,阿诺德在智力上是自由主义者,但在性情上却又是保守的(McCrum 13)。

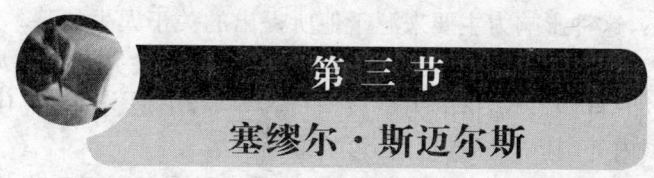

第三节
塞缪尔·斯迈尔斯
(Samuel Smiles, 1812-1904)

塞缪尔·斯迈尔斯是19世纪英国著名的励志作品作家、道德学

家、社会改革家和传记家。1812年出生于苏格兰爱丁堡,父亲病死于1832年的霍乱大流行,母亲独自一人勇敢地撑起了这个总共有11个孩子的家庭。母亲坚韧不屈的精神、乐观的生活态度对斯迈尔斯影响深远,无论是在斯迈尔斯以后的生活中还是作品中,都可见其母亲的影响痕迹。19世纪30年代,斯迈尔斯积极投身于当时英国的社会改革运动,他曾作为《利兹时报》(*Leeds Times*)编辑发表多篇文章积极倡议社会改革,他的主张包括女性选举权、自由贸易以及议会改革等。但是,到了40年代,斯迈尔斯对议会改革产生了怀疑,认为单纯的议会改革并不能消除社会上各种各样的弊端和邪恶。而从50年代起,斯迈尔斯则完全摈弃了议会改革的主张和念头,专注于个人的自我提高与完善,陆续创作了《自助》(*Self-Help*, 1859)、《品格的力量》(*Character*, 1871)、《节俭》(*Thrift*, 1875)、《职责》(*Duty*, 1887)等等。他的这些作品100多年来一直在世界各国畅销不衰,成为世界各地年轻人最喜爱的人生励志类精神食粮,改变了无数人的人生命运。

斯迈尔斯与传记

在英国传记发展史上,斯迈尔斯的地位并不高,大多数传记类著作对斯迈尔斯都着墨不多,基本上都是一笔带过,而就在这为数不多的着墨中大多数都是以贬低为主。比如在《传记简史》(*Biography: A Brief History*, 2007)中,作者汉密尔顿将斯迈尔斯称作"蹩脚的编辑者"和"材料记录式传记家"(Hamilton 115, 128)。不过,尽管斯迈尔斯在传记发展史上的地位不高,但他却是19世纪英国最有影响力的作家之一。当然,这种影响力主要来源于他所提出的关于人生的基本观点,他被公认为现代成功学的鼻祖。斯迈尔斯写过许多脍炙人口的人生励志类作品,如《自助》、《品格的力量》、《职责》等等,正是这些作品使斯迈尔斯蜚声国内外,其中尤以《自助》影响最大。

传记批评家奈德尔认为,斯迈尔斯是英国维多利亚时代的普鲁塔克式传记家,他的传记作品,同普鲁塔克的作品一样,也大多是合传,就是一本传记作品中描写许多个传主。同时,斯迈尔斯的传记写作方法和传记主张也与普鲁塔克非常相似,传主大多是一些具有非凡事迹的非凡人物。比如1862年出版的《工程师传》(*Life of the Engineers*, 1862)就是一部典型的普鲁塔克式的传记。这部传记大部分内容是关于传主们的伟大成就,尤其是一些英国工业革命时期的技术发明方面的进步。在这部传记里,与其他人生励志类作品一样,斯迈尔斯同样强调勤奋的重要性,认为勤奋比天赋更重要。在斯迈尔斯看来,决定一个人能否成功的主要因素并不是天赋,而是勤奋与否。如果一个人既有天赋,同时又很勤奋,那么这个人就能取得伟大成就;而如果一个人没有天赋但却具有勤奋的美德,他也照旧能够取得成就。相反,如果一个具有天赋的人不勤奋,则很可能一事无成。

另外,斯迈尔斯主张传记作品应该引导人们向善,通过一些典型人物来达到道德教化的功能和目的。在这个意义上,斯迈尔斯将传记作品看作是一种伦理道德的载体。在斯迈尔斯看来,现实社会中良好道德风尚的培育和形成与高贵人物的榜样示范作用密不可分。"好的规章制度可以起到很大作用,但是好的榜样能起到比好的规章制度大得多的作用,因为后者能够指导我们怎样做事"(Smiles, *Self-Help*: 334)。在斯迈尔斯眼中,榜样的示范力量要大于规章制度的约束力量,因此,在他的大部分作品中,斯迈尔斯都极力呼吁人们要依靠榜样的力量来提高自己,而不是依赖于规章制度的约束。斯迈尔斯认为,没有个体的自我约束,规章制度的约束力无法起到应有的作用。

成功学鼻祖

维多利亚时期,伴随着英国工业革命而来的是人们对社会物质财富的日益看重和追求、对成功的渴望以及对英雄人物的崇拜和敬仰,而斯迈尔斯的系列成功类传记作品正好满足了这一需求,因而受到国内外读者的极大欢迎。斯迈尔斯认为,人不分贵贱和出身,只要具有崇高的道德修为,拥有自助、自立、自强的美好品质,就能够克服一切困难,走向成功。正是在这意义上,奈德尔认为,"没有其他任何一个人比斯迈尔斯更能体现维多利亚时代的道德观和社会价值观"(Nadel 22)。

1859年斯迈尔斯出版了维多利亚时期第一本传记畅销书——《乔治·斯蒂文森传》(*Life of George Stevenson*, 1859)。在这部传记里,

斯迈尔斯通过展现铁路工程师斯蒂文森锲而不舍的杰出品质来向读者说明这样一个道理：我们每一个人都可以通过个人奋斗和努力投入来取得成功。该传记出版后好评如潮，评论界认为年轻人应该人手一册《乔治·斯蒂文森传》，学习传主良好的行为规范和美好品质，在榜样的力量鼓舞下奋发向上。在这本传记里，斯迈尔斯也像普鲁塔克一样通过描述大量的逸闻趣事来刻画斯蒂文森的个人品质，同时为了增加喜剧效果大量地运用了对话来再现一些场景。

《自　助》

《自助》是继《乔治·斯蒂文森传》之后斯迈尔斯的另一部传记作品。《自助》来源于斯迈尔斯在利兹市给一些为共同进步而自发组织学习交流的夜校工人所做的人生问题讲座，出乎斯蒂文森预料的是，这些讲座非常受欢迎。1859年斯迈尔斯将这些讲座整理作为传记出版，即《自助》，后来成为斯迈尔斯最著名的作品。《自助》中刻画了许许多多个人成功故事，强调诚实、正直、认真、负责的个人态度以及自我奋斗、自我约束、勤俭节约、勇敢无畏的个人品质的重要性。该作品主要阐述这样一种人生态度：人的一生中决定自己命运的不是别人，而是自己。斯迈尔斯用"自助者天助之"这句话作为这部作品的开篇之语，强调自助者才能自立、自强。斯迈尔斯强调，一个人人生的成功幸福主要取决于一些美好的道德品质，比如刻苦勤奋、坚忍不拔、不屈不挠等等。该书出版后备受读者欢迎，获得极大成功。1859年该书出版当年就销售两万册，五年之后销售五万五千册，1889年达到15万册，1905年时超过25万册（Briggs 118）。这本书的销售量大大超过了19世纪最受欢迎的小说家的作品。而且，这本书在国外比在英国国内更受欢迎，被翻译成许多种外国语言文字，比如法语、德语、丹麦语、意大利语、阿拉伯语、日语、土耳其语以及好几种印度土著语等等。随着《自助》像"福音"书一样在世界各地翻译与流通，斯迈尔斯的名声也迅速传遍全球，批评家布里格斯在谈到这一点时不无幽默地评论道："当初斯迈尔斯作讲座的地方曾经被临时用作霍乱医院，可是霍乱也没有斯迈尔斯的名声传播得快"（Ibid.）。

《自助》的迅速传播在很大程度上是由19世纪维多利亚时代的社

会历史文化语境所决定的。正如上文所言，工业革命所衍生的人们对财富、成功的渴望很大程度上为这类励志类传记提供了能够生存的适宜的温度和土壤。不仅仅是在英国，在大西洋的对岸美国也同样如此。美国人霍雷肖·阿尔杰的成功故事吸引了成千上万的读者。但是，斯迈尔斯的作品与阿尔杰的成功故事不尽相同。在斯迈尔斯的成功故事里，没有任何其他人能够帮助传主走向成功，没有任何人可以依赖，唯一能够依赖的就是自己。而在阿尔杰的成功故事中，主人公背后总是有一位暗中支持帮助主人公的教母或教父。另外一点显著的区别在于两者对待成功的态度。在斯迈尔斯眼里，成功并不是至高无上的唯一目的。努力工作、诚实守信、独立自主这些品质远比世俗化的成功更为重要。换句话说，过程比结果更为重要。而在阿尔杰的成功故事中，结果是衡量一切的最终标准和最终目的。

　　有评论者批评《自助》的流行导致人们冷酷无情地去追求个人的私利，斯迈尔斯对此回应说："自助被看作仅仅是为获得一个更高的职位的方式是一个谬误"，并进一步强调"自助"不应该仅仅被看成是为"提升几个聪明的、有天分的人获得更高社会地位的方式，而应该被看作为教育整个工人阶级的一种方式，是提高和改进整个工人阶级和所有劳动者状况的一种方式。""自助的最崇高的目的是社会大众品德高尚、民智极高，从而获得更高的愉悦和幸福"（Ibid. 121）。

　　《自助》之后，斯迈尔斯又先后创作了《品格的力量》、《节俭》以及《职责》等同类题材和结构的作品。所有这些作品都是针对19世纪英国工业革命的现状所进行的论述。伴随着工业革命以及工业化的进行，社会物质财富得到极大丰富和提高，但是各种各样的社会问题也随之应运而生，道德堕落、信仰缺失、赌博、欺诈等等社会陋习盛行不衰。正是针对这些社会问题的存在，斯迈尔斯提倡人们要努力培养良好的习惯，而这些良好的习惯并不是天生具有的，而是后天习得的。

　　《品格的力量》自1871年在英国问世以来，就在世界许多国家不断重印，在塑造人们高贵品行和文明素养方面起到了不可磨灭的作用。在本书的卷首，斯迈尔斯引用马丁·路德的名言来阐释品格的重要性："国家的繁荣昌盛，并不取决于国库之富足，不取决于城堡之坚固，也不取决于公共建筑之华丽；而取决于具有文明素养的公民之多寡，取决于受教育、具有远见卓识和高尚品格的人们。这才是真正的利害之所在、真正的力量之所在"(*Characters* 9)。作者从女性素养、圣贤榜样、劳动、勇气、自制、职责、品性、爱情、苦难等多个方面论述品格的精神力量。一百多年以来，该书一直以其特有的魅力持续地影响着无数的读者，至今仍为读者所津津乐道。

第四节
乔治·奥托·特瑞维林

(George Otto Trevelyan, 1838－1928)

乔治·奥托·特瑞维林是19世纪英国著名的政治家、传记作家和历史学家。1838年，特瑞维林出生于莱斯特郡。自幼聪明好学，对文学和艺术具有极大的热情，曾就读于著名的哈罗公学，毕业后进入剑桥三一学院学习，期间还担任剑桥联合会的主席。1861年他以剑桥大学古典文学士荣誉学位考试(Classical Tripos)第一场第二等的名次顺利毕业，而后步入政坛。在长达三十多年的政治生涯里，他曾任职于印度(1862—1865年)，担任过海军事务大臣以及海军政务次长，1882年出任爱尔兰政务司司长，1886年在格莱斯顿首相的任期内首次担任苏格兰事务大臣以及苏格兰教育部副部长，1892至1895年在罗斯伯里伯爵的首相任期内再次出任该职。1897年退出政坛，1911年被授予功绩勋章(Order of Merit)。

在印度供职期间，特瑞维林曾向麦克米伦杂志社投稿。1865年他发表过关于印度 1857 年大叛乱期间大屠杀的《考恩颇尔》("Cawnpore")一文。1867年他还写过《议会中的女士》(*The Ladies in Parliament*)，这是一个以诗歌形式创作的幽默性政治宣传手册。1876年他发表其代表作《麦考利勋爵的一生与书信》(*The Life and Letters of Lord Macaulay*）。这是一部关于他舅舅麦考利（Lord Macaulay）的传记。麦考利是英国著名的政治家、诗人和历史学家,特瑞维林作为他的外甥,以其独特的视角和亲身经历向我们展现了麦考利全面的性格特点、特有的人格魅力、细腻的内心情感以及复杂的心理变化。从这部特瑞维林最具魅力、最具艺术价值的传记作品中,我们可以发掘出作家的人生观、世界观、传记观以及他内心深处对于舅舅的特殊情感。1876年,特瑞维林又推出了《查尔斯·詹姆斯·福克斯的早期历史》(*The Early History of Charles James Fox*)一书。作为历史学家,他在1899年写就了《美国革命史》(*History of the American Revolution*)第一卷,并于1905年完成了该书的另外两卷。到了晚年,他依旧笔耕不辍,相继发表了许多散文和诗歌。

1869年,特瑞维林与卡罗琳结婚,并生有三子。值得一提的是,他的小儿子就是著名的英国史学家乔治·麦考利·特瑞维林。

特瑞维林的传记观

特瑞维林是19世纪维多利亚时期一位著名的传记作家,除此之外,他还是一位辉格党的政治家。这样的双重身份,使他不光继承了维多利亚时期传记作家一贯的写作特点,而且还流露出了辉格党人的清晰、精明和谨慎的叙述风格。就传记中事实和真相这个问题,特瑞维林同绝大多数维多利亚中期传记作家一样,充分肯定了文字材料和书面证据的真实性和可靠性。"在鲍斯威尔和卢卡特的光环之下,维多利亚中期的传记作家认为文字材料和书面证据是最真实、最重要的"(Cockshut,1974：137)。

为了更真实、更客观地描述传主,特瑞维林引用了大量麦考利的书信来表现传主的性格特点和内心活动。例如,特瑞维林在表现麦考利对妹妹汉娜的迷恋之情时,援用了麦考利写给玛格丽特的信：

> 她就要结婚了,带着我最为真心的赞许与祝福。坦白地讲,如果非要我在印度给她找一位丈夫的话,竟找不到一个能让我有信心,可以带给她幸福与快乐的人……没有什么能比南西的言行给我带来

更舒服的感觉了。她曾向我建议我们应该组成一个家庭；同时她说特瑞维林也十分高兴地同意了。(Trevelyan, 1909：277-280)

然而特瑞维林并没有对这种超出一般兄妹的特殊情感做出什么评论，他认为传记作家应该留给读者以更多的思考与想象的空间，把传主最真实、最客观的一面表现出来，而不应该过多地将作者的情感和判断添加进去。另外，在这部作品里，我们有时会很惊讶地发现，在许多令人费解的地方，作者却没有给读者作任何注释。作者的用意何在？一方面，这样的做法是维多利亚时代传记写作的一个重要特点；另一方面，这也体现了特瑞维林所特有的一种"保留"的传记观。也许，"就像他那个时代的传记作家一样，特瑞维林也有他自己的保留与谨慎。但是我们应该将各种不同类型的保留区分开来"(Cockshut, 1974：137)。在他看来，"如果说低层次的维多利亚式的保留只是一种对于不恰当的恐惧的话，那么高层次的维多利亚式的保留就是一种可敬的信仰——原始材料比二手评论要绝对真实可靠"(Ibid. 137)。可以看到，这部关于麦考利舅舅的传记之所以定名为《一生与书信》(The Life and Letters)，而不仅仅是《一生》(The Life)，就足以说明这一点，而这也正是同样作为历史学家的作者所具有的品质和观点。

作为一名辉格党政治家，辉格党人的品质和特点也清晰地反映在了特瑞维林的传记写作中。"特瑞维林和麦考利一样，是一个纯粹的、十足的辉格党人。当他在重复辉格党人的话时，如果有人问他是否在引用辉格党人的话，这种问题真是太令人可笑了。就像有人在说'早上好'时，你不会问他是不是在引用别人以前说过的'早上好'一样"(Ibid. 125)。在这部作品中，作者将辉格党人的清晰、精明的特点和谨慎的叙述技巧巧妙地运用于整个作品当中。对此考克舒特评论道，"这也正是这部作品的优点和劣势所在。说这是优点，是因为这是一种连贯的、精巧的叙述方式"(Ibid. 140)。另外，除了具有辉格党人一贯相对保守的特点外，特瑞维林还秉承了辉格党人"激进"的性格特点。例如，他曾有过这样一段叙述：

坐落在利物浦城郊南部、丁达尔河畔的别墅实在令人向往：那里秀丽的自然风光不曾受到一点破坏，直到最终它因其不可抗拒的命运成为了港口和码头。(Trevelyan，1909：207)

此外，特瑞维林的另一部传记作品《查尔斯·詹姆斯·福克斯的早期历史》，也用夸张的语言表现出了这个特点：

有那么几千人认为世界因为他们存在，并且其他人的存在不足挂齿，他们的注意力始终集中在自己所属的这个范围之中，这是我们数以百万计的局外人所无法理解的。(Trevelyan，1881：67)

《麦考利勋爵的一生与书信》

《麦考利勋爵的一生与书信》(*The Life and Letters of Lord Macaulay*，1876)是19世纪一部著名的传记作品，是一部典型的维多利亚时期的传记。整部传记以时间顺序为主线，条理清晰，逻辑分明，形象刻画鲜活生动，人物展现极具穿透力和亲和感。作为传主的外甥，作家以其特有的观察视角，把虔诚笃信、才华横溢、坚定自信、看似个性复杂又具有孩童气息、认真谨慎但又不会过分谨小慎微、充满人格魅力的舅舅描写得光鲜亮丽，饱满生动。

为了使整个传记叙述连贯清晰，作家对材料的选用煞费苦心，素材布局巧妙合理。"他轻松自如、巧妙合理而又令人感到惬意的对材料的处理方式，再次赢得了人们的敬佩"(Cockshut，1974：143)。关于该传记曾有过这样的评论："一部关于麦考利最好、最理想的传记，就是要展示出一个精力过人、学识渊博、思维敏捷和果敢坚决的人物形象。此外，他的一生被三件相互矛盾的事情所占据：第一是他出生在一个极其虔诚的福音教派家庭里；第二是他对妹妹汉娜和外甥特瑞维林有一种不同寻常的感情；第三是他展示出一副高傲的、贵族的辉格党人的姿态，却令人意外地被选作贵族世袭制的发言人"(Ibid. 143)。作者特瑞维林正是抓住这一点，以这三件事为主线，分析了它们对传主一生所产生的影响,对每件事情的重要性作出了相应的评价,并列举事实和细节说明每一件事情都以其特有的张力对传主发挥了十分重要的作用。为了让读者更全面、更细致地了解传主,作者向我们描述了传主大量的生活场景,以及传主在政治生涯上取得成就的点点滴滴。纵观整个传记,在生动性上,特瑞维林并不如鲍斯威尔和弗鲁德对传主描述得那么精致、细微。但在对传主的分析和理解上特瑞维林则更为准确、细致。"通过与读者分享麦考利大量极富挑战性的想法,作家以一种近乎完美的形式,为我们提供了一个绝佳的了解、分析和判断这个典型的辉格党人的机会"(Ibid. 143)。通读整个作品可以发现,为了向读者展示出传主最真实的一面,作家始终本着诚实的精神、从客观的角度进行描述。尤其是在叙述传主对妹妹汉娜非比寻常、近乎变态的爱恋时,他更是用其独有的方式,彰显了他的诚实、他的叙述技巧以及他对这种情感的尊敬之情。

"麦考利是两种完全不同的社交圈的产物"(Ibid. 125)。他出生在一个克拉朋联盟的家庭,但是后来却成为辉格党人,而且他还是一个十分虔诚的基督教徒。特瑞维林对麦考利年幼时接受的宗教训练的处理吊足了人们的胃口。作家列举了几个关于传主的趣闻轶事,以展现宗教思想是如何被这个天才的孩童所汲取的。其中有这样一个故事:在麦考利还是个婴儿时,有一次他看到有一大片乌云从高高的烟囱里冒出来,他就问妈妈,"这些黑云是来自地狱的烈火吗?"然而,就宗教对于传主性格的形成,作家却没有详细交待,只是强调了宗教对传主道德品行的影响。事实上,作者认为克拉朋式的道德教育同宗教式的道德教育是完全相悖的。"这在一个虔诚的宗教家庭里是难以想象的"(Ibid. 127)。

事实上,对于读者来讲,阅读特瑞维林式传记的最大优点就在于,"作者在提供了大量可用于分析判断的材料的同时,没有添加任何自己的想法,完全让读者自己去分析评价"(Cockshut, 1974:127)。在叙述传主对妹妹汉娜的特殊感情时,作者正是采用了这一手法。在传主的一生中,他总是表现出孩童般的性格特点,也特别期待那种孩童似的欢乐。一个令人尊敬的大人物竟这般天真无邪、充满了童趣,这似乎让人难以理解。但在特瑞维林看来,其关键和根源就在于传主对妹妹们的感情之中。

"对妹妹简的去世麦考利那些伤心欲绝的话语所表达出的悲伤,是任何语言都无法比拟的。而在妹妹玛格丽特去世后的一年里,他时常会呆坐在那里,一言不发"(Ibid. 133)。传主也逐渐认识到要说自己对妹妹去世所表现出的悲伤是合情合理的话,那么自己对妹妹汉娜的爱恋却是那么的非比寻常。他曾经表示愿意同汉娜一家共同生活,这对于大名鼎鼎的麦考利来说是那么不可思议。对此唯一的解释是,他对妹妹汉娜有一种妻子般的爱恋。作者以其敏锐的洞察力发现,传主内心的这种情感在其一生中占有十分重要的地位。然而在整整一章的叙述中,作者只是大量引用了传主的信件和日记,"并没有对这些公开的信件做什么解释和评论"(Ibid. 135)。只有在最后,当麦考利得知汉娜和丈夫要返回印度,自己却无法同行,此时作者写道"等待麦考利的将是一场漫长的、也许是他一生中最困难的考验,他正在积蓄着所有的力量,以非凡的毅力和决心去应对它"(Trevelyan, 1909:683)。这恰恰反映了作者的记传特点——客观、保守。

在整部传记的叙述中,有两个问题始终令读者费解,而这两个问题相互交织却又彼此独立:是否应该将传主对父母频繁的宗教生活所表现出的冷漠与其内心情感的困扰(对妹妹汉娜婚姻的忧伤以及自己对婚姻的无助)相关联呢?特瑞维林就能全面、细致和深入地了解传主对妹妹感情的特殊性吗?对于这两个问题也许可以从特瑞维林的政治立场来回答。"作为同舅舅一样的彻底的辉格党人,也正是他辉格党人的原则和主张、对传主细致入微的了解和观察以及两人之间深深的感情使特瑞维林不需要去编造什么事实出来"(Cockshut, 1974:140)。在英国,那些辉格党人政绩卓著的年代已牢牢地印在特瑞维林的意识中。作为英国当时最强大的政治集团和人民利益的拥护者,历史的天平倾斜向了辉格党。而那种作为辉格党人的兴奋、希望、恐惧以及内心冲动的想法和美好的愿望在特瑞维林的头脑中深深地扎下了根。

结　　语

特瑞维林以其圆润的笔触、流畅的线条、明快的色彩,为读者勾勒出一个知识渊博、果敢坚决、情感细腻的传主形象。在传记中,不光是传主的品行特点、人格魅力、情感变化表现得淋漓尽致,字里行间我们还可以真切地体味到作者的人生观、世界观、传记观以及对于舅舅的真挚情感。

  从传记文学评论的角度来看,特瑞维林的这部《麦考利勋爵的一生与书信》并没有像弗劳德的《卡莱尔传》那样延续了传统的传记叙述手法。但是,该传记本身无论从内在还是外在都表现出对传主及其周围事物的广泛关注。诚然,如果说特瑞维林对传主的描述是充分的、全面的,对传主及其周围环境和事物的比例分配是完美的、没有瑕疵的,这有点夸大其词;但同时,我们也很难说出作者对传主的叙述有哪方面的缺失,整部传记有什么难以掩盖的缺点和不足。难怪当代文学评论家考克舒特在评论这部作品时谈到,"坦率地讲,也许还更应该强调:这部作品的文学水平和质量很容易得到人们的赞扬,但是任何一部文学作品想要达这样的高度却决非易事"(Cockshut,1974:143)。

第七章
十九世纪(下)

名词解释

传 记
(Biography; Life)

"传记"这一概念在古希腊和古罗马时代就已出现。在英国,"传记"概念一直使用"人的一生"(life)表示,直到1683年,英国著名的文艺批评家约翰·德莱顿为普鲁塔克的《希腊罗马名人传》的英译本作序时才首次使用biography表示"传记"(Holman and Harmon 56)[①]。

那么,什么是传记?这是一个在历史发展过程中不断变化、不断演进、逐步形成,但又饱受人们争议的概念。1928年首次出版的英国《牛津词典》对"传记"作了如下定义:"传记,作为文学的一个分支,是描述个别人生平的历史"(Nicolson,1962:195)。从这个定义中我们对"传记"这一概念有了大体的了解——就其内容来说,它是对某个

[①] 还有一种说法认为,"传记"(biography)一词首先出现在1661年的《托马斯·富勒传》(*Life of Thomas Fuller*)中(见 Hoberman,"Biography":110)。本书采用第一种说法。

人生平的记录;就其文体而言,它属于文学,但与历史又关系密切。

概　述

传记的起源可以追溯至远古时代。传记史学家认为古代人们在葬礼上使用的悼词、寄托哀思所吟唱的歌曲以及墓碑上的铭文都具有传记的成分。另外,一些流传至今的古代经典著作,例如《吉尔伽美什史诗》(*The Epic of Gilgamesh*)、《奥德赛》(*The Odyssey*)和《圣经》(*The Bible*),都具有传记的特点。在古代英国也同样如此,为了纪念伟大的英雄和令人敬仰的勇士,人们常常会在墓碑上铭刻他们的传奇一生和英勇事迹,比如盎格鲁-萨克逊时代的《贝奥武夫》(*Beowulf*)。

早期的传记带有浓重的哲学和说教的性质。人们记传的目的也只是通过描述某人的生平来宣扬某种精神,诸如领袖气质、勇气、高尚的品行等,进而为人们树立崇拜和模仿的榜样。传记史上第一位最重要和最有影响力的作家是古罗马时代的普鲁塔克,他在《希腊罗马名人传》中对马克·安东尼(Mark Antony)的描述,着重记述了他理智和情感的矛盾冲突,在普鲁塔克看来,这就是安东尼没有成为罗马领袖最重要的原因。

在中世纪时代,记录英雄和伟人生平的圣徒传成为当时最重要和最普遍的传记形式。在当时的传记作家看来,伟人的优点应加以宣扬和纪念,而他们的缺点则应当忽略。而传记的目的也无外乎两个方面:一方面是通过给这些英雄、伟人著书立传来为他们光辉伟岸的形象增光添彩;另一方面是为读者提供一个用以膜拜、效仿的对象。这一时期较为著名的圣徒传有:7世纪晚期圣阿达姆南(Saint Adamnan of Lona, 628 – 704)的《哥伦巴传》(*Life of Saint Columba*)和8世纪比德大人的《圣卡斯布特传》等。另外值得一提的是,埃塞尔大主教(Bishop Asser, ? – 908/909)的《阿尔弗雷德大帝传》(*Life of Alfred the Great*, 893)被认为是第一部具有现代气息的传记。

到了12世纪,历史学家伊德莫神父(Eadmer, 1060 – 1124)的《坎特伯雷主教安塞尔姆传》(*Life of Anselm of Canterbury*, 1124)给英国

传记文学的发展树立了另一座里程碑。伊德莫努力尝试将传主人性化而区别于以往传记家所采取的神化传主的手段。他在传记中还引入了书信、对话等新的素材,并记录了关于传主大量的趣闻轶事来丰富传记的内容。然而,15、16世纪的英国传记没有取得突破性进展。

16世纪有两部重要的传记问世,一部是乔治·卡文迪什(George Cavendish,1500－1561)的《沃尔西传》(*The Life and Death of Cardinal Wolsey*,1558),另一部是威廉·罗珀(William Roper,1496－1578)的《托马斯·莫尔爵士传》(*Life of Sir Thomas More*,1555)。然而直到17世纪,著名的弗朗西斯·培根于1623年提出应该将以人为核心的生平(lives)同编年史(annals)和历史叙事(narratives)加以区别,传记才作为一个独立、完整的文学体裁得到人们的认可进而确立。17世纪,许多传记作家相继涌现,其中以艾萨克·沃尔顿最为著名。沃尔顿被认为是第一位职业传记作家,他的传记作品十分丰富,但大都以短篇为主,被后人收集整理在《沃尔顿传记集》(*Walton's Lives*,1640－1678)当中。在这一时期,随着文艺复兴思想的广泛传播和大量经典传记作品的翻译出版,回忆录、书信、日记和自传等传记体裁也得到了很大的发展,涌现的优秀作品有安·范肖(Anne Fanshawe,1625－1680)的《范肖夫人回忆录》(*Memoirs of Lady Fanshawe*,1676)、哈钦森夫人(Lucy Hutchinson,1620－1681)的《哈钦森上校回忆录》(*Memoirs of Colonel Hutchinson*,1670)和被认为第一部最重要的自传作品——爱德华·赫伯特(Edward Herbert,1583－1648)的《自传》(*Autobiography*,1643)等。

18世纪的英国传记文学出现了历史上第一座高峰,代表作品是塞缪尔·约翰生的《诗人传》和詹姆斯·鲍斯威尔的《约翰生博士传》。18世纪的英国是经验主义、新教主义以及资本主义发展的重要时期,这激发了人们不断探索个人与外部世界关系的极大兴趣。加之当时现实主义小说的影响,传记作家开始以新的视角来审视传记及其写作方法。约翰生认为,对于一个真正的传记作家而言,事实和真相是最重要的,要远远胜过对已故传主或其家人的尊敬。他还曾谈到,细节对于传记写作起着十分重要的作用——"任何事情本身都是有意义、有价值的",

"一些细微的琐事可以反映出传主的性格特征"(转引自 Hoberman,"Biography":110)。此外,约翰生相信在传记写作中传记作家同传主具有亲密的私人关系是很有必要的,他曾告诉鲍斯威尔:"没有一个作家能写出一部好的传记,除非他与传主在平日一起吃饭、喝酒和生活。"(Ibid.)鲍斯威尔的《约翰生博士传》则采用了新的记传手法——将传统的记传方式同大量的细节描写相结合,将一个真实的、活生生的、令人信服的传主形象展现在读者面前,让读者自己去评论和联想。他对于传记写作的开拓和创新使他成为英国传记史上里程碑式的人物之一。

19 世纪的英国传记文学在经历了 18 世纪第一个高峰之后陷入了低谷。19 世纪的英国社会被维多利亚式时期保守观念所笼罩,虽然约翰生和鲍斯威尔为传记写作带来了新鲜的气息,然而 19 世纪的传记作家却很少采用他们的记传方式。这一时期的传记作家大都较为保守,尤其表现在对传材的选择上。他们常常选取传主自己的日记或与亲戚、朋友的信件为主要素材,记述的内容也大都是正面事例,对传主的性格缺点和过失则很少提及。这一时期较为著名的传记有:约翰·卢卡特的《司各特传》,A·P·斯坦利的《阿诺德传》,詹姆斯·弗鲁德的《卡莱尔传》以及约翰·莫莱(John Morley,1838－1923)的《格莱斯顿传》(*Life of William Edward Gladstone*,1903)等。当代著名文学评论家考克舒特指出,这一时期的传记过多强调了传主的意志力和他们的成就,对他们的童年生活和内心活动则很少关注。

20 世纪的英国传记文学迎来了继启蒙时代之后的第二个发展高峰。1918 年,利顿·斯特拉奇发表的《维多利亚时代名人传》成为英国传记文学的历史转折点,标志着"新传记"时代的到来。"新传记"是指流行于英国 1919 年到 1939 年两次世界大战之间的实验性传记。1927 年弗吉尼亚·伍尔夫发表文章评论哈罗德·尼柯尔森的自传《某些人》(*Some People*,1927)时,首次使用"新传记"一词,意指现代派有别于维多利亚时期传统传记的新型传记。这类传记除强调传记作家的精神自由和主张传记必须具有艺术性外,还由于弗洛伊德的影响而着重提倡对传主的心理阐释。在英国,"新传记"作家除了斯特拉奇外,还有乔弗瑞·斯各特（Geoffrey Scott，1884-1929）、戴维·塞西尔（David Cecil，1902-1986）、波西·拉波克（Percy Lubbock，1879-1965）、A·J·A·西蒙斯（A. J. A. Symons，1900-1941）、弗吉尼亚·伍尔夫、哈罗德·尼柯尔森等人。

定 义

要对"传记"作出一个严密、恰当的定义决非易事。从1683年德莱顿首次使用"传记"一词以来，人们对它的定义和阐释就从未停止过。通过考察可以发现，"传记"这一概念有广义与狭义之分。广义的"传记"概念包括与人生有关的纪实写作，狭义的"传记"概念是指同自传并列、专用于指称那些作者与传主是两个人的传记（杨正润，2009：26）。"传记"在英语中的对应词应为 biography，它是由词头 bio（来自拉丁语 bios，意思是"生平"）与词尾 graphy（来自拉丁语 graphein，意思是"写作"）构成。在英语中，biography 一词一般是指他传[①]，即狭义的"传记"概念，auto/biography 则表示包括他传和自传的广义"传记"概念。在传记不断发展的历史进程中，诸如回忆录（memoire）、书信（letters）、日记（diaries）、游记（travel writing），以及口述历史（oral history）等文学形式被归入广义的传记领域，一些西方学者用 life writing 来表达包括传统的他传、自传和其他形式的作品。本书所讨论的"传记"取其狭义概念，即英文对应词 biography 所指之意。

在哲学领域，要判断一个学派是唯物主义还是唯心主义，首先考察的就是各个学派对一个问题的回答——世界的本原究竟是物质，还是意识？同样，要对"传记"下一个准确、严密的定义，首先也要回答这样一个问题：传记究竟属于历史学还是文学？正是对这个问题的不同回答，人们对"传记"做出了不同的定义和阐释。

长期以来，人们一直认为传记是历史学的一个分支。该思想的代

[①] 为区别于"自传"，一些中国学者提出"他传"的概念，专指同"自传"并列的狭义"传记"概念（见杨正润，2009：26）。

表人物是17世纪英国著名的文学批评家约翰·德莱顿，他认为传记是历史学的一种类型，"历史学主要分为三种类型：纪事或编年史；可严格称谓的历史；传记或特定人物的生平。"（Dryden，1962：17）德莱顿的这一观点对西方学术界产生了深远的影响，而他对传记所定义的"特定人物的生平"（the history of particular men's lives）成为众学者眼中"传记"概念的经典表述。在当代西方学术界，还有很多学者持同样观点。例如，J. A. 卡登（J. A. Cuddon）给出的传记定义为"传记是对某人生平的记述，是历史学的一个分支"（Cuddon 79）。然而，对于传记属于历史学还是文学始终是众多学者争论的焦点。

到了19世纪末期，人们对传记的认识逐渐发生了变化。随着传记的不断发展和演变，人们逐渐认识到传记不光是讲述历史，而且是对历史的描写；它不单单描绘一个人的某一方面，而且是对这个人全方位的刻画。传记一方面要准确无误地列举出关于传主的大量事实和证据，另一方面还需要传记作者对这些事实从合适的角度加以阐释和解读，以便更清晰地展示出传主的性格特点和内心活动。这样一来，越来越多的学者发现历史学与传记有本质的区别，不能将二者混为一谈。美国学者菲力普斯·布鲁克斯（Phillips Brooks，1835－1893）就曾提出："传记，就其真正含义来说，是生平的文学，特别是个人生平的文学"（Novarr 4）。这一观点的提出，表明了传记与历史学的分离。"传记归入文学的范畴，具有标志意义的是英国《牛津字典》对'传记'的定义"（杨正润，2009：22）。作为英语世界权威的工具书，1928年初版的英国《牛津字典》对传记的定义为："传记，作为文学的一个分支，是描述个人生平的历史"（Nicolson，1962：197）。之后，越来越多的专家和学者秉持了这一观点。唐纳德·温斯楼将"传记"定义为："传记属于文学的一个分支，是个人生平的历史"（Winslow 8－9）。1995年版的英国《柯林斯字典》给出的定义是："传记是讲述人们生平的一个文学分支。"

事实上，19世纪以来越来越多的学者将传记归入文学一类，但他们又承认传记与历史同样有着密不可分的关系，即传记同时具有文学和历史学的双重属性，而这一观点也代表了目前"英国学术界和西方学术界的正统观点"（杨正润，2009：22）。另一部权威的英语工具书《不列颠百科全书》也采纳了类似的学术观点——将传记归入了其他文类,但略有不同的是它给出的关于"传记类文学"(biographical literature)的定义和解释是:"作为最古老的文学表现形式之一,它(传记文学)吸收各种材料来源、回忆和一切可以得到的书面的、口头的、图画的等各类形式的证据,力图以文字重现某人——或者是作者本人,或者是另外一个人的生平。"[1]传记具有文学和历史双重属性的观点已得到大多学者的认可。另外,C·休·霍尔曼(C. Hugh Holman)和威廉·哈蒙(William Harmon)编辑的《文学手册》(*A Handbook to Literature*, 1986)这样定义传记:"传记是对某个人从出生到死亡这段生命历史的真实再现,并客观公正地对传主的一生进行阐释和解读以向读者展现一个个性鲜明的全面的传主形象"(Holman and Harmon 56)。综上所述,我们似乎可以说,传记是对某个人一生的重构。它试着去描述和评价某个人的一生,同时塑造具有鲜活个性的传主形象,分析这种个性对其行为和所处时代所产生的影响。

人们对传记的定义经历了从历史学到文学的演变,这并不是个别学者或者是某些传记家的观点和看法,而是反映了人们对传记本身的认识不断发展、不断深化的过程。"虽然传记同时具有文学和历史的双重属性,已是一种普遍的共识"(杨正润,2009:25),然而人们对传记属性的争论还在继续,这个问题也成为传记理论和传记写作实践当中人们关注的核心问题之一。

属 性

传记研究学者大都认为,传记具有真实性、科学性和艺术性三个基本属性。

通过上述对"传记"定义的考察我们可以发现,传记与历史有十分密切的关系。传记记述的是人们的生平,是过去发生的事情。生平是

---

[1] *New Encyclopedia Britannica*. 15th edition, Vol. 23, Chicago: University of Chicago, 1989: 195. (译文参考了杨正润先生的《现代传记学》。)

真实存在过的,是历史的一部分,这就表明历史学对史学著作所要求的真实性和客观性,对于传记作品同样适用。莫洛亚在谈及传记作家对待真实和真相的态度时这样说道:"关于真相吗? 我们应该竭尽全部精力去追求之"(Maurois 103)。同时,"只有真实记录一个人,传记才具有其本体的价值;否则就成为小说或其他文类的附属品,失去了其独立的地位"(杨正润,2009:27)。那么什么样的文本才能符合传记对真实性的要求呢? 杨正润先生对此总结出了四点基本要求,并在此基础上对真实性做了两点解释说明:

第一,作品中的主要人物即传主是真实存在的;

第二,传主生活的历史背景、他同外部世界的关系、他的主要活动及其原因和结果都是真实的;

第三,传主的个性特征、思想意识、情感活动以及人格发展的过程是真实的;

第四,同传主有关的重要人物的生平活动、思想、感情和性格,特别是他们同传记的关系也是真实的。(Ibid.)

这里所讲的真实又包含两方面的含义:一方面是客观,也就是说是应当确实存在过的事实,不能歪曲、也不能杜撰;另一方面是完整,即应当记录各种基本的事实,传记不可能写出有关传主的一切,但不能有意隐瞒那些重要的事实(Ibid.)。真实性是传记的最重要的特征,是传记的生命——没有真实,传记也就不复存在。

传记的第二个属性是科学性,这又包含两个方面的问题。首先,传记写作所依据的材料是经过科学的方法收集来的,既要真实和客观,又要全面并包括精确的细节。为了最大可能地收集关于传主及其相关的历史资料,传记作家通常要付出巨大的努力和劳动。鲍斯威尔为了收集关于《约翰生博士传》的资料,几乎是跟在约翰生身边形影不离,观察他的一举一动、记录下他的每一句话。约翰生去世后,鲍斯威尔耗费数年时间整理他多年来积累的大量日记、笔录和资料,最终完成里程碑之作《约翰生博士传》。美国传记家里翁·艾德尔(Leon Edel, 1907-1997)几乎用尽毕生精力来写作他的五卷巨著《詹姆斯传》(*Henry James*, 1953-1972)。为了更准确、细致地掌握资料,他甚至对传主于某年某月在某地进行了什么样的活动、当时的天气状况、乘车距离和时间都进行了认真的考察。另外,传记作家在收集资料时要有科学的精神,"不能只依据自己的兴趣和需要来选择材料,把那些不适合自己的史实撇开甚至隐瞒起来,如果某些历史事件的资料实在无法获得,也不能任意杜撰,只能任其空缺"(杨正润,2009:28)。

其次,传记作家对收集到的史料要进行科学的辨别。传记作家所收集到的资料有真伪和主次之分,有的还甚至相互抵触和矛盾,"这就需要传记作家具有冷静的、批判的科学精神,要对大量的史料进行清理"(Ibid.),不能盲从,要经过思考和考察来重新鉴别,去伪存真,选择那些真正有历史价值的资料。但是,在传记写作中对于这些大量真实的资料也要进行合理的分类和筛选,收录最重要、最有价值的,摒弃较为次要的。可以说,资料筛选是传记写作中最重要、也是最困难的一个阶段。在这个问题上,就需要传记作家以理性的思维并用科学的方法去分析和判断。这正如杨正润先生所说,"如果一部传记不但准确地记述过去,书写出传主的一生和人格发展,而且准确地把握和反映时代的特征,这时传记就具有了科学的属性"(杨正润,2009:29)。

传记的第三个属性是艺术性。英国传记作家斯特拉奇曾谈到,"历史不是事实的堆积,而是它们之间的关系……事实同过去有关,如果不用艺术把它们结合起来,那就是资料汇编,资料汇编是有用的,但是它们比起黄油、鸡蛋、盐和香草做成的煎蛋饼,并不更像是历史"(转引自Maurois 110 - 111)①。这表明,对历史事件的简单堆积只是编年史而不是传记,传记是对历史资料的有机整理和结合。虽然历史是传记的基础,但是作为以人为中心的传记却与文学有着必然的联系。文学是文字和写人的艺术,传记也同样如此。一部传记文学作品不仅要忠实地记录传主的一生,还要描绘出传主鲜明的个性、为读者勾勒出传主的

---

① 译文参考了杨正润先生的《现代传记学》。

真实形象、表达出传主的丰富情感和内心世界,这些都需要艺术的创作和表现手法。

18世纪西方现代传记诞生以后,不少传记作家表现出了对传记艺术的追求,其中尤以鲍斯威尔的《约翰生博士传》最为显著。"约翰生一生中没有经历过多少惊涛骇浪,但是作者却把传主的生平,包括许多琐事也处理得极富戏剧性"(杨正润,2009:49)。这种戏剧性处理使得作品叙事紧凑生动、跌宕起伏,从而进一步激发读者的阅读兴趣。与鲍斯威尔的戏剧化处理方式不同的是,卢梭的《忏悔录》则表现出了清新、坦诚的艺术风格,描写细腻、充满感情。

经历了19世纪的唯美主义思潮后,20世纪越来越多的传记作家和批评家将传记称为一种艺术——传记写作是"一种审美活动,进行精心的构思,借鉴和吸收其他艺术形式的表现手法和技巧,努力使传记作品具有美的形式……而且在语言、结构、叙事话语等各个方面都形成自己的风格,使得传记同其他艺术形式,如绘画、诗歌、音乐、戏剧,具有了相似的艺术精神"(杨正润,2009:50)。莫洛亚在其著作《传记面面观》(*Aspects of Biography*,1929)中甚至用一章的篇幅来阐述和强调传记是一种艺术。然而,由于传记同历史的特殊关系,传记作家不能像其他文类的艺术家一样实现对传记艺术无拘无束的追求,还必须保留其历史属性。所以说,传记必须在文学和历史两者间找到一个平衡点,这好比是戴着脚镣跳舞。对于传记作家来说,一方面要收集大量的真实史料,并以科学的态度和精神对资料进行筛选;另一方面,还要用艺术的手法勾画出一个真实、鲜活的传主形象,从而面临真实性和艺术性的双重考验,这对于传记作家和传记创作是很艰难的。对此,弗吉尼亚·伍尔夫曾提出了著名的"花岗岩"与"彩虹"的比喻。她这样说道,"一方面是真实,另一方面是个性,如果我们认为真实是某种如花岗岩般坚硬的东西,个性是某种如彩虹般变幻不定的东西,再想到传记就是要把这两者融合成浑然一体,我们承认这是个十分棘手的问题。"(Woolf,"The New Biography":229)

总体上讲,传记作为一个古老而又富有争议的文类,经历了曲折、漫长的发展历程。以上对传记发展史的简要回顾、对"传记"定义和内涵的探寻以及对传记属性的阐述,只是为读者勾勒出"传记"的大概。21世纪,随着各种文艺理论思潮的蓬勃发展,尤其是后现代主义理论的兴起,传记又会经历怎样的更新和演变,我们拭目以待。

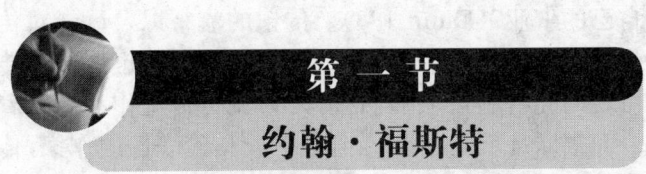

第一节
约翰·福斯特

(John Forster, 1812 – 1876)

约翰·福斯特是19世纪英国著名的传记家、编辑,也是文学巨匠查尔斯·狄更斯非常亲密的朋友。福斯特先后做过《外国季刊评论》(*Foreign Quarterly Review*)、《每日新闻》(*Daily News*)以及《观察家》(*The Examiner*)等的编辑,并著有《查尔斯·狄更斯传》(*The Life of Charles Dickens*, 1872 – 1874)、《兰多传》(*Life of Landor*, 1868)以及《斯威夫特传》(*Life of Swift*, 1875)等传记作品。

福斯特与狄更斯出生于同一年,父亲在当地经营一家肉店。福斯特小时候在纽卡斯尔语法学校接受过良好的语言教育,1828年进入剑桥大学,但是同一年他游历到伦敦意图成为一名律师。不过,福斯特最终发现自己的兴趣并不在律师行业,而是在文学方面,于是转而成为一名新闻记者。进入文学圈后,福斯特凭借自己对戏剧和文学的评论迅速成名,成为19世纪30年代伦敦文学圈子里的著名人物。福斯特在当时伦敦文学圈内的朋友包括英国著名的评论家、散文家查尔斯·兰姆、历史学家、文学批评家托马斯·卡莱尔、诗人、散文家瓦尔特·兰多(Walter Savage Landor, 1775 – 1864)、诗人罗伯特·布朗宁(Robert Browning, 1812 – 1889)、诗人阿尔弗莱德·丁尼生(Alfred Tennyson, 1809 – 1892)等等。不过,福斯特最亲密的朋友还是狄更斯,而《查尔斯·狄更斯传》也成为福斯特最为人所称道的作品。

作为职业传记家的福斯特

19世纪众多的传记家中出现了一位以写传记为职业的传记家——约翰·福斯特。"没有任何另外一个人,能像约翰·福斯特那样将传记写作作为自己的事业"(Dunn 183)。传记的流行以及读者对传记的极大兴趣不仅极大地提高了传记家的社会地位,同时也让这些传记家得到了非常可观的经济利益上的回报,因为流行传记作品意味着畅销以及高收入。而福斯特就是这些传记家中最具代表性的作家,传记历史学家称福斯特"大概是19世纪第一位职业传记家"(Nadel 75)。

在整个19世纪,传记写作基本上都是被作为第二职业。这些作家都有他们自己其他的职业,包括职员、教授、记者、编辑,甚至还有医生和律师等等。但是,随着传记作品的日渐流行,以及稿费和版权费的提高,这些传记作家逐渐放弃了自己原来所从事的职业,专职从事传记写作,从而出现了职业传记家。职业传记家的出现对于传记写作具有非常积极而重要的影响,这些传记作家不再将传记写作作为一项副业,或者作为自己的爱好兴趣来对待,而是抱着一种更加职业化、更加专业化的职业道德态度去从事写作。这样,他们无论是在收集资料、构思写作方面,还是在客观性、精确性、严谨性等方面,都对自己要求得更加严格,也更加投入。

福斯特在成为职业传记家之前是做新闻记者和编辑的。新闻记者和编辑的工作使福斯特具有了灵敏的职业嗅觉,同时对于读者的阅读兴趣和口味也了然于胸。这种工作经历对于福斯特从新闻记者和编辑转变为传记家大有裨益。同时,福斯特也在创作传记作品的时候有意识地将读者的兴趣考虑在内,无论在叙事、文体还是在结构方面都具有自觉的读者意识。在这方面,福斯特可能得益于其朋友狄更斯的创作理念和实践。狄更斯认为流行与经典并不相悖,并不是流行的就不能成为经典。对此,奈德尔评论道:"福斯特是属于将流行作家的天赋与严谨学者的学识和对细节的关注结合在一起的那一类人"(Nadel 70)。这一评论是恰如其分的,《狄更斯传》即充分体现了这一创作思想与理念,既有学术性同时又是畅销作品。

《狄更斯传》

　　福斯特是狄更斯非常亲密的朋友,也是其私人法律顾问。狄更斯在生活中遇到各种各样的困难时都会向福斯特咨询和寻求帮助,有时甚至直接让福斯特作为他的全权代理人,比如狄更斯和妻子的离婚纠纷就是由福斯特出面全权代表狄更斯处理。福斯特不仅仅是狄更斯生活上的伙伴,同时也是狄更斯文学创作上的伙伴。狄更斯经常就创作计划、写作以及修改等等与福斯特一起讨论,甚至有时候当他不在伦敦时,便委托福斯特全权负责一些作品的勘误工作。出于对福斯特的感激,尤其是在婚姻问题方面的帮助,同时也出于对福斯特写作能力的认可和赞赏,狄更斯将他的私人信件都交给了福斯特,委托福斯特为自己作传记。福斯特也没有辜负狄更斯的信任,《狄更斯传》出版后一版再版,成为当时最畅销的作品。考虑到福斯特在写作《狄更斯传》时多病且又年迈,同时狄更斯的妻子和其他家庭成员都还在世等等因素,这部传记写得还是非常成功的。

　　《狄更斯传》中,福斯特对于狄更斯从贫穷走向成功的描述与当时主流观点不尽相同。19世纪的很多传记中的传主都是从贫民窟爬出来的,他们走向成功的道路也大致相似,主人公出身贫苦,却都不甘于现状,具有坚韧不拔的意志和信念、永不服输的精神和斗志,完全凭借自己的努力和吃苦精神,历尽千辛万苦,最终出人头地、走向成功。这类成长故事非常受当时的读者欢迎,而狄更斯本人恰恰是一个典型例子。不过,福斯特并没有简单地将狄更斯的一生描述成一个穷小子的成功故事。在《狄更斯传》中,福斯特认为:童年的苦难经历造就了狄更斯意志坚强、不屈不挠的个性,正是凭借这种个性特征才使得狄更斯最终获得成功。但是成功后这种个性特征变成了过分自信、一意孤行,认为只要有毅力没有什么事是不可能的。福斯特认为正是这一点使得晚年狄更斯变得难以相处、咄咄逼人,也正因此才导致晚年狄更斯的诸多不幸,其中就包括狄更斯同妻子的分离。另一方面,福斯特认为童年不堪回首的痛苦经历成为狄更斯一生挥之不去的阴影,一直困扰着这位伟大的作家,终其一生,他都在试图摆脱这个阴影的纠缠与束缚。因此,

尽管晚年时狄更斯已经享誉国内外了,但是他并不满足,仍然坚持不懈地去追逐成功、追求财富以及社会地位和尊严。福斯特认为正是儿时的悲惨境况使狄更斯产生了一种不安全感,而这种不安全感晚年一直伴随着狄更斯,他害怕失去所拥有的一切,因此便不停地去"攫取",再加上晚年狄更斯身患各种疾病,婚姻问题的不幸等等更是雪上加霜,最后突然辞世。福斯特实际上是在暗示晚年狄更斯的不幸来源于他晚年的性格悲剧,而晚年的性格悲剧又产生于儿时阴影所导致的不安全感。

在传记写作方法上,福斯特借鉴了鲍斯威尔写《约翰生博士传》的方法,强调他同狄更斯之间的亲密关系,在写作传记的时候大量运用他所掌握的狄更斯的书信,尤其是第一卷中大量直接引用了狄更斯同他本人之间的通信,藉以凸显他同狄更斯之间的特殊关系。这一点招致了很多人的批评,人们批评这本传记不应该被称作"狄更斯传",而应该被称作"狄更斯与福斯特先生的关系史",更有批评者认为这本传记是"一本间或夹杂了狄更斯逸闻趣事的福斯特传记"(Nadel 87)。确实,我们从福斯特对狄更斯的刻画中不难发现福斯特本人的影子,或者说是一种深深的认同或"移情"。福斯特本人的童年经历差不多同狄更斯一样,都是从社会底层爬出来的,而且方式也差不多,都是通过文学创作获得社会认可和成功。这从两人都对读者反应极为关注这一方面也可以体现出来。无论是狄更斯还是福斯特,都极为重视读者的阅读兴趣,都将作品在读者中的受欢迎程度列为第一要素。也正因此,两人才成为十分亲密的朋友和伙伴。从某种意义上说,福斯特写的是狄更斯的传记,同时也是在写自己的传记。正如传记批评家莫洛亚在《传记面面观》中所言,传记是一种"披着外衣的自传"(Maurois 125)。奈达尔也认为"福斯特或明或暗地将自己的生活和狄更斯的生活连接在一起,从而写出了非常私人化的传记"(Nadel 89)。在某种程度上说,《狄更斯传》的传主是狄更斯,同时也是福斯特。或者换句话说,《狄更斯传》既是作为小说家的狄更斯的传记,同时也可以被看作是作为传记家的福斯特的传记。

作为19世纪的传记,《狄更斯传》也不可避免地具有这一时期传记作品的共性:作品中的英雄崇拜情结。这一点卡莱尔曾经给予辛辣的讽刺和抨击。实际上,当时的社会历史文化语境决定了只有英雄崇拜型传记在读者中才有市场,也只有英雄崇拜型传记才能成就职业传记家。例如,詹姆斯·弗鲁德因在《卡莱尔传》中披露了英雄人物卡莱尔身上"本该随其一同进入坟墓"的隐私,从此麻烦不断,晚年官司缠身。作为一位极为重视读者和市场的职业传记家,福斯特自是不会去做有悖于读者阅读兴趣、有悖于市场导向的事。为了让自己的作品更有市场价值,为了迎合当时读者的阅读兴趣,在他很多部传记作品中,都存在过分美化传主的倾向。为了达到这一目的,福斯特有时候甚至不惜去牺牲一些传记材料的真实性。《狄更斯传》中,福斯特在材料择取、写作方法上作了一些"处理"和"重新安排",比如:为了体现狄更斯作为伟大作家的高贵和尊严,传记中隐去了狄更斯粗俗、花花公子的一面,也略去了狄更斯对英国未来的悲观态度以及反对教会的观点。

如上所述,对于《狄更斯传》争议最大的就是福斯特对一些资料的改动,导致了一些事实的失真。从传记严谨性、事实性的角度来看,这种做法确实是站不住脚、不可取的;但是,如果我们考虑到英国19世纪维多利亚时期传记写作的特性,那这种做法就是可以理解的。而且,福斯特对资料的改动或调整是出于刻画一个人物形象的角度考虑的。这一做法始自卢卡特,为了达到刻画完整而连贯的人物形象的目的,卢卡特在《司各特传》中也对他所掌握的资料进行了重新"处理"和重新安排,以使这些材料能够更好地为人物形象塑造服务。福斯特更频繁地运用了这种方法。福斯特对材料的"改动"、"调整"、"筛选"主要包括对一些信件的合并处理,对一些日期做一些改动,变换一下事件发生的场景等等。福斯特对此做过解释,他认为对这些材料的"改动"或重新"处理"并没有与原材料相矛盾、相冲突,他之所以要重新"处理"这些材料是因为他并不想让他的传记成为一堆历史事实的简单堆砌,成为一个仅仅是按照时间顺序编排的编年史。他的传记要按照他所了解的人物在他头脑中所形成的人物形象来刻画,要展现一个完整的、有血有肉的、活生生的人物。这一传记写作方法后来得到传记家们的进一步传承和发扬,并得到了更为明确的阐释。"一个真正的传记作家,不应该满足于仅仅去展示材料",真正的艺术家"应该将这些材料在头脑里进行过滤后再呈现给我们",一堆纯粹的细节和资料只有经过传记作家重新过滤、重新"处理"后才能成为"一幅完整的绘画、一件作品"(Saintsbury 107),也只有这样我们得到的才能是一件艺术品。也就是说,在传记写作过程中,传记家头脑中的人物形象可能要比纯粹的事实资料更加重要,在传记家展现传主一生的创作过程中,人物形象占据上风。对此,海兹利特作了更为形象的描述:"我的目标是掌握其语调和举止方式,而不是精确地复述原话或者观点;这就像一个熟人一样,即使你没有听出他说的什么具体的话语,你一样也能辨认出这个熟人说话的声音"(转引自 Nadel 77)。

对福斯特来说,对狄更斯的原始资料进行一些"改动"、"调整"等还出于另外一种考虑:福斯特强烈的读者意识。作为一位职业传记家,市场是一个十分重要的考量因素。只有读者喜欢,才能有市场、有销量,报酬才能得到保障,有保障的报酬是职业传记家著书立说与谋生的前提。因此,福斯特经常会根据读者心目中的传主形象有意识地对材料进行适当的"改动"或"调整",使之符合早已存在于读者心目中的人物形象和个性特征。福斯特这种对传记史料的改动和调整在以后的传记写作中得到传记家更为广泛而自觉的运用,因此,从传记发展史的角度来看,福斯特的这种传记写作方法具有积极的影响。

第二节

詹姆斯·弗鲁德

(James Froude, 1818 - 1894)

詹姆斯·弗鲁德,英国 19 世纪著名的历史学家、小说家、传记家。作为英国当时最著名的历史学家之一,弗鲁德著有《从沃尔西沦陷到击败西班牙无敌舰队的英国史》(*History of England from the Fall of Wolsey to the Defeat of the Spanish Armada*, 1856 - 1870)。而他的传记作品《托马斯·卡莱尔传记》①(Thomas Carlyle, a History of the First Forty Years of His Life, 1882; Thomas Carlyle, a History of His Life in London, 1884)则是19世纪英国传记史上最重要的、最有影响力的、同时也是最具争议的传记。

弗鲁德出生于一个教会家庭,父亲是一位教会执事长,受家庭及其父亲的影响,弗鲁德很早就投身于教会运动。他于1842年加入高教会派(High Church Party),积极参加高教会派的各种运动,倡导天主教改革与教会复兴。但是1845年后,弗鲁德对高教会派的教会复兴运动幻想逐渐破灭,同时受到其朋友兼导师卡莱尔的影响,于1849年退出高教会派,转投清教。期间,弗鲁德陆续发表了一些文章表达自己对天主教的不满和质疑,其中最著名的《信仰的报应》(The Nemesis of Faith, 1849)引起了极大的争论,被称为"背叛手册",遭到反对派公开烧毁。也就是从这一时期开始,弗鲁德的兴趣开始转向历史写作。同卡莱尔的观点相同,弗鲁德也反对科学化的历史写作方法,而主张戏剧化的写作方法。在弗鲁德看来,历史就是一部伟大的戏剧,重点则是人物个性。在他笔下,历史就是一部英雄人物的英雄史。弗鲁德最著名的历史著作是《从沃尔西沦陷到击败西班牙无敌舰队的英国史》,共12卷,第1卷和第2卷出版于1856年,其他10卷一直到1870年才最终完成,前后共花了近20年时间。深受卡莱尔英雄史观的影响,在这部历史著作中,弗鲁德着重突出强调个人在历史中的作用,这部著作奠定了弗鲁德作为历史学家的地位。而作为传记家,弗鲁德最著名的传记作品则是广受非议与争论的《卡莱尔传》。

《卡莱尔传》:权力话语言说与商讨的产物

19世纪行将结束时,弗鲁德的四卷本巨著《卡莱尔传》问世。传记批评家沃尔多·H·邓恩称该传记"标志着英国传记自从鲍斯威尔的巨著诞生以来所取得的最高成就。"但是该传记所引起的争议并不比它

---

① 以下简称《卡莱尔传》。

所取得的成就小,"自其诞生之日起(这里)就成为一个著名的战场"(Dunn 168)。战场上相互争斗的两派可以分别称为传记事实派和道德教化派,传记事实派主张传记写作中传记事实是第一位的,而道德教化派则强调伦理道德教化功能在传记中的作用,认为传记的基本功能就是要引导人们向善,因此,为了实现教导人们向善的功能和目的,必要情况下则可以牺牲传记事实的真实性。从某种程度上说,《卡莱尔传》的争议所掀起的风暴尤胜于其成就所引起的关注,至少在该传记诞生最初的几十年内是如此。围绕《卡莱尔传》所产生的这场争论,表面上看是两种传记写作因素在争夺话语权,深层次上则是两种话语所表征的 19 世纪末英国社会历史文化语境中两种不同的权力关系之间的争斗。在这个意义上,可以说《卡莱尔传》成为了特定的社会历史文化语境中不同的权力关系争斗的载体,同时也是两种权力关系话语言说与商讨的产物。

权力话语是米歇尔·福柯(Michel Foucault,1926 - 1984)提出来的一个术语。在福柯看来,权力就是各种力量之间的相互关系。"权力无所不在,这并不是因为它有特权将一切笼罩在它战无不胜的整体中,而是因为它每时每刻、无处不在地被生产出来,甚至在所有关系中被生产出来,权力无处不在,并非因为它涵括一切,而是因为它来自四面八方"(Foucault,1990:93)。权力永远处于关系中,是力与力之间的关系,权力存在于差异性之间。因此,权力是复数的、变动的。福柯把"话语"与"权力"结合在一起进行考察,认为社会制度、权力机制对话语实践有着不可忽视的影响。福柯认为,"在每一个社会中,话语的生产都是根据一定数量的程序被控制、选择、组织和再分配的"(Foucault,1972:216)。任何话语的形成都是权力和知识作用的产物。在福柯看来,我们通常看到的某种具有历史性的表述,都是经过具有约束性的话语规则的选择和排斥之后的产物。

"商讨"是新历史主义者格林布拉特(Stephen Greenblatt,1943 -)的一个重要术语。格林布拉特认为,文学文本与非文学文本、社会历史语境处于不断的相互流通之中,是一种互动关系。格林布拉特把文学文本产生并具有"意义"的运作过程称作"商讨"。"艺术作品是掌握了大量复杂的、群体公认的创作成规的创作者或创作者群体同社会机制和实践商讨的产物。为达成商讨,艺术家需要创造出一种在有意义的和互惠互利的交换中适用的通货"(Greenblatt,1989:12)。

要理解《卡莱尔传》所掀起的风暴与争议,首先要从其传主卡莱尔谈起。卡莱尔是19世纪英国史学界和文学界的重要人物,被尊称为维多利亚时期的圣人,他的作品深刻地影响了英国19世纪社会、政治、美学思想。英雄史观是卡莱尔一个非常著名的观点,认为"世界历史是伟人的传记"(Carlyle,1897:12)。卡莱尔认为人们对英雄、对名人都普遍存有一种出自本能的好奇心,这种好奇心会成为人们的一种持久的兴趣,促使人们去阅读和撰写传记。这样一位在当时极有影响的名人去世后自然少不了有关他的传记,但是真正有影响并流传下来的只有弗鲁德的四卷本巨著《卡莱尔传》,同时也是争议最为激烈的有关卡莱尔的传记。

对于传记写作,卡莱尔认为传记作家务必要讲述事实,传记作家应该大胆地记述事实,"传记作家应该讲述事实,除了敬畏上帝外,不应该有其他任何形式的恐惧"(Dunn 172)。他鄙视当时那些撰写得小心翼翼、唯恐得罪人的传记。在卡莱尔看来,人生在世,不可能不冒犯别人,也不可能不被别人冒犯,作为一名传记作者,就是要忠实地将所有这些全部记述下来。卡莱尔在对卢卡特的《司格特传》的评论中说:

> 祈福甜言蜜语的英国传记吧,它是多么得体,多么有分寸。"崇敬"这把达摩克利斯之剑永远高悬在可怜的英国传记作家头上(就如同它悬挂在英国人普通生活中一样),使得传记作家濒临瘫痪的边缘。长久以来,英国传记作家一直认为假如他在传记中写的任何事情有可能会冒犯任何人的话,那么他就写错了。恰当地说,这样做所产生的一个显然的后果就是什么样的传记也产生不出来,无论什么形式。(转引自 Cockshut,1974:148)

因此,如果传记缺失了事实,传记就不能称为传记。在批评家批评作家卢卡特将私生活写进传记中这件事情上,卡莱尔说:"指责卢卡特进行'人身攻击、不审慎、侵犯私生活的神圣性'胜过了对其作品的许多赞誉"(Dunn 172)。在卡莱尔看来,这不仅不能看作是卢卡特的缺点,而恰恰说明了卢卡特没有对"私生活"进行避讳,这是一种尊重事实的做法,这种传记有别于歌功颂德式传记,也正是当下英国传记应该着力之所在。从以上卡莱尔对卢卡特及其传记作品《司格特传》的评论中可以清楚地看出卡莱尔对于传记事实的强调与重视。在对于传记事实的忠实性方面,弗鲁德与卡莱尔可谓一脉相承,如出一辙。作为卡莱尔的学生,弗鲁德继承并进一步实践了卡莱尔的传记写作理论。作为传记作家,弗鲁德反对歌功颂德式的传记写作方法,主张传记当力陈事实。弗鲁德曾这样阐述他与卡莱尔之间的关系,"从我开始了解他的作品的时候,我就将他看作是我自己的导师和大师。假如我写任何东西,我都认为是在为他而写"(转引自 Cockshut,1974:148)。在《我与卡莱尔的关系》("My Relations with Carlyle",1903)一文中,弗鲁德进一步具体地阐述了他的传记写作观,尤其是对于传记事实的重视。"过去的有关伟大人物的传记,尤其是那些伟大精神导师的传记,这其中当然也包括关于卡莱尔的传记在内,都是没有价值的、令人难以置信的颂词,人物刻画一点阴影也没有,因而是虚假的、保守的、毫无价值的"(转引自 Dunn 172)。弗鲁德认为,传记作家如果不将自己所知道的有关传主的一切事实都讲出来,这样的传记就不仅仅是毫无价值甚至是更为糟糕。因此,在任何情况下,传记作家都必须忠实于他所掌握的事实,即使他有时候可能会"犯一些错误"。弗鲁德是这样说的,同时他也是这样做的,在《卡莱尔传》中,弗鲁德实践了他自己的这些传记写作理论。《卡莱尔传》不仅仅刻画了卡莱尔这个天才人物所取得的伟大的历史成就,同时也揭露了他的自我中心主义、极度自负、神经质般的易怒的脾性。

自《卡莱尔传》出版后,其所引起的争议可以说使弗鲁德永无宁日。争议主要集中在两大方面。首先,传记中所刻画的卡莱尔的"另一面"是否真实?弗鲁德是否是恶意歪曲事实、颠倒是非?第二个问题:即使这些"另一面"是真实的,弗鲁德到底应不应该将这些内容披露,尤其是那些涉及到卡莱尔以及卡莱尔太太之间婚姻关系的私生活问题?

对于第一个问题,反对者之一梅森(David Mason)教授曾抱怨说:

"在弗鲁德所刻画的卡莱尔身上,我看不出我所认识的那个真正的完完全全的卡莱尔"(转引自 Dunn 175)。对此批评,邓恩给予了反驳,认为这是再正常不过的事情了,并进一步说假如梅森为卡莱尔撰写传记,那也仅仅是梅森眼中的卡莱尔,而不是弗鲁德或者其他人所认识的卡莱尔。邓恩认为,"传记体现了传记作家对于传主的认识和构思,正像一幅肖像画体现了画家对于人物的认识,……我们眼中所看到的这个人物的某些方面,可能画家并没有看到。因此,传记中的传主并不是传主所有的朋友所认识的实实在在的人"(Dunn 176)。任何一部传记都不可能让所有认识传主的人在其中找到他或她所认识的传主,因为,每个人眼中的传主都是不一样的。一千个读者眼中会有一千个哈姆雷特。英国维多利亚时期著名知识分子莱斯利·斯蒂芬(Leslie Stephen, 1832-1904)对英国传记深有研究。对此,他认为,不能将《卡莱尔传》看作是卡莱尔本人生平的完完全全的真实记录,它"只是从一个特定角度所观察到的一个真实方面"(转引自 Dunn 176)。

在这方面,我们或许可以借用新历史主义"文本的历史性"(the historicity of the texts)和"历史的文本性"(the textuality of history)这一对术语进一步对此进行阐释。根据新历史主义理论家蒙特洛斯(Louis A. Montrose)用文本的历史性与历史的文本性对文本历史问题所作的描述和概括,"文本的历史性",是指"所有的书写形式——不仅包括批评家所研究的文本,而且也包括人们身处其中研究其他文本的文本——所具有的特定的文化性和社会性。"所谓"历史的文本性",是指如果没有社会历史保存流传下来的文本,我们就无法了解历史,因此,历史和文学文本一样也是一种叙事,具有主观性与虚构性;这些历史中的文本在历史长河中转变为"历史文献",成为历史学家撰写历史的基础,并再次成为文本阐释的解读媒介(Montrose 19-20)。在新历史主义眼中,历史是建构的历史,在每个建构者的作品中都会体现建构者自己的体察、经验和认知。同样,传记作品也是传记作家建构的"历史"产物,我们不能也无法据此"历史"产物来还原历史中那个实实在在的存在。传记作家的社会经历、思想观念、写作经验与水平、与传主的关系以及当时特定的语境等等诸多因素都会对传记作家产生深刻的影响,直接或间接地规范或制约传记作家对传记的建构。

从上面的论述中我们可以看到,要从传记作品中去还原历史中那个本真的传主,注定只能是一种奢望,一种遥不可及的梦想。不仅仅《卡莱尔传》是如此,任何传记都是同理。不过,这并不等于说我们就可以随心所欲地去进行建构。恰恰相反,我们更应该尽最大努力、想方设法地去接近那个本真的传主,最大限度地去再现那个历史真实。而这正是当时许多批评家对《卡莱尔传》的观点。英国学者尼柯尔森称读完《卡莱尔传》,给人留下的最终印象是一种"完全的、令人信服的真实存在"(Nicolson,1933:129)。邓恩认为,在主要的人物特点上面,弗鲁德刻画的是一个真实的卡莱尔。W. G. 科林伍德(W. G. Collingwood)认为虽然弗鲁德所刻画的卡莱尔使人震惊,但是他"只不过在讲述事实"(转引自 Dunn 177)。美国诗人沃尔特·惠特曼(Walt Whitman,1819-1892)认同这一点,认为弗鲁德不过是刻画了一个真实的卡莱尔而已,"这就是卡莱尔:不是他应该成为什么样的人的描述,而就是卡莱尔其人"(转引自 Dunn 177)。

这场争议中的第二个问题——也是最核心的问题——是反对者指责弗鲁德揭示了不该揭示的东西,他们认为这些私生活方面的事情应该随着卡莱尔入土为安,长眠于地下。他们指责弗鲁德对有关卡莱尔的传记材料"处理不当",公开发表了大量不应该为世人所知的事情,尤其是当这些事情牵扯到卡莱尔夫人的时候。这涉及到传记写作中的避讳问题。古今中外,由于受到各种各样的因素的影响,传记文学中大量存在着隐讳、避讳现象。出于各方面的考虑,传记作家对于传主的一些缺点或弱点并不是如实描写,而是有意地、人为地省略掉,掩盖起来。如中国古代就有为尊者讳、为亲者讳、为贤者讳的传统。《卡莱尔传》遭到批评和反对的主要理由也是如此,批评者和反对者们认为传记的主要目的和宗旨是教导人们行善、向善,而传主在其中扮演着言传身教的角色,起着伦理道德教化的作用。弗鲁德揭示出这些不该揭示的东西,如何让卡莱尔这个当时的圣人为社会、为普通大众树立楷模和典范,道德导向功能又如何实现呢?因此,人们公认弗鲁德表现出了一种极差的品味,他被称作"犹大、叛徒、食尸者"(Nicolson,1933:130)。这些词语的寓意不言自明：弗鲁德背叛了卡莱尔，辜负了其导师的托付，"亵渎了私生活的神圣性"，揭露了那些不应该被揭露的内容。在他们眼中，弗鲁德将这些本该永远被埋藏在坟墓中的秘密揭示出来，这是一种毫无同情心的做法。人们更加担心的是，这种"食尸式"的传记写作方法会将传记写作引向何方，在哪里终结？

上述这两个关于传记事实与私生活避讳的争论其实涉及到英国19世纪两种权力话语——传记事实与伦理教化——之间的激烈交锋，《卡莱尔传》则是这两种权力话语之间言说与商讨的结果与产物。

卡莱尔等人对于传记事实的召唤表明人们已经不满足于当时那种充斥于传记写作中的歌功颂德、树碑立传、虚美隐恶之风，转而呼唤新的传记事实的到来。之所以称之为新的传记事实，是为了区别于以往的传记事实，当然，并不是要否定与质疑以往的传记事实，而恰恰是对其的补充与扩展。按照赵白生的观点，传记事实指的是"传记里对传主的个性起界定性作用的那些事实"（赵白生，第 14 页）。本书所说的这种新的传记真实不仅仅是局部的真实，而是全部的，传记作家所能搜集到的所有的事实。按照福柯对于权力话语的论述，这种对于传记真实的呼唤成为当时一种举足轻重的权力话语，规约着传记作家对于传记的写作，影响着传记批评家以及读者对于传记作品的批评、欣赏和阅读。与此同时，19世纪维多利亚时期另外一种重要的权力话语——伦理道德教化功能——也还在大行其道。传记的伦理教化功能——教导人们要热爱美德，或警示人们不要重蹈坏人的覆辙——一直以来就是英国传记的一个很重要的功能。而在维多利亚时期的英国传记中，这种"好人好事，坏人坏事"（Nicolson，1933：18）式的传记写作方式更是达到了顶峰。历史学家帕丁（Robert Partin）教授称那个时期的传记"几乎全都是颂辞"（Partin 303）。道德和宗教教诲功能成为传记写作因素中一项占支配地位的要素，成为一种前提条件。弗鲁德正是身处这两种权力话语的影响之下，一方面他不可避免地要受到当时占统治地位的社会风气的影响；同时，作为卡莱尔忠实的门徒，弗鲁德继承了卡莱尔要么忠实记述要么就不要去写传记的观点，十分重视传记事实问题。对于卡莱尔的缺点，对于他婚姻生活的不幸，是如实陈述还是顺

应传统保持缄默,与当时的社会风气同流合污?对此,弗鲁德经历了"异常艰难的心理抉择"的过程(Cockshut,1974:169)。从他后来的言论中我们可以发现他思想中的这种斗争过程。他曾经这样说道:"有一些事情我宁愿一无所知,因为我无法忘却,因为它必然会影响到我要说的所有事情,但是如果可能的话,我考虑我必须尽量将它隐藏起来"(Ibid. 165-166)。由此可见,弗鲁德对于如何处理涉及卡莱尔婚姻生活中的敏感问题是非常矛盾的,深陷传记事实与伦理道德教化两种权力话语斗争的漩涡中。一方面,对于传记事实的尊重使得弗鲁德难以真正做到像他自己所言将某些问题"隐藏"起来,同时弗鲁德又深知这些问题对于全面理解卡莱尔的个性特点十分重要,是具有重要传记价值的材料。另一方面,弗鲁德也明白将当时人们心目中的"圣人"卡莱尔的这些问题公之于众,对于当时将传记道德教化功能看作是一项重要的、甚至主要的功能的大众而言,其引起的影响及震撼力将是史无前例的。不过最终弗鲁德还是选择了尊重事实,将卡莱尔作为一个"人"而不是作为一个毫无缺点的完美的"圣人"来刻画。正像弗鲁德后来自己所言,"他是一个人,与其他普通的人一样有自己的缺点。我认为我的感受别人经过一段时间后也会感受到,但是我知道最初的印象肯定是痛苦的"(转引自 Broughton 130)。不过这两种权力话语的斗争和商讨并没有以传记事实的完胜和伦理道德教化的完败而告终。在描述卡莱尔的缺点尤其是卡莱尔夫人由于婚姻生活的不幸所遭遇的痛苦和折磨时,弗鲁德采取了一种暗示的语言修辞手法。卡莱尔是"一个难以相处的丈夫","要是威尔士小姐(指卡莱尔夫人——笔者注)嫁给了她自己生活圈子里的某个人的话,她会过上一种更加快乐的生活;假如卡莱尔由他妈妈或姐姐来照顾,他的生活可能会更成功一些"(Cockshut,1974:168)。在这里,我们能够深刻地感受到伦理道德教化功能的存在及力量。另外,从上面的论述中我们可以看到这种力量在《卡莱尔传》面世后显得尤为强大,弗鲁德所希冀的"经过一段时间"人们能够像他那样感同身受的局面在他有生之年并未出现。相反,在他的余生,他都在为他的选择而"还债",一直备受责难,难得片刻安宁。不过,在经过了比弗鲁德所言的"一段时间"更长的时间后,弗鲁德的贡献及其在英国传记发展史上的地位终于得到了历史以及人们的认可。

早在 1916 年,在这场关于弗鲁德—卡莱尔的争议风暴经历了甚嚣尘上、刚刚走向平息之时,邓恩就在其《英语传记》(*English Biography*)中断言,"可以肯定的是他(弗鲁德)遭受到了非常错误的评判,严重的诽谤,以及不公平的谴责",并大胆地预言,"在风暴过后,弗鲁德会得到他所应当得到的评价,而《卡莱尔传》也会毫无疑问地在英语传记史上的显赫位置占有一席之地,对于这一点,那些并不友好的批评家现在已经开始不情愿地承认并做出让步了"(Dunn 168)。事实证明,邓恩无疑是正确的。在《英国传记发展史》(*The Development of English Biography*,1927)中,尼柯尔森认为弗鲁德"复兴"了"严格意义上的传记"(Nicolson,1933:127)。P. H. 布朗认为就传主的声名和威望以及传记作家的写作技巧方面而言,《卡莱尔传》可以说是"那个时代的代表性作品,在这方面,只有鲍斯威尔的《约翰生传》可以与之相提并论"(转引自 Dunn 178)。假如说弗鲁德并不是第一个吃螃蟹的人(上文提到卢卡特曾因为涉及敏感的私生活而受到责难),他至少也是第一个因为吃螃蟹而引起轩然大波、给自己带来难以想象的麻烦的人,是引起争议最大的人。正如批评家所言,与弗鲁德所遭受的批评和指责比较起来,对卢卡特的批评简直就像"夏天的微风"(Dunn 168)一样。正是在这个意义上,美国著名传记批评家约翰·葛拉提(John A. Garraty)认为弗鲁德"掀起了一场从传记内部进行改革的运动"(Garraty 108)。随着这场运动的进一步发展与深入,传记中弗鲁德所暗示的有关卡莱尔及其妻子婚姻私生活的问题是否真实已经不是最为重要的事情了,重要的是这场争议在传记作家、传记批评家、普通大众之间掀起了一场史无前例的、轰轰烈烈的关于传记事实与伦理道德关系的争论。对此,葛拉提说:"即使弗鲁德的《卡莱尔传》并没有宣告传记新时代的来临,它至少引起了人们对传记本质的大讨论"(Garraty 105)。无论是从传主卡莱尔在当时的地位和声誉所产生的影响力,还是从《卡莱尔传》本身所掀起的波澜及其影响来看,传记作家弗鲁德都可以说是一位先驱者,吹响了向维多利亚时期虚美隐恶的传记写作方式宣战的号角,开启了传记写作新思路的篇章。从传记发展史的角度看,《卡莱尔传》标志着传记发展史上的一个转折点,意味着"新"传记时期——英国传记发展史上的又一重要阶段——的到来已经不远了,因此是具有划时代意义的。在这个意义上,《卡莱尔传》或可被看作是"新传记"的敲门砖。

第三节

约翰·莫莱

(John Morley, 1838-1923)

约翰·莫莱是英国自由党政治家、传记作家和报纸编辑。莫莱的父亲是一位医生,希望儿子能成为一位牧师。但莫莱不顾父亲的反对,决定从事新闻事业,进了《星期六评论》(Saturday Review)工作。作为约翰·斯图尔特·穆勒的信徒,他发现《星期六评论》过于保守,1866年他获得了《双周评论》(Fortnightly Review)的编辑工作,他的文风透露了他是一个自由主义者。1880年5月,莫莱被任命为《帕尔摩报》(Pall Mall Gazette)的编辑,他给予了首相格莱斯顿及其政府坚定的支持。1883年莫莱入选下议院,莫莱将《帕尔摩报》的编辑事务交给了他的副手,而他继续编辑《麦克米伦杂志》(Macmillan's Magazine),直到1885年被任命为威士事务大臣。1892年格莱斯顿当选首相后,莫莱又被任命为爱尔兰事务大臣。然而,他试图说服国会接受爱尔兰地方自治的努力以失败而告终。1905年,当亨利·甘贝尔·班纳曼(Henry Campbell-Bannerman)当选首相的时候,莫莱重返政府,担任印度事务大臣,在班纳曼的继任者赫伯特·阿斯奎斯(Herbert Asquith)治下,莫莱仍然担当印度事务大臣。后来莫莱由于反对英国参与第一次世界大战,于1915年辞去政府的职务。

莫莱一生在文学上花了大量时间,在传记上的贡献尤为巨大,著有多部传记,传主涉及多个领域,政治家传记主要包括《伯克传》、《伏尔泰传》、《卢梭传》、《理查德·科布登传》、《奥利弗·克伦威尔传》、《沃波尔传》、《威廉·格莱斯顿传》；思想家传记主要包括《百科全书编撰者狄德罗传》。这些专著奠定了他作为一个卓越的英国作家的地位。

《威廉·E·格莱斯顿传》

三卷本巨著《威廉·爱德华·格莱斯顿传》①（*Life of William Edward Gladstone*，1903）是约翰·莫莱的扛鼎之作，为他在传记史上写下了浓墨重彩的一笔。该书一经问世，便迅速成为各类读者研究格莱斯顿的首选材料，甚至一度与班扬的《天路历程》一起，成为许多英国人的必读书目。不仅如此，其学术价值也得到学界的充分肯定，英国当代格莱斯顿研究专家比尔格尼（E. F. Biagini）曾说过，约翰·莫莱的《格莱斯顿传》"影响了20世纪前70余年所有从事格莱斯顿研究的学者们"（Biagini 129）。时至今日，莫莱的《格莱斯顿传》仍被公认为从事格莱斯顿研究的后辈学者必读的入门书之一。

《格莱斯顿传》是莫莱为传记发展史留下的宝贵遗产。传主本人的特质为这部传记平添了生命的光辉。整部传记条理分明，莫莱将格莱斯顿塑造成一位品行高尚、人格魅力超群、能力出众、精力过人、极富正义感和同情心、事业心极强的实干政治家。莫莱当然不会忘记强调这位伟人与自由党和自由主义事业之间的特殊关联，事实上，莫莱著作中三分之二以上的篇幅，都被用来塑造格莱斯顿的自由主义政治家和改革家形象；他还把格莱斯顿塑造为一位具有欧洲和世界影响的政治家，突出格莱斯顿作为自由主义外交路线和政策决策者与执行人的国际声望。总之，莫莱对格莱斯顿的政治人生做了较为完整而系统的描述，向人们展示了一位伟大政治家的高大形象。

毋庸置疑，莫莱的《格莱斯顿传》的优点颇多，正如福特所说，由莫莱来为格莱斯顿写作传记，"在许多方面称得上是一项上佳的选择"（Foot 26）。首先，记者出身的莫莱文字功底深厚，文笔生动流畅且堪称优美，读来引人入胜。他所显示出的文字组织和驾驭能力，是这一大

---

① 以下简称《格莱斯顿传》。

部头著作赢得广泛读者的重要原因。其次,莫莱作为曾经与格莱斯顿有着密切接触的朋友和同事,具备了其他人所无法具备的特殊优势,能够近距离观察和体会现实生活中格莱斯顿的方方面面,了解并掌握这位伟大政治家不易为人所知的一些细节。而由于莫莱属于他那个时代"思想最为敏锐"的知识分子之一(Foot 26),这些亲身经历和感受在为他的写作提供难得素材的同时,也使他能够站到一个特殊的高度,对他的传主做出令人信服的描述。其三,莫莱视野开阔,他并未使自己局限于单纯的个人传记,而是将他的传主置于19世纪宏大的历史背景中,从而令他的著作颇似一部贯穿着格莱斯顿行迹的英国政治史著述(Morley 1-2)。正因为如此,《格莱斯顿传》自问世之日起,即被置于19世纪英国史研究的主要原始资料之列,并一直被作为"权威性的指南"提供给那些探讨政治史或宪政史的后学(Foot 27)。与此相关的是,其四,莫莱的著作运用了大量第一手资料,包括格莱斯顿个人文档、信件以及极具"私人性"(Morley 7)的日记,还包括经王室特许而得以查看并引用的一些重要档案文件,以及其他各种来源的材料。由于有丰富且较为翔实的材料作为支撑,整部著作更像是出自专业历史学家之手的历史著述而非一般文学类传记作品。

莫莱的《格莱斯顿传》是格莱斯顿研究的奠基之作,其影响非同一般。不过,即使是这样一部宏著也存在着瑕疵甚或缺陷,而由于该著一向被奉为权威著作,相当程度上会影响到诸多格莱斯顿研究者的基本取向。因此,指出其中所存在的问题就显得尤为必要了。

莫莱此著的第一个问题就是作者的立场不够客观,这源于他本人对于格莱斯顿的景仰,因此全著浸透着对格莱斯顿的褒扬赞颂之意,难免有过誉之嫌。从一开始,莫莱的目的就非常明确,他要为自己所景仰的领袖树立一座巨大而辉煌的纪念碑,事实上,在该著的"序言"中,莫莱即坦率地承认,"任何读者"都不应指望他的这部传记作品"会不带一丝偏见"。尽管他同时强调他的著作中至少"没有任何违背真正事实的偏见存在",但他又说,那种对一部怀着"忠诚和真挚的怀念之情"而作的著述所采取的"超然中立"的态度,将会是"令人厌恶的、不和谐的,也是不可能的"。莫莱甚至说,如果他的著作中"没有丝毫偏颇的迹象和丝毫偏见的证据",他会为此而"发自内心地感到难过"(Morley 5)。以莫莱的才智,当然不至于愚蠢到公然违背常理,赤裸裸地宣称把自己的偏见强加于格莱斯顿身上;这里,莫莱实际上运用的是以退为进的策略,最终的目的是要证明,所有的"偏见"都无需存在:因为格莱斯顿的伟大足以让任何"喋喋不休的吹捧和冗长乏味的赞词"成为不必要和多余(Morley 5)。诚然,格莱斯顿的高尚人格和杰出政治才能是不容置疑的(Jagger 12),而任何为格莱斯顿立传的作者都不可避免地带有他本人对格莱斯顿的褒贬看法,但对于莫莱而言,真正的问题是他对于格莱斯顿的特殊感情,使他从一开始就无法摆脱个人情感因素的影响,客观地再现格莱斯顿的一生。对此,一位当代颇有影响的格莱斯顿传记作者评述道,莫莱受命而作的格莱斯顿"墓碑"(《格莱斯顿传》)"尽管居于此类作品的最顶端,但在今天看来,也因此而不可避免地显得格式上有些过时、内容上则过于恭敬"(Jenkins 15)。

　　莫莱《格莱斯顿传》的第二个缺陷就是全书布局安排比例不合理。纵观整部三卷本著作,作者只用了一卷的篇幅来描述格莱斯顿人生的前50年(1809 - 1859),而这五十年涵盖了格莱斯顿政治人生中较长一段持反自由主义和非自由主义立场的时期。相较而言,对于从格莱斯顿1859年加入自由党到其辞世,莫莱却花了整整两卷的篇幅。莫莱刻意压缩了格莱斯顿前期生涯所占篇幅,有效地回避或掩饰了格莱斯顿当初作为反自由主义的托利党人或非自由主义的保守党人时保守甚至反动的言行和思想。而即便是在被大大压缩了的第一卷里,人们也很难读出格莱斯顿曾经具有保守的、"一度甚至是极端反动的一面"(Foot 331)。此外,这一布局安排上的前轻后重,不仅使莫莱得以倾注大量笔墨把格莱斯顿塑造为自由主义的伟大象征,还凸现了自由主义相对于保守主义所具有的某种政治优越性。究其原因,这与莫莱的政治立场不无关系。作为自由党和自由主义的拥护者,莫莱本人在自由党内也拥有着特殊身份和地位。这使其难免要从当时政党斗争的现实需要出发,借格莱斯顿之名,强调自由党和自由主义对于保守党和保守主义的正当性和优越性。作为自由党领袖和自由主义的化身,格莱斯顿便是一种象征,格莱斯顿的伟大也象征着自由党和自由主义的伟大。有必

要指出的是,这一布局安排上的前轻后重,其本身就是一个不小的缺陷。它在使人们轻视乃至忽视前期格莱斯顿研究方面起了明显的误导作用,而轻视或忽视对格莱斯顿人生前 50 年的研究,使得格莱斯顿这一重要历史人物,往往以"半截子"形象呈现在人们面前,从而经常成为人们所误解的对象。

莫莱著作中的另一个重大缺陷,是莫莱本人在全书开始时就明确承认的:"有关格莱斯顿先生作为神学家与教徒的详细历史,将不见于本书,对此缺憾,本作者比任何人都更为清楚"(Morley 23 – 25; 69 – 73)。既然莫莱"清楚"地意识到"缺憾",为何仍然对格莱斯顿的宗教生活避而不谈呢?这是因为莫莱是一位不可知论者。莫莱和格莱斯顿家人都认为,像他这样一个无神论者,不应该试图对格莱斯顿的宗教生活做详细的分析。所以格莱斯顿家人在授权莫莱为格莱斯顿写传的时候,就与其达成了一项协议:他"不能全面地介入格莱斯顿的宗教生活"。对此,格莱斯顿的日记编者福特就曾指出:"选择莫莱从一开始就给格莱斯顿的传记带来了一个严重的障碍"(Foot 26)。由于存在着这一明显缺陷,莫莱的《格莱斯顿传》只能算是一部有关格莱斯顿的政治传记。因为对于格莱斯顿来说,"宗教始终是他的人生指南","宗教几乎受到了和政治同样多的关注"(Brooke & Sorensen 6),离开了宗教,不仅使格莱斯顿的政治生活因与其精神追求相脱离而无法得到真正透彻的理解,更失去了读者对格莱斯顿全面认识的可能。莫莱对此知之甚深,他在《序言》中这样说道:格莱斯顿"不仅是一种政治力量,而且是一种道德力量";"格莱斯顿先生爱教会一如其爱国家";"在他的心里,政治生活只不过是他宗教生活的一部分而已"(Morley 200)。

如果说莫莱因为有约在先而不能触及格莱斯顿精神生活的深层是受制于外在条件的约束,尚属情有可原,那么,他对于最具私密性和可靠性的第一手资料——格莱斯顿日记的随意处置以及由此而导致的讹误和错漏,则难辞其咎。当初莫莱写作《格莱斯顿传》的时候,能够目睹记录格莱斯顿人生轨迹、展示其心灵活动细节及有关较为敏感的个人隐私的日记,既显示出莫莱有着一般作者所无法企及的资料优势,也在无形中增添了莫莱著作的可信度,并大大加重了其著作的分量。格莱斯顿的日记对于莫莱著作的撰写及其最终成形具有相当重要的影响,福特教授指出:"莫莱对格莱斯顿日记内容所作的处置——包括他在自己著作中加以引用的日记内容,和他有意加以忽略的内容——对莫莱著作特点的形成起到了一定作用。而这又成为广为人们所接受的对于格莱斯顿的看法的来源"(Foot 25)。不过,莫莱在《格莱斯顿传》中实际采取的处理格莱斯顿日记的方式及其所造成的后果却完全不能令人满意。据福特教授统计,在莫莱书中所引用的 500 多段格莱斯顿日记中,一半以上存在抄写错误,尽管这些笔误大多无关紧要,但这足以让人对他处理史料的方式表示怀疑(Ibid. 27)。除了这种誊抄错误,莫莱还常常随意在日记中添加或省略字句,其中有些省略源于疏忽大意,个别则是出于对格莱斯顿形象的维护。莫莱在引用格莱斯顿日记时的取舍及其在著中对日记的任意增删,虽然有助于他按照自己所构想的格莱斯顿形象,而不是格莱斯顿的实际形象来塑造他心目中的伟大领袖,但这既破坏了日记的原貌,也使他的著作因此失去了史料上的可靠性。莫莱的《格莱斯顿传》在引用史料方面的错误之多,使得福特教授不得不发出这样的忠告:"在可能的情况下,未经与更为可信的文本核实,任何人都不应引用莫莱在《格莱斯顿传》中引用过的任何材料"(Ibid. 29)。莫莱在引用格莱斯顿日记时的种种失误乃至错误,在《格莱斯顿日记》已悉数问世的今天,似乎并不是很严重,不过,对于那些无法或者无意于阅读《格莱斯顿日记》的人们,莫莱的《格莱斯顿传》却仍然可能会制造误解,造成以讹传讹的渊薮。

莫莱的传记作品鼓舞了包括巴基斯坦建国之父穆罕默德·阿里·真纳(Mahomed Ali Jinnah)在内的许多 20 世纪领袖人物。奥地利古典自由主义理论家弗里德里希·哈耶克(Friedrich Hayek)在 1944 年曾写道:

> 毫不夸张地说,莫莱是英国自由主义政治智慧的杰出范例,而喜欢莫莱的人们,更加欣赏的是他作为杰出的传记作家在塑造格莱斯顿伟大形象中所表现出的文艺修养。(转引自 Wolpert 109)

莫莱的《格莱斯顿传》在英国传记发展史留下了浓墨重彩的一笔，其在传记发展史上的地位是毋庸置疑的，但其不足和存在的问题或错误也是很明显的，我们应采取一种批判继承的方法来研究与引用，这样也更加有利于传记文学的发展与繁荣。

第四节
传记理论

(Poetics of Biography)

1791年，鲍斯威尔的《约翰生博士传》问世并引起了后来评论界的激烈争论。一方面，鲍斯威尔擅长对传主的一言一行进行细致入微的记录，后人力图模仿其范式写作传记，但却苦于缺乏鲍斯威尔那样细腻的笔法，也无法如鲍斯威尔那样孜孜不倦地大量收集传主的生平材料。另一方面，也有人批评这部传记，认为它冗长繁琐，偶像崇拜与溜须拍马之嫌展露无遗。在浪漫主义思潮的推动下，人们更加看重的是人的主观内心世界，注重个人情感的表达，而这些正是侧重反映传主性格外在表现的《约翰生博士传》所缺乏的。以卢卡特和柯尔律治为代表的浪漫派坚决反对鲍斯威尔式的传记，认为传记家也是艺术家中的一分子，并非是把个人感情排除在外的历史学家，传记除了需要反映客观事实以外，更重要的是去表达情感。但也有观点认为，过度地探究传主的心理、情感以及私生活有失道义，传记家可以同情传主，甚至设想自己就是传主，但却不能将自己所知全部公之于世。然而，一味地同情只会导致英雄崇拜，因此著成的传记也只可能是深藏不露、卷帙浩繁的英雄礼赞，无益于帮助读者知晓事实。

19世纪的传记文学理论正是在这样的激烈争论中产生和发展起来的。1813年，随着詹姆斯·斯坦菲尔德的传记理论著作的出版，其中的"传记研究及写作"一文引起了理论界不小的骚动。尽管有人批评它过于刻板单调,但是这部著作的影响的确是里程碑式的。它率先对传主进行批评研究,探讨了一个合格的传记家所应具备的素质,并且还详细讨论了传记家写作过程中可能遇到的困难等一系列重要问题。这一时期还涌现出一大批在传记文学理论方面取得瞩目成就的批评家,如柯尔律治、卡莱尔、卢卡特、阿伦·坎宁安以及玛格丽特·奥利芬特等。

传记的精神实质

在柯尔律治看来,"传记的精神实质显然是要去满足人们获得有益知识的愿望,而非无意义地猎奇"(Clifford 57)。首先,人们往往出于传主显赫的名声和地位而去探寻其趣闻轶事,而其性格以及日常言行往往被忽略,因此对传主的描述往往是不够翔实和准确的。出于猎奇心态写就的传记不仅在内容上显得絮叨、毫无章法,而且那些毫无意义的趣闻轶事也有损传主在读者心目中的威严与崇高,因而成为一部充满中伤诽谤的传记。其次,传记的写作目的在于引起读者对得以使传主名垂青史的个人品质和行为的关注,并激发读者的兴趣,而一味的猎奇有悖于此目的。诚然,一个诚实的传记家的职责在于客观公正地反映传主的真实面貌,功与过均不能失之偏颇,但这绝不能成为传记家进行诽谤中伤的借口。倘若传记家写出来供人阅读的是那些庸俗的丑闻,他无疑是在为罪恶提供滋生的土壤;津津乐道于此的传记家和读者无法同情和理解传主;这样的传记作品也无异于街头巷尾的蜚语流言。

传记家必备的素质

"能够在传记写作中压倒众生的杰出传记家应该拥有缜密的逻辑推理能力、如画般的想象能力、合理选择和布局传材的艺术技巧、对事实的绝对忠实以及公正的立场"(转引自 Clifford 93)。

1. 推理和想象的能力

"在传记写作中,推理是基石,传记家在这之上筑起上层建筑;而外表和内在装饰、绘画等就需要借助想象力了"(Ibid. 91)。传材的数量毕竟有限,内容也不可能完全准确,所以传记家在收集传材时必然会进行一定的逻辑推理,以解释事实并发现各个孤立事件之间的联系,找出因果。结合推理,传记家不仅能够区分事实与虚构,辨别奇闻异事以及一些模糊信息的真实性,而且可以对相互矛盾的证据作出判断;通过推理,传记家对传材进行选择,去伪存真,避免纳入无用的事实。除了推理,想象是完成一部优秀传记更为重要的先决条件。传记家利用想象将叙述变得生动有趣、发人深省。可以说,传记家借助想象实现传记的教育目的。想象赋予传记叙事一种点石成金的魔力。当然,想象并不等同于传记家可以编造故事或者天马行空、随意发挥,而是通过自己的新颖思路把现存事实联系起来,避免堆砌。这一过程好比画家作画时安排现有素材、光和影的分布以及前景和背景的布局。

2. 合理选材和布局的艺术技巧

传主的自身能力、受教育程度、自身与周遭环境之间不断的相互影响,以及由此决定的个人习惯、经历和品质等构成了传记家写作的基本传材。传材的选择并非千篇一律、一成不变,而是因传记家对传主的认识和自身意识的差异而不尽相同。斯坦菲尔德认为,"严格说来,任何一部他传都不能算是完美的传记作品,只有自传才有可能是"(Stanfield 61)。因为只有传主本人才有可能准确厘清自身成长的延续性过程、自己行为之间的相互联系及其动机和目的。

但是这并不意味着传记家的职责仅仅局限于对事实的追求,因为"读者不会满足于对事实的单纯记录,而且传记也不应当是这样的记录。传记家应当帮助读者更正其心目中对传主的先验式的预判,赋予那些神圣的形象和生命以实质内容"(Oliphant 98)。

因此,传记写作不是传主生平事件的单一罗列,不是单纯地讲故事,也不是简单的生平记录,传记作家要赋予"形象和生命以实质内容"。传记家必须具备区分辨别和组织运用传材、把单一的事件联系起来的能力,唯此才有可能准确清晰地重现一段精彩华丽的人生。传记作品不能是一些毫无关联的事件的组合,哪怕这些事件描述得再精彩,都不能构成一个人生平的历史。事件必须要有一个贯穿的主线,传记作品必须连贯地呈现传主的成长历程,这就要求传记家必须对传主的个性、追求、癖好以及行事作风具有充分的理解，运用合理的推理想象，发现传主的性格、生活、环境之间的关联或是因果关系，循果问因。唯此才能准确、全面地展现传主的才能、习惯、观点、气质、特别爱好、行为方式、行事动机、目的以及个人追求等，发掘上述特征与其生活环境之间的关系，以及对其人生历程的影响。

3. 忠实性与公正立场

"人们想要了解朋友和公众人物的生活的原动力并不是无聊的好奇心理，而是出于一种普遍的同情，这种同情甚至使得最冷漠最厌世的人去关心周围的人。""传记引领读者进入传主的世界，不加粉饰地向读者展示传主无论是伟大的还是细微的一举一动、一言一行"（转引自 Clifford 89）。传记写作的一大目的，是为人们呈现他们所关注的人的真实面貌。

而在斯坦菲尔德看来，"传记写作有两大目的：一是深入洞察人类的思想灵魂，二是为人类的自我提升树立榜样、提供借鉴"（Stanfield 66）。前者对传记的忠实性提出了要求，后者则关乎传记作家的立场。

忠实指的是传记的历史真实性，严格的历史真实性是传记文学的生命。传记文学是史学和文学的结合体，是以真实地展示人物的命运及其生活的各个方面为主要目的；而这样一种艺术形式所要展现的人生百态以及对读者的教育和审美意义，只有当作品表现的一切都建立在符合历史真实的基础上时方可以实现。倘若传记家由于某种需要或由于无知而在传记写作中违背了忠实性原则，对史实加以粉饰或篡改，读者根据自己以前对传记主人公及其生活背景的了解而判断出传记的描写不够忠实，那么，这部传记非但不能给人以美的感受，相反只会使人产生怀疑和厌恶。而各个时期人们对传记写作各种弊端的批判，大多都是首先集中在对忠实性的考察方面。

为了使传记内容准确、有说服力，传记家必须置身于传主的世界，以传主的视角看待事物，力图知传主之所知，感传主之所感，深入洞察其思想灵魂。传记作家的职责是要把事实呈现给读者，而不是在呈现的同时去为传主或是为自己辩护。此外，传记作家要有独立的思想和判断，不受外界因素的干扰和左右，足够勤奋，拥有追求和揭开真相的

决心和意志来完成一部忠实的传记作品。

"不管传主活着与否,在同胞和后人面前歪曲其形象,都是极大的罪恶"(Oliphant 99)。

传记的另一大目的是教育后人,树立榜样和提供警示。这要求传记作家公正地看待传主,而不能带有经验式的独断去评价传主。传记作家必须谨慎,对传主赞赏不能变成高唱礼赞,批评不能变成讽刺挖苦。传记家不能以自己所处时代的主流道德价值、自己的是非观念或地区偏见去评价传主的行为,这种做法严重违背了传记的宗旨,尤其是在传主的形象已经超越了时间、国籍或是文明的界限,不受我们的价值观念和行为准则控制时。传记写作中,传记作家也不能根据自己的主观臆断去称呼一些人、事物或是他们的观念,因为对于同一事物的称呼常常会因不同团体、所处不同情境对这一事物的看法不同而各异。教徒的执着信仰在无神论者眼中就有可能是冥顽不化,被统治阶级的革命在统治者看来就是叛乱。尽管这类字眼在政治文献中屡见不鲜,但却有悖于传记精神和目的,因此传记家在写作时应慎用这类字眼,以免产生歪曲误读。

忠实和公正是传记不可或缺的要素,否则,一部传记就算其他方面再完美,也终将被人遗弃。不具忠实和公正的传记在内容上没有可信性,读者只会带着怀疑去阅读这种无异于小说的传记。

传记伦理

"沉默是逝去人的权利,他们有权把生平的一切带进坟墓。传记作家描述一个人生平的历史,把他们公之于众便侵害了那些无法为自己辩解的传主们的权利,因此传记作家所写的每一句话都要经过慎重斟酌"(Lockhart 73)。对此,著名批评家、历史学家托马斯·卡莱尔也有过评述:

> 过去对于我们来说是神圣的,死者也都是同样的神圣,即使他们有过卑劣邪恶的生前。他们的劣迹不是他们本质,而是由于受到严酷的生活环境的压迫,他们必须奋斗反抗造成的:他们如今已远离

了这让他们曾经不堪重负的尘世,他们自由了,如此纯净。他们生前的争斗都随着过去的伤痛一起烟消云散。当他们被重新记起,过去的残酷战场在如今只能激起人们像崇敬上帝一般无言的敬畏。(Carlyle,1962:82)

而"不要说死者的坏话"(De mortuis nil nisi bonum)这条公认的戒律将传记作家的这一微妙情感推向极致。一方面,它在传记作家的心中根深蒂固,制约和束缚着其行为;另一方面,传记作家又不可能完全脱离外部环境的驱动和影响,有时受利益驱使而不能遵守这一戒律。法律、社会习俗以及个人敬畏可以保护活着的人的名誉不受侵犯,同时,这对逝去的人也会起到庇护;考虑到这一点,传记作家就会充分照顾到逝者以及他的亲属、后代们的声名和尊严。

在卢卡特看来,"鲍斯威尔模式并不适用于为伟人作传,这样只会有损他们的名声。引用克罗克先生的话,'此前没有一部传记把传主生平的所有细节、行为动机以及思想内容毫无保留地诏告天下;甚至是他的祈祷词、私密冥想和自我责难都被曝光'"。"这样的传记只是好奇和狂热心理聚集的产物,缺失的是发人深省的哲思"(Lockhart 76)。伟人之所以伟大是因为他不为人知的神秘一面,所以传记家没有必要涉险尝试闯入禁地、去揭开神秘的面纱,结果只会说明伟人其实无异于那些个凡夫俗子。

"没有人有义务要把全部所知告诉大众。相反,他有责任对有可能给活着的人造成伤害的事实保持沉默"(Peacock 94)。此外,正如玛格丽特·奥利芬特所说:"如非不得已,一个人不应该控诉自己的朋友,或是毁坏他的名声。他唯一的职责是要克制自己……"(Oliphant 97)。传记家应该尊重传主的意愿,传主生前宁愿忘却或是不愿意公开的事,传记家要存仁爱和同情之心,不应把它公之于众,因为传记叙事是需要传记家维护尊严、掌握分寸的叙事。

书信对话等新传材

有学者认为"国务文件是研究历史的地图和指南针"(Stanfield

70)。书信之于传记也是这样。为人熟知的书信能够反映传主的个人观点、热衷之事、偏见以及兴趣等,因此,在描述个人的生平历史的时候,书信会为传记家点燃一盏明灯,照亮其认识传主的历程。书信中往往包含了个人情感和思想不加掩饰的宣泄,所以它除了呈现传主的表面,还能帮助传记家窥探传主的内心深处。然而,和其他传材一样,传记家必须带着敏锐的辨别力在书信中寻找事实和观点。传记作家不能受书信的左右而盲目崇拜或是批判传主,传主的性格、缺点以及传记家对传主的总体刻画都是需要考虑的因素;传主与通信人之间的关系,以及他们通信时的状况都是亟待传记家审慎考量的。在此前提下,书信才可以作为一种可靠的优势传材得以使用。

现代批评观点一般不认同在传记中插入对话,人们担心传主的对话不可能被准确记录,传记作家的描绘也不可能精确传递传主所要表达的精神。然而,有了这样的尝试之后,它的戏剧性表现为传记写作提供了新思路,取得的良好效果让一切争议趋于沉默。借助对话,不仅反映传主面貌的外在表现得以展现,而且读者可以感受其心理活动并由此对传主的性格作出自己的判断。正是在这种观点指引下,对话无论是作为传材还是传记写作的辅助手段,为诸多传记作家所沿用。

在文学理论的整体推动下,19世纪的传记理论经历了长足的发展与突破。这一时期的理论家为传记文学中诸如传记的精神实质、写作目的、事实理论和传记伦理等关键命题给出的论断较为准确、切中肯綮,并为20世纪传记文学理论的蓬勃发展埋下了伏笔,给予后人以诸多启迪。

第八章

二十世纪（上）

名词解释

"新传记"
("New Biography")

"新传记"是指流行于英国 1919 年到 1939 年两次世界大战之间的实验性传记。1927 年弗吉尼亚·伍尔夫发表文章评论哈罗德·尼柯尔森的自传《某些人》时，首次使用"新传记"一词，意指现代派有别于维多利亚时期传统传记的新型传记。"新传记"的主要要素是：1. 强调传记作家的主体性；2. 主张传记从选材到叙事必须具有艺术性；3. 提倡心理阐释；4. 缩短传记篇幅。

概 述

"新传记"的核心代表人物是利顿·斯特拉奇。1918 年利顿·斯特拉奇发表《维多利亚时代名人传》（*Eminent Victorians*，1918），以特别的视角、犀利的心理分析和漫画式的笔调，重写了维多利亚时期具有代表意义的四位历史名人，解构了维系维多利亚社会文化的英雄神话。在第一

243

次世界大战刚结束的大背景之下,此传即刻引起巨大轰动,一时间效仿者无数,形成一股潮流,影响面波及英国、西欧和美国。在英国,"新传记"除了斯特拉奇本人的两部"新传记"经典(另一部是《维多利亚女王传》(Queen Victoria, 1921)),还有乔弗瑞·斯各特的《翟利德画像》(The Portrait of Zélide, 1925)、戴维·塞西尔的《痛苦的小鹿:科伯的一生》(The Stricken Deer, or, the Life of Cowper, 1929)、波西·拉波克的《乔治·卡德伦印象》(George Calderon: A Sketch from Memory, 1921)、A. J. A. 西蒙斯的《追寻考弗》(The Quest for Corvo, 1934)、弗吉尼亚·伍尔夫的《奥兰多传》(Orlando: A Biography, 1928)和《弗拉狮传》(Flush: A Biography, 1933),以及哈罗德·尼柯尔森的《丁尼生传》(Tennyson, 1923)和自传《某些人》(Some People, 1927)。英国之外的代表作品有法国人安德烈·莫洛亚的《精灵:雪莱传》(Ariel: Life of Shelley, 1923)、德国人埃米尔·路德维希(Emil Ludwig)的《歌德:一个人的历史》(Goethe: The History of a Man, 1922)、奥地利人斯梯芬·茨威格的《鹿特丹的伊拉兹马斯》(Erasmus of Rotterdam, 1934)和《苏格兰列岛女王玛丽》(Mary Queen of Scotland and the Isles, 1935),以及美国人罗伯特·休斯(Rupert Hughes)的《乔治·华盛顿:凡人与英雄》(George Washington: The Human Being and the Hero, 1926)。

在轰轰烈烈的热闹表面之下,"新传记"遭遇到褒与贬两种针锋相对的读者反应。褒者欢呼"新传记"的革命性,赞扬"新传记"勇于求真,反思维多利亚时代的传统价值观,批判维多利亚时代盲目的英雄崇拜价值观。当时的英国首相阿斯奎斯(Herbert Henry Asquith, 1852 - 1928)在牛津大学发表的演讲中热情洋溢地推荐斯特拉奇的《维多利亚时代名人传》。20 世纪 30 年代牛津大学校长乔治·格登(George Gordon)在英国广播公司(BBC)发表演说,高度评价"新传记",认为在英国二、三十年代的文学革新中,最成功的文类是传记,而传记革新之王是斯特拉奇(Gordon 12)。贬者则批评"新传记"蔑视权威,鄙视传统,对历史缺乏足够的严肃性。伯纳德·笛夫托据此认为,做文学的人一味感情用事,而将历史真实性抛之脑后,这类人最没有操作历史事实的资格(DeVoto 181)。言外之意,文学家最不适合撰写传记。也有人批评"新传记"滥用心理分析,指出"新传记""把历史简化为个人史",本身犯了历史简单化的错误(Brackman 405)。当代英国历史学家保罗·约翰逊不认同斯特拉奇的《维多利亚时代名人传》的正面价值,认为它"对英国古老价值观所造成的破坏是任何强大的敌人都无法做到的"(约翰逊,2001:188)。传记作家们则感到,《维多利亚时代名人传》使他们获得了空前的解放,但也令他们感受到了传记艺术的难度,以致虽然"斯特拉奇给后代作家发放了一个传记实验许可证"(Levy 27),但传记作家从此不敢不艺术地写作(Gittings 39)。

定 义

要给"新传记"下一个严谨的定义并非易事。伍尔夫首次使用这个名词时,依据的是对尼柯尔森的自传《某些人》的批评。在伍尔夫看来,这本小书凝聚了"新传记"的诸种特点。首先是它的实验性。《某些人》的叙事以第一人称展开,内容是作者所回忆的童年往事、过去的工作经历和生活经历。然而这本书除了第一人称贯穿始终,其内容各自独立,各成一篇,所述之事以作者的视角为中心,述作者之所见,因而读上去像一部人物集。所以,在结构上,《某些人》已然突破了传统自传的规范,"我"是叙事视角,但不是叙事中心。再者,虽该书以第一人称述他人之事,他人却亦真亦幻,有些是真实人物,有些则是虚构人物。虚实相间的写作手法打破了传记必须写真人纪实事的传统。另外,《某些人》不只记载大人物,如英国外交大臣柯曾勋爵,还述说了小人物的故事。我们看到柯曾的仆人、作者的家庭女教师、英国外交部里的小职员活灵活现地跃然纸上。根据维多利亚时代晚期著名文人锡德尼·李的《传记原理》(*Principles of Biography*, 1911),没有成就大事者不适合做传主;活着的人不适合做传主(Sidney Lee 12)。在此,立谁为传主、为谁写传的问题又一次打破了维多利亚时期传记的传统。伍尔夫在这篇书评中尖锐地指出,维多利亚时期传记中的英雄主人公个个"高尚、正直、仁慈、严厉,……几乎总是大于实际面孔,头戴高帽,身穿长礼服"

(Woolf，1958：231)。而尼柯尔森笔下的人物嬉笑怒骂、表情丰富，人物的缺点和弱点，包括作者本人的弱点，都尽在作者的嘲笑之中。家庭女教师牵强附会的爱国情结、签订了无数不平等条约的柯曾的可笑和可怜、一些外交官缺勇气少智慧等诸多情节，你方唱罢我上台，俨然一幕幕滑稽剧。《某些人》从语调上用漫画式手法解构了维多利亚时代传统传记正襟危坐的严肃写作手法。

总结尼柯尔森的《某些人》，伍尔夫命名的"新传记"似乎是这样一种传记：它反对维多利亚时代拘谨束缚的传统传记，强调写真个性的人(不是神化的人)，而非只写名人；强调写人的个性，而非只纪事实；强调传记写作的艺术手法，而非简单地罗列资料。

美国学者唐纳多•J•温斯楼(Donald J. Winslow)编撰的《生平写作：传记、自传与相关形式术语》一书这样定义"新传记"：

> 1927年伍尔夫为哈罗德•尼柯尔森的《某些人》所写的书评中使用了这个术语。这个术语一般用来指两次大战之间出现的实验性生平写作(1918—1939)。传记作者的重点放在艺术设计、小说形式、心理解释和戏剧连续性上。利顿•斯特拉奇、安德烈•莫洛亚、埃米尔•路德维希和斯梯芬•茨威格等"新"传记作家使得这一术语广为流行。见露丝•霍伯曼著《传记的现代化：论1918—1939年英国的传记实验》(1987)(*Modernizing Lives: Experiments in English Biography, 1918-1939*)。(Winslow 43)

杨正润先生概括"新传记"有三点主要内容：一，其概念的提出"是为了区别从约翰生和鲍斯威尔开始，到锡德尼•李结束的旧传记"；二，"新传记"对人物心理世界的兴趣日益增长，"传记家除描述经验的事实之外，还注意到心理的事实，即人物的个性和行为动机"；三，"新传记""有意识地增加传记的趣味性，力图把传记写得生动活泼，并显示出自己的风格"(杨正润，1994：428)。

经过对"新传记"的详细考察，我们认为，"新传记"不妨定义如下：

"新传记"是在英国两次大战期间发生、发展、消亡的一种传记写作方法。"新传记"采用"揭露"手法,展示传主的亮点,揭示传主的暗处,挖掘传主(往往是不光彩)的心理动机,因而破坏了维多利亚时代传统传记把传主当作历史符码的立传秩序,打击了维多利亚时期所宣扬的以福音派基督教教义为基础的种种虚假伪善的价值观,如英雄主义、男子沙文主义等等,还原被"神化"的英雄以凡人形象。在传记艺术的表层,"新传记"引用科学理念,主张缩短传记篇幅,变维多利亚时代传统传记的人物肖像为个性化的人物素描。在传记艺术的深层,"新传记"主张吸纳各种艺术手段与技巧对传主的性格进行刻画,对传记叙事策略进行艺术设计,改变维多利亚时代传统传记中资料员式机械堆砌传主生平资料的立传方法。"新传记"重视挖掘传主的行为动机,心理分析因此受到格外重视。小说、戏剧甚至绘画中的许多技巧成为"新传记"实现刻画性格目的的有效工具。

属 性

传记研究者认为,界定传记属性的标准是"事实"。加拿大学者奈德尔把传记中事实的重要程度等同于人物在小说中的作用,认为"事实"是传记的根本成分,用于提供真实性、现实性和各种信息(Nadel 4)。虽然如此,界定"新传记"的标准却是"艺术"。伍尔夫的书评《新传记》("The New Biography", 1927)提出了当时传记面临的普遍问题,即传记如何实现真实性。过去的传记把真实性定位于传主的行动和成就,传记追求纪录传主的丰功伟绩,但是这往往造成传记"见事不见人"的结果。英雄因此失去了生活色彩,变成神坛上拒人千里的冰冷偶像,既没有艺术真实性,也没有有效地实现历史真实性。在现代派眼里,传记的真实性包括行动和成就,更包括人的个性。伍尔夫认为,在传记艺术中,人的个性远大于单纯的事实,传记作家应当在个性与事实之间取得最佳平衡。对于传记,个性和事实同等重要。事实如同花岗岩一样,是硬件,实实在在;个性则如彩虹,多姿多彩,美丽夺目。这就是伍尔夫传记理论中著名的"花岗岩"与"彩虹"说。事实是塑造个性的材料,个性是事实组合的指向。传记是用事实建构起来的可见的个性雕像。因此,围绕突出传主的个性,如何选材、综合材料、设计叙事结构、安排叙事重点就很重要。从这个角度出发,传记更像一门艺术,传记作家像画家、雕塑家,是一名艺术家。然而,以艺术为标准界定"新传记",虽然突破了维多利亚时代传统传记的范式,但也把传记引向了一个即将跨界的边缘。"新传记"稍有不慎,就会滑入小说文类之中。因此,伍尔夫的《新传记》一文告诫,艺术手法虽然能够使传记"生产出有如小说般栩栩如生,连贯一致的画像"(Hoberman,"New Biography":650),但决不可以混淆传记和小说的界限,"人们会感到,要么尊重事实,要么尊重虚构;想象力不会同时伺候两个主人"(Woolf,1958:231-235)。

　　法国传记家莫洛亚认为,伍尔夫担忧"新传记"会因为变成小说而失去自我的观点是站不住脚的。"花岗岩"能够和"彩虹"完美地结合在一起,一部优秀的、客观性极强的科学著作必定同时也是一件艺术品。在莫洛亚看来,"新传记"本身关注真实、真相、真理;重视人的复杂个性;而且在"怀疑年代"里读者阅读传记不是为了寻找道德楷模,而是寻找一面反映自己内心冲突的镜子。这一切构成了"新传记"的根本要素和必要条件。而真实、真相、真理并非单靠累积事实获得,皮兰德娄曾经说过,未经阐释的事实有如没有装东西的袜子,是站立不起来的(Nadel 10)。名人、伟人如彩虹般的个性也不是一目了然,而是要经过艺术加工方能在美学意义上前后一致、互相连贯。另外,"新传记"的作家主体性也是一个重点,传记写作不是为了获得道德意义,而是"表达自我的一种方式"(a means of expression)(Maurois 115-147)。因此,如果一个传记作家经过精心挑选传主、慎重确立主题,认真规划写作方案,以艺术而独到的眼光剖析传主,分析材料,谋篇布局,他/她就会一吐为快,描绘出一幅精致的传主画像。然而传记的客观性与作者的主观性毕竟是冲突的两极,呈现了"事实"与"虚构"的特点。因此,1942年之后,莫洛亚的传记观有所改变。他反思了"新传记",检讨自己当初在《雪莱传》中不应该将雪莱的信件转化成对话。

　　"新传记"作家哈罗德·尼柯尔森对传记的文学性相对持谨慎态

度。他在《英国传记发展史》中追溯了 19 世纪晚期安东尼·弗鲁德的多卷本《卡莱尔传》、爱德蒙·高斯的自传《父与子》和利顿·斯特拉奇的《维多利亚时代名人传》,认为只要传记作家一味沉湎于自己的主题之中,其所生产的传记作品就会偏离"真实性、个性和传记艺术"的方向。原因是,科学方法与文学方法不可混为一谈,科学方法要求全部的事实,而文学方法只要求部分事实,或艺术地呈现某些事实;科学方法对文学方法充满敌意。尼柯尔森预言未来的传记将产生两极分化:或者是各专题独立的科学传记,如心理传记、医学传记、经济类传记、人类学传记;或者是以文学性入胜的文学传记(Nicolson,1933:154-55)。

成 因

现在看来,在英国发端的"新传记"是传记史长河中的一个短暂现象。然而,虽然"新传记"的发生有其必然性;经典之作《维多利亚时代名人传》也同鲍斯威尔 1791 年发表的《约翰逊传》一样,事先没有任何预兆(Altick 283);冰冻三尺却非一日之寒。有几种因素导致"新传记"以强烈的反传统面孔改变传记轨迹,从传记的历史性一端向文学性一端靠拢;从尊重神变成尊重人,从歌功颂德、文以载道,改为书写凡人的真实人生。这些因素包括维多利亚时代晚期科学和理论的大力发展、心理学的长足进展、20 世纪初小说艺术的进步和第一次世界大战的冲击。

科学的进步和各种理论的出现为社会变革做了充分的准备。哥白尼的日心说对在西方占统治地位达一千多年之久的地心说提出了挑战。但是他的新学说只是在开普勒总结出行星行动三定律、牛顿发现万有引力定律之后才有了较为稳固的科学基础。而日心说真正深入人心、对民众的宇宙观、世界观产生重大影响的时期是维多利亚时代。达尔文的《物种起源》提出以自然选择为基础的进化学说,向物种神造说、目的论和物种不变论提出了挑战。马克思的理论用英国社会发展的事实诘问人们,什么才是人类社会真正的进步? 20 世纪前夜,尼采在《快乐的知识》一书中以寓言的形式,借"狂人"之口宣称:"上帝死了! 上帝真的死了！是我们杀害了他！"(Nietzsche 125)他先知般地揭示了对上帝传统意义上的信仰坍塌。弗洛伊德在《梦的解析》中以精神分析理论将动物本能解释成是人类行为的原动力。

这些革命性的发现和见解似乎都在阐述着一个主题，那就是否定、颠覆和消解原有的结构。哥白尼的日心说否定的是地心说，将人类所居住的地球从宇宙的中心地位退到了边缘；达尔文否定的是地球上人的中心地位，他告诉人们：人不是神造的，而是从动物进化而来的；弗洛伊德否定了人类内心世界的崇高性，与动物同样的性冲动被解释成是人类行为的根本原动力；尼采否定了人们对上帝的信仰，上帝死了，上帝所制定的包括善恶标准在内的一切价值结构不复存在。

科学主义兴起，宗教信仰衰退。然而，这"不是科学对非科学的简单代替，而是一个从旧的道德中生长出来，并代替了它作为战斗手段的道德视野，它是富有战斗性的、崭新的。"这种视野教导人们，"不应当信仰没有充分根据的事物。"人有"自我负责的理性自由。我们有责任根据证据而不是根据权威去做决定。""人们要勇敢地面对事物的真理，无论这种真理是如何苍白，如何没有把握"(泰勒，第625—626页)。结果，否定式的思维模式给英国晚期维多利亚社会带来了严重的信仰危机，也改变了日常生活中的人际关系。弗吉尼亚·伍尔夫断而宣称，"在1910年12月左右人的性格变了。"而"人际关系变化了，宗教、行为、政治和文学也同时跟着发生了变化"(Woolf，1928：4-5)。

在传记领域，否定思维模式为传记作家提供了思想、方法和观察问题的角度，也教会读者采用宽容而现实的视角看待名人。读者阅读传记不是为了检讨自己行为举止是否符合道德准则，而是把传主视为和自己一样面对同样问题的同类(Maurois 34)。更为重要的是，传主的亲属们"心胸开阔了，公众的眼光更尖锐了；人们再也不爱看皮像肉不像的纸人了。传记作家当然赢得了一定的自由度。他至少可以暗示传主的脸上有疤、有皱纹"(Woolf，1958：231)。

在方法论上，"新传记"受到了来自心理学和小说艺术的影响。这一时期，心理学成为思想家与小说家们关注的焦点。现代人抛弃17世纪古典心理学僵化的性格模式，积极探索人的"自我"的不同构成成份，并辅之以社会学和其他理论阐释人的生平轨迹,包括天才论、实证主义思想、人类类型学以及个体心理学。陀思妥耶夫斯基的心理透视、弗洛伊德的心理分析和柏格森的直觉理论直接影响了"新传记"。"新传记"作家认为,人的个性在人的一生中不是一成不变的整体,而是具有多面性。传记为了展现多姿多彩的个性,不仅需要纪录传主可歌可泣、惊天动地的事迹,更要挖掘传主的行为动机,将其内心深处那个真实的自我呈现在读者面前;不仅要关注传主的一种个性,还要全面地表现其个性的不同侧面,一如物理学上考察一个原子需要研究其周围的电子群一样(Maurois 29)。

小说家的写作风格也丰富了"新传记"作家对"自我"的认识,使他们从更为复杂的角度看待人的记忆、时间、内心冲突和非理性的激情(Hoberman, "New Biography": 651)。形成"新传记"的另外一个因素是小说理论的显著进步。截止到1934年,一批有影响的小说理论面世:波西·拉波克的《小说的技巧》(*The Craft of Fiction*, 1921)、E·M·福斯特的《小说面面观》(*Aspects of the Novel and Related Writings*, 1927)、亨利·詹姆斯的《小说的艺术》(*The Art of the Novel: Critical Prefaces*, 1934)等。新的小说理论将自我意识带入小说叙事之中,强调在挖掘人物心理的基础上塑造人物当重于简单的情节描写。在小说理论的影响下,"新传记"摆脱了维多利亚时代传记资料汇编的传统,呈现出艺术品的面貌。

"新传记"挖掘传主内心世界入木三分,表现力丰富,但其传记观并非独创,许多思想在19世纪末就被有识之士提出。因此,"新传记"的盛行还得益于一次大的历史事件——第一次世界大战。这次大战以给西方世界带来一片废墟和荒原的惨重代价,更加坚定了英国维多利亚时代晚期就开始的怀疑主义。战后玩世不恭的情绪和幻灭感弥漫于英国社会,人们开始用新的批判眼光审视"伟人"和"名人",反思维多利亚时代的价值观。"新传记"以讽刺的口吻揭露伟人和名人、展示人们自相矛盾、自我冲突的真实面孔,这些无疑成了战后人们愤怒情绪的宣泄口。以斯特拉奇为首的"新传记"作家成了战后年青一代反思维多利亚时代、重新审视历史的代言人。

评 价

"新传记"的积极意义体现在三方面。首先,它从思想上解放了传记作家,使他们从传主的奴仆变成与传主地位平等的人。"新传记"提倡的"精神自由"原则赋予传记作家以观察、剖析、阐释和表现传主的自由权,使其在揭示赤裸裸的事实真相时没有后顾之忧。"精神自由"的一个侧面是指传记作家有权并且应当与传主保持一定的距离,有权使用新理论、新思想、新方法解释传主,再现传主的生命历程。其次,"新传记"在艺术上将传记重新纳入文学行列。这表现在它强调传记的艺术设计、资料加工、材料剪裁和艺术手法的运用。因此,如果说维多利亚时代传统传记卷帙浩繁,无加工,无艺术,像一部历史文件汇编,"新传记"则简短精悍,栩栩如生,无疑是件艺术品(Maurois 9)。第三,"新传记"开了以心理分析为工具阐释传主的先河,将探索和呈现传主的内心世界、表现传主的丰富个性定为"新传记"的立传目标。而心理分析在解读人的行为、动机和无意识方面具有独到的见解。弗洛伊德心理分析中的各种理论、陀思妥耶夫斯基的双面人描写法、柏格森的直觉论为"新传记"提供了得利的方法。

然而,"新传记"也存在致命的弱点。第一,"新传记"的一些传记观自相矛盾,相互冲突。斯特拉奇提倡传记要简短,同时又强调从传主的资料海洋中提取样本,分析传主的行为动机。那么,既然要进行心理分析,势必需要大量细节,篇幅因此不可能简短。另外,伍尔夫提出"创造性事实"(creative fact)的概念,但又告诫事实与虚构在传记中不能混为一谈。她一方面声称事实就像大英博物馆里的物件一样,是硬性的、不可变更的;另一方面则认为事实也可以"创造",这本身就说明她的传记实验思想中并没有关于传记事实的准确而清晰的概念。再者,"新传记"本质上也是张扬作家自我的艺术,被莫洛亚称作"表达自我的手段"(Maurois 115)。这一观点虽然提高了传记作家的地位,却与"新传记"主张的传记作家要采取超然的写作姿态的观点大相径庭。如何与传主保持一定的距离,又能适度地表现自我?第二,"新传记"的立传原则要求作家具有很高的基本素质,如敏锐的洞察力,犀利的分析能力,良好的心理分析知识储备,高度的综合能力,熟练掌握各种艺术门类的知识,因而缺乏广泛操作性。"新传记"后来被大批仿效者模仿,但他们缺乏斯特拉奇、伍尔夫、莫洛亚等人的才能,最终使"新传记"发展成毫无文学色彩的揭丑传记和牵强附会的心理传记,从而走向消亡。人们甚至认为,缺乏加工、不讲艺术的维多利亚传统传记至少是历史文献;而劣等作家炮制出的"新传记"不过是披着轻松讽刺语调外衣的低俗闹剧。

世纪概述(上)

20世纪的英国传记以第二次世界大战为界,明显分为两个阶段。如果说,当代传记文类内部已经不再是壁垒森严,传记、自传、回忆录等生平写作(life-writing)的界限时有交叉,这种变化从世纪之初就已经开始。第二次世界大战之前,是传记文类跨界的形成阶段;第二次世界大战之后,这种理念广泛出现在传记实践中,并得以一定的发展。因此对20世纪英国传记轨迹的描述也就相应地以第二次世界大战为界分为上、下两段。

20世纪第一阶段英国传记的特点是文学性增强、传记文类边界模糊、传记作家主体意识提升。19世纪卡莱尔有句名言,"世界的历史就是伟人的传记"(Carlyle, 1897: 12),把传记等同于历史。但世纪之初的现代派们认为,历史和传记有本质性区别。在历史书上,与人有关的历史事件其实是系列事迹和个人意志的总和。而传记首先不应当把人看成是事迹的总和。传主也不是非善即恶、一成不变的。一个人从生到死经历过许多事件,经历了多重自我。传记更不是用来给传主上纲上线、宣扬某种道德规范的工具(Maurois 30)。传记的重点是如实而生动地展现传主的个性。而要淋漓尽致地再现传主个性的复杂性,须使用心理分析等现代科学工具对其进行透视与剖析,对传记事实进行阐释与说明,用艺术的方法进行叙事和呈现。这种现代主义传记观使得传记跳出了简单化、貌似纪实的资料汇编窠臼,进入文学艺术的行列。

这一时期的传记作家也意识到,以往有些传记理论过于机械与僵化,比如关于传记文类的分野。他们认为表现传主的个性是传记的第一要义,其他形式则可以在艺术原则之下进行实验,包括文类形式。他们看到,无论传记如何坚持客观性原则,其本身或多或少都含有作者的影子,作者的主体性难以抹煞。于是,从世纪之初传记与自传的边界就开始模糊,形成你中有我、我中有你的局面。在叙事形式上传记和小说也有许多交叉,传记叙事不再刻板单一,呈现出小说的连贯性和生动化。最典型的传记/自传文类交叉的例子是哈罗德·尼柯尔森的《某些人》。作者以第一人称回忆了童年往事,但以独立成章的形式写了他回忆的多个人物,是裹着自传外衣的传记。此外,20年代之后,自传形式一度消失,原因是"新传记"被认为是"一种表达自我的方式",某种程度上变成了借传记述自我的叙事。传记与小说跨界的极端之作是弗吉尼亚·伍尔夫的《奥兰多传》。这部书用传记的格式,虚构了一个先是男人,后是女人的奥兰多,其生活时间长达三百多年。伍尔夫以奥兰多的故事对传记理论的性别观和生命长度提出了质疑。

传记从历史转到文学,从严守传记文类界限变成以宽容的态度对待传记的形式,这一切变化与维多利亚时代的传记传统形成一种决裂,背后体现的是传记作家主体性上升。作家主体意识提高了,传记的传统形式迎接了大规模的挑战与革新。不仅传记与自传的边界被打破,传记与小说的边界也开始模糊;什么人可以成为传主的立传原则也被解构。伍尔夫写了一部狗传记;德国"新传记"作家埃米尔·路德维希发表了一部《尼罗河传》(*The Nile: the Life-Story of a River*, 1936)。在大规模传记实验的潮流中,维多利亚时代主流价值观成为传记反思过去的焦点而遭到置疑和颠覆。从19世纪80年代开始,安东尼·弗鲁德的两卷本《卡莱尔传》就逆维多利亚时代英雄崇拜价值观,开始了说真话的尝试。1905年塞缪尔·勃特勒(Samuel Butler)的自传体小说《众生之路》(*The Way of All Flesh*, 1903)和1907年爱德蒙·高斯的自传《父与子》都以自己的亲身经历,实话实说,揭露和批判维多利亚时代的主流思想。这一潮流的巅峰之作是利顿·斯特拉奇的《维多利亚时代名人传》,作者用讽刺的笔调,犀利的心理分析,重新解读了代表维多利亚时代精神的四位历史名人,从此动摇了人们对维多利亚时代的积极看法,斯特拉奇被称作"推倒偶像的人"(iconoclast)。

反叛和实验是这个时期传记的主题。内省的自传比较少见,1905年出版的王尔德的书信集《深渊书简》(*De Profundis*)可以看作是此类自传。作者在这部书信集中以翔实的史料,交待了自己的同性恋关系,详尽地追溯了自己如何从一个伦敦城里如日中天的名人沦落到声名狼藉的可悲阶下囚的过程。第一次世界大战催生了一批回忆录。其中奇格弗莱德·萨松(Siegfried Sassoon)的回忆录三部曲《猎狐人回忆录》(*Memoirs of a Fox Hunting Man*,1928)、《步兵军官回忆录》(*Memoirs of an Infantry Officer*,1930)和《佘斯顿的进步》(*Sherston's Progress*,1936)堪称20世纪系列自传(serialized autobiography)的典范。T. E. 劳伦斯(T. E. Lawrence)被称作"阿拉伯半岛的劳伦斯",其自传《七根智慧柱》(*The Seven Pillars of Wisdom*,1926)以自己的亲身经历讲述了阿拉伯起义(1917—1918)的故事,作者谦称这部自传是"一堆杂乱无章的冒牌个人英雄主义故事"。此书的特点是无论作者审视自己,或描述历史事件,都从自我的眼光出发,并附之以哲学思考。这部自传正是由于其非同一般的思想深度受到了哈代、萧伯纳、丘吉尔等人的好评。因为"新传记"揭露传主实话实说不讲情面,一些作家为保护自己,避免被其他立传者说三道四,坏了自己在公众中的形象,纷纷拿起笔撰写自传。科幻小说家H. G. 威尔斯(H. G. Wells,1866-1946)紧跟传记革新的浪潮,在他的《自传实验》(*Experiment in Autobiography*,1934)里以极为坦白之心严厉地剖析了自己,"甚至他的敌人都不曾下此狠手"(Winwar 550)。诺贝尔文学奖得主吉卜林(Joseph Rudyard Kipling,1856-1936)的自传《斯人二三事》(*Something of Myself*,1937)在他死后出版。但思想性、文学性价值最高的自传是高斯的《父与子》。尼柯尔森的《某些人》尽管实验性比较强,但因其形式和主题几乎是斯特拉奇《维多利亚时代名人传》的另一种翻版,且因篇幅过于简短不能作细致加工,而略逊一筹。其他比较重要的自传有小说家乔治·奥威尔(George Orwell,1903-1950)的《进出巴黎与伦敦》(*Down and Out in Paris and London*,1933)、《通往魏格纳的路》(*The Way to*

Wigner Pier，1937)和《向加泰罗尼亚致敬》(*Homage to Catalonia*，1938)等。

"新传记"是 20 世纪的一个特殊亮点,是屹立在整个英国传记史上的第二座高峰,影响深远而广泛。代表作家是利顿·斯特拉奇,其他有影响的重要作家包括尼柯尔森、伍尔夫、波西·拉波克、戴维·塞西尔和 A. J. A. 西蒙斯等。写"新传记"的还有外国作家,如法国的莫洛亚、德国的路德维希、奥地利的茨威格、美国的罗伯特·休斯等人。斯特拉奇的《维多利亚时代名人传》开启了传记反对传统价值观和倡导传记形式多元化的时代,首次将讽刺手法、小说技巧和戏剧冲突等艺术手段带入传记写作当中。他的《维多利亚女王传》选材精致,注重细节,叙事平实,被誉为"新传记"上品。斯特拉奇用传记猛烈攻击维多利亚时代的价值观,将传记重新带入文学行列中来,终止了传记被用作道德工具的时代;尼柯尔森和伍尔夫则将传记的实验扩大到极限(Erben 146)。在"新传记"里,传主不再是遥不可及的神一般的英雄,而是和普通百姓一样有人性弱点的凡人。一大批传记作家紧随斯特拉奇之后。乔弗瑞·斯各特的《翟利德画像》运用心理分析从两个截然相反的性格侧面讲述了欧洲启蒙时代的女作家德·夏莉尔夫人的生平故事。在斯各特的笔下,传主虽然不是被动地受命运支配的木偶,但是难逃心理阴影的折磨。翟利德和她的情人"因遭到过去事件的打击,就预想了许多未来可能会发生的灾难,以期能够防患于未然;而这样一来,他们就给自己制造了一场噩梦。就像孩童被自己的鬼故事所吓倒,这两人越想越害怕;连曙光来临时,他们依然不寒而栗"(Scott 150)。波西·拉波克的《乔治·卡德伦印象》近似一种回忆录,作者决心要描绘出传主的全部性格特点,因为性格超越时间与环境(Hoberman, 1987: 117)。在拉波克看来,乔治·卡德伦的童年对其一生的成长影响不大,他本人不愿意全身心投入任何一种事业,好像总也长不大的孩子。但第一次世界大战成就了他。他参军参战,战死沙场,从此被奉为崇高的英雄。经过详细分析传主生前未完成的书稿和剧本,拉波克认为,卡德伦的一生虽没有惊天动地的完成之作,但他是一个具备各项素质的完人(Lubbock 71)。戴维·塞西尔的《痛苦的小鹿:科伯的一生》和世纪初的许多小说家一样,关注人的情感世界、精神生活和内心世界(Cecil, 1918:47)。他挖掘了传主科伯如何一步步走向精神病边缘的历程:"安详和宁静逐渐远离了科伯;他的生平故事由特罗洛普①笔下的家庭喜剧变成了陀思妥耶夫斯基笔下的悲剧。而他从阿辽莎·卡拉玛佐夫精神癫狂疯痴的边缘上裂开的地狱里站了起来"(*The Stricken Deer* 75-76)。塞西尔用历史宿命论解释他的传主,认为环境在科伯的悲剧中扮演了重要角色。科伯早年丧母,小学因精神疾患辍学,性情忧郁,加上他生活的那个时代给其个性打上了深深的烙印,这一切注定了科伯精神癫狂的一生上演了一场"行动简单,但古怪而恐怖的古典悲剧"(Cecil,1929:15)。A. J. A.西蒙斯的《追寻考弗》的副标题是"一种传记实验"(*An Experiment in Biography*),告白了这部书的"新传记"特征。《追寻考弗》通过研究传主的手稿,追踪了笔名为"考弗男爵"的英国作家弗雷德里克·威廉·罗尔夫的一生,其中以"问题"、"线索"等词语为章节标题,使这部传记读来颇似一部侦探小说。西蒙斯的"新传记"观点贯穿传记始终。一,他认为作家选择传主好比花花公子挑选服装,既要合体又要合意(Symons,1969:6)。如此一来,传主在某种程度上成了作者的影子。在西蒙斯和考弗之间我们也看到这样一种联系。考弗曾经有句名言,"真相比小说更离奇"(Truth is stranger than fiction.见 Hoberman,1987:126)。所以其小说中自传性材料和虚构性情节常常互相混杂,让人真假难辨。而西蒙斯的传记叙事中也虚构了自己是如何开始寻找考弗的。二,西蒙斯摒弃了传统传记的宿命发展观,将考弗的一生一点一滴展示出来,其中不乏其生命中历史性的重复。西蒙斯会这样叙述:"我能把这段故事说圆,看着罗尔夫又一次被紧紧绑在命运之轮上饱受惩罚"(Symons,1979:186)。三,西蒙斯认为,在一个人生命的历史长河当中,有一条暗线决定了人的宿命。而这条暗线行走轨迹的原动力就是弗洛伊德的精神分析学说中的性压抑。

---

① 安东尼·特罗洛普(Anthony Trollope, 1815-1882):英国小说家,其小说《巴塞特郡最后一部编年史》(*The Last Chronicle of Barset*, 1867)用现实主义的手法,以锐利的观察眼光,犀利深刻地刻画了维多利亚时代的上层社会。

因此，西蒙斯将叙事的重点放在了解释考弗的多面性格上，展示他生活中的多种面具，而不是其精神疾患。

在传记小说化现象的背后是各种理论空前发达，包括小说理论、心理学理论（如柏格森的直觉心理学和弗洛伊德精神分析学说）和诸多传记理论。世纪之交前后亨利·詹姆斯的小说理论不断在报纸杂志上出现。1921年拉波克的《小说的技巧》出版。1927年E. M. 福斯特的《小说面面观》发表。伍尔夫的"现代小说"（"Modern Fiction"，1925）、"班纳特先生与布朗太太"（"Mr. Bennett and Mrs. Brown"，1928）等小说理论相继面世。这些小说理论探讨了叙事视角的问题，关注了作者、叙事人与主人公的关系，给传记以很大启示。柏格森的直觉心理学和弗洛伊德精神分析学说被译介到英国后产生了巨大影响。这些理论呼应了当时社会对人的巨大兴趣，成为传记洞悉人的内心世界、描述传主的自我、阐释自我的有利工具。传记理论受这些理论的影响，经过对以往传记的总结、批判和分析，开始了反思过去与确立现在的工作。锡德尼·李的《传记原理》规定了传主的选择、传记写作的重点和篇幅等问题。依然持有维多利亚时代英雄观的李认为，传主应当选择那些成就卓越者；但与历史写作不同，传记写作的重点应当聚焦于传主的个性，而不单纯是展示其事迹。李强调，传记不应当是鸿篇巨制，而应当执行化学家普利斯特雷（Joseph Priestley，1733 - 1804）进行科学阐述的目标——"在最小的范围（compass）内包括进尽量多的知识"（Sidney Lee 55）。爱德华·库克（Edward Cook）大力鼓吹双行法传记写作。他说，传主的一生中如果棋逢对手是他的运气，因为双行法是传记的最好境界，一个好人需要有一个坏人映衬（Cook 282）。一批著述为"新传记"奠定了理论基础，例如伍尔夫的文章"新传记"和"传记的艺术"（"The Art of Biography"，1939）、莫洛亚的著作《传记面面观》、A. J. A. 西蒙斯的讲座"当代文学中的传统与实验"（"Tradition and Experiment in Present-Day Literature"，1929）等。利顿·斯特拉奇《维多利亚时代名人传》中的前言被视作"新传记"的宣言书。斯特拉奇反对维多利亚时代传统传记的"文以载道"标准，主张传记作家保持精神自由，与传主保持距离，采用"揭示"法展示传主的一生。西蒙斯以维多利亚时代传统传记为例论证了不加选择地使用全部传记材料,或者作者不体现其主体性,这些都不能实现传记的客观性。伍尔夫和莫洛亚的理论肯定了"新传记"的意义,同时也提出传记小说化之后的潜在危险。还有一批著作总结了英国传记的历史,如沃尔多·H·邓恩的《英国传记》(1916)和哈罗德·尼柯尔森的《英国传记发展史》(1928)。

回顾从20世纪之初到第二次世界大战之前这段时期,新式传记层出不穷,新的传记理论如雨后春笋。传记的概念由历史的分支变成文学的分支,由以成就确立传主变成以艺术眼光剖析和建构传主,强调传记要有"生动的细节、有象征意义的行动、主题明显的篇章结构、心理剖析、性格分析"(Nadel 31),英国传记迎来了历史上继启蒙时代之后的第二个发展高峰。

第一节

爱德蒙·高斯

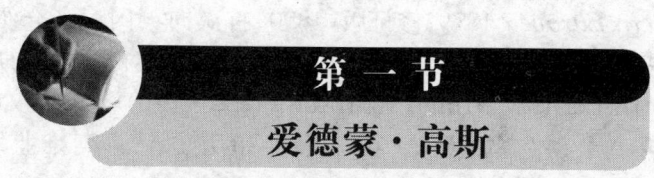

(Edmund Gosse, 1849 – 1928)

爱德蒙·高斯是英国19世纪末、20世纪初转折时期的著名文人、传记家。高斯出生于伦敦,其父为英国著名博物学家菲力普·高斯。高斯自幼爱好文学,自学成才,一生从事过三份长期工作:大英博物馆馆员(1856—1875)、英国商务部属下的贸易委员会译员(1875—1904)和上议院图书馆馆员(1904—1914)。1884到1885年高斯应邀到美国讲学,受到热烈欢迎。耶鲁大学欲聘请他为文学教授,高斯未受。回国后,高斯到剑桥大学三一学院继任莱斯利·斯蒂芬①的克拉克讲座教

---

① 莱斯利·斯蒂芬:著名现代主义作家弗吉尼亚·伍尔夫之父,《国民传记大辞典》创始人之一,英国剑桥大学著名文学教授。

授席位,在此任上工作了 5 年。1925 年,高斯因文学成就突出被加封晋爵。

高斯精通多国语言,"会讲德语,写法语,读懂希腊语、拉丁文和意大利语,熟知丹麦语和希伯来语"(Dodd 110),这种语言才能使他于 17 岁时在父亲的帮助下在大英博物馆谋得了第一份工作。大英博物馆的工作环境进一步推动了高斯的文学爱好,工作之余他发表了 5 部作品,其中出版于 1873 年的诗集《古提琴与笛子》(*On Viol and Flute*)获得了权威评论家的赞许。1875 年高斯进入英国贸委会担任译员,个人经济收入大为改观。之后,他的文学批评写作一发不可收拾,发表了大量文学评论与研究著作,并受邀为重要工具书《大英百科全书》和《国民传记大辞典》(*National Biography*)撰写词条,为权威报刊撰稿,逐渐形成以传记形式进行文学研究的写作风格。高斯的研究兴趣有两大方向:英国文学和北欧文学。他的《北欧文学研究》(*Studies in the Literature of Northern Europe*, 1879;修订版,1890)首次向英国读者介绍了挪威剧作家易卜生、丹麦童话作家安徒生、挪威诺贝尔奖得主比昂斯滕·比昂松(Bjørnstjerne Martinius Bjørnson, 1832 - 1910)等北欧文学名家,与托马斯·卡莱尔的《英雄、英雄崇拜和历史上的英雄业绩》(*On Heroes, Hero-Worship and the Heroic in History*, 1841)和威廉·莫里斯(William Morris, 1834 - 1896)的《冰岛日记》(*Icelandic Journals*)并列成为当时英国大学里研究斯堪的纳维亚文化的必读经典书目。高斯的评传《格雷》(*Gray*, 1882)将英国 18 世纪诗人托马斯·格雷的一生与其作品联系起来进行考察,这种研究风格受到莱斯利·斯蒂芬和著名作家托马斯·哈代等人的特别好评。然而,这部作品中的硬伤亦是显而易见,书中所述事实有时不能"铁证如山",例如书中提到法国作家卢梭邀请格雷去见他,但此事竟是子虚乌有。尽管如此,《格雷》同高斯翌年发表的《17 世纪英国诗歌史》(*Seventeenth-Century Studies: A Contribution to the History of English Poetry*)一起大大提高了高斯的文学声誉。将高斯引入美国和英国大学课堂的是他的《从莎士比亚到蒲柏:英国古典诗歌的兴起之现象与原因考》(*From Shakespeare to Pope: An Inquiry into the Causes and Phenomena of the Rise of Classical Poetry in England*, 1885)。但是这部研究英国浪漫主义和古典主义诗歌的论著也让高斯蒙受了一生最大的耻辱。学者约翰·车顿·科林斯(John Churton Collins)撰文"大学里的英国文学"("English Literature at the Universities")抨击该书存在对文学的严重无知与治学的不严谨,指出高斯的研究中日期混乱、对于某些研究对象不曾研读、对文学分期的断言不足信等(Dodd 112)。高斯没有灰心,1889年推出了《18世纪文学史》(*A History of Eighteenth-Century Literature: 1660 – 1780*),从此奠定了他在18世纪英国文学研究领域中的权威地位。1903年高斯与人合作四卷本《英国文学插图本》(*English Literature: An Illustrated Record*),其中他独立写作了绝大部分。此书奠定了高斯在这一时期的文学研究权威地位,为高斯赢来了新的工作机会——上议院图书馆慕名聘请他为馆员。从此,高斯在宽松的工作环境中由文学批评转向传记写作,发表了系列作品,其中包括享誉英国传记史的《父与子》(*Father and Son: A Study of Two Temperaments*, 1907)。

  高斯的文学批评主要研究三类作家作品:英国17世纪戏剧、他同时代的英国作家以及他同时代的法国作家与斯堪的纳维亚作家。虽然高斯的文学评论确立了他在世时的文学声誉,铆定高斯文学史地位的却是他的自传《父与子》及其散见于各种文论中的传记观。高斯以传记形式探讨文学现象,研究作家生平与其作品的内在联系,关注作家对社会的批判态度往往多于观照其作品的审美性,这使得批评家高斯的角色远逊色于传记家高斯。高斯对英国传记的贡献一如菲力普·道得(Phillip Dodd)所概括,"高斯的《父与子》将自传的形式从散文转为现实主义小说;其作品《杰罗米·泰勒》(*Jeremy Taylor*)从此终结了传记被当作历史实证主义的实践,开了现代传记作家与传主对话的先河,将传记作家的主体制度化"(Dodd 118)。换句话说,正是高斯的不严谨习性导致他的传记客观性不足,小说性有余;传记与自传界限不分明,进而使自传文类脱离了维多利亚时期担当历史佐证的传记功能。高斯传记的这些特点成就了他在文学史和传记史中前承维多利亚时代、后启现代主义时期的支点地位。

《父 与 子》

  自传《父与子》的副标题是"两种性格之研究"(*A Study of Two Temperaments*)。言外之意,这是一部严肃探讨父与子两种不同性格的研究报告。《父与子》讲述的是高斯从出生到离开家去伦敦工作之前17年的生活经历,内容涉及小高斯眼里的父母在日常生活中如何因笃信基督教而影响其行为方式,反映了父母的基督教世界观、价值观和教育观。书中详细生动地描写了高斯成长时期的重要事件:早年生母身患癌症去世、父亲在达尔文《物种起源》等系列革命理论出现时面临的信仰危机、父亲对疾病的荒唐解释、父亲对儿子成长的要求、继母与小高斯的文学爱好一致等。《父与子》一经发表,立刻引得好评如潮,被称为文学"小经典"(minor classic)。① 虽然高斯的同时代作家如亨利·詹姆斯、乔治·莫尔(George Moore,1852-1933)等人在对高斯揭发父亲的问题上持极端对立的观点,② 《父与子》对欧美国家和英语世界的自传、家庭回忆录以及小说的影响却贯穿了整个20世纪,在90年代甚至形成高潮(Hamilton 144),高斯被认为是如实描写父亲甚至诋毁父亲的鼻祖。乔伊斯的自传体小说《一个青年艺术家的肖像》、D. H. 劳伦斯的《儿子与情人》、彭妮·朱纳(Penny Junor)的21世纪的家庭回忆录《家事真相:在父亲身边的生活》(*Home Truths: Life Around My Father*,2002)和布莱克·莫里森(Blake Morrison)的《母亲没有告诉我的那些事》(*Things My Mother Never Told Me*,2002)等都是这种影响的产物。

  哈罗德·尼柯尔森的《英国传记发展史》如此评价《父与子》:

---

① 在1974年再版的《父与子》前言中,詹姆斯·海波恩(James Hepburn)评价这部自传的文学史地位是"小经典"(Allen 488)。
② 亨利·詹姆斯在致高斯的信中说,高斯的《父与子》"不是在说实话方面过了头,而是在孝道问题上走过了头"(Horne 453)。但作家乔治·莫尔批评高斯在《父与子》中"没能克服……爱面子(that sense of decency)",不够坦率(Frazier 371)。

这部书不是一部传统传记;更不是一部传统自传。它完全是原创性的;是一种全新形式的成功实验;是以超然的态度对所选取的一段历史时期中思想情状的临床检查。(Nicolson, 1933:146)

尼柯尔森的"临床检查"(clinical examination)喻指检查对象是真实的实体。高斯本人将自传定名为"研究",既是步乔治·爱略特的后尘,①也是受当时发展得如火如荼的心理学的影响,意在强调《父与子》的"真实性"和"客观性"。高斯在序言中道出写作此书的两个初衷:一是视其为历史"文件"(document),是"对那些逝去的,一去不复返的教育情状和宗教情状的记录";二是将其作为一份考察报告,"研究童年成长过程中其道德观及各种思想的发展"(33)②。然而,虽然高斯反复强调《父与子》里展示的是"一爿真实的生活",否则只恐"浪费"读者的时光;但是英国学者安·斯威特(Ann Thwaite)考察了大量高斯父亲的教区纪录和笔记之后,指出《父与子》的描写多处与事实并不相符,她认为爱德蒙·高斯确如小说家亨利·詹姆斯所言,是个"弄不准事实的天才"(Thwaite 37)。也就是说,《父与子》中对父亲的描写不完全属实。

客观而论,《父与子》的确是20世纪第一部全新的自传。它不同于中世纪时期奥古斯汀的《忏悔录》,不是以检查自我的形式与上帝对话;不同于启蒙时代卢梭的《忏悔录》,不是靠展露自己灵魂之丑陋来炫耀自我;也不同于18世纪美国政治家本杰明·富兰克林的《自传》,没有企图用励志的故事高调教育芸芸众生。20世纪初叶的高斯以超然物外、平静淡然的讲故事口吻,娓娓道出父子之间因宗教观和个人性格的不同所产生的裂痕,让读者意识到这个裂痕在那个时代和那种社会氛围中无可避免。虽然在《父与子》的言谈措辞之间不乏作者鲜明的立

---

① 乔治·爱略特代表作小说之一是:《米德尔马契:外省生活之研究》 (*Middlemarch: A Study of Provincial Life*, 1871-1872)。
② Edmund Gosse, *Father and Son*, (1907). Ed. & intro. Peter Abbs. London: Penguin Books, 1986. 本著引文全部引自此书,以下只注该书页码。

场,但高斯也没有一味控诉父亲原教旨主义式的新教观如何残酷、冷漠、滑稽可笑,而是将父子裂痕展现为一桩无可奈何的憾事。① 此外,高斯是叙事高手,他承袭了19世纪英国文学传统,将小说技巧融合在自传当中,在《父与子》里借用了狄更斯《董贝父子》(*Dombey and Son*, 1846-1848)、乔治·艾略特《米德尔马契》(*Middlemarch*)等小说的艺术手法,表现了19世纪英国文学中典型的儿童受虐主题。而且《父与子》的叙事视角也令人耳目一新。《父与子》不自白,不表白,没有歌功颂德,不事纪念怀古,而是以现代派式的二元哲学思维彻底颠覆了维多利亚时期父亲的绝对权威和父亲的话语模式,从一个小孩子的观点看世界,用一个小孩子的口吻发出心声。这种叙事立场和叙事视角在20世纪初是革命性的,首创性的。叙事视角的变换使得《父与子》完全跳出旧式自传的窠臼,高举艺术的大旗,在历史文献与自传元素的张力之间取得了新平衡。诚然,成功地抛弃旧法、挑战权威并非易如反掌,所以尼柯尔森评价在此背后是高斯的"极大的勇气"(Nicolson,1933:144)。

将小说技法引入传记写作,让小孩子站在前台发出声音,拒绝重走传统自传的老路,即使是在20世纪初期,高斯无疑也是在用《父与子》挑衅父亲的权威,明目张胆地攻击父亲所代表的维多利亚时代价值观。因此,就社会意义而言,这是西方文化中"弑父"悲剧的又一次重演,古老的"弑父"主题在《父与子》中毫不含糊地被置于前台中央。高斯显然意识到"弑父"行为严重违背了他身处的社会主流价值观,因此《父与子》初版时不敢具名发表。尽管如此,这部自传中的"弑父"主题如此明显而强大,以致高斯在自传中"想对父亲公平一些的想法一次次被这一主题所否定"(Thwaite 37),纯粹意义上的客观公正的叙述已经不可能。

"弑父"主题分析

《父与子》的"弑父"主题主要表现在高斯对父亲宗教观的鞭挞。在

---

① 正是因为这一点,伍尔夫批评高斯不够犀利,对维多利亚时代价值观的批判躲躲闪闪(见 Woolf,"Edmund Gosse")。

高斯看来,父亲对基督教的盲目狂热导致了他漠视人性,坚决与艺术作对,身为科学家但决然站在科学的对立面上。在高斯的回忆中,父亲的身份是一种简单式的复杂。他是勤奋的科学家,但更是狂热的基督徒;他是自己的父亲,但更像是天父的代表。这种以宗教为中心的身份面对世俗生活时往往难以平衡,父亲因此在小高斯的眼里常常显得不可思议,荒唐可笑。基督教立场决定了虔诚的父亲死守信条,敬神抑人,人、人的本性和自然属性都在基督教观念之下被规约,被概念化。高斯生母的故事有力地说明了基督教如何压抑人性。生母幼年原本极富创造天分,有讲故事的天赋,喜爱编故事、讲故事,周围人也喜欢听她讲故事,但是自从基督教加尔文派的老师告诉她"任何编造的故事都是一种罪过(sin)",她从此开始封闭本能,洗心革面,以致成家后"不管是宗教书,还是非宗教书,只要是虚构的,都不允许带进家门"(48-49)。

基督教观念使父亲对人的病痛也有别样的荒谬解释。作为科学家,父亲"拥有许多科学知识和丰富的人生阅历",但对人的病痛他不从人体上找原因,却将其视作上帝对人的直接惩罚。邻居中有人腿断了,父亲解释说,这是因为病人违反了基督教条规,视其丈夫为偶像所致。患者身为基督徒,应当只信上帝,否则必遭惩罚。父亲对别人如此,对家人生病也做同样解释。一次小高斯卧病在床,父亲不问他的身体状况,只反复追问小高斯的信仰问题,告诉他上苍是看到他犯了罪,所以罚他身体无力,遭受病痛(225)。父亲本人更是成了基督教的傀儡。在父亲头脑里,坚定不移地信仰上帝、侍奉上帝、与上帝沟通是人生的首要任务,为此父亲保持一种深居简出式的生活方式,以完成这项终生大任。继母曾企图打破家中死气沉沉的局面,斗胆劝说父亲走出家门,投身到火热的社会生活中去,到外面"搞科学讲座、到伦敦去、到皇家学会去宣读论文、跟外国专家进行学术争鸣,或到名胜水域地区开办户外动物学学习班"等,而父亲却只是模棱两可地微微一笑,摇摇头,眼睛又回到《圣经》上去(204)。

《父与子》中不乏对父亲的正面描写。我们看到,这是一个对家人细心有加、对基督教顶礼膜拜、对科学事业兢兢业业的父亲。当小高斯因受惊吓夜不能寐时,父亲跪在他床前为他祈祷,彻夜不眠(133);小高

斯的教育使他一直忧心如焚,父子书信往来不断;是他训练小高斯如何有效地运用语言,细心观察生活(221)。但让读者触目惊心的还是作者对父亲不讲情面的揭露。究其原因,高斯幼年时对宗教和父亲的权威所产生的怀疑为他日后的"弑父"行为埋下了伏笔。一些往事给孩童爱德蒙·高斯留下了刻骨铭心的印象,动摇了父亲在他心目中诚实、博学和无所不能的英雄形象。高斯在书里举了两个事例,都与宗教有关,一是关于祈祷,二是关于偶像崇拜。父母告诉不到七岁的小高斯祈祷如何重要而且灵验:"不管你需要什么,只管向上帝祈祷。只要上帝愿意,他就能让你得到它。"但是小高斯真要祈祷得到一只陀螺时,却遭到父亲的阻止,称"不可以为此轻浮之事祈祷"。小高斯忍不住反唇相讥:"比起让异教徒皈依、把耶路撒冷归还给犹太人,我只需要一只陀螺。那两个大目标让我发冷"(63)。同样,父亲说只可信基督教一种神,不可膜拜其他,膜拜石头或木头,上帝就会发怒。这时小高斯偏偏要挑战父亲的话是否正确,偷偷跪对一把木椅祈祷起来,结果发现什么事情也没有发生(66-67)。这两次挑战严重地动摇了父亲在小高斯心中的威信,父子渐渐成为精神之路上的陌路人。

宗教与艺术的斗争是父与子冲突的一个焦点,表现在父与子对待神话艺术与文学艺术的态度上。虽然上帝这种概念也是源于人类的想象,但虔诚的基督徒父亲却将其他源于人类想象的精神产品如文学、艺术甚至神话都视作与上帝作对的他者,是邪恶之化身。在浓厚的宗教气氛中长大的小高斯,年至13岁时方才第一次读到希腊诸神,致使他在书中看到骄傲的大卫神像、扭着腰身的维纳斯女神、穿裙子的戴安娜女神和大胡子的朱庇特神时惊诧不已。本来神话与社会中的人至少存在三层联系:民族精神、艺术之真、概念的形成。① 但是艺术与其深刻

---

① 按照弗洛伊德的观点,神话与民族精神密切相关,是"整个民族愿望的变形痕迹"(Freud,1959:152),是"投射到外部世界的心理表现"(Freud,1960:258),象征着某个民族的个性。从艺术角度看神话,艺术之美透着经验世界之真,产生于人"共鸣的想象"。而在理性的层面,概念是神话的基本元素,神话向我们展示"一个概念的结构"和"一个感性的结构"(卡西尔,第97页)。

的文化内涵在父亲的眼里仿佛根本不存在,他只将那些神话雕像解释成"异教徒的恶行铸就的影子,反映了异教徒臭名昭著的生活","上帝正是因为他们干下这些丑事才将石灰石和无情的火焰洒向平原城,这些关于神和魔鬼的传说中没有任何东西值得基督徒去了解"(204)。神话在父亲眼里如此,艺术在父亲眼里也是形同恶魔。因此,当村里发生伦敦事件时,①父亲在弥撒集会上"承认弗拉德的宗教热情很纯洁",但不提倡她的做法,只因为"那雕像不是她个人的,是水晶宫的"(206)。也就是说,父亲的行为唯上帝为是,唯世俗功利为是。

最典型的例子是对待习文识字的问题。小高斯天生得了母亲的遗传,偏爱文学艺术,对文字的优美音韵产生了浓厚兴趣,后来又喜欢上探讨文字的表意功能和结构,一部《词源学字典》让他爱不释手,反复研究其中的词句构造。因此,莎士比亚剧本中的诗行能让小高斯感到如上九霄般的快乐(176),也让他不由自主地对照自我,将对人性毫无所知的自己与莎翁笔下的野蛮人相提并论,因而自惭形秽。父亲则完全是另外一种态度。他禁止小高斯继续"玩弄文字",告诫他掌握语言必须看其是否有"实用价值"(221),并且为自己从未读过莎士比亚、毕生只进过一次剧院而感到自豪(177)。文学、戏剧、艺术在他看来都没有实用价值。

艺术和科学密切相关。高斯认为,因为父亲的宗教观对艺术采取极端敌视态度,这致使他虽然不乏科学成就,但却无法成为更高意义上的哲学家。他只能通过显微镜看微观世界,但看不了宏大博深的宏观世界。"他虽然坚定地相信上帝之言,但对神爱缺乏信心;虽然对基督教保持全然的狂热,但却误将恐惧视为爱"(123)。

父亲的价值观面临的最大冲突是宗教与科学的冲突,在划时代的革命性时刻父亲最终选择站到了革命派的对立面。父亲因为宗教狂热,头脑顽固,眼界模糊,导致其性格优柔寡断,感觉世上并存两种真理,一种是先验的,存在于上帝的法则之中;一种是凡世间的,存在于我

---

① 村妇弗里德头一次在伦敦参观水晶宫看见裸体的希腊诸神雕像时,基督教道德观令她勃然大怒,以致奋而举起阳伞击碎雕塑,遭到警察拘捕。此事传回村里,当事人被视作英雄(205-206)。

们生活的世界。但是让父亲心痛不已、无法接受的事实是,这两种真理在现实中竟然水火不相容。虔诚信教、严谨治学的父亲看不到所谓的两种真理中,其实一个是谬误,因此他常常"往真理迈近一步,马上又痛苦地后退一步,死心塌地地错误下去"(102)。1857 年,在达尔文《物种起源》发表的前两年,包括达尔文在内的一批革命性科学家聚集到地质学家查里斯·莱尔(Charles Lyell, 1797－1875)身边,在地质学、生物学等研究领域做出了震撼世界的贡献,颠覆了上帝创造人的旧观念。而此时此刻,父亲出版了学术论著《浮石》,企图狠狠回击革命派科学家,捍卫至高无上的万能上帝。然而,"不管是无神论者,还是基督徒,他们看了看那书,哈哈一笑,一扔了之"(103)。

结　　语

高斯在自传中"弑父"的动机值得注意,在某种意义上可以说,这一动机成就了《父与子》在传记史上承上启下的地位。固然伍尔夫指责《父与子》的批判性过于暧昧,但这部自传委实在温文尔雅、心平气和的叙述格调中胆大妄为、不留情面地揭露了父亲和他所代表的那个社会的荒谬性。究其动机,不排除高斯所受到的两种影响:西方文化的集体无意识和 19 世纪英国文学传统。众所周知,一个民族的集体无意识主要体现在其神话当中,对此弗洛伊德的《图腾与禁忌》有精彩的分析。他指出,人类的父子关系是一种压迫与被压迫的关系,父亲在儿子的眼里是威严权力的化身,是"迫害狂"。儿子对父亲的情感中交织着仰慕、仇恨与恐惧,致使儿子决意杀死父亲,以取代其位置为快(Freud, "Totem and Taboo"),故而希腊罗马神话和后来的西方文学就是一部"弑父"史(Dervin 53)。另外,19 世纪英国小说流行着一种控诉儿童受虐遭遇的风气,《简·爱》《呼啸山庄》《大卫·科波菲尔》等无不关注儿童受虐倾向。1903 年塞缪尔·勃特勒的自传体小说《众生之路》将儿童受虐主题公开化、明朗化,以犀利的讽刺直接控诉父亲,震惊了父权制的维多利亚社会。但是如果说俄底浦斯之弑父是命运所致,受了 19 世纪英国文学传统滋润的高斯之弑父则另有特点。在高斯这里,不仅"弑父"主题比 19 世纪英国作家的作品明确,配合"弑父"主题的叙事形式也别具一格,呈双行对照结构,一面是贬低父亲,另一面是褒扬儿子。父亲虚伪、愚蠢、封闭、褊狭、日薄西山,儿子诚实、智慧、开放、开明、朝气蓬勃。换言之,高斯之否定父亲其实源于儿子亟于证明自我和确立自我的企图。这个动机意义非凡。它改变了19世纪以来传记作家被动立传的局面,作传不是为历史当佐证,而是"有话要说",要证明自我。这一点后来被法国"新传记"作家安德烈·莫洛亚理论化为传记是"一种表达手段"的观点(Maurois 115)。其次,"证明自我"的动机使得《父与子》在形式上开始模糊自传与他传的界限;在叙事语言上开了模糊历史叙事与小说叙事的界限的先河;在传记艺术上引入讽刺手段和小说技法,扩大了传记法的可能性。这一切像报春花一样,为"新传记"在第一次世界大战之后的流行吹响了号角。

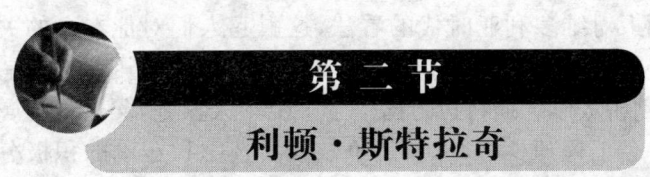

第二节

利顿·斯特拉奇

(Lytton Strachey,1880 - 1932)

在英国20世纪的历史上,利顿·斯特拉奇是一个意味深长的名字。他是文学革新的领袖,"新传记"核心代表人物。他在第一次世界大战结束翌年发表的《维多利亚时代名人传》不仅给文坛带来一股清风,更是给英国旧的价值观带来毁灭性的打击,其猛烈程度远胜过大战当中英国敌对国的任何兵团(Johnson,1991:169),从此永远改变了人们对维多利亚时代的评价,斯特拉奇因此被称作"推倒偶像者"(iconoclast),同时反对者嗤之以鼻,称其传记为浮浅之人的浮浅之作(Cruttwell 726)。斯特拉奇的传记反对做传主的奴仆,强调采用客观全面的视角、以科学的心理分析和多种艺术技巧探索传主,终结了维多利亚时代的资料汇编式大部头传记,深受当时读者喜爱,引来无数仿效者,掀起了一股"新传记"浪潮,波及欧美长达20年。斯特拉奇成为英国传记史上继鲍斯威尔之后的第二座高峰。此外,斯特拉奇还是有名的布鲁姆斯伯里文化圈的领头羊,天生具有凝聚精英的才能(Johnson,1991:168)。在布鲁姆斯伯里文化圈,斯特拉奇影响政治而不参与政治的观点和他的艺术风格深刻影响了其他人。凯恩斯在其经济学论著《和平的诸种经济后果》(*Economic Consequences of the Peace*,1919)中把斯特拉奇《维多利亚时代名人传》的思想和技巧仿效得炉火纯青。E. M. 福斯特的《印度之行》毫不留情地质疑英国政府的政策,在文化深层上批判了英国对印度的殖民统治(Johnson,1991:169)。斯特拉奇引发了小说家弗吉尼亚·伍尔夫对传记与小说的形式实验,她对传记艺术的思考遍及其文章、讲演及小说当中。

  在斯特拉奇短短的52年生命历程中,他的传记作品不多,但对西方传记的深远影响在20世纪无人可比;他没有参政,但深刻影响了20世纪英国人对维多利亚时代的看法,这引起人们对他本人的关注。在斯特拉奇的生命史中,对他产生重要影响的有两个因素:一是他的家庭,二是剑桥大学。斯特拉奇出生于一个军人家庭,父亲是英属印度殖民地的一名工程师少将,母亲是争取妇女选举权运动的积极分子。有评家认为,"新传记"之所以最终在第二次世界大战前夕销声匿迹,斯特拉奇纯粹是被仿效者们给毁了。那些蜂拥而上的仿效者们企图获得斯特拉奇"新传记"的效果,但缺乏斯特拉奇的才气,直把"新传记"变成令人作呕的揭丑传记和牵强附会的心理传记,失去了读者大众(Kendall 114)。斯特拉奇超群的才气来自他的天赋。如果说这个天赋得于父亲的遗传,母亲对斯特拉奇的后天影响则浸润在他的思想和行动中,表现在他的传记等写作方面以及对待朋友的日常交往中。斯特拉奇在家中排行老八,母亲是这个有10个孩子之家的女王,教育和培养着每一个孩子,以铁腕管理着这个大家庭。母亲规定了每一个孩子成年后的方向。她让斯特拉奇的哥哥考上牛津大学,哥哥后来顺利进入英国政府工作;让斯特拉奇和弟弟考上剑桥大学,斯特拉奇成为二、三十年代英国传记之王,斯特拉奇的弟弟詹姆斯·斯特拉奇(James Strachey,1887-1967)则成为将弗洛伊德引入英国的权威译者和心理分析专家。精明强干的母亲成为斯特拉奇传记中帝王传主的隐形模特,也是斯特拉奇和其他朋友交往时乐于掌控他人的隐形样板。

剑桥大学培养了斯特拉奇的心智和精英社团意识。在剑桥大学，斯特拉奇被选入秘密精英组织使徒会，在这里他结识了哲学家 G.E. 穆尔、罗素、经济学家凯恩斯、社会实干家莱纳德·伍尔夫①等人。斯特拉奇毕业后和其他毕业生在伦敦的布鲁姆斯伯里区继续使徒会的每周讨论模式，成为现在人们熟知的布鲁姆斯伯里文化圈。这个圈子和当时的剑桥学派一样，倡导新柏拉图主义思想，只是更加强调人与人之间的爱和个人的审美高于一切的穆尔伦理准则。这种思想贯穿在斯特拉奇和圈子里其他人的写作之中。因为新柏拉图主义与维多利亚时代神性高于一切、权威高于一切的价值观背道而驰，斯特拉奇与布鲁姆斯伯里文化圈的朋友们在当时被认为是叛逆者。

斯特拉奇天分高，喜欢凌驾于他人之上，说话刻薄，爱好法国文学，这些特点在他的传记里展现得淋漓尽致。他喜欢选择君王做传主，在传记里洞察传主，描摹自我，通过写传主完成他君临天下的作家梦；他出言尖刻，热衷嘲笑，在传记里"想嘲讽什么就嘲讽什么"（Schmidt）。他抨击英国的维多利亚传统传记不真实、不真诚，高度推崇法国以人为本的传记传统。

斯特拉奇的长篇传记有三部：《维多利亚时代名人传》《维多利亚女王传》《伊丽莎白与埃塞克斯》（*Elizabeth and Essex: A Tragic History*，1928）。在成名之前，斯特拉奇写过十多年的文学评论，为《旁观者》（*Spectator*）杂志撰写书评和短篇传记。他评论的对象包括英国自伊丽莎白时代以来赫赫有名的文学家、历史学家、思想家和外国作家，有莎士比亚、约翰生、鲍斯威尔、卡莱尔、历史学家休姆（David Hume）和爱德华·吉本、俄国作家陀思妥耶夫斯基、法国作家拉伯雷、拉辛、伏尔泰等，甚至评论过一部英国人写的《李鸿章传》。这些评论文章后来收入《书与人：法国人、英国人》（*Books and Characters: French & English*，1922）、《微型画像及其他》（*Portraits in Miniature and Other Essays*，1931）、《人物与评论》（*Characters and Commentaries*，

---

① 后来是小说家弗吉尼亚·伍尔夫的丈夫。

1933)。斯特拉奇和其他布鲁姆斯伯里文化圈里的朋友一样，属于亲法派。1912 年他推出了一部法国文学史《法国文学里程碑》(*Landmarks in French Literature*)，受到广泛好评，由此激发了他后来的写作热情。

《维多利亚时代名人传》

斯特拉奇在 20 世纪初利用传记向腐朽的维多利亚精神发起了攻击。他否定维多利亚时代的传统传记方法，张扬艺术领先、揭露灵魂、忠实纪人的人性化传记法，使当时形成一股"新传记"潮流，成名作就是这部《维多利亚时代名人传》。《维多利亚时代名人传》承袭英国 18 世纪的讽刺文风，延续鲍斯威尔的轶事传记法，遵循英国 19 世纪现实主义文学"典型环境中的典型人物"的创作原则，将四名代表维多利亚时代精神的传主单独成篇，汇成一集，命名为"维多利亚时代的名人"。这四位传主是：红衣大主教曼宁、护士天使南丁格尔、小学校长汤姆斯·阿诺德和戈登将军，他们代表了支撑维多利亚时代的四大精神支柱：宗教、博爱精神、教育和军事。虽然《维多利亚时代名人传》具有强烈的反传统意识，但其传记观却是维多利亚时代的"世界的历史就是伟人的传记"理论(Carlyle，1897：12)，以人观史，以传写史。与维多利亚时代的理念不同的是，斯特拉奇回眸过去，不是仰视而是俯视传主，时刻准备剥离传主身上的虚饰，将一个真实的传主摆在读者面前。

斯特拉奇声明：

> 我试图通过传记的手段向当代人展现某些维多利亚时代的景象。……我的目的一向是摆事实，而非讲道理。……我通过一位神职人员、一位教育泰斗、一位实干女性和一位冒险分子，要考察并解释那个时代的一些真相……。① (vii-viii)

---

① 本书所有《维多利亚时代名人传》引文出自 Lytton Strachey, *Eminent Victorians*. 1918. London: Chatto & Windus, 1945，以下只标引文页码。《维多利亚时代名人传》全部引文的翻译参考了逢珍的译文。(参见利顿·斯特拉奇：《维多利亚时代四名人传》，逢珍译。广州：花城出版社，2003 年。)

斯特拉奇的传记法前无古人:

> 去冗余,存要义,保持恰当简短篇幅定然是传记作家的首要任务。其次,保持(传记作家)个人精神之独立亦为必须。传记作家的职责乃依循本人的理解展露传主的事实。这正是我写此书所遵循的宗旨——按照我对那些传主的理解,将他们的事实原封不动地摆出来,力求客观,不偏不倚,别无他图。引用一位法国大师的话:"不多言,不妄言,惟直陈而已。"(viii-ix)

《维多利亚时代名人传》独创传记法的目的是通过摆事实纠正人们的偏见。斯特拉奇曾写信给伍尔夫,痛骂维多利亚时代的人是把英国社会领向灾难的"一班伪君子"(Woolf,1976:13)。不难看出,这位当时的愤怒青年在这部传记中扮演了一个向导,举着火把带领读者穿过常识的表面,走向传主的真实面目。他提醒读者注意,英国的19世纪分明是崇尚科学、追求进步的时代,大主教如何会在这样的时代里成为领袖人物?也许曼宁主教之成功,"并不是因为他有多么优秀,而是因为他往前挤的才能高超?"(2);他告诉读者,"真实的南丁格尔小姐比传说中的她更有意思,并不那么招人喜欢"(115);教育改革的先锋是如何改革教育的,只要看看他对学生的要求便可明了。小学校长阿诺德博士要求学生,"第一,须信教讲道德;第二,须以绅士的标准要求自己;第三,增强文化知识才能"(182)。由此不难理解在这所学校里为什么讲经布道的课雷打不动,文化课却可以打折扣。而被奉为维多利亚时代举国英雄的戈登将军,是一个左手拿《圣经》,右手举酒瓶的伪君子,在别国的领土上疯狂杀戮当地人。结果,戈登在苏丹战死之后,英国靠屠杀两万阿拉伯人的"光辉战绩",增添了"广袤的疆域"(301)。

再好的传记观也要通过传记艺术来实现,《维多利亚时代名人传》的艺术魅力透过多种技法放射出来,比如双行法、讽刺、比喻、心理分析等等。斯特拉奇精彩地发挥了传记双行法,传主的对立面不仅有单个人,也有一群人,或异族人;有与传主针锋相对的,也有鼎力相助的。比如,威望过人的曼宁主教精明强干,善于钻营,在人生中的几个关键之

处火眼金睛及时捕捉到了机遇，奋不顾身投将过去。在别人尚对牛津运动持观望态度时，他及时成为这一运动的积极分子，捞得一大桶政治资本。当意识到罗马教廷权大无边时，他义无反顾放弃英国国教，皈依了天主教。爬到高位后，他不容许身边有任何危及他地位的威胁。纽曼主教则恰恰相反。他真诚纯粹，理想主义，认死理，不务实，发动牛津运动的目的是为了整肃英国的基督教。他改信天主教，是因为他在天主教这里看到了纯正基督教的可能性。他写《自辩书》是想拯救基督教在民间日渐走下坡路的状况。他拒绝罗马教皇秘书的邀请，因为那位秘书在信中侮辱了英国人。所以当曼宁和纽曼这样两条平行线交叉时，大权在握的曼宁对纽曼定然会有种种阻挠。纽曼的《自辩书》襟怀坦荡，论点鲜明，"整个英语世界都喜爱"，但曼宁对它嗤之以鼻，"相当不错啊，就像听死人说话"(74)。他禁止牛津大学设立纽曼专用教堂；故意拖延递送到罗马教廷请求升任纽曼为红衣主教的报告。然而尽管性格迥异，笃信基督教却使得二人都有虚伪的特点。年迈的纽曼心中很想当红衣大主教，却声称自己因为不愿意离开家乡不想当(104 - 105)。当年曼宁升任大主教时，几乎也上演了同样的戏，发誓谋求高位"既不四处活动，也不到处找关系"(62)。

讽刺遍布了《维多利亚时代名人传》。19 世纪英国诗人的地位崇高无上，但是诗人阿瑟·克拉夫却反其道而行之，宁愿放弃写诗而去打杂工。牛津运动之后他开始丧失信仰，接着似乎迷失了生活的方向，"作诗不仅没有平息他的惶恐，反而令他越发不安"(150)。当他在英国政府里谋到一个职位，面对女强人南丁格尔时，尽管生活方向仍然不明确，却感受到了一种真实和诚恳。他担忧自己能否为南丁格尔尽微薄之力，于是南丁格尔安排他做买车票、打包裹、校稿子的杂事，而诗人克拉夫对此竟心满意足。

戈登将军也被讽刺得伤痕累累。好战分子戈登貌似虔诚，甚至到巴勒斯坦毕恭毕敬地一一寻找《圣经》上的具体圣地。但他在中国平息基督兄弟太平军时却毫不迟疑，大立战功。他三番五次向英国政府请战到非洲去扩大英国的势力，最终在苏丹被围困战死后，却是迟迟不肯为他出援兵的英国人、埃及总督伊夫林·巴林爵士受封为贵族，英国殖民地因为有了苏丹而扩大了地盘,戈登的家人却只是收到了维多利亚女王区区一封慰问信。

比喻的运用加强了讽刺的效果。由于此书在第一次世界大战期间完成,斯特拉奇将对战争的痛恨全部化作讽刺诉诸笔端,将战争意象引入传记,成为核心比喻。他把传记作家和传主的关系比喻成敌我关系,写传记好比一场战斗。他告诫传记作家,撰写维多利亚时代的历史不可使用细细道来的直接方法:

> 他(传记作家)若是聪明,就会采用更巧妙的战术。他会向传主意想不到之处发起进攻;他会从侧翼或后翼猛扑过去;他会往传主尚没有被美化的隐秘暗处突然射去雪亮的探照灯。(vii)

其他的比喻也都围绕战斗展开。纽曼的《自辩书》反响虽高,但辩论对方金斯利却是个不学无术者,辩论没有取得多大成果,"主要因为金斯利不懂得纽曼智慧的根本,如同一介英军下士不懂一位印度高僧一般"(26);曼宁主教"像暴风雨中的一只海燕搏击在论战的怒海之上"(59);当牛津大学请求为他的对手纽曼主教专设教堂时,他断然否定。"这是老鹰与鸽子相遇。盘旋,俯冲,那电掣般的鹰喙和无情的鹰爪迅速了结问题"(74)。勇猛的鹰形象也被用来形容南丁格尔,她的父母"养育的不是一只天鹅,而是一只鹰"(120);她还像一头母老虎(149),在她给上级的报告里,"挖苦话像机关枪一样扫遍各级官员,毫不留情,往死里打"(135)。战斗的比喻在书的结尾处达到高峰,使讽刺尤显意味深长,狠狠嘲笑了戈登将军为代表的英国殖民主义。苏丹阿拉伯人攻下戈登的宫殿,将他的首级挂在大路边的树上,让愤怒的路人向那头颅扔石头。"沙漠上的猛禽在这颗头颅上方飞掠,盘旋——这正是那对蓝色眼睛过去经常观望的那些苍鹰。"(299)

《维多利亚时代名人传》首次明确运用了心理分析法,尽管这方法比起后来引入英国的弗洛伊德心理分析法来得粗陋,不系统。确切地说,这是从俄国作家陀思妥耶夫斯基的小说里学来的方法,在斯特拉奇的传记里表现为通过人物的发言展示人物的内心世界。我们常说,看

一个人,听其言,观其行,言为心声。斯特拉奇的传主们经常发言。校长阿诺德博士反对开设科学课程,却坚持要学生学习已经死亡了的古希腊语和拉丁语。他说,"我认为语言学习的根本目的是培养年青人的心智;希腊语和拉丁语正是完成这个目标的好工具"(187)。他赞成体罚学生,"跟大人比起来,小孩骨子里有一种自卑感",所以"在长幼不平等的地方,年长的罚年幼的表示长尊幼卑"(185)。他在给朋友的信里说,"与其让我的儿子满脑子想着科学,我倒宁愿让他认为太阳是绕地球转,星星是镶在碧空里数不清的闪亮饰片。要当一个基督徒,当一名英国人,有一样东西肯定非学不可,那就是基督徒的处世之道"(188)。如果人在公共场合的发言或许因为种种因素不完全是其真实表达,日记则最能反映传主的真实心迹。在西方自 15 世纪以来,日记就成为自我与自我对话,自我观察周围世界,自我建构,自我记忆的场所(Kitzmann 54),在相当程度上私密性的日记最能反映传主的灵魂。阿诺德未到不惑之年,却已将走向人生的尽头,这使得他心事重重。他在日记里写道:"愿上帝将我的灵与心系于他身,洗刷我所有的罪过。我要注意我的舌头,不要再讲过激的话,不要再批评别人。……在我临死之际,愿上帝通过耶稣基督收留我,让我没有任何恐惧,不要撇下我"(204)。

总之,读《维多利亚时代名人传》如同观一场维多利亚时代人生大戏,人物性格丰富多彩,故事情节跌宕起伏,有伏笔、有悬念,有条理清晰的事实叙述,有扣人心弦的戏剧冲突,有引人入胜的幽默讽刺。所以,哲学家罗素因反战而受牢狱之苦时,读到《维多利亚时代名人传》不禁哈哈大笑,以致被狱守呵斥:"监狱是受罚的地方,不是来享乐的!"(Altick 282)然而,正所谓"美言不信",斯特拉奇不拘一格、广开门路的传记法在备受欢迎的同时,也遭到了一些人的强烈质疑。除了反对他对权威和传统不恭之外,最为史学家诟病的是他对事实的处理不够严谨。学者们不客气地指出,斯特拉奇治史不严谨至少体现在三个方面。一,选材不严谨。斯特拉奇在该书前言中声称,他是在传材的海洋中,随处放下一个小桶,依据在这里那里吊上来的材料进行认真研究后写出的这部传记(vii)。批评者指出,如此片面的选材不足以全面说明一个人。二,对话可疑。如前所述,让传主发言是《维多利亚时代名人传》

的一大特色。但是这四位传主早在19世纪就已过世，斯特拉奇不可能听到这些人说话。斯特拉奇依据传材创造的这些发言很难客观地表达传主的真实意图。三，有些事实不足信。关于南丁格尔童年缝补破碎布娃娃一事被证明纯属臆造，没有事实根据。美国传记家艾德尔甚为推崇斯特拉奇，但也批评他说，"只要斯特拉奇感觉需要，他就会在传记里给维多利亚女王的脖子上戴一根项链"（Edel，1984：82）。

《维多利亚女王传》

《维多利亚女王传》是斯特拉奇的顶峰杰作，1922年获得英国著名传记大奖詹姆斯·泰特·布莱克纪念奖（James Tait Black Memorial Prize）。人们评价这部传记"机智但不炫耀；深究但不残酷；因此纵然维多利亚的性格不乏荒唐之处，她仍然受到人们高度关注，令人无法不对她怀有无上崇敬"（Sanders 351）。《维多利亚女王传》延续了"新传记"的鲜活风格，克服了《维多利亚名人传》中的诸种缺憾，选材更加翔实，叙事更加紧凑，态度更为稳健。斯特拉奇保持了先前的讽刺风格和批判精神，但讽刺的锋芒大为减弱。《维多利亚时代名人传》中的讽刺让一些读者感到作者用心险恶，《维多利亚女王传》则显出作者温良恭让的一面，讽刺弱化为善意的嘲弄。双行法在这里展开得更为充分，以维多利亚女王为中心，她的对面是形形色色的臣子和风采各异的仆人，君臣仆人们的共同特点只剩下野心勃勃，《维多利亚女王传》因此是另一个版本的《维多利亚时代名人传》。我们看到，这个时代的头号名人维多利亚女王缺乏想象力，固执刻板，拒绝与时俱进，但作风强硬，看似没心没肺，却又意志坚定；既能直来直去，又能缄口不语，既有天真稚气，又有帝王傲慢，最终成功地树立了"万民之母"和"大帝国象征"的形象[①]（244）。她的丈夫——德国人阿尔伯特——俊朗英明，精力充沛，好胜心强，但始终难获英国人的认同，鞠躬尽瘁，死而后已。首相墨尔本"头脑灵活，思想丰富，气质沉稳，敏感机警，工作生活潇洒自如"

---

① 本章关于《维多利亚女王传》的引文全部引自 Lytton Strachey, *Queen Victoria*. 1921. London: Chatto & Windus, 1937. 以下引文只注页码。

(53),对刚登基的维多利亚产生了巨大影响。首相帕墨斯顿别有用心,企图把皇权变花瓶。首相迪斯累利心细如筛,深谙马屁术,"谈起公事来喜欢洒一路鲜花,将沉重的事用开心的话说出来,把自己的想法在友好知心的气氛中暗示出来"(220-221)。首相格莱斯顿则是做事不做人,一心求变,心系国家改革大事。他视女王为天子,心怀宗教般狂热的崇敬,千篇一律满口敬语尊称,但女王并不领情,"他跟我说话好像是在开公众大会!"(214-215)仆人斯托克马精明能干、小心谨慎、忠心耿耿。家庭教师勒曾伯爵夫人机敏警觉、善于察言观色。

《维多利亚女王传》是一出精彩大戏。事实上,英国自1870年起就开始造神运动,人民对维多利亚女王的崇拜在此后的30年里逐渐达到顶峰。斯特拉奇的女王故事则集中在这之前的跌宕起伏中,遂使女王的经历斗争不断,悬念重重,如大海波涛一浪接一浪。维多利亚女王本身性格充满矛盾性,她"卓尔不群",但和儿童书里可爱的女王不能画等号(46)。正如她的名字 Victoria(维多利亚)中包含了 Victor(胜利)一样,她的一生注定要从胜利走向胜利,伴随她的仿佛是一个又一个扣人心弦的戏剧冲突,一场又一场戏剧高潮。自登基后她就开始成为"中产阶级胜利的现实象征"(25)。胜利来之不易。18岁之前,她能如家人所愿顺利地继承伯父的王位吗?她能战胜议会,力争墨尔本当她的第一任首相吗?她是如何被她的丈夫征服,理智地处理同大臣、母亲、仆人等内政关系的?她是怎样同以首相为代表的内阁博弈的?外交上她的铁腕政策把英国引向了何方?她是如何在皇权日趋衰落的情况下成功地完成了个人造神运动?"写好一生同过好一生一样难"(Strachey, 1945: viii)。读斯特拉奇笔下维多利亚的一生,传主活得精彩,作者写得漂亮,外表仿佛一片世外桃源,风光无限,内里风浪不止,险象环生,处处悬念,读来引人入胜。

《维多利亚女王传》精彩地诠释了维多利亚时代精神。在今天的人们看来,维多利亚时代是科学、进步、扩张、进取的时代。但在斯特拉奇眼里,那是一段虚伪、好战、狭隘、刚刚过去的历史。客观而言,维多利亚时代精神是一种交织着各种矛盾的精神,是虚伪矫作、卓绝力量和超常创造性的奇怪混合体(Edel, 1984: 76)。显然斯特拉奇认为,泛基督教化导致了虚伪矫作在维多利亚时代蔚然成风,上行下效。作为英国国民象征的女王、她的家人、大臣们时时处处强调他们是基督徒,重责任,重理想。然而面对问题时,他们迅速把基督教道义撇在一边,以利益为准则衡量形势,是绝对的实用主义。面对"解放妇女权"这个19世纪重大社会改革呼声之一,维多利亚不讲责任与理想,忘记自己也是个女性,对这项改革恨之入骨,咬牙切齿(260)。维多利亚的铁腕对内对外都追求强势、有力。不难理解她是个帝国主义者。在俄罗斯土耳其战争中她强硬地要挟英国政府,不出兵,她就要"退位"(232)!强势让维多利亚时代也充满了活生生的创造力。这个时代产生了一批响彻历史的科学家、哲学家、文学家、实业家等等,最有代表性的也许是世界首届万国博览会,水晶宫、玻璃喷泉、热带植物温室、挖掘机、采煤机,所有的先进科技都体现了那个时代的"新理想和新力量"(124)。

确切地说,《维多利亚女王传》不是一部普通的传记,它更是一件艺术品。有评论推测,十个人中会有九个人爱读这部传记(Porritt 608)。关于维多利亚女王的传记有许多,但是其他作品要么拘泥于事实,而不能引人入胜;要么过于卖弄叙事技巧,读来既不真实,也不能给人留下深刻印象(Herrick 63)。不可否认,叙事技巧是这部传记成功的重要因素之一。这包括叙事的寓意结构、小说技法、嘲讽和"新传记"的理念。《维多利亚女王传》巧妙地暗含了一种童话故事结构,讲述女王与她的国家经历了风风雨雨依然彼此相爱的故事。叙述语言有时直接是童话式的,例如企图争夺王位的恶叔叔的"爪子"被改革法案斩断了(25)。王子相亲时"蓝色的双眸闪闪发光,可爱的嘴边挂着微笑"(84)。情节安排也是童话式的。在维多利亚时代的舞台上,她仿佛注定要遇上许多重要人物,使她的一生充满戏剧性和传奇性。从目录中我们就能看到墨尔本勋爵、帕默斯顿勋爵、格莱斯顿先生和贝肯斯菲尔德勋爵等陪伴过女王的一系列首相。结尾同样闪耀着童话般的和谐:在维多利亚弥留之际,她一生中值得纪念的事与人在她的脑海里一一划过(269)。

小说技法连同嘲讽语调更是给传记的可读性锦上添花。威廉四世长着"一双溜溜转的大眼睛,一颗菠萝脑袋,在过了微不足道的56年之后,突然荣登国王宝座,这让他差点发了疯"(34)。帕默斯顿首相看不起阿尔伯特亲王,心想他有什么了不起,"连坏事都没干过,不过是娶了

维多利亚,让他的身份尊贵了"(132)。此外,斯特拉奇不断提醒读者注意他的传记理念,引导读者注意那些平常不多见的故事:

> ……多数人讨厌那种描绘得完美无缺的画像。其原因倒不在于人们妒忌画中人的完美性,而是因为人们怀疑是否真有这样的人。于是当人们看到摆出来供人崇拜的画像人物跟道德说教书里的奶油小生英雄一样,而不是一个有血有肉的真人时,他们耸耸肩,笑一笑,打个口哨,转身就走。(203)

尽管《维多利亚女王传》里以女王为首的各种人物被描写得栩栩如生、活灵活现,这部传记仍然有许多可质疑之处。作者在设计环节时操纵痕迹过于明显,过分强调使用艺术叙事法,有时伤害了传记的可信度,比如讽刺手法能够使托马斯·曼的《魔山》夺得诺贝尔奖,但传记中不加节制地使用讽刺却被证明是一个死胡同(Hamilton 152)。此外,这部传记里也存在作者曾经批评的"未经消化的传记材料"、"漫不经心的风格"、"缺乏精心选材"等不足(Strachey, 1945: vii-viii)。

《伊丽莎白与埃塞克斯》

《伊丽莎白与埃塞克斯》是一部失败的传记。美国文学批评家雷纳·韦勒克不无惋惜地说,"《伊丽莎白与埃塞克斯》本不应该成为意外"(韦勒克,第 94 页)。这是一部综合性传记,融传记、社会史和心理分析为一体,以 20 世纪人的眼光审视 16 世纪的历史人物,以心理分析撰写伊丽莎白时代的情节悲剧。按理说,如此设计复杂的一部传记在知识储备、学术训练、学术研究、才能和才气上都对作者提出了很高的要求,写过匠心独具的《维多利亚女王传》之后,斯特拉奇对此应该是轻车熟路。但是"巧妇难为无米之炊"。年代久远,历史资料欠缺;洞察人物的心理分析方法尚为新生事物,不能期望它理论完美,应用纯熟。这些问题让才气横溢的斯特拉奇捉襟见肘,致使《伊丽莎白与埃塞克斯》在市场上销售惨淡,在学界横遭严厉批评。人们感到,这部书背离了传记的历史客观性原则,主观性太强。斯特拉奇的朋友、经济学家凯恩斯说，斯特拉奇把自己写进了传记，在伊丽莎白与埃塞克斯的身上分别投射了自己的影子(Schmidt)。斯特拉奇乐此不疲地评价伊丽莎白时代的政府制度、司法制度和社会制度，这些其实是现代人的兴趣。在很大程度上，这部悲剧史包含了相当多斯特拉奇的自传成分。此外，在传记中运用心理分析的立传方法也值得推敲。批评家认为，斯特拉奇以心理分析法剖析伊丽莎白，使传主性格更加鲜明，这固然为立传与治史开拓了新路，但把传主的思想痛苦一概归结为神经质或失败所致，即使从心理学的层面上看，也严重夸大了实际图像(Cyson 255-56)。而且"把历史简化为个人史"的理念实为一种原罪，给后人带来的恶劣影响不可低估(Brackman 405)。尽管如此，这部失败之作却值得在传记史的研究中写入一笔，让我们借此一窥"新传记"大师为什么会走向滑铁卢。

《伊丽莎白与埃塞克斯》是现代人写的古代传记，个中浸透了作者的时代印迹和个人印迹。现代派的哲学视角是典型的二元相对式，常常表现为矛盾的对立统一。以此视角观伊丽莎白时代，这个朝气蓬勃的英国文艺复兴时期被斯特拉奇解读成极度文明混杂着极度野蛮的矛盾体，双重面孔是这个时代的标志，"既崇尚智慧，也喜欢血腥"，"既精明又幼稚，既脆弱又蛮悍，既禁欲又好色"①(9)；"野心、知识、宗教和纵欲巧妙地交融在一起"(126)。以此视角解读伊丽莎白和埃塞克斯的关系，这就是一场野心与权力、男人与女人、青年与老年、浪漫派与实用派之间既爱又恨的生死博弈：

> 她是个不可理喻，顽固不化的老女人，只有在她感到必须坚持反复无常时才有所举动。而他毕竟是个男人，有男人的洞察力和男人的决心。如果她愿意跟从，他会领路；但是命运偏偏把他们的角色安排反了，天生的主人成了仆人。(128)

心理分析在第一次世界大战之后引入英国，从20世纪20年代开始成

---

① 本章关于《伊丽莎白与埃塞克斯》的全部引文引自 Lytton Strachey, *Elizabeth and Essex: A Tragic History*. 1928. New York: Blue Ribbon Books, 1932，以下只标引文页码。

为显学。《伊丽莎白与埃塞克斯》中充满心理分析术语,如处女、性交、阉割、私处、同性爱、雌雄同体;以及常见的心理分析主题,如神经质、补偿、歇斯底里、童年创伤等。伊丽莎白终身不嫁是因为她不能忘记童年时看到的母亲惨剧。伊丽莎白袍子下面裹着的是一颗男人之心。

在结构设计上,这部传记更像一出精心设计的戏剧,混杂着道德剧、童话剧和伊丽莎白时代情节剧的元素。道德剧脸谱化的机械特点在这里显而易见。斯特拉奇不顾一些历史人物的历史功绩,只是根据他的设计需求将他们脸谱化成与埃塞克斯作对的坏蛋。与埃塞克斯争宠的瓦尔特·雷利(Walter Raleigh, 1552 – 1618)注定要倒霉,"命运为他编织了一个混合着光明与黑暗的大线球。他的命运是幸运加败运,各为其半,不多不少"(30)。与埃塞克斯争夺政治地位的首相罗伯特·塞西尔(Robert Cecil, 1563 – 1612)的身体残疾遭到斯特拉奇的嘲笑:"伊丽莎白目光锐利……看到这个小罗锅才能非凡"(41);"一张如此优雅清秀的脸庞怎么会和如此丢人的佝偻躯体联在一体?"(110)精明的培根是一条"大毒蛇",无论是向埃塞克斯进言,还是为自己谋利,还是最终对埃塞克斯落井下石,始终居高临下地玩弄着智力游戏。对于主要人物伊丽莎白与埃塞克斯,斯特拉奇采取了耸人听闻、煽情夸张、悬念不断的情节剧手法。首先,在历史上有关伊丽莎白与埃塞克斯的暧昧关系只是传闻而已;埃塞克斯生前也并无大的作为,因此现存史料不多。在此情况下,斯特拉奇选择这个题目本身就有哗众取宠之嫌。其次,历史上埃塞克斯率领的几十人起义事件仅是小事一桩,完全不会影响到英国的生死存亡,倒是英国与爱尔兰的关系剑拔弩张;另外,苏格兰的玛丽女王随时准备南下夺取伊丽莎白的王位。但斯特拉奇长篇累牍地描写了埃塞克斯如何起义,最终如何无奈地走向断头台,完全没有交待英国和爱尔兰关系的历史背景,只字不提北方的危险,仿佛伊丽莎白女王在国家存亡之际只顾打情骂俏,不理国事。再次,斯特拉奇运用出色的语言描写能力设计层层悬念,运用心理分析入木三分地将主人公的性格清楚地展现出来。此外,《伊丽莎白与埃塞克斯》中也不乏童话剧的暗示,充斥着许多儿童式动物比喻和关注。妄想与伊丽莎白一争世界霸权的西班牙国王菲力普是个会织网的"大蜘蛛",伊丽莎白是誓死保护英国的"老母鸡"(16);老谋深算的培根罪有应得,晚年凄惨,在一座山上"用雪喂一只垂死的鸡"(47)。正是《伊丽莎白与埃塞克斯》的这些戏剧特点后来启发了其他作家的舞台剧,如《伊丽莎白女王》(*Elizabeth the Queen*,1930)和电影《伊丽莎白与埃塞克斯的私人生活》(*The Private Lives of Elizabeth and Essex*,1939)。

史料不足、想象来凑的做法使这部悲剧史最终落得既非小说也非传记、深遭学界诟病的悲剧结局。专家向学生读者推荐此书:可读,不可信。可作为了解伊丽莎白女王历史的一般性入门书(Potter)。小说家伍尔夫以《伊丽莎白与埃塞克斯》为戒警告传记作家:"要么尊重事实,要么尊重虚构;想象力不会同时伺候两个主人"(Woolf,"The New Biography":235)。

第三节

弗吉尼亚·伍尔夫

(Virginia Woolf, 1882-1941)

在20世纪英国传记史上,伍尔夫是深化传记革新的身体力行者。埃德蒙·高斯在世纪之初首开利用传记否定维多利亚时代价值观之风,开启了20世纪自传革命实验新方向的大门;利顿·斯特拉奇彻底砸碎维多利亚时代传统传记形式,毅然剥离维多利亚价值观附加在传主身上的虚饰,将艺术美引入传记写作,改变了传记作家跟在传主身后的奴仆地位;弗吉尼亚·伍尔夫在此基础上,进一步深化了现代人的传记革新,成功地扩大了传记文类的边界,提出了颇具影响的传记观。从广义的传记概念(life-writing)看,小说家伍尔夫是一个不折不扣的传记家,其长短篇传记作品囊括了所有的传记文类——他传、自传、回忆录、日记、书信和自辩书。①

---

① 伍尔夫的一些理论文章,如《现代小说》、《贝内特先生与布朗夫人》、《新传记》等,实为现代派辩护,是为确立自我身份而辩的现代辩护书。

为他人立传,她发表过三部风格迥异的传记:《奥兰多传》《弗拉狮传》、《罗杰·弗莱传》(*Roger Fry*, 1940);为自己立传,她生前没有发表过正式书面自传,但是公开过许多包含自传性内容的回忆录文章;同时伍尔夫也是日记家和书信家,留下大量书信和日记。伍尔夫对传记理论也颇为关注,最著名的传记理论文章是《传记艺术》与《新传记》。伍尔夫热爱传记类写作,即使写小说也不忘论说传记,《雅各布的房间》、《三个基尼》、《墙上的斑点》等小说中都闪耀着伍尔夫精彩的传记评论。

伍尔夫对传记有独到的见地,她从时间、性别、写作技巧上质疑传记如实纪录人生的能力,但才华横溢的她不免也遭遇现实这个难以逾越的障碍,其才华和窘境在她的三部传记中暴露无遗。如同伍尔夫的现代派小说,《奥兰多传》和《弗拉狮传》的显著特点是实验性极强,书店和图书馆甚至不能按照常识将其判断为传记,而把它们归类为小说。伍尔夫如此大胆实验,与斯特拉奇等"新传记"作家一样,是要利用传记表达自我。她将传主奥兰多的生活年代拉长至 300 多年,又将其性别安排为先男后女,看似荒诞,却是表达了伍尔夫对维多利亚时代价值观的批判和对传记形式的思考。在《弗拉狮传》中,伍尔夫不直接写英国 19 世纪著名诗人勃朗宁夫妇,而是反转主次,将女诗人的狗定为传记叙事舞台中央的主角,实际是在质疑当时的传记观,履行她提倡写"小人物传记"(lives of the obscure)的观点而已。然而,令人吃惊与惋惜的是,伍尔夫在两部实验性传记中大胆挑战和讽刺传记文类的勇气,在她面对现实生活中的传主罗杰·弗莱时败下阵来——她陷入理论难于付诸实践的尴尬。囿于社会伦理,她不得不自动穿老鞋走老路,在 20 世纪 30 年代把《罗杰·弗莱传》写成一部中规中矩、传统老套的维多利亚式传记,这也成为她至今读者最少的一部作品(Gillespie xi)。

伍尔夫生前没有发表过自传,这也许是因为她认定在英国没有一部妇女自传堪与卢梭的《忏悔录》媲美(Woolf, 1980: 453)。后人将伍尔夫未完成的自传性作品整理发表,定名为《存在瞬间》(*Moments of Being*)。其中的篇章《过去的时光》("A Sketch of the Past")最为引人关注,被称作是了解与理解伍尔夫小说的金钥匙。伍尔夫在这篇长文中控诉了自己的童年如何受到同父异母的哥哥的性骚扰,及其带来的永久性心理伤痛。

收录在《存在瞬间》中的回忆文章展现了伍尔夫的矛盾心态：一方面她对自传文体热情不减，以至她的小说中常常带有明显的自传痕迹；另一方面因为虚荣心作祟，她担心与卢梭相比相形见绌，迟迟不敢正式发表自传。伍尔夫显然过谦了。收录在此书中的文章像她的其他作品一样，也彰显了自传的文体实验性。她一改自传歌颂成绩、宣扬自己的传统模式，乐此不疲地专注于日常生活的回忆之中，借此检讨自我、反思自我、发泄自我、整理思路。"我想我的写作如同心理专家给病人治病。我是在写作中倾吐自己长期而深切的感受"（Woolf，*Moments of Being*：81）。

伍尔夫是个书信家。她认为，人们写信是为了寻求心灵沟通，生活中若没有书信就会是"一盘散沙"（Woolf，*Jacob's Room*：126）。书信也是一门艺术，是一种与任何其他艺术"截然不同的文学形式"，是一种变相的随笔。而且，作为交流活动的一种，写信可以不必担心像谈话一样会有性格之分。因此，伍尔夫"带着浓浓的爱意、带着文学快感和好奇心"进入书信写作，最多时一天写六封信。伍尔夫的信件里处处可以看出她的女性敏感与细腻、她的精力与虚荣。她高度关注自我，注重自己的观察与感受，用信件交友聊家常，纪录心得，捕捉灵感，跟他人分享快乐和心灵体验。她会告诉我们，跟不同的人通信，心情不同。与斯特拉奇通信，她"心生恶念"；给罗杰·弗莱写信，她满怀崇敬；写信给锡德尼-特纳，她一往情深（Nicolson，1976：xxiii）。

善于表达的伍尔夫也是个日记家，留下的日记有 26 卷之多。专家建议，为了全面地、更好地理解伍尔夫，最好将已编辑出版的六卷本《伍尔夫书信集》同先后出版的一卷本和五卷本《伍尔夫日记选》一起读①（Lounsberry 956）。伍尔夫堪称英国文学史上的日记大家。先不论她如何具有写作天赋，观察力如何敏锐，仅凭她对日记的前

---

① 即 *The Letters of Virginia Woolf*. 6 vols. Edited by Nigel Nicholson. London：Hogarth Press，1975 – 1980. *A Passionate Apprentice: The Early Journals*，*1897 – 1909*. Edited by Mitchell A. Leaska. London：Hogarth；San Diego：Harcourt，1990. *The Diary of Virginia Woolf*. 5 vols. Edited by Anne Olivier Bell. London：Penguin，1977 – 1984.

期自觉训练,就足以让她在 20 世纪日记王国里独占鳌头。伍尔夫 15 岁开始涉猎英国历史上著名的日记大家,一生读过的日记大家不下 50 人,熟稔包括佩皮斯、鲍斯威尔、安妮·克里弗德夫人(Lady Anne Clifford, 1590-1676)、范妮·波尼(Fanny Burney, 1752-1840)等大师的日记。伍尔夫的日记是她的试验田,是她日常写作练笔、进行文学实验的一部分。在这里她纪录了她周围的人物、事件、稍纵即逝的灵感和不可遏制的思想感受。日记的风格同她的其他写作一样题材广泛,生动活泼,关注人物心理和写作技巧,兼有知识的广度与思想的深度。伍尔夫的丈夫有言,她是一位严肃的作家(伦纳德·伍尔芙,第 2—3 页)。她严肃地对待文学和写作,即使写日记也不放松要求。她要求自己在日记中随意些,洒脱些,但必须清晰地"反映生活的光辉"(Lounsberry 956)。

《奥兰多传》

《奥兰多传》是一部仿传,即以传记之名讲述虚构传主的故事。青年奥兰多出身名门望族,生活在伊丽莎白时代,后出任英国驻土耳其大使,昏睡数日醒来之后变为女人身。至故事结尾,奥兰多结婚生子发表诗集,时间已是 1928 年,前后跨越了 350 年。奥兰多的故事看似荒诞,但《奥兰多传》却不是笛福的《鲁宾逊漂流记》,或狄更斯的《大卫·科波菲尔》,它的传主奥兰多确有模特,是伍尔夫的同性恋情人维塔,初版的书中所附照片就是维塔本人和她家祖上留下的庄园大宅。伍尔夫的亲朋好友一眼就能识出其中的传记元素,"一部分原因她是为纪念对维塔的爱恋而作,另一部分原因是我们能从中看出伍尔夫写作此书那段时间里的生活踪迹"(Bell, II: 132)。批评家也读出了它的弦外之音。从互文性角度看,伍尔夫 1928 年发表的《奥兰多传》和斯特拉奇 1928 年发表的《伊丽莎白与埃塞克斯》不只是简单的时间巧合,只有将这两部传记结合起来读,才能理解贯穿其中的神秘氛围。造成这个神秘氛围的原因之一是《奥兰多传》与《伊丽莎白与埃塞克斯》的写作出于两位作者相同的个人感情经历——同性恋经历,两人都着迷于雌雄同体的性别观(Holroyd 605-606)。从读者接受角度看,美国批评家哈罗德·

布鲁姆(Harold Bloom)看到了《奥兰多传》中伍尔夫的"喜剧、人物塑造以及她对英国主要时期文学的强烈热爱"(Bloom 439)。从传记理论的角度看,这是一部"为传记作家写的寓言",属于一种"更为松散、更为自由的传记",体现出伍尔夫企图"一夜之间给传记带来革命"的努力(Edel,1984:192)。

有趣的是,在传记作家(例如里翁·艾德尔)眼里,伍尔夫的《奥兰多传》注定与传记有缘。她有天然的传记写作生态环境。伍尔夫的父亲是英国著名的《国民传记大辞典》的元老编撰人,伍尔夫的挚友中有"新传记"旗手利顿·斯特拉奇、著名传记作家哈罗德·尼柯尔森、法国传记家莫洛亚等人。她的布鲁姆斯伯里朋友圈热衷于传记类写作,专门成立了"回忆录俱乐部"(Memoir Club),定期开展宣读和评论成员作品的活动,俱乐部成员小说家 E. M. 福斯特和经济学家凯恩斯都发表过长短篇传记。因此不难理解"伍尔夫在《奥兰多传》里好像心中不时想着斯特拉奇"(Edel,1984:195)。耳濡目染,伍尔夫注定会是个传记作家。此外,奥兰多的故事除了主人公的名字不同,其他事件,包括家庭历史和个人种种绯闻,都与现实中的维塔全部对号;奥兰多的心理与文学遭遇则与伍尔夫本人的经历相关。就像奥兰多既生活在伊丽莎白时代也经历了维多利亚时代,既是男人也做了女人一样,奥兰多的模特既是维塔,也是伍尔夫。

因此,《奥兰多传》虽然是伍尔夫的玩笑之举,①却先于后现代主义理论家们给传记作家提出了许多值得思考的问题,使他们对《奥兰多传》学习研究了许多年(Edel,1984:192)。《奥兰多传》提出的最大问题是时间问题。《奥兰多传》中不断出现时间的意象,钟声、日历、详细的时间说明频繁出现在奥兰多走过的几个世纪,伍尔夫以此作为背景质疑传记依据日历或钟表时间安排叙事时间和传主的生卒年的可行性。她坚信人类时间是复杂的,与物理时间完全不同,有些人确实

---

① 伍尔夫在日记中坦言,当初将此书定名为"传记"是为了开玩笑(转引自 Marcus 116)。

整整活了墓碑上分配给他们的 68 年或 72 年。其余的人有的虽然走在我们中间,我们知道他们已经死了;有的尽管活了一场,却还没有出生;另有些人虽然自称 36 岁,却已经活了几百岁。不管《国民传记大辞典》上记载的是什么,一个人真正的生命长度总是很有争议。(*Orlando* 191)①

从心理学角度看,物理时间也不能给人的心理或性格带来变化,心理成长或性格成长的时间与物理时间不同步。《奥兰多传》中的伪文人格林先生就是一个典型的例子。伊丽莎白时代的潦倒文人格林先生卑鄙无耻、可恨可气,是个小丑式人物。对于文学,他开口就是伊丽莎白的"诗歌艺术在英国已经死亡。""文学的伟大时代是希腊时期;伊丽莎白时代从哪个方面都没法跟那个时代比。""希腊文人个个怀揣神圣的理想,伊丽莎白时代的年轻作家全都是拿着书商的钱,大量制造好卖钱的垃圾。莎士比亚是写了一些漂亮的台词诗句,但那都是从马洛那里剽窃来的。而马洛这个好孩子偏偏不到 30 岁就死了……"(55)。格林在奥兰多的庄园受到贵宾礼遇,吃好喝好,拿了俸钱,回家后却立即写了一篇讽刺诗《好客的贵族:乡间贵族造访记》②,销路旺盛(59),让奥兰多在人生 30 岁就"遍尝生活百味,看破了红尘"(60)。时间到了维多利亚时代,当奥兰多邂逅格林时,已经成为文学博士、文学教授的格林老头用同样的方式贬低维多利亚时代文学。"文学的伟大时代结束了。"马洛、莎士比亚、本·琼生是文学巨匠,德莱顿、浦伯、艾迪生是文学大师,可他们都死了。维多利亚时代的年轻人拿书商的钱,炮制好卖钱的垃圾。奥兰多愕然,她听到了 300 年前同样的话(174)。格林跟奥兰多解释版税,让奥兰多意识到,在维多利亚时代文学是个"发财事业"(175)。几百年过去,格林依然如故。

---

① 本章《奥兰多传》的引文全部引自 Virginia Woolf, *Orlando: A Biography*. 1928. London: Grafton Books, 1977. 以下引文只注页码。
② 讽刺诗名参考了林燕的译本。见弗吉尼亚·伍尔夫:《奥兰多》,林燕译。北京:人民文学出版社,2003 年。

接下来是自我的问题。生活中传主以时间为序所经历的事件在传记的有限空间里并不能完全呈现传主的自我。生活而不是时间"才是小说家或传记作家唯一合适的主题"(167)。但是生活因其多姿多彩可以在传记中按时间纪录,传主的思考却因为没有外在的显著标志而不易被传记生动地纪录下来。对于许多传主,思考是他们人生中最重要的环节。忠实的传记无论如何不可缺少这个环节,否则传主的自我就被削弱,他的肖像就残缺不全。传记的无奈还不止于此。传记能够表现传主的多少个自我?"传记只要叙述传主的六七个自我就算写全了,而人的自我完全有可能是上千个"(193)。这一点启发了后来的传记作家关注传记的多元声音叙述法。性别也是自我之一种。伍尔夫提醒我们注意,性别也是传记写作的难题之一。男人女人虽然性别不同,在性格上却是混杂的,"每个人都经历过从一性变到另一性的变化。往往只是人们的穿着显示了男人或女人的外表,而衣服下面的性别和衣服上面的性别恰恰相反。由此带来的复杂和混乱每个人都亲身体验过"(118)。

尽管伍尔夫对传记艺术不乏真知灼见,我们还要说,《奥兰多传》毕竟是虚构作品,现实生活中不可能有人先是男人,后是生了孩子的女人,活过三百多年。然而,伍尔夫以虚写实,以实饰虚,岂不是违背了她自己的传记主张?她的《新传记》一文批评尼柯尔森的自传《某些人》将事实与虚构相混淆,警告传记作家虚构与事实同时出现会相互毁灭对方(Woolf, "The New Biography")。但《奥兰多传》显然犯了同样的错误,只不过伍尔夫的立足点在小说,尼柯尔森的立足点在传记而已。究其原因,一种可能是《奥兰多传》写作期间伍尔夫因为给《某些人》写书评受了尼柯尔森的影响。[①] 这也从另一方面告诉我们,理论在实践面前往往苍白而没有执行力。

---

① 有两部文献对此做过有价值的研究:Ray Monk, "This Fictitious Life: Virginia Woolf on Biography and Reality." *Philosophy and Literature* 31. 1 (2007) 1 - 40; Suzanne Raitt, *Vita and Virginia: The Work and Friendship of Vita Sackville-West and Virginia Woolf*. Oxford: Clarendon Press, 1993. 29.

《弗拉狮传》

《弗拉狮传》是伍尔夫用传记开的另一个玩笑。① 比起《奥兰多传》来,《弗拉狮传》更具历史真实性。传主弗拉狮是英国 19 世纪著名诗人布朗宁夫人巴蕾特的爱犬,实有其名,巴蕾特曾经专门为它赋诗一首《致弗拉狮》。《弗拉狮传》附有照片、注释、参考文献,历史资料一应俱全,尽数属实,除那幅狗的照片是代用品外,其他史料都能从公开出版物中查到。弗拉狮最初的女主人将它送给身有残疾不能出门的巴蕾特。弗拉狮在巴蕾特家里亲眼目睹了诗人罗伯特·布朗宁如何向巴蕾特求爱、求婚、恋爱、私奔的全过程。弗拉狮的后半生一直伴随巴蕾特,形影不离。其间,弗拉狮曾被伦敦贫民窟的盗贼窃走,盗贼以此要挟巴蕾特父亲和兄弟出赎金方才放狗。布朗宁夫妇后来私奔到意大利,弗拉狮最终在那里寿终正寝。

从传记角度看,这部另类传记因反映了伍尔夫本人的情况而意趣盎然(Bell, II: 175),但是到 20 世纪 90 年代之前,《弗拉狮传》都没有登上经典名作的殿堂,无论在现代主义文学的书目中,还是在女权主义的书目中都榜上无名(Steele xxv)。自 90 年代以来,这种情况才发生变化。尽管现在大学课程中早已将《弗拉狮传》列入女权主义文学必读书目,我们却要说,《弗拉狮传》的意义不局限于小说,它是"新传记"代表作之一。它像其他"新传记"作品一样,具有鲜明的共性:反叛性与实验性;其中,实验性为显性,反叛性隐含在其背后。

将传主定位于诗人的狗,而不是诗人本人,是实验性的第一个明显标志。诚然,在《弗拉狮传》成书时期,弗洛伊德心理分析盛行于英国,讨论弗洛伊德的理论和观点是伍尔夫所在的布鲁姆斯伯里文化圈成员的热门话题。② 弗洛伊德认为,人并非万物之灵长,人本身是动物的后

---

① 伍尔夫在给友人的信里说,写完小说《海浪》之后读到布朗宁的情书,突发灵感,要为他们夫妇的狗写一部传记,借此跟斯特拉奇开个玩笑(Woolf, 1979: 61-62)。

② 利顿·斯特拉奇的弟弟詹姆斯·斯特拉奇(James Strachey)是将弗洛伊德引介到英国的权威译者,从 1919 年开始陆续发表弗洛伊德精神分析的英文译作。

代(Freud, 1964:140-141)。这种观点在当时已经广为"新传记"作家所接受,因此传主资格的疆域被他们大大扩展到人类以外的其他生物,德国"新传记"作家埃米尔·路德维希甚至发表了《尼罗河传》(*The Nile: The Life-story of a River*, 1936)①。不过,伍尔夫的出发点却并非仅是为了冲破传记的局限性,她的努力是一种反弹和反抗。伍尔夫发现,维多利亚时代追求的英雄崇拜价值观使历史书对战争大书特书,传记只写丰功伟绩,只容纳伟人,而小人物和妇女仿佛从未在历史长河中存在过。《国民传记大辞典》里找不到一个女子(Woolf, *Three Guineas*:166),一般传记或历史书里也不写女性(Woolf, 1981:89)。但说到底,崇拜英雄"说明那代人没出息"(Woolf, *Night and Day*:20)。写芸芸众生、写普通人因此成为伍尔夫的一个反拨目标。露丝·霍伯曼教授指出,伍尔夫关注如何改良传记,以使女性传主在当时的文化氛围内能够自然合理地登上这个舞台,使其既不被男性术语所否定,也不会因为看上去很怪异,或由于"女性化"而遭人遗忘。伍尔夫找到的理想方法就是用传记开"玩笑"(Hoberman, 1987:142)。《奥兰多传》是跟维塔开玩笑;《弗拉狮传》是跟斯特拉奇开玩笑。奥兰多身上有伍尔夫的影子;弗拉狮在许多方面是伍尔夫的化身。弗拉狮不是伟人,除布朗宁夫人为它赋诗一首外,名不见经传,可谓是芸芸众生中的普通一员。

实验性的另一个标志是戏仿斯特拉奇的传记。伍尔夫在写作《奥兰多传》时心里想着斯特拉奇,在《弗拉狮传》中斯特拉奇的传记风格随处飘洒在文本的字里行间。比如,斯特拉奇的《维多利亚女王传》的结尾最为同行们称道,莫洛亚评价这一段意识流结尾具有"音乐大师和大诗人"的风范(Maurois 73)。老弗拉狮似乎在临终前也回忆起了它的一生。试比较《维多利亚女王传》的最后一幕:

> 也许她越来越衰微的头脑里再一次唤出过去的影子,一点点往回飘移,最后一次想起早已经忘记的悠悠往事——穿过岁月的

---

① 我国学者石云龙将此书译为《尼罗河:生命之河》。

烟云,回到越来越远的回忆——奥斯本春天的树林,开满贝肯斯菲尔德勋爵喜爱的报春花;帕默斯顿勋爵的奇装异服和优雅的举止;艾伯特在绿色台灯下的面孔,艾伯特在巴尔莫勒尔猎到的第一头牡鹿,艾伯特身穿蓝色和银色的军装;斯托克马尔男爵从门口走进来;默勋爵在温莎打盹,榆树林中乌鸦正在聒噪;坎特伯雷大主教黎明时跪着祈祷;老国王的雄火鸡突然大叫;克莱蒙特的利奥波特舅舅轻声柔气地讲话;勒曾的手和那些地球仪;她母亲帽子上的羽毛一扫一扫朝她走来;父亲的那只老旧的镶在龟壳里的报时表;那黄色的脚垫、裙子上讨人喜欢的荷叶边;还有肯辛顿的花花草草。(Strachey, *Queen Victoria*: 269)

《弗拉狮传》中老弗拉狮临终前的一段:

过了一会他在百合花树影里打起了盹。他像所有正在做梦的狗一样睡着了。他四腿抽动了一下——他是梦见自己又在西班牙捉野兔了吗?他又在一个炎热的山坡上四处乱窜,看见野兔从灌木丛里跑出来,听到一些黑衣人嘴里高喊着"西班!西班!"?接着他又安睡过去。然后又叫起来,急速地、轻声地吠叫,连续不断。也许他又听到米特福德博士唆使他的猎犬到雷丁去捉野味。他的尾巴困倦地摆了摆。他又在逃回家时看见米特福德夫人站在萝卜地里挥舞着雨伞,朝他大喊"坏狗狗!坏狗狗!"吗?……突然他的每一根肌肉都抽动起来。他猛然惊醒。他又被白教堂的流氓抓住了?屠刀又架到他的脖子上了?(Woolf, *Flush*: 167)

看得出,两篇传记中虽然传主一个是女王,一个是宠物,但这里的叙事基调相同,节奏一致,只是王者维多利亚的回忆充满温馨,小人物弗拉狮的回忆之梦充满辛酸。戏仿是 20 世纪后半叶后现代主义的常用技巧,但显然伍尔夫早在二、三十年代已经在传记里将此技巧运用得炉火纯青。按照巴赫金的观点,戏仿是一种对话行为,是弱势拒绝强势的抵触之举(Bakhtin 75-77)。伍尔夫的《弗拉狮传》表面上以狗眼看世界,站在狗的立场上控诉维多利亚社会,述说小狗弗拉狮一生中的酸甜苦辣,喜剧中带有悲剧性,狂欢中夹杂严肃性,内里则是伍尔夫与斯特拉奇关于传记艺术的一次对话。① 这个对话最终呈现在她的书评文章《新传记》中。伍尔夫的具体观点有两点:一是强调传记写作的困难。传记必须在保证事实确凿的情况下,生动体现传主的性格,简言之,事实如花岗岩,坚实不可变;性格如彩虹,美丽多变。传记艺术也如彩虹,多姿多彩多变。传记写作就是在花岗岩与彩虹之间找平衡。为了生动体现事实,传记作家往往受到传记艺术的诱惑,走到虚构的边缘。但是在传记中事实不可与虚构混淆,否则作品将因为既不像小说也不像传记而沦为败笔之作,例如斯特拉奇的《伊丽莎白与埃塞克斯》。二是用"创造性事实"(creative fact)的概念指出了传记写作的新方向。

> 传记作家使用真实的事实,取其冰山一角,塑造成一个整体形象,使我们看到人物的轮廓,这一切比诗人或小说家(除了最伟大的诗人小说家)更能激发想象力。很少有诗人或小说家能够写出让我们切实感受到真实性的高度紧张感。但是几乎任何传记作家只要他尊重事实,就能够给我们的书架增添许许多多事实。他能给予我们创造性事实(creative fact),丰富的事实,有启发力的事实和能够产生联想的事实。(Woolf, "The Art of Biography": 227-228)

"创造性事实"的概念道出了伍尔夫的矛盾性。事实既然坚如花岗岩,不可动摇,传记作家如何能够不虚构而"创造"出来?另一方面也看得出,伍尔夫其实相信传记的魅力在于其小说性,而小说的魅力在于写实性。也许正是因为伍尔夫深刻领悟到这一点,她才执意跟斯特拉奇开玩笑,坚持用传记写小说,企图将传记和小说的魅力捕捉在同一个文

---

① 露丝·霍伯曼认为伍尔夫犹为擅长此种狂欢式对话。另外一例是伍尔夫乐此不疲地在小说中戏仿莎士比亚,如《夜与日》、《一个自己的房间》(Hoberman 143)。

本之中。

《罗杰·弗莱传》

伍尔夫对传记的浓厚兴趣、对传记的思考和她对事实与虚构的关注最终在《罗杰·弗莱传》中得到了实践和检验。不夸张地说,艺术评论家罗杰·弗莱是英国文学艺术现代主义运动之父。1910年他首次在伦敦举办后印象派画展,将塞尚、高更、凡高等人的画作引入英国,并从理论上支持了他们的后印象派画作。罗杰·弗莱的艺术思想影响了美术和包括诗歌、小说、戏剧在内的文学领域。作为罗杰·弗莱生前的朋友和他的崇拜者,伍尔夫写起这部传记犹如面对一只烫手的山芋,既因为熟悉传主而在叙述过程中能够更加传神,又因为人情世故不便披露一些关键性事实,而违反她一贯的立传主张。于是伍尔夫给我们呈现了这样一幅罗杰·弗莱的画像:

他是一个向往自由、求知若渴的大学生。剑桥大学给了他精神意义上的初生。在这里,"几乎有太多的朋友,太多的兴趣,要做的事太多,要欣赏和享受的事太多太多"①(46)。剑桥大学奠定了罗杰·弗莱以美为终生事业的方向,美是他找到的自由王国。罗杰·弗莱在这里发现,美是多样性的,几乎无处不在。剑桥外在的美可爱得"让人吃惊","永远给他一种惊喜"(39)。剑桥大学同学友谊之美让他流连忘返,"和同学们的聊天"对他最重要(41)。剑桥大学的精英社团组织"使徒会"里"人人平等,彼此尊重他人的癖好,相互评判他人的性格,完全自由地质疑任何事物"(44),成员们高谈阔论政治、哲学、文学,令他受益匪浅。大学生活丰富了他,滋养了他,他如饥似渴,如鱼得水,但愿"人有两条命,一条命用来发现该做什么,另一条命去做这些该做的事"(49)。

他是一个艺术评论家。他最早发现了绘画艺术中形式的价值,提出所谓"有意味的形式"的观点;他是现代主义的预言人。他的评论将

---

① 本章《罗杰·弗莱传》的引文全部出自 Virginia Woolf, *Roger Fry*. 1940. London: Penguin Books, 1979. 以下引文只注页码。

法国后印象派画家送入了艺术殿堂,使他们从此获得认可,被艺术史和大众所接受。不仅如此,罗杰·弗莱还会用独特的艺术眼光看社会、看文学。他曾评论一部普通诗集的作者,"虽然她称不上伟大的诗人,但她是个真诚的诗人。她努力表达自己的亲身感受。这一点竟然很少见,这很怪。当作者们这么写,事情好像就变得简单,仿佛人人都会写"(149)。伍尔夫对罗杰·弗莱的这个才能感到惋惜,"他从没有找时间写一部关于他的后印象派理论对文学的影响的著作"(149)。

他是一个活动家。他组织了著名的后印象派画展,改变了英国人的审美观;他遍游法国、意大利,发现画家,发现美;他穿梭于大西洋两岸,服务于公办、私人、个人的博物馆。

他是个斗士。先是上大学时在选学专业上与家人斗。他除被迫学习理科之外,一意孤行学艺术。后来在艺术生涯中,他与世俗偏见斗。在20世纪20年代,新的流行价值观是"重商主义、神秘主义、一夜暴富梦",旧的风俗依然流行,"公众是势利小人,皇家学会愚蠢透顶,官员谨小慎微"(211)。他在这种氛围中,坚持逆流而上,一人抵挡万人,坚决支持当代画家。他拒绝将艺术品看成是身份地位的象征,喜欢在车站饭店的墙上看到普通人喜闻乐见的、反映日常生活的画。他坚持认为,艺术是为大众服务的,真正热爱艺术的不是所谓受到良好教育的人,而是不懂艺术理论的多数人(150-151)。

他的家庭生活在伍尔夫笔下轻描淡写。我们读到,罗杰·弗莱终生受母亲的影响。他天生对色彩敏感,思维却不乏理科的逻辑性,这受益于当初母亲教他的植物学。他的个人生活说来不幸,娶了一位画家,但她不久后患上精神病。在罗杰·弗莱艺术活动碰到难关时,常常也是他家庭生活最困难的时候,妻子犯病、生活拮据。此外,更多的情况我们不得而知。关于罗杰·弗莱的性格中的另一面,伍尔夫的笔触变得抽象。罗杰·弗莱"多变、浮躁、固执、颐指气使","爱发火,爱大惊小怪,吝啬,爱挑毛病","自私自利"(253)。前几章中赞美他时的那种绘声绘色的具体描写在这时消音了。不仅如此,在罗杰·弗莱实际生活中占了重要比例的爱情活动在这部传记中几乎没有记载。无怪乎《罗杰·弗莱传》被凯恩斯指责为一部干巴巴的"官方传记"(Woolf, 1984:

314);在迄今为止的评论界遭受冷落,是伍尔夫所有作品中"读者最少"的书(Gillespie xi)。

客观地看,这部正襟危坐的传记是维多利亚式传统传记,讳饰誉美原则贯穿了传记的始终。伍尔夫在这里不再"开玩笑",也完全丢掉了前两部仿传中的幽默和戏仿手法,而改用两种主要传记法:资料汇编法与后印象派叙事法。维多利亚时代盛行的资料汇编传记法曾被斯特拉奇讽刺为没有人情味,透着送葬人对死者例行公事的敷衍态度,生产出来的传记总有"两大卷"之多,但并不能如实反映出一个人的真实面目(Strachey, 1945: viii)。伍尔夫也批判维多利亚时代传统传记"充斥着事实真相",独独缺少艺术性(Woolf, "The New Biography": 151),是"一种省事的路子"(Ibid. 150)。但《罗杰·弗莱传》恰是在大量一手资料中披沙拣金,在事实的基础上"汇编"而成。因此,传记出现"三多"特征:引文多、直接引语多、间接引语多。另外,因为许多隐情不便说,伍尔夫集中笔墨为罗杰·弗莱歌功颂德,于是大量篇幅用于评论和分析弗莱的艺术思想,结果全书中对罗杰·弗莱艺术理论的分析取代了对他生命史的描述,"外人读来非常闷"(Woolf, 1978: 303)。

但另一方面,《罗杰·弗莱传》也不完全等同于维多利亚式传统传记。伍尔夫采用了与时俱进的后印象派叙事技巧,浓墨重彩弗莱的一些方面,简明扼要概述其另一些方面,使传记重点突出,色彩鲜明,履行了传记作家在资料上"取大略小谋全局"的叙事策略(Woolf, "The Art of Biography": 134)。另外,伍尔夫也借用了斯特拉奇的双行传记法,像斯特拉奇写曼宁主教与纽曼主教的对立一样,栩栩如生地道出弗莱与摩根二人之间在艺术观点上的种种龃龉。尽管如此,伍尔夫这部唯一的正传除了含有大量来自于罗杰·弗莱材料的引文外,就是伍尔夫本人对弗莱思想的评论,读来仍感觉为事实所累,为伍尔夫隔靴搔痒的批评所累。究其原因,除了受传记伦理影响外,伍尔夫本人不是美术专业人士,没有足够的美术知识积累,也是一方面原因。这就是为什么她在书后附录中突兀地加上了一篇他人写作的有关弗莱的美术评论,但补救结果似乎并不理想。

从伍尔夫的三部传记我们至少可以看到两点:一,传记理论与传实践之间的鸿沟不易跨越。人们可以对传记理论夸夸其谈,但落实到具体传记写作时,要考虑的因素不止是传记艺术本身。二,伍尔夫本质上是一位卓越的小说家。她关注人,关注事实与现实在文本中的表现,但她长于反映小说真实性,短于反映事实真实性,她的传记杰作是仿传,不是正传(Gorsky)。

第九章
二十世纪(下)

世纪概述(下)

20世纪下半叶目睹了英国传记的又一次文艺复兴,传记猛增,类型繁杂,媒介多样,传记研究火热,国际化趋势更为明显。传记图书每月以上百部的速度投入市场,其他媒介的传记也在以几何级数激增,传记被做成连环画,拍成纪录片,搬上舞台,改编成影视作品,被小说家半虚构或虚构(Hamilton 205)。传记内部形式包罗万象,文类跨界,边界模糊。传记中有信息、有评判、有虚构,几乎涉及每一种艺术、每一门学科,覆盖了人类知识和兴趣的各个领域(Ibid. 204)。传记更加专业化、学者化,"传记作家既是学者,也是讲故事的人"(Holmes,2002:17)。传记技巧与方法跨越了多个学科,如微观历史学、文学理论、文化批评、民族志学和心理学(Colwill 437)。在内容上,传记作家以前所未有的直率或袒露心迹,或揭露传主。在形式上,传记与自传的边界愈加模糊,虚构与非虚构作品的边界都在扩张;在地域上,英国与美国等其他英语国家不分彼此,文学影响以同等程度跨越几大洋。这个时期的明显特点是,传记多元化,外受社会影响,内含丰富文化底蕴。传记因为涉及到"现实中的人"①,自古以来就与社会现状密不可分。纵观英国传记发展的脉络,它在传记的艺术真实性与事实真实性两极之间走了一条钟摆状轨迹。从圣徒传到普鲁塔克的英雄传记,再到维多利亚时代传统传记,无不是以道德为纲安排传记中的事实,强调所谓的传记事实真实性。约翰生、鲍斯威尔、斯特拉奇等人则强调传记的艺术真实性,主张全面地、不加讳饰地、生动形象地展示一个人的肖像,复原他的真实面貌。因此,放眼历史,传记实际上是"大众趣味潮汐上飘浮的稻草"(Nicolson,1933:139)。传记的纪念性功能往往使传记被利用为道德说教的工具。结果,"在蒙昧时代,传记是推论性的、道德至上的、说教性的或者仅是流于表面的;在理性时代,传记具有诱导性、批判性、客观性和现实性"(Ibid.)。

  20世纪下半叶发生了两件影响传记发展方向的大事。② 1960年英国解除对 D. H. 劳伦斯小说《查特莱夫人》的禁令。之后英国文坛上包括小说、传记在内的种种文类更加坦白、直率地描写爱情婚姻的多样性问题,探讨性自由问题尤其是同性恋问题。虽然第二次世界大战没有像第一次世界大战那样给英国社会带来强大的心理冲击,但自20世纪50年代以来以回忆为主的传记/自传文类仍然在英国如雨后春笋般大量涌现。60年代,随着禁令的解除,这股传记潮中涌现出一些重要文本,大胆披露性和暴力等传记过去不敢涉及的内容。J. R. 阿克利(J. R. Ackerley,1896 - 1967)的自传《我父亲与我本人》(*My Father and Myself*,1968)继承了高斯的《父与子》传统,将自传/传记合二为一,回忆了作者父亲的过去和作者本人的过去。与《父与子》的"弑父"姿态不同的是,《我父亲与我本人》在大胆揭露父亲的同时,似乎并不鞭笞父亲的虚伪,而是带着一种同情,表现出无奈和负罪之感。阿克利和父亲都

---

① 在传记与自传的定义中,专家学者们强调传主应是"现实中的人"。见"Biographical Literature." *The New Encyclopaedia Britannica*. Chicago: Encyclopaedia Britannica, Inc., 1977;John A. Garraty, *The Nature of Biography*. 1957. NY: Vintage Books, 1964;菲力普·勒热纳,《自传契约》,杨国政译。北京:三联书店,2001年,第214页。

② 本概述主要参考了 Erben (2001: 146 - 48)。

是同性恋,但直到父亲去世,阿克利对父亲的秘密都茫然不知。父亲生前像维多利亚时代典型的男士一样,正襟危坐,西装革履,道貌岸然,而事实上他并没有给儿子树立一个道德表率。从他死后留下的信中,儿子了解到父亲深藏的秘密:他恋着一个伯爵,他有两个家庭。于是,阿克利用生命中的后34年,遍访父亲的亲朋好友,重新认识父亲,重新认识自我,在自传中充满对父亲的悔恨,对自己的不轨行为与不谙世事深刻自责。在20世纪60年代末的社会环境中,这种赤裸裸的自传叙事实为冒天下之大不韪,"1960年之前无论如何也发表不了"(Erben 147)。哲学家罗素的三卷本《自传》也在1967至1978年间陆续出版,是传记史上继约翰·斯图亚特·穆勒《自传》和萧伯纳《自传》(*An Autobiography*, 1969-1970)之后的又一部自传力作。在这部《自传》中,罗素以极大的热情与坦诚,向读者公开了自己一生中与众不同、被认为是另类的价值观、恋爱观和世界观,讲述了他是如何逆潮流而上,坚持自我。克里斯多佛·伊舍伍德(Christopher Isherwood,1904-1986)的自传《克里斯多佛及其同流,1929-1939》(*Christopher and His Kind*, *1929-1939*, 1976)从一个老人的眼里反观自己年轻时与一位德国青年的同性恋行为,同时展露了20世纪30年代英国文坛名利场的腐化生活,首次揭秘了知识分子同性恋,与史蒂芬·斯彭德(Stephen Spender,1909-1995)的回忆录《天下有天》(*World Within World*, 1951)形成"有趣对照"。自传《天下有天》以两次世界大战期间的社会背景为一重天,以作者在此期间的各种活动为另一重天,讲述了作者经历的爱情、政治、文学、旅游等活动以及作者道德观的形成。斯彭德所涉及的德国朋友、那个时代令人眼花缭乱的英国文坛以及英国社会对同性恋的容忍度,在《克里斯多佛及其同流,1929-1939》中都能显出历史沧桑感。

禁令解除也鼓舞了向来执意坚持自我、大胆与社会习俗抗争的布鲁姆斯伯里文化圈,围绕有关他们的各种传记类作品纷纷面世,形成一股壮观的"布鲁姆斯伯里文化圈热"现象。20世纪60年代后期的出版物有哈罗德·尼柯尔森的三卷本《日记与书信》(*Diaries and Letters*, 1966),披露了他过去身为政客与作家的心言。《一位作家的日记》(*A Writer's Diary*, 1968)选录了作家伍尔夫的写作感受、心得与随想。

1967 至 1968 年,迈克尔·霍尔洛伊德(Michael Holroyd, 1935-)分别发表两卷本《利顿·斯特拉奇传》(Lytton Strachey),以斯特拉奇的传记法为"爱德华时代名人"斯特拉奇树碑立传,与此同时毫不客气地揭露了他的同性恋问题。70 年代目睹了伍尔夫在西方文学界神圣化的过程。1972 年伍尔夫的外甥昆汀·贝尔(Quentin Bell, 1910-1996)发表《伍尔夫传》(Virginia Woolf, 1972),摒弃了学者写传的书卷气,以他独特的观察视角写出了一个日常生活状态中的伍尔夫,广受读者好评,是众多《伍尔夫传》中最贴近生活、最有亲和力的一部。1975 到 1980 年《伍尔夫书信集》(The Letters of Virginia Woolf)被编辑出版,长达六卷之多。美国著名传记家里翁·艾德尔也加入了"布鲁姆斯伯里热潮"之中,发表了著名的群传《布鲁姆斯伯里:雄狮之家》(Bloomsbury: A House of Lions, 1979)。来自圈子内部成员安杰莉卡·加涅特的回忆录《善意的欺骗:布鲁姆斯伯里的童年》(Angelica Garnett, Deceived with Kindness: A Bloomsbury Childhood, 1984)道出了作者了解自己私生女真实身份之后悲凉与理解的矛盾心境。1987 年《布鲁姆斯伯里名人录》(Alan Palmer and Veronica Palmer, Who's Who in Bloomsbury, 1988)的发表标志着这股热潮更加规范化、系统化。大学对作家伍尔夫表现了高度的关注,学者们从各个角度对伍尔夫的一生进行了评说与描述,深刻影响了伍尔夫作品经典化的形成。自 1975 年到 1996 年间比较有影响的《伍尔夫传》有四部之多,分别是约翰·利曼的《弗吉尼亚·伍尔夫与她的世界》(John Lehmann, Virginia Woolf and Her World, 1975)、菲力斯·罗斯的《女作家弗吉尼亚·伍尔夫传》(Phyllis Rose, Woman of Letters: A Life of Virginia Woolf, 1978)、琳达·格登的《作家弗吉尼亚·伍尔夫传》(Lyndall Gordon, Virginia Woolf: A Writer's Life, 1984)和赫麦妮·李的《弗吉尼亚·伍尔夫》(Hermione Lee, Virginia Woolf, 1996)。关于其他成员的传记作品有 P. N. 弗尔班克的《E. M. 福斯特传》(P. N. Furbank, E. M. Forster: A Life, 1977)、哈罗德·尼柯尔森的儿子奈杰尔·尼柯尔森为其父母写的传记《婚姻肖像》(Nigel Nicolson, Portrait of Marriage, 1995)和罗伯特·斯基德尔斯基的三

卷巨著《凯恩斯传》(Robert Skidelsky, *John Maynard Keynes: Hopes Betrayed*, *1883-1920*, 1983; *John Maynard Keynes: The Economist as Savior*, *1920-1937*, 1992; *John Maynard Keynes: Fighting for Britain*, *1937-1946*, 2001)。

另外一件有影响的社会大事是女权主义运动。自 20 世纪 60 年代以来席卷欧美的女权主义运动进入第二次浪潮,知识女性、职业女性纷纷参与其中。有职业有文化的女性用传记,尤其是自传,重新审视西方传记中的"(男)伟人"传统,围绕阶级、代际关系、种族、民族主题分析女性自我和女性身份,其作品更加具有理论性和论辩的严谨性。卡罗琳·斯蒂德曼的自传《好女人的风景》(Carolyn Steedman, *Landscape for a Good Woman*, 1986)用她的工人阶级家庭故事毅然挑战弗洛伊德理论。在她的回忆中,母亲坚强能干,作风泼辣,是家里重要的经济支柱和精神支柱,但她与家人和邻里却格格不入。父亲花心,没有家庭责任感。斯蒂德曼控诉,尽管弗洛伊德精神分析学说卷帙浩繁,但却无一案例与她家的这些事例类似,因此弗洛伊德的理论是为富人服务的心理分析,不是为工人阶级服务的。由此可见,那些没有考虑更多可能性的理论,更有可能屏蔽掉一部分人,使现实中存在着的案例事实"消音"(Hughes 54)。哲学家吉琳·罗斯的回忆录《爱的工作:生活沉思录》(Gillian Rose, *Love's Work: A Reckoning with Life*, 1995)是作者的临终之作。病危的罗斯通过自己的经历,探讨了希望与失望、爱情与死亡、疾病与治疗等人生主题,具有高度哲学性。比如,在罗斯看来,阅读的意义不一般,它"是一座自我醒悟的智库",能够让人发现自己与自己的不同与差距,察觉自己与他人的不同与差距(Rose 40)。传统自传往往充满对自我的反思,当代自传则尽力挖掘无意识自我和主体所缺乏的东西。在这一点上,罗斯的回忆录是一部典型范本。社会学家安·奥克利的回忆录《男人与妻子:我父母的传记》(Ann Oakley, *Man and Wife: A Biography of My Parents*, 1997)是高斯《父与子》的变形版,视角从高斯批判父亲所代表的维多利亚时代价值观,变换为《男人与妻子》中揭发父亲所代表的"(男)伟人"形象;"父与子"的对比变成"丈夫与妻子"的对比。"父亲"、"丈夫",这些通常意义上的身份在这里被"男人"这个核心符号所代替,其批判意义一目了然。传记以女权主义的视角告诉读者,德高望重的父亲奥克利教授曾经目不识丁,是碰到了有知识有文化有人脉的凯之后,同她结婚生子,才走进了高等学府,最终得到了事业的提升。但是结婚却给母亲原本前景光明的事业画了一个句号。一代才女终日与锅碗瓢盆打交道,相夫教子,虽时有愤怒,但却也以此为傲。奥克利用父母的故事告诉人们,婚姻把曾经一无所长的男人变成了"(伟)男人",把曾经才识兼备的女人变成了一事无成、没有建树、没有事业的"妻子"。知识女性们也不仅将目光落在控诉"(男)伟人"上,她们还用女性的细腻观察周围的世界,反映多元文化的英国生活中复杂多变的一面。在这方面,著名专栏作家茉莉花·阿里海-布朗的《在家百日好》(Yasmin Alibhai-Brwon, *No Place is Like Home*, 1995)、詹妮·迪期基的《滑雪滑到阿拉斯加》(Jenny Diski, *Skating to Antarctica*, 1997)和杰姬·凯的长篇自传体诗作《领养书》(Jackie Kay, *The Adoption Papers*, 1991)是典型范本。

  女权主义思想也影响了历史传记,历史上没有受到足够重视的妇女这时成为传记的主角。安东尼亚·弗雷泽女士的《苏格兰人民的玛丽女王》(Antonia Fraser, *Mary, Queen of Scots*, 1969)是一部里程碑式的作品。传记从女权主义角度出发,通过玛丽的几次婚姻解读了她谜一样的一生,读来具有冒险小说和侦探小说的紧张。阿曼达·弗曼的《德文郡女爵乔治安娜》(Amanda Foreman, *Georgiana: Duchess of Devonshire*, 1998)更加畅销。弗曼细致入微地讲述了18世纪仪态万方的美丽女公爵乔治安娜如何经历了霉运连连、疾病缠身、婚姻不幸、负债累累之后,成为影响当时议会政治和引领时尚的带头人。英国读者在传主身上看到了当代戴安娜王妃的身影(Erben 148)。阿曼达·维克利的《绅士的女儿:英国乔治朝的妇女生活》(Amanda Vickery, *The Gentleman's Daughter: Women's Lives in Georgian England*, 1998)通过信件、日记、账簿等一手资料描述了18世纪末、19世纪初100位英国北方妇女的生活,涉及绅士之道、婚姻、为母之道、持家、物质消费、待客、教育活动等主题。书中不乏精彩观点,例如"爱情不等于平等";"婚姻有可能使未来的生活和谐美满,也有可能成为悲惨的终生奴

役"等等(Pollock 996)。

对文学中性描写的官方解禁和女权主义思想带来了人们对性别的反思和重新认识,男性作家也加入到这个潮流中来。罗纳德·弗雷泽的《寻找过去:一位英国绅士的成长岁月,1933－1945》(Ronald Fraser, *In Search of the Past: the Rearing of an English Gentleman, 1933-1945*, 1984)从男性视角出发,以弗洛伊德的精神分析为工具,利用采访资料,以口述历史的形式,剖析了自己在英国上流社会特权阶层成长的青少年时代,回顾了他如何成长为一个男子汉的历程。布莱克·莫里森的《那么你最后一次是什么时候见到你父亲?》(Blake Morrison, *And When Did You Last See Your Father?*, 1993)是为纪念父亲而作的回忆录,书中充斥着痛与恨。在莫里森的眼里,铁腕父亲是个矛盾体,"这个不讲势利的普通体面人其实最在意自己的社会地位;这个多愁善感的顾家之人也会专断暴行;这个性格开朗的外向人也揣着难以告人的隐秘"(Adams 98)。蒂姆·洛特的《干玫瑰花的香味》(Tim Lott, *The Scent of Dried Roses*, 1996)是一部家庭回忆录。作者通过调查家庭成员的不幸和对自己童年的回忆,扣问深度哲学问题:究竟是基因还是环境,或是其他什么,给他和家人带来了自杀、精神病、事业不顺等等不幸? 回忆录集自传、传记、历史和社会学于一体,是90年代末英国社会科学研究领域的一部扛鼎之作。

20世纪下半叶最重要的文学家传记是美国学者里翁·艾德尔的五卷巨著《亨利·詹姆斯》(Leon Edel, *Henry James*, 1953－1972)、里查德·艾尔曼的《叶芝:里与表》(Richard Ellmann, *Yeats: The Man and the Masks*, 1948)、影响深远的《詹姆斯·乔伊斯》(Richard Ellmann, *James Joyce*, 1959)和乔治·佩因特的两卷本《普鲁斯特传》(前半生与后半生)(George Painter, *Proust: The Early Years*, 1959; *Proust: The Later Years*, 1965)。艾德尔采用弗洛伊德精神分析方法透视文坛巨匠亨利·詹姆斯的一生,"资料详尽,无所不包,几乎没有漏掉这位长寿传主生活中任何一个主要细节"(Erben 147)。艾尔曼的传记彰显了浓厚的学术功底,分析犀利,证据可信,研究细致,叙述流畅,逻辑缜密。艾尔曼为此被誉为爱尔兰现代主义小说家研究之父

(Banville 521)。70年代之后,英国社会普及高等教育,出现了包括女权主义运动在内的各种诉求民主的运动,各派新生文学理论蓬勃发展。这些外围因素催生了文坛与文学研究领域重新审视文学史和重新排列文学经典的活动,向来热门的文学家传记开始向颠覆性方向发展。玛格丽特·德布拉尔的《阿诺德·贝内特传》(Margaret Drabble, *Arnold Bennett: A Biography*, 1974)推翻了伍尔夫对贝内特的评价,为贝内特在文学史上的声誉拨乱反正。彼得·艾克罗伊德的《T. S. 艾略特》和《狄更斯》(Peter Ackroyd, *T. S. Eliot*, 1984; *Dickens*, 1990)"给传记戴上了小说的面具"(Stannard 33)。另外还有理查德·霍尔姆斯①的《雪莱追踪研究》、《吉卜林:我的二三事》、《柯尔律治:早年景象》、《柯尔律治:黑暗的记忆》(Richad Holmes, *Shelley: The Pursuit*, 1974; *Kipling: Something of Myself*, 1987; *Coleridge: Early Visions*, 1989; *Coleridge: Darker Reflections*, 1998),和维多利亚·格伦丁宁的《作家伊丽莎白·鲍恩之肖像》、《伊迪丝·西特维尔:狮群中的独角兽》、《维塔·萨克维尔-韦斯特传》、《丽贝卡·威斯特》、《安东尼·特罗洛普》、《乔纳森·斯威弗特》(Victoria Glendinning, *Elizabeth Bowen: Portrait of a Writer*, 1977; *Edith Sitwell, A Unicorn Among Lions*, 1981; *Vita: The Life of Vita Sackville-West*, 1983; *Rebecca West*, 1987; *Anthony Trollope*, 1993; *Jonathan Swift*, 1998)等等。

这个时期重要的自传出自作家:理查德·霍尔姆斯的《足迹:一位浪漫主义传记作家的探索历程》(Richard Holmes, *Footsteps: Adventures of a Romantic Biographer*, 1984)、迈克尔·霍尔洛伊德的《紫苏街上的布鲁斯歌》(Michael Holroyd, *Basil Street Blues*, 1999)和马丁·艾米斯的《经历》(Martin Amis, *Experience*, 2000)。

越来越多的小说家在这个时期加入到传记写作的行列中来。风起云涌的后现代理论力主确立身份,消解中心,模糊边界,企图用"传记性叙事"(biographical narrative)的概念囊括所有以个人(individual)为

---

① 瞿世镜先生将此作家译为"理查德·福尔摩斯"(瞿世镜,第425—431页)。

中心的文本,包括"小说、戏剧、影视、历史、传记、自传、新闻报道"等(Keener 1)。这些变化给传记带来的影响使传记更加开放,至少在叙事方面向小说靠得更近,加上读者普遍的窥视心态,传记发展如火如荼,成了"新小说"。读者不是像过去那样先读作品才了解作者,而是先读了有关作家的传记,然后才被吸引去读作家的书(Selway 17)。另一方面,当代小说也开始更多地关注历史,新型历史小说大为流行。加拿大作家迈克尔·翁达杰的《戮后余生》(Michael Ondaatje, *Coming Through Slaughter*, 1976)和佩内洛普·莱夫利的《月亮虎》(Penelope Lively, *Moon Tiger*, 1987)就是这方面的例子。然而,小说家们也清楚,传记是传记,小说是小说。他们虽不愿意耗费精力躬耕于传记写作,却乐于以小说的形式或揶揄,或讽刺,狂欢式地探讨传记之道,例如小说家 A. S. 拜厄特的小说《占有》、《一个传记作家的故事》(A. S. Byatt, *Possession*, 1990;*The Biographer's Tale*, 2000)和美国小说家伊恩·汉密尔顿的《寻找塞林格》(Ian Hamilton, *In Search of J. D. Salinger*, 1988)。

　　传记热潮的另一只推手是传记研究。艾德尔曾经惋惜第二次世界大战之后,随着伍尔夫的去世,布鲁姆斯伯里人不再时髦,传记理论也停滞不前了(Edel, 1973: xii)。20 世纪 80 年代迎来了传记理论的黄金时代。像现代主义前辈一样,这个时期的传记理论也高举批判大旗,用各种新兴理论从语言、结构、话语、心理学等角度重新审读和阐释传记本身,有影响的论著有加拿大学者伊拉·B·奈德拉的《传记:虚构、事实与形式》(Ira B. Nadel, *Biography: Fiction, Fact and Form*, 1984)、美国学者露丝·霍伯曼的《传记的现代化:论 1918—1939 年英国的传记实验》(Ruth Hoberman, *Modernizing Lives: Experiments in English Biographies, 1918 - 1939*, 1987)、英国学者劳拉·马库斯的《自传/传记话语:理论、批评、实践》(Laura Marcus, *Auto/biographical Discourse: Theory, Criticism, Practice*, 1994)等。罗兰·巴特的"作者之死"理论、结构主义理论和解构主义理论蔑视传记的存在,尤其蔑视文学家传记,20 世纪 90 年代末一批传记研究成果奋起总结 20 世纪下半叶的传记潮现象,迎头反击后现代主义理论。这些著作包括葆拉·R.白克赛德的《传记思考录》(Paula R. Backscheider, *Reflections on Biography*, 1999)、戴维·艾利斯的《文学家的一生：立传与解谜》(David Ellis, *Literary Lives: Biography and the Search for Understanding*, 2000)、理查德·霍尔姆斯的《叉路：一位浪漫主义传记作家的探索发现》(Richard Holmes, *Sidetracks: Explorations of a Romantic Biographer*, 2000)、赫麦妮·李的《身体部分：传记写作论》(Hermione Lee, *Body Parts: Essays on Life Writing*, 2005)等。

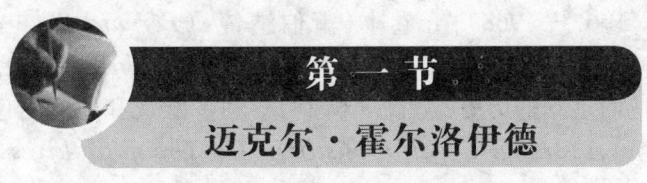

第一节

迈克尔·霍尔洛伊德

(Michael Holroyd, 1935—)

迈克尔·霍尔洛伊德是 20 世纪下半叶以来声望最高的英国传记作家。他的传记卷帙浩繁，少有书卷之气，但有秉笔直书的勇气、据实考据的严谨、娓娓叙事的文风和惺惺相惜的同情。相比传记文坛上的其他作家，霍尔洛伊德是一枝"奇葩"，先天知识储备可能并不充足。传记巨匠里翁·艾德尔是美国夏威夷大学英语系教授，创办了世界上最权威的传记研究中心。美国人理查德·艾尔曼是牛津大学文学系教授，在几家世界一流大学里执教数十年。而霍尔洛伊德却从未进过大学校门，公共图书馆是他自学英国文学的地方。这种背景使他的传记更加通俗化，更有小说式的诱人魅力。他本人也力主向小说家学习。譬如，他向侦探小说家学习，为寻找线索和可靠证据，步步为营，稳扎稳打；向惊险小说家学习，叙事连贯，悬念丛生；除此之外，他还向考古学家学习，用事实去发现，用事实说话，论证逻辑缜密，论据充分有力。因为不是科班出身，霍尔洛伊德从实践中习得传记艺术，通过给传记作家写传记，向前辈传记作家学习传记写作技巧，学会灵活运用事实，对人

始终保持敬意,对人性弱点保持同情心等等。① 比起学者型作家的传记,霍尔洛伊德的传记更像是一份科学报告,可能不倚重哪一派理论,不过分关注思辨或章法,但通过对大量材料的处理——遴选、提取、筛除、亮化、暗化、描述,一一排查,顺藤摸瓜,最终证明那个制约传主一生成长道路的隐秘存在。在霍尔洛伊德的画布上,社会背景貌似没有交待,不是单独着色,但是在前景中传主们的活动含蓄地将社会大历史衬托出来,构成所谓"天上有天"(world beyond world)的局面。②

霍尔洛伊德的传记代表作有四部:两卷本《斯特拉奇传》(*Lytton Strachey*,1967 - 1968)、五卷本《萧伯纳传》(*Bernard Shaw*,1988 - 1992)、自传《紫苏街上的布鲁斯歌》(*Basil Street Blues*,1999)和群传《一部奇特而多彩的历史:媛伦·特利、亨利·欧文和他们出色家人的戏剧人生》(*A Strange Eventful History: The Dramatic Lives of Ellen Terry*,*Henry Irving and Their Remarkable Families*,2008)。

《斯特拉奇传》忠实地执行了斯特拉奇当年的教导:"人太重要,不可只用来陪衬证明历史"(Strachey,1945:viii)。霍尔洛伊德将笔触重点聚焦斯特拉奇的个性,把斯特拉奇生活时代的宏大历史远远置于后景,鲜做评述。弗洛伊德的思想指导着霍尔洛伊德的思路。爱——同性爱、异性爱、同性恋、异性恋——是霍尔洛伊德用文字雕刻斯特拉奇塑像的主题。他讲述了斯特拉奇在大学时代的使徒会里如何受到精神启蒙,欣然接受以强调爱为中心的新柏拉图主义思想,以及如何同其他布鲁姆斯伯里人一起抵制社会流行价值观。霍尔洛伊德对斯特拉奇充满同情。他首次公开斯特拉奇的日记和书信,将一个同性恋者赤裸裸呈现在读者面前。霍尔洛伊德没有从阶级的角度批评斯特拉奇和他的那些富人子弟朋友们荒诞的私人生活。相反,霍尔洛伊德暗示,英国社会的主流价值观迫害、压制同性恋者,是社会的不宽容导致了虚伪四处

---

① 霍尔洛伊德在文章《传记的合法性是什么?》("What Justifies Biography?")中纵观古今传记,旁征博引,充分阐述了他的传记观(Holroyd,2002:20 - 31)。
② 学院派传记作家往往强调社会背景与人的关系。霍尔洛伊德似乎更加注重人自身对其人生历史走向的作用。

漫延。在霍尔洛伊德的笔下，斯特拉奇的同性恋倾向在他的生命历程中极为重要，也是人们理解斯特拉奇的重要入口。因为社会使斯特拉奇不能直言不讳地道出自己的性取向，他倍感压抑和不满，这些成了他所有成功与失败的源头。也是这一点让他痛恨虚伪透顶的维多利亚时代价值观，更加珍视人与人之间的大爱。大爱在斯特拉奇这里的最高体现是他和画家多拉·卡林顿(Dora Carrington)的生活。霍尔洛伊德将爱确认为布鲁姆斯伯里人的本质伦理观，他的传记以爱为中心，这种主题描写呼应了现代社会对爱的呼唤。1995年多拉·卡林顿与斯特拉奇的故事被搬上了银幕，在戛纳电影节上获得大奖。

《斯特拉奇传》是霍尔洛伊德的成名作，历时15年写成的《萧伯纳传》是他的顶峰之作。《萧伯纳传》共五卷：第一卷《爱之追寻》(*Bernard Shaw: Volume I: 1856 - 1898: The Search for Love*, 1988)；第二卷《权之追逐》(*Bernard Shaw: Volume II: 1898 - 1918: The Pursuit of Power*, 1989)；第三卷《幻影诱惑》(*Bernard Shaw: Volume III: 1918 - 1950: The Lure of Fantasy*, 1991)；第四卷《笑到最后》(*Bernard Shaw: Volume IV: 1950 - 1991: The Last Laugh*, 1992)；第五卷《萧伯纳指南》(*The Bernard Shaw Companion*, 1992)。霍尔洛伊德在《萧伯纳传》中更为直接、更为自觉、更为纯熟地运用了弗洛伊德心理分析。他按照弗洛伊德"童年对人的一生很重要"①的观点，分析了萧伯纳的童年与他初期剧作之间的关系。霍尔洛伊德认为，缺乏爱的童年对萧伯纳的一生及创作产生了严重的影响。萧伯纳的母亲虽然极为富有，但她对儿子却很不负责任。没有爱的童年让萧伯纳极为渴望得到爱，成年后与异性交往其实是在寻找童年失去的母爱。恋爱屡遭失败后，他将全部的热情转入到写作中去，"把女人当作实现他思想的工具。"他改掉那个听上去唤不起女人爱情的幼稚名字"贝贝"(Sonny)，换上象征力大无边的机器超人的G. B. S.，用G. B. S.的名字高谈阔论，其实质是为了"遮掩、保护、替代童年那个极易受伤的自我"(Novick

---

① 弗洛伊德认为："童年生活前五年的经历会在人的一生中具有决定性的影响，以后生活的事件中，都无法挽回这种影响"(弗洛伊德，第308页)。

13)。总之,童年时不被重视、孤儿感、没有安全感、缺乏爱以及受伤的自尊,一起作用于萧伯纳的一生。在霍尔洛伊德看来,正是这些使他后来发奋工作、追逐名利、缺少恭敬心,在创作上乐此不疲地改革创新(Berst, 1989: 473)。

萧伯纳的创作高峰也是他追逐权力的时期。萧伯纳这段时间的工作、创作与生活使他成了真正意义上的悖论大师。他追求爱,爱情远离他;追逐权力,但爱尔兰人萧伯纳却始终没有同英国人真正达成对话;他以艺术家的身份搞创作,他的剧本却成了政治宣传。《芭芭拉上校》是这个时期的象征,关于它的解读也是第二卷中精彩之笔。第三卷被认为是传记精品中的精品。但是我们要说,《萧伯纳传》是一部明显的二人传:传主萧伯纳的传记和作者霍尔洛伊德的思想自传。霍尔洛伊德的立场、价值取向、意识形态无不显露出它们的痕迹,左右着他对萧伯纳的公正评价。晚年萧伯纳倾向尼采的超人哲学,支持墨索里尼和希特勒,同情共产主义,到过苏联,见过斯大林。因此霍尔洛伊德说,萧伯纳是受了诱惑(lure)滑进了幻想怪圈(fantasy)。也是因为他对晚年萧伯纳的思想深有抵触,他要力探萧伯纳晚年的究竟,结果第三卷成了"迷人的、庄重的、对萧伯纳考察得最为透彻而全面的书"(King 188),挖掘老年萧伯纳灵与肉的斗争及思想与感情的分离可能是这部传记中最大的亮点(Berst, 1992: 327)。

第四卷《笑到最后》最具传记艺术创新性。按照传统概念,传记记述传主从生到死的生命历史。传记的这种时间规定法从 20 世纪初就开始遭到质疑,然而,真正在传记中实现突破的却是霍尔洛伊德。《笑到最后》讲了萧伯纳 1950 年去世后 40 年里围绕萧伯纳巨额遗产发生的一系列事情,用轻喜剧形式勾画了一幅以去世后萧伯纳为主角的世风图。萧伯纳在遗嘱里交待了他留下的百万英镑遗产的去向:用于改造爱尔兰文化、改革英文字母;交待了如何处置他的豪宅、如何分配根据他的小说《匹格梅利翁》(*Pygmalion*, 1912)改编的音乐剧电影《我的漂亮夫人》(*My Fair Lady*)的不菲收入。几家萧伯纳基金会在遗嘱的基础上相继成立,他们开始了行动,与官方对簿公堂,与他人周旋,有失有得。霍尔洛伊德自信,将笔触延伸至此,可以更好地回答萧伯纳身后留下的到底是金钱,还是谜团,而所有这些是是非非也显露出大师萧伯纳"被掩盖的人性"("concealed humanity")(Holroyd,1992:80)。

全面地看,五卷本《萧伯纳传》在其夺目的光辉之下,也存在不少遗憾。首先是作者参与叙事的痕迹过重,在一定程度上影响了传记的客观性;其次是部分标题可能切题不准。有学者认为,第一卷《爱之追寻》似可换作《现实之追寻》更为准确,因为全文涉及爱、爱情、性爱的部分并不多。青年萧伯纳是在现实世界里奋斗,寻找身份之独立,标题"追寻现实"能够更好地解释萧伯纳这期间的小说和戏剧、费边主义思想、文学批评和易卜生主义。第二卷《权之追逐》则可换作《宗教与权力》,才可以恰如其分地说明萧伯纳在其生命哲学与世俗生活之间的跳跃(Berst,1992:327)。另外一个遗憾来自第五卷。因为所有的注释没有放在各卷之中,而是集中在最后一卷,作为文学家传记,这给读者特别是给研究者带来极大不便。

"爱"是霍尔洛伊德阐释传主的主线,也是他理解和讲述家人故事的主线。发表于20世纪90年代末的《紫苏街上的布鲁斯歌》,像这个时代知识界的其他乐章一样,追求的是确认自我的身份,化解自己的焦虑。① 霍尔洛伊德用他的家庭故事主动向读者大众交待他的疑虑:他为什么在几部传记中特别看重传主对爱的追求? 事实是,在他成长的岁月里,他最缺乏爱。他投入传记写作,为的是忘掉家里的烦恼;他一头扎进传主的生活中,为的是忘掉自己的悲惨生活。他坦言,英国父亲和瑞典母亲是在一次旅游中"闪婚"生下他,旋又"闪离",撇下幼小的他在祖父母身边长大成人,一生没有得到父母的关爱。"生活于他是一个巨大的谜团,是一场他无法掌控、令人张口结舌的闹剧,完全匪夷所思"(Mitchell 56)。他讲述了祖父如何不走运,父亲如何一次次在生意场上惨遭失败;自己如何被逼无奈走上文学道路;传记上的巨大成功如何

---

① 这个时期的传记/自传深受各种理论的影响。自传话语被认为是"焦虑性话语","传记话语则是颠覆性话语"(Schlaeger 59)。按照女权主义理论,自传叙事"具有认识论和方法论的价值"。个人经验"只有通过叙事才能被大家分享,被上升到理论"(Griffiths 75 – 88)。

使独生子女的他仍然入不敷出……霍尔洛伊德用自己的家庭故事,谱写了一首既悲又喜的爱之歌。读者在欣赏之余,不免对这部书的形式纳闷:说它是自传,三分之二以上的篇幅讲述的是家庭成员的故事;说它是回忆录,英国的历史、世界的历史这些宏大历史背景在这里仅是时间索引而已;说它是家庭故事写真,它有作者第一人称的许多心迹袒露。这也是当代传记/自传的一个新趋势——走向杂混(hybrid)。

霍尔洛伊德的泛爱主义也受到了同行的批评。传记作家维多利亚·格伦丁宁批评英国传记自20世纪60年代末以来之所以大获成功,主要原因是传记可以写什么的自由度增加了。1966年之前,男性同性恋被视为犯法,要进监狱。但此后,传记中如果不单独辟出一章专门写"性",就不算一部完整的传记(Ponsner 518)。而这股潮流的开创者就是霍尔洛伊德的《利顿·斯特拉奇传》(Glendinning 39)。霍尔洛伊德并没有却步,继续奉行"个人的就是政治的"立传原则,在身患癌症数度开刀的情况下,2008年又推出一部长达620页的力作《一部奇特而多彩的历史:媛伦·特利、亨利·欧文和他们出色家人的戏剧人生》,当年获得詹姆斯·提特·布莱克传记大奖。这是一部群传。女演员媛伦·特利曾经轰动伦敦,被称作"无冕之王",她的去世享受了国家葬礼;著名演员经理亨利·欧文是英国史上第一个被加爵晋封的演员。特利和欧文仿佛正是为霍尔洛伊德准备的天生一对理想传主。欧文富于创新,勇于改革,他表演的夏洛特令人同情,他的许多戏剧思想至今仍有影响。他是个严酷的完美主义者,是苦苦的思索者,对演员苛刻严厉,唯对天才演员特利例外。对于欧文,他是月亮,特利就是太阳(McGrath 12)。特利则明快、无虑、活泼、随性。欧文的私生子格登·克里格(Gordon Craig)是天才舞台设计,其革命性戏剧思想今天仍在舞台上留有踪影,霍尔洛伊德认为就他的艺术建树而言,他是被现代主义研究遗忘的人。然而格登·克里格的私人生活却是一团糟,先后与8个女人生了13个孩子。欧文的私生女伊迪·克里格是女同性恋旗手,创建了一个女同性恋群体,取名"先锋艺人",其中爱之乱象令当年的布鲁姆斯伯里人自叹弗如。

不言而喻,这部传记再次引起了轰动。但是霍尔洛伊德告诫我们,他之所以立此传，为的是警世："尽管法律做过许多变动，但在人们所能接受的社会习惯和道德习惯中，在我们纪录历史的方法中，今天的家庭生活构成仍然反映了一百年甚至更多年前那些不为人知的生活"（转引自 Rollyson 1693）。在写作方法上，霍尔洛伊德也作了进一步改革。一是改变了冗长尾注的方法，用"资料提纲"的形式简明扼要地介绍了各个时期以及这些时期中的重要人物。二是打破了以时间为序的传记叙事传统，改用以主题连接各章，从而同一时间段里可以从不同视角看到传主的家庭，例如一章写特利，一章写欧文。一个章节里的主角，在另一章节中可能是跑龙套的，仿佛在同一个屋檐下从不同视角观察所得的结果。有人认为，这种写法正好契合了生活常态，因为我们的日常生活如果从不同角度看上去，正是一些事与另一些事相互重叠，相互交汇（Burton）。虽然一些评论家认为霍尔洛伊德的这部传记也很富有喜剧性，但从他的选材和叙事重心看，这部戏剧人生的传记更像是一部情节剧，导演是迈克尔·霍尔洛伊德。

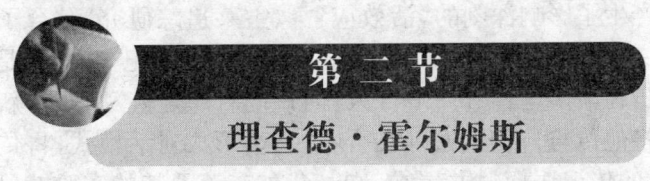

第二节

理查德·霍尔姆斯

（Richard Holmes, 1945– ）

在当代传记作家当中，理查德·霍尔姆斯是彻头彻尾的浪漫派，不仅因为他选取了浪漫主义大诗人雪莱和柯尔律治作为传主，还因为他的传记法别具一格，极具浪漫风采。霍尔姆斯认为传记不应当只是静态的，还应是动态的，传记"必须在保证忠实于死事实的前提下，产生活效应"（Holmes, 1996: 27）。所谓"活效应"（the living effect），是指传记作家须要亲身体验传主曾经的生活，重走传主走过的路，与传主进行跨越时空的对话，感悟传主对当代生活的意义，并且有效地传达给读者。他来到法国，按照维多利亚时期作家罗伯特·路易斯·史蒂文森

(Robert Louis Stevenson,1850－1894)的游记《法国塞文山骑驴旅行记》(*Travels with a Donkey in the Cevennes*,1879)的路线和古老的旅行方法,重新游历了一次塞文山,完成了自身的精神朝圣,从传记、游记和文学批评角度接近传主。他写雪莱,就沿着雪莱的出生地,一路遍访雪莱的成长足迹,直到意大利。霍尔姆斯的传记观与众不同。他重视事实,但不排斥想象力在理解传主方面的功能,认为"道出事实真相"的方法多种多样。伍尔夫理想中的传记是"花岗岩与彩虹"的结合,与霍尔姆斯的观点异曲同工。他心目中的好传记作家应是博弈在学者的严谨性与小说家的灵活性、客观性与表现力的紧张拉锯当中,应该能够通过讲述有启发意义的"故事",赋予事实以深远的意义。好传记作家既是一个好学者,也是一个好的说书人。而读者阅读传记则是在训练"同情心",阅读传记就是乘着想象的翅膀"进入另外一个地方,另外一个时空,到另外一个人的生活中去"(Holmes,2002:16－17)。

霍尔姆斯的五部非小说作品获过大奖。对于当代英国传记的发展走向,霍尔姆斯堪称举足轻重的人物。他的传记几乎每一部都写得有声有色,产生了影响深刻的"活效应"。《雪莱追踪研究》综合了实地考察报告、文学批评、事实推理、考证于一体,在20世纪70年代是一种新型传记法,在诸多《雪莱传》中令人耳目一新。《足迹》则开了新型自传的先风,将他传与自传紧密地结合在一起,形成对话模式;将传主的故事与作者的传记法探讨并置在一起,犹如布莱希特的实验戏剧。两卷本《柯尔律治传》(《早年景象》和《黑暗的记忆》)被认为是霍尔姆斯的传记上品。

实地考察是霍尔姆斯在20世纪60年代初独创的传记法。到传主生活过的地方逐一探访,观察与体味传主当年的经历与经验,这是霍尔姆斯的传记实验,这种方法也是他的"过渡性客体"。通过实地考察,他本意是为读者"还原当时的经历",内里则是以此种方式确认自己同传主的通道接通,"一如两个旅游者碰面"(Bing 49),能够通过这种方式理解传主。他沿着柯尔律治的足迹,环游大湖区,散步、登山、航海,甚至学着柯尔律治爬上房顶。经历了这一切之后,霍尔姆斯不免由理解而生恻隐之心,笔调也趋于幽默。事实上,过去研究柯尔律治的学者也发现,著名的浪漫主义大诗人柯尔律治在生活中竟然是个不耻小人,尤其是在晚期生活中,"他信口雌黄,吸大麻,意淫,爱打架斗殴,对于宗教信仰不断背信弃义"(Cotter 143)。但霍尔姆斯决定翻案,他大量引用柯尔律治的作品,让柯尔律治自己证明自己的清白,让他成为自己人生舞台上这出悲喜剧和传奇剧的"想象主角"。对于柯尔律治的剽窃,霍尔姆斯辩护说,"在心理上这是一种偷窃癖的形式,而在知识层面上,这是将宝物从邻家偷运回来"(Ibid. 144)。《早年景象》的时间段截止到1804年,是柯尔律治的前半生。这是一段辉煌生命史,柯尔律治的文学成就硕果累累,生活上还没有像老年时那样染上许多恶习。霍尔姆斯在第一卷的后记里提醒读者,传记不是小说,不能在高潮处戛然而止,它必须背负沉重的事实真相走完传主的一生(Ibid. 148)。

《柯尔律治传》上卷《早年景象》获得英国作者基金会奖(Society of Authors Foundation Award, 1986)、惠特布莱德年度图书奖(Whitbread Book of the Year Award, 1989)和英国与爱尔兰书商协会奖(Booksellers Association of Great Britain and Ireland, 1989)三项大奖;下卷《黑暗的记忆》于1998年获奖两项——达夫·库珀奖(Duff Cooper Prize)和海涅曼奖(Heinemann Award)。显然,霍尔姆斯更擅长文学批评,倾向以柯尔律治的诗歌代表他的文学成就,深入挖掘了柯尔律治的诗歌、政治新闻写作和他的《文学传记》(*Biographia Literaria*, 1817),因此当柯尔律治的后半生被恶习和债务所累,没有新的文学建树时,下卷传记的才气仿佛也随之暗淡下来。有评论家不无惋惜地指出霍尔姆斯的偏颇性:事实上,在柯尔律治的晚年生活中,宗教是他的生活中心、精神源泉、希望之本原,但是霍尔姆斯并没有像对待柯尔律治的诗歌一样对待他的其他文本。柯尔律治的《政治家手册》("The Statesmen's Manuel", 1816)和《沉思之助》(*Aids to Reflection*, 1825)占了下卷的10页篇幅,《论教会和国家的体制》(*On the Constitution of Church and the State*, 1830)仅占了一个段落,柯尔律治晚年发表的许多宗教文章几乎没有触及。这个缺陷导致了下卷自相矛盾。其副标题为《黑暗的记忆》,但是柯尔律治本人的文章里说他到了晚年思想"相当清晰了"(quite unclouded),这即是说他不是走向黑暗,而是茅塞已开,大觉大悟了(Barth 24 - 25)。下卷在传记艺术上并非没有创新。霍尔姆斯将自己的评述置入脚注中,与正文里以柯尔律治自己证明自己的行文相呼应,叙事效果简明而通畅。

1970年苏联作家索尔仁尼琴的小说《伊万·杰尼索维奇的一天》获得诺贝尔奖。从此小说纪录主人公一天所作所为的写作技巧被传记作家借用和发挥。传记打破了纪录传主从生到死的一生历史的做法,可纪录传主一天的活动,还可记述传主某一段时期的生活,霍尔姆斯的《约翰生博士与萨维奇先生》(Dr. Johnson and Mr. Savage,1993)即是一例。约翰生博学、自律,是个严格的道学家;萨维奇则是浪荡诗人,放浪形骸,背信弃义,无所顾忌。两人却保持了两年的友谊。约翰生为其作传《萨维奇传》,后收入《诗人传》,成为后世写传的样板,也使萨维奇的诗得以保存下来。霍尔姆斯声称,由于缺乏必要的史料,《约翰生博士与萨维奇先生》不是传记,而是"将这两年中两人的生活拼凑在一起的一些片断",他要解开道学家约翰生与浪人萨维奇的友谊之谜。通过细读萨维奇的一首早已被人们遗忘的诗——《旅人》("The Wanderer"),霍尔姆斯告诉我们:萨维奇虽然生活作风不可恭维,但他的诗却热情讴歌、高调赞颂友谊,而"友谊高于一切"恰是约翰生的生活准则。在约翰生眼里,友谊是治疗一切疾病的良药,"友谊应当不断被修补"(Johnson,1993:32 - 33)。此外,在文学敏感性上,萨维奇也大大影响了约翰生。

霍尔姆斯像一个旅行者,触及了雪莱、柯尔律治、约翰生等浪漫主义时代诗豪文人之后,他继续前行,去挖掘浪漫主义时代为文学大师们提供的滋养、科学与艺术的关系。这种探索依据的推理逻辑是,"如果浪漫主义运动是艺术的、文学的、知识界的运动,那么飞速发展的革命性科学发现就是制造这个时代所有'奇迹'的潜在催化剂"(Sapp 95)。这一探索的结果体现在霍尔姆斯2009年发表的合传《奇迹时代:浪漫主义时代人如何发现了科学之美与惧》(The Age of Wonder: How the Romantic Generation Discovered the Beauty and Terror of Science)当中。《奇迹时代》讲述了三位科学家的故事:随詹姆斯·库克船长环球旅行的植物学家约瑟夫·班克斯(Joseph Banks,1743 - 1820)、发现天王星的天文学家威廉·赫歇尔(William Herschel,1738 - 1822)和做

"笑气"实验的化学家汉弗莱·戴维(Humphry Davy,1778-1829)。诗人们不是在真空中吟唱。济慈读到赫歇尔发现的天王星,将奔放的激情写进诗行;化学家戴维发明的矿灯受到拜伦的赞美,"戴维的矿灯啊,有了你,煤/采掘得才安全";柯尔律治发誓"要像鲨鱼一样,进攻化学",因为化学"扩大了我的比喻词汇"。他去听化学家戴维的化学讲座,邀请他到大湖区建立实验室。而班克斯环球旅行归来后就变了个人。作为英国皇家学会的掌门人,他不断鼓励人们到未知世界去冒险(Benfey 7)。总体来说,霍尔姆斯虽然写的是科学家,但是他对科学并未做深入的专业性探讨,而是通过18世纪80年代欧洲的气球热事件,解读玛丽·雪莱的《弗兰肯斯坦》和阐释浪漫主义诗歌中的比喻,揭示浪漫主义时期科学对文化的影响。

霍尔姆斯有两部论及传记写作之道的著作:《足迹:一位浪漫主义传记作家的探索历程》和《叉路:一位浪漫主义传记作家的探索发现》。通常,作家不愿意论道写作方法。19世纪作家安东尼·特罗洛普因为死后发表的《自传》(*Autobiography*,1883),声誉一落千丈,长达半个世纪。当代剧作家哈罗德·品特(Harod Pinter,1930-2008)拒绝对自己的创作做任何评论。历史学家们对于历史编撰术讳莫如深。但是传记作家仿佛是个例外(Johnson,1985:23)。20世纪上半叶A. J. A. 西蒙斯就将自己对传记艺术的领悟写进了《追寻考弗》中。《足迹》和《叉路》也是同类著作。1985年发表的《足迹》尤其代表了传记发展的新方向,边界扩张,文类混合,集历史、时事、游记、自传于一体。

第三节

赫麦妮·李

(Hermione Lee, 1948-)

赫麦妮·李是学院派传记作家。比起霍尔洛伊德来,她的成长背景不是一首哀怨的布鲁斯,而是一首欢乐颂。她出生在伦敦的书香世家,"家里拥有全套弗吉尼亚·伍尔夫写的书,很早就知道伍尔夫"(Lee,1996:768)。八九岁时就已经读过名著,上了牛津大学后,更是嗜书如命。学院派的专业训练使得赫麦妮·李具有浓厚的理论功底,目光犀利、视角独特、叙事严谨、考虑周全。比如,她在《弗吉尼亚·伍尔夫传》①中从作者、传主、读者三重角度道出了作为传记作家的担忧,也就是说在关注一个论题时,有关自我的、他者的和社会的侧面她全方位地考虑到了。她用伍尔夫的话述说了自己的担心:

"我的天哪,传记怎么写?"弗吉尼亚·伍尔夫提出的问题也折磨着她的传记作者。这一切怎么开头?"弗吉尼亚·伍尔夫的闺名是斯蒂芬小姐。""弗吉尼亚·伍尔夫是个被性骚扰的孩子:她是个乱伦的幸存者。""弗吉尼亚·伍尔夫有'精神病'吗?""弗吉尼亚·伍尔夫是疯人吗?"(Lee,1996:3)

赫麦妮·李担心自己水平不够,难以描画出一幅令传主满意的文字肖像。她也担心读者——传主生前留下的文字太多,以至读者对传主太熟悉,每个人心中都有一张传主的画像;而且前面已经有过几部他人写的《伍尔夫传》,读者能轻易再认可另外一个新版本吗?(Lee,1996:3-5)

赫麦妮·李特别关注女性作家,已发表的重要传记有《维拉·凯瑟:积累生活》(*Willa Cather: A Life Saved Up*,1989)、《伍尔夫传》(*Virginia Woolf*,1996)、《伊迪丝·华顿传》(*Edith Wharton*,2008)。2005年她发表了一部传记理论文集《身体部分:论传记写作》(*Body Parts: Essays on Life writing*),在美国出版时易名为《弗吉尼亚·伍尔夫的鼻子》(*Virginia Woolf's Nose*,2005)。经过多年练笔,《维拉·凯瑟:积累生活》显现出赫麦妮·李日臻成熟的大师风

---

① 以下简称《伍尔夫传》。

范。《伍尔夫传》是李的成名作和顶峰之作,《伊迪丝·华顿传》是她的重要传记作品。

《伍尔夫传》是20世纪90年代英国传记实验的风向标。李的实验最大的特点就是直截了当地把自己写进了他传。她以《传记》一章开篇,全面细致地考察了伍尔夫的传记观,以及它折射出的伍尔夫内心世界;又以《传记作者》一章收尾,讲述了作者与从未谋面的传主之间的关系,一方面是忏悔,因为她感到自己作为一个传记作家,在伍尔夫的领地里"像一个游人,又像一个非法闯入者"(Lee, 1996:772),另一方面,也为自己的立传寻找合法化的理由。"伍尔夫本人就曾说过,'有些故事每一代人必须重新讲一遍,不是因为我们要往里面添加什么内容,而是因为那些故事本身的某些特别品质使它不仅是雪莱(意指传主——笔者注)的故事,也是我们的故事'"(Lee, 1996:769)。李在形式上也做了大胆改革。传记因为是纪录传主的生命历程,时间顺序往往是传记实验难以跨越的"坎"。《伍尔夫传》却是将伍尔夫的一生按照日历时间划分了四个时期,在此题头之下,各章节中以主题为标题凸显传主在特定时期的生命意义,如一颗颗珍珠将伍尔夫生命中各个时期的主要活动特点串连起来,形成独特的生命时间。李更注重从心理层面描述伍尔夫。她曾经说过,在一主多传的情况下,后来的传记应当写出读者先前不了解或没有看到的东西;如果传主是作家,那么传记就当在传主的作品中看到他或她的生活,并且看到他的生活如何化成了作品(Lee, 2001:3-4)。因此,李笔下的伍尔夫就像她所处时代里反对学院派的画家们一样,具有无畏的反抗精神,力主揭开公众与私人、官方与私密生活之间的关系;她不崇拜英雄,而热衷于关注"无名小卒的生命历程",喜欢被低估的非主流文体——日记、书信、回忆录。她写传记,就是在书写女权主义。她要改革传记,要改革社会对性别的态度(Lee, 1996:12-13)。李从伍尔夫日记的字里行间读出了这位现代主义小说大师的隐秘心理:

> 她害怕暴露自己的"灵魂",她总是自我否定,她唯恐受人嗤笑,她对自己发出男人般的大笑,对自己感到百般无聊;她下决心

戴上面具,决不让自己遭到羞辱。(Lee,1996:18)

《伊迪丝·华顿传》沿袭了《伍尔夫传》的传记法,但笔法更为娴熟。文学家传记的读者通常希望在传记中读到精彩的文学批评、言之有理的事件评判、详尽而全面的、经过认真研究的传记事实和详细准确的注释(Compbell 183)。《伊迪丝·华顿传》正文762页,家谱、注释、索引、参考文献就达100页,正所谓资料详尽、信息全面、分析精辟、证据确凿。作为学者,李的考证和阐释纠正了过去人们的一些误解。她认为,美国女作家华顿并非如常人所认为的那样是一介弱女子,婚姻不幸;相反,她精明强干,没有被失败的婚姻所打垮,巧妙地驾驭着自己的生活。另外,对于华顿的恋房情结,李也是从文化的深度别有他解。她认为,华顿痴迷于房子,是因为她从人们对房子的品味中看到世风日下的根本原因。口味的庸俗化说明文化的、社会的、道德的庸俗主义是20世纪初美国社会道德败坏的主要根源。李还认为,反映美国道德败坏的时代之风的《国家的风俗》(*The Custom of the Country*,1913)是华顿的杰作,胜过她的《欢乐之家》(*The House of the Mirth*,1905)。

李也显示了她作为学者的非凡批评才华。在她看来,房子对华顿意义特殊。房子是华顿的"过渡性客体"①,联接着她内心世界与外部世界的沟通与交流。她亲自设计一座拥有35个房间的大房子;她与人合作发表时尚家居书《房屋装修》(*The Decoration of Houses*,1897)。在华顿心目中,一个人欣赏房子的品味等同于他的道德水准。在她生命的最后12年,她穿梭于两座房子:一座是休闲之地,用于娱乐;一座是当年修女的房子,用于读书写作。李认为,这恰好映照出华顿性格的两面。

---

① "过渡性客体"是心理学家温尼科特提出的概念,意指儿童接触到的东西,这种东西是客观存在,是他可控制的、把握不放的。这个东西能够在儿童的内外两个世界中建立起有意义的关系(Winnicott 2)。人成年后,也存在"过渡性客体"现象。

《伊迪丝·华顿传》卷帙浩繁,作者野心勃勃,企图纪录下传主每一点蛛丝马迹,读透传主每一部作品和每一段文字,从中画出一幅真实可信的肖像。这大大加深了写作难度,操作起来难免有时偏离方向。李的主题法章节叙事策略造成一些人物在不同的章节中重复出现;在一些次要人物身上耗费的笔墨过多;有些地方情节、逻辑不甚清楚等。海量的事实往往难以全部消化,因此有些人与事没有达到"可信"的纪传标准。

有学者评论赫麦妮·李对待传主犹如对待老朋友,她会亲自重走传主生前走过的地方(如《伍尔夫传》结尾);到传主的安息地拜谒传主(如《华顿传》结尾)(Donald Stone 154)。这说明了赫麦妮·李的英雄崇拜情结。事实上,她在某些方面已经成了弗吉尼亚·伍尔夫的化身。她像伍尔夫一样关注女性,也像伍尔夫那样时时被传记法困扰着,痴迷着,这些都体现在她的元传记《身体部分:论传记写作》之中。

《身体部分:论传记写作》从传记作家角度探讨了传记写作的困惑。传主的身体部分对传记有多大影响?诗人雪莱那颗烧不坏的心脏成了后人写传记少不了的"事实",在一定程度上,谁知道这颗心脏的下落,谁就"拥有了传主雪莱的故事",足可见传主身体对传记的重要性。伍尔夫的故事根据美国普利策奖小说《时时刻刻》被改编成电影(*The Hour*,2002)。导演给扮演伍尔夫的演员装上了假鼻子,李认为这与伍尔夫的真实形象大相径庭,对此极为不满。但她也无奈:"(伍尔夫)继续被人们创造着,改编着,改写着,每一位新的改编者、新的读者、新的编者、新的评家、新的传记作家都参与进了改编大军。"电影中伍尔夫的鼻子被歪曲了,但是"她不会永远被歪曲",后人会拨乱反正(转引自 Chisholm 38)。传记作家的无奈还来自于资料的短缺。英国 19 世纪著名女作家简·奥斯丁听家人说他们要搬家后,当场昏迷。然而,具体事件过程缘由是什么,发展到什么程度,即使像克莱尔·托马林(Claire Tomalin)这样的传记大师对这些问题也只能推测。李告诉我们,"巧妇难为无米之炊"是传记作家工作的常态。

第四节

克莱尔·托马林;雷·蒙克

(Clair Tomalin, 1933– ; Ray Monk, 1957–)

克莱尔·托马林

克莱尔·托马林是一个执着的、特立独行的女权主义传记作家。20世纪70年代她因《玛丽·伍尔斯托恩克拉夫的生与死》(*The Life and Death of Mary Wollstonecraft*, 1974)而走红,从此开始了文学(家)传记的写作。托马林具有怀疑主义的态度和探索真相的科学热情与精神,善于挖掘熟悉故事中鲜为人知的主题。托马林否认她是学究式女权主义者,但她选择的传主一度都是历史上的女性,她们饱受严肃学者冷落,被主流学界遗忘,并"曾经被污辱或被伤害"(Rogers 4)。"在过去历史的撰写是由男人们掌控的"(托马林语,Sullivan),而她要用传记向世人证明女性的经历与男性的有何种根本性的不同。连续二十几年她将目光锁定这些女人的种种不幸,写出了《凯瑟琳·曼斯菲尔德秘传》(*Katherine Mansfield: A Secret Life*, 1987)、《看不见的女人:海伦①·特南与查尔斯·狄更斯的故事》(*The Invisible Woman: The Story of Nelly Ternan and Charles Dickens*, 1991)、《冬妻》(*The Winter Wife*, 1991)、《乔丹夫人的职业:女演员与王子》(*Mrs. Jordan's Profession: The Actress and the Prince*, 1995)和《简·奥斯丁传》(*Jane Austen: A Life*, 1997)等。进入新世纪,托马林又将探索女性悲剧命运的触角扩展到男性传主的生命史上,以新的热情发表了《塞

---

① 英语名字海伦(Helen)有几个昵称:Ellen 和 Nelly,因此此处直接译为"海伦"。

缪尔·佩皮斯：无与伦比的自我》(*Samuel Pepys: The Unequalled Self*, 2002)和《历久之人托马斯·哈代》(*Thomas Hardy: The Time-Torn Man*, 2006)。托马林不承认她是文学传记作家。她强调自己是史学家，写传记意在寻找新的视角看历史，是将锚头抛入了被歪曲、被抹煞的历史沧海之中而已(King, 1995)。

托马林有三部传记作品获得多项大奖：《玛丽·伍尔斯托恩克拉夫的生与死》《看不见的女人：海伦·特南与查尔斯·狄更斯的故事》和《塞缪尔·佩皮斯：无与伦比的自我》，这些成就牢固奠定了她在当代英国传记史上的地位。

《玛丽·伍尔斯托恩克拉夫的生与死》出版当年荣获惠特布莱德图书大奖(Whitbread First Book Prize)。传主玛丽·伍尔斯托恩克拉夫是英国女权主义运动的鼻祖，是著名的《妇女权力辩》(*A Vindication of the Rights of Woman*, 1792)的作者。她提倡节制生育，要求妇女与男人享有平等的受教育权、自食其力权和按照自己意愿独立自主的权力。托马林对伍尔斯托恩克拉夫的勇气敬佩有加，但她在传记中依然能够保持冷静头脑，与传主保持恰当距离。她用事实告诉我们，伍尔斯托恩克拉夫在18世纪的社会氛围中能够特立独行，坚持自我，蔑视习俗，其勇气可歌可泣，而其革命性的另一面则不免让人咋舌。她固执己见，独断专行，其恶劣程度可叹可恨。伍尔斯托恩克拉夫对妹妹伊莉莎的婚事横加干涉就是一例。她的干涉并非如她所愿成为一次拯救行动，相反却导致了她妹妹身患精神疾病的悲剧。伍尔斯托恩克拉夫的个性有时也极为自私与功利，"她关心自己的生活状态和女学生们离校后的前途，胜过关心她们在校期间的生活"(Tomalin 40-41)，她在信件里大谈邻居、助手、门房、佣人，却独独不谈她的学生们，所以"作为女主人她是优秀的，作为小学校长她是失败的"(Ibid. 33)。托马林善于利用有利的证据支持她的评价，因此她的评价看上去宽容而公正，但仍有人认为托马林对伍尔斯托恩克拉夫的解读"带有偏见，吹毛求疵，不足信"(Moers)。

《看不见的女人：海伦·特南与查尔斯·狄更斯的故事》在某种程度上类似当代版的《追寻考弗》(A. J. A. Symons, *The Quest for*

Corvo，1934)，获得三项非小说类大奖。传主海伦·特南是19世纪的女演员，关于她的信息现存资料少之又少，就连著名文学评论家爱德蒙·威尔逊(Edmund Wilson，1895 - 1972)的各种评论中也仅是提及而已。人们不知道她的真实姓名，不清楚她的家人是谁，不知道她的确切年龄，甚至海伦·特南的子女也未必了解她的身世。《看不见的女人：海伦·特南与查尔斯·狄更斯的故事》正是在这样的前提下通过挖掘一条条线索开始了传记的叙事，读来宛若一部引人入胜的侦探小说。托马林展现给我们一个令人吃惊的狄更斯。这位文学大师过着双重感情生活，一面养着一个有十个孩子的大家庭，一面包养着和自己女儿同岁的女演员海伦。在19世纪道德至上的主旋律价值观氛围中，海伦无论是在现实生活中，还是在狄更斯的日记里和小说中，都处于隐形的、"看不见的"状态。狄更斯是隐匿高手，生活中与海伦幽会，他会采取故意下错车，打暗语，叫别名的方式；在文学作品里，以海伦为原型的人物让读者感觉模棱两可，似是而非。具有反讽意味的是，托马林的侦探传记法和叙事法与狄更斯的这种日常生活阴影法保持了一致，她的传主海伦也呈现了一种模糊不清的形象，倒是狄更斯在传记里活灵活现。也正是因为这一点赫麦妮·李认为，同样都是写了狄更斯，托马林的这部传记技巧性更强，可读性更强，但是彼得·艾克罗伊德的《狄更斯》是更重要的专题研究(Lee，1991：38)。

托马林在《塞缪尔·佩皮斯：无与伦比的自我》中再次运用了侦探手法，将各种现存材料连接起来，展现了17世纪日记家塞缪尔·佩皮斯"平凡和不凡的一生"。如本书第三章"塞缪尔·佩皮斯"一节所述，生活在17世纪的佩皮斯出身寒门，但是经过拼搏也跻身于官场，担任过英国皇家学会会长、海军最高首长等职务。在任期间他帮助传播牛顿的力学思想；为英国海军建立世界霸权铺平道路。在险恶的官场上，他背叛护国公克伦威尔，支持保皇派，在复辟时期官运亨通。佩皮斯生活的时代是17世纪的多事之秋。生活上，他经历了把全城烧了五分之三的著名伦敦大火，以及毁灭了数万条生命的黑死病。政治上，这是一山二虎的时代，要求处死国王的军人克伦威尔当政没多久，下台的国王卷土重来复辟政权。正是在如此风云多舛的背景下，佩皮斯选择了用自创速记符号写日记,记录了九年多来的所见所闻、所思所感。充满速记符号的密码日记直到 19 世纪才被破译,日记的历史文化价值立刻受到史学家们高度推崇。然而,从文学审美角度看,佩皮斯日记却不能算是"伟大的日记文学"(Frosch 2342)。此外,佩皮斯留下一些不解之谜。1660 年 1 月 1 日是什么促使他开始记日记? 为什么他记了九年多的日记在 1669 年 5 月 31 日这一天戛然而止? 托马林仿佛历史性地承担了这一解谜的重任。19 世纪末作家罗伯特·路易斯·史蒂文森曾经评论,"不管佩皮斯日记写得好不好,他都依然是他自己无与伦比的自我;依然只有他本人想要把他那个令人着迷的自我写下来"(Taylor, 2003: 245)。托马林因此将"无与伦比的自我"定为传记的基调,用于传记的副标题,从这里开始了探索佩皮斯的旅程。她认为,佩皮斯的自我无与伦比,是因为他纪录历史事实"无所畏惧,不带偏见";纪录自己,"心怀诚实",他"既有科学家的眼力和应用能力,又有艺术家的笔力"(Ibid.)。为了呈现佩皮斯无与伦比的自我,托马林写了男人佩皮斯,官员佩皮斯,海军首长佩皮斯,丈夫佩皮斯。结果,佩皮斯用日记仅写了自己九年的生命史,托马林用传记则写了佩皮斯一生的历史,让我们看到了这位"最平凡和最不凡的写作者"的人生大戏。在传记艺术上,托马林将有限史料运用到极致的能力令传记作家们叹服,以至有人认为,托马林痴迷写传记是因为她对那些"历史空白与缺场"(gaps and absences)感兴趣(见 Hensher)。在填补这些空白与缺场时,托马林使用了合理想象、冷静分析和清晰表述,生动地呈现了英国历史大事中的大场面。美中不足的是,托马林对佩皮斯的心理挖掘得仍嫌不够(Frosch 2342)。

雷·蒙克

哲学教授雷·蒙克以两部哲学家传记著称:成名作《维特根斯坦:天才的义务》(*Ludwig Wittgenstein: The Duty of Genius*, 1991)和代表作两卷本《罗素传》(《孤独之魂》*Bertrand Russell 1872 – 1921: The Spirit of Solitude*, 1997;《疯癫之鬼》*Bertrand Russell 1921 – 1970: The Ghost of Madness*, 2000)。作为哲学学者,雷·蒙克像对待哲学问题一样对待传主,试图以雄辩的事实与解释解开传主思想的成因之谜。

维特根斯坦本身是个谜,"作为逻辑学家,他太神秘;从神秘学看,他过于讲技术;作为哲学家,他诗意太浓;作为诗人,他哲学性太强";作为分析哲学大师,晚年时竟认为知识跟逻辑无关,不过是诀窍、窍门而已(转引自 Eagleton 49)。蒙克证明,维特根斯坦古怪思想的形成,一是与托尔斯泰式基督教有联系,所以基督教的重要理念"义务"(duty)一定在这位天才思想中占最重要的位置。伦理道德绝对支配着维特根斯坦的哲学思想,指导着他的个人生活,特别是他在维也纳时期的生活,致使严肃性、简洁性和严谨性成为他的典型特点;二是与奥地利社会批评家卡尔·克劳斯(Karl Kraus,1874-1936)和维也纳哲学家奥托·威尼格(Otto Weininger,1880-1903)有关,维特根斯坦的爱情观尤其受威尼格的影响。然而,作为年青的英国哲学家,蒙克写作此书时对欧洲哲学和欧洲思想史的理解还没有完全吃透,所以在书中留下一些让欧洲读者诟病的不精确之处(Janik 360)。

哲学家罗素是个多面人。除了天才一面,他好战、多情、热爱人性,但厌恶人本身,追求真理不惜任何代价,是个令人景仰又惹人生厌的矛盾体。雷·蒙克发现罗素的一生虽然漫长,却是万变不离其宗,在各个时期都围绕一根主线向前发展:对爱的需求,对某些知识的渴求,以及要参与政治大事的不可遏制的冲动。蒙克在《罗素传》第一卷《孤独之魂》中分析了罗素的童年经历,认为罗素童年因为接连丧失家庭成员而造成的极度孤独感,以及后来害怕患上精神病的恐惧心理是形成影响他一生的三种激情背后的根本原因(Filbin)。蒙克对罗素的后半生持强烈批判态度。《罗素传》下卷《疯癫之鬼》提到,罗素于 20 世纪 40 年代发表的哲学著作和时事政论充斥着浓烈的政治气味、道德说教和自传性。1950 年罗素"因为他的各种写作支持了人文主义理想和思想自由"获得诺贝尔文学奖。但是蒙克告诉我们,罗素的哲学成就和事业成就并不能遮蔽他的极度矛盾性。罗素本质上并不完全是人文主义者,他对黑人、犹太人以及美国的阴暗面的态度就是绝好的例子。他在政治上是"左派",但却是个贵族,像一般哲学家一样患有不可救药的政治幼稚病。蒙克对哲学大师的揭露和揭发显然有失偏颇,所以有学者建议《罗素传》应当配合罗素本人的三卷本《自传》阅读,才能得到一个相对公正的图景(Kingwell 119-120)。

　　雷·蒙克对传记理论亦有研究。他认为,传记不能机械地照搬某种理论,或用以机械地阐释传主,否则就会"像一个腿脚正常的人只因为找到了一根拐杖,而硬是把一条腿给折断"(Monk 36)。蒙克注重从传记法上还原事实真相,认为单纯依据传主本人的话,或通过解读传主本人的作品评价一个事实会有失公允。此外,传记作家不能有先入之见,否则也会影响评价的公正性。比如,他不同意有些学者对 T. S.艾略特在他妻子维维安(Vivienne)问题上的抨击。蒙克通过各种事实指出,维维安之所以患上精神病,并非只是艾略特对她不负责任的结果,而是有更复杂的原因。首先,艾略特与维维安结婚不是出于爱,而是希望通过婚姻克服自己的同性恋,这桩婚姻因此从一开始就定下了悲剧的基调;而维维安的弟弟希望独吞父母的遗产,于是与艾略特同谋加害维维安,到医院给她定上精神病之名;另外,哲学家罗素先是和维维安搞婚外恋,然后移情别恋抛弃了她。这三重打击和维维安本人的性格缺陷才是造成她命运悲剧的根源(Ibid. 36-37)。

附录一

英国传记大事年表

历 史 事 件	传 记 活 动
公元前 55—54 凯撒侵入英国	
43 罗马皇帝克劳迪厄斯征服英国	
442 罗马军全部撤离英国，结束 400 年统治	
	591 格雷戈里《教父列传》
597 圣奥古斯丁到达英国，当地人始皈依基督教	
	692—697 阿达姆南《圣哥伦巴传》
	710—720? 埃蒂乌斯《威尔弗雷德主教传》
	782—789 阿尔昆《圣维利布罗德传》
829 爱格伯国王统一英格兰	
871 阿尔弗雷德成为韦塞克斯国王	
	893 阿斯厄《阿尔弗雷德大王传》
991 莫尔登战役	
	1006 阿尔弗利德《圣徒列传》
1042 忏悔者爱德华继位	
1049 威斯敏斯特教堂成立	
1066 诺曼底公爵征服英格兰	
1087—1100 威廉·鲁夫斯称王	
	1094 安塞姆《上帝如何变成了人》
1096 第一次十字军远征	

续 表

历 史 事 件	传 记 活 动
	1124 伊德莫《坎特伯雷主教安塞姆传》
	1137 杰弗里《不列颠史记》
1147 第二次十字军远征	
1154 亨利二世继位,金雀花王朝开始	
1189 第三次十字军远征	
1204 诺曼底失陷	
1215 英王约翰被迫签署《大宪章》	
	1259? 马修·帕里斯《圣阿尔班传》
1265 国会下院始建	
1277—1288 英格兰征服威尔士	
1337—1453 英法百年战争	
1348—1349 英国蔓延黑死病	
	1356 约翰·曼德威尔《游记》
1399—1461 兰卡斯特王朝	
	1431—1439 利得盖特译《王子的堕落》
	1436—1448 约翰·布莱克曼《高雅而勇敢的国王亨利六世回忆录》
1455—1485 "红白玫瑰战争"	
1461—1485 约克王朝	
1485 亨利七世即位,建立都铎王朝	
1509 亨利八世即位	
	1513 托马斯·莫尔《国王理查三世的历史》
1534 国会通过《至尊法案》,英国教会改称圣公会(又名英国国教);英王亨利八世为教会领袖	
1535 亨利八世斩反宗教改革大法官托马斯·莫尔	

续表

历史事件	传记活动
1536 英格兰兼并威尔士	
1553 玛丽女王即位,恢复天主教统治,大肆迫害新教徒,史称"血腥玛丽"	
	1556 凯文迪什《沃尔赛红衣主教传》
1558 伊丽莎白女王即位	1558 罗勃尔《莫尔爵士传》
	1563 福克斯《纪念与丰碑》
1564 莎士比亚诞生	
1571 清教兴起	
	1579 托马斯·诺思译普鲁塔克《希腊罗马名人传》
1588 英国破西班牙无敌舰队,建立海上霸权	
1592 瘟疫	
	1599 海沃德《亨利四世传》
1603 伊丽莎白女王驾崩;詹姆斯一世登基	
1603—1714 斯图亚特王朝	
1618 德意志神圣罗马帝国各诸侯邦分裂为"新教联盟"与"天主教联盟",爆发内战,史称"三十年战争"	
1620 清教徒乘"五月花号"避祸美洲	
1621 多恩任圣保罗大教堂教长	
	1622 弗朗西斯·培根《亨利七世治理史》
1628 《权力请愿书》;解散议会	

续 表

历 史 事 件	传 记 活 动
1640 查理一世被迫召开新议会筹款,史称"长议会"	1640 沃尔顿《多恩传》
	1641 亨利·沃顿《已故艾塞克斯伯爵罗伯特与已故白金汉公爵乔治平行传记》
	1641—1706 约翰·伊夫林《日记》
1642 查理一世宣布武力讨伐议会叛乱分子,内战爆发	1642 艾萨克·沃尔顿《白金汉公爵吉奥·维勒斯传》
1643 出版物检查始行	1643 爱德华·赫伯特《自传》
1649 查理一世被处决;克伦威尔宣布实行共和政体	
	1651 艾萨克·沃尔顿《亨利·沃顿爵士传》
1652—1654 第一次英荷战争,英国胜	
1653 克伦威尔解散散尾间议会,自任"护国公",建立独裁统治	
	1655 托马斯·富勒《英国教会史》 艾萨克·沃尔顿《理查德·胡克先生传》
1660 查理二世回国执政,斯图亚特王朝复辟,史称"王政复辟"	1660—1669 佩皮斯日记
1661 选出"骑士派国会",此届议会持续直至1679年地方改选	
1662 英国国教会恢复 英国皇家学会成立	
1664—1667 第二次英荷战争,法国丹麦联合荷兰组成反英同盟,英国战败	1664—1671 露西·哈金森《哈金森上校生平回忆录》

331

续表

历史事件	传记活动
1665 伦敦瘟疫与大火	1665 大卫·劳伊德《国家名人传》班扬《功德无量》
	1667 玛格丽特·卡文迪什《威廉·卡文迪什传》
	1669—1696 约翰·奥布莱《奥布莱短篇传记》
	1669 佩皮斯《日记》
	1670 艾萨克·沃尔顿《赫伯特传》哈钦森夫人《哈钦森上校回忆录》
1672—1678 第三次英荷战争,英法联合与荷兰作战,荷兰战败	
	1674—1675 福克斯《日记》
1676 格林尼治天文台设立	1676 安妮·范肖《范肖夫人回忆录》
	1677 伯尔纳特《汉密尔顿公爵家史》
	1678 沃尔顿《桑德逊传》
1679 全国议会大选;人身保护法	
1681 英国两大政教势力分别起名辉格、托利,两党制由是产生	
	1682 伯内特《马修·黑尔爵士传》
	1683 德莱顿《普鲁塔克传》
1685 詹姆斯二世即位;牛顿发现万有引力定律	
	1687 威廉·温斯坦利《英国著名诗人传》
1688 詹姆斯二世欲复辟天主教,与教会矛盾激化。托利与辉格两党,共邀詹姆斯二世之婿、荷兰执政威廉率军废黜詹姆斯二世,詹姆斯二世逃亡法国,史称"光荣革命",确立资产阶级与地主贵族的联合执政	

英国传记发展史

续表

历史事件	传记活动
1689 玛莉与威廉夫妇联合执政,史称玛莉二世与威廉三世;《权利法案》获正式批准;英国对法国宣战	
1690 托利党大选取得微弱多数;苏格兰立法以长老会为教会形式	1690—1734 罗杰·诺斯《自传》
	1691—1692 安东尼·伍德《牛津名人录》
1694 英格兰银行成立	1694 福克斯《福克斯日记》
1695 建立出版自由	
1696 刺杀威廉三世阴谋失败	
1698 伦敦股票交易所成立	
1701 西班牙王位继承战争	
	1705—1715 罗杰·诺斯《诺斯兄弟传》
1707 苏格兰、英格兰合并成立"大不列颠王国"	1707 安东尼·汉密尔顿《格哈蒙爵士回忆录》
1714—1917 汉诺威王朝	
1721 沃尔波尔组成内阁	
	1722 笛福《瘟疫年记事》
	1724 塞米尔·奈特《约翰·科莱特传》
	1726 塞米尔·奈特《伊拉兹马斯传》乔纳森·斯威夫特《格列佛游记》
1737 戏剧审查法案通过;卡洛琳女王去世	
1738 乔治三世出生	
	1740 戴维·莫莱特《弗朗西斯·培根传》
	1741 可尼尔·米德尔顿《西塞罗传》
	1744 约翰生《萨维奇传》

续 表

历 史 事 件	传 记 活 动
	1747 威廉·奥尔蒂斯《大不列颠传记大全》
1750 英国征服侵占印度	1750—1752 约翰生《漫游者》
	1754 亨利·菲尔丁《里斯本航海日记》
	1755 约翰生《英语辞典》
1756 英法七年战争开始	1756 约翰生《普鲁士国王弗雷德里克三世回忆录》 布莱克威尔《奥古斯塔斯朝回忆录》
	1758 哥德史密斯《新教徒回忆录》
	1759 约翰生《拉塞拉斯王子》
1760 乔治三世执政 1760—1830 工业革命	1760—1767 斯特恩《项狄传》
	1761 哥德史密斯《伏尔泰回忆录》
	1762 哥德史密斯《理查德·纳什传》
	1762—1763 鲍斯威尔《伦敦日记》
1763 结束英法七年战争 1764 约翰生成立文学俱乐部	
	1770 哥德史密斯《托马斯·帕纳尔传》
	1771 约翰·戴尔雷姆普《大不列颠及爱尔兰回忆录》
1775—1783 北美独立战争	1775 威廉·梅森《托马斯·格雷回忆录》
	1776—1788 爱德华·吉本《罗马帝国衰亡史》
1778 法美联盟形成;英国对法宣战 1779 西班牙对英宣战	1779—1781 约翰生《英国诗人评传》
	1780 弗朗西斯·布莱克波恩《托马斯·赫里斯回忆录》

续 表

历 史 事 件	传 记 活 动
1784 瓦特发明蒸汽机	1784 托马斯·戴维斯《演员加里克回忆录》
	1785 鲍斯威尔《赫布里底群岛旅行记》
1789 法国资产阶级大革命;人权宣言;皮特当选首相	
	1791 丹尼尔·笛福《鲁宾逊漂流记》 鲍斯威尔《约翰生传》
	1792 玛丽·伍尔斯托恩克拉夫《妇女权力辩》
	1796 爱德华·吉本《回忆录:吾生与吾作》
1801 合并爱尔兰,"大不列颠及爱尔兰联合王国"成立	
1807 不列颠帝国废除奴隶贸易	
1812 第二次对美国战争	1813 詹姆斯·斯坦菲尔德《传记研究及写作》
1815 威灵顿公爵滑铁卢击败拿破仑	
	1816 威廉·哈兹利特《回忆逝者霍尔克罗夫特》 柯尔律治《政治家手册》
	1817 柯尔津治《文学传记》
	1818 玛丽·雪莱《弗兰肯斯坦》
1820 乔治四世登基(1830驾崩)	
	1821 托马斯·德昆西《一个鸦片吸食者的忏悔》
	1825 柯尔律治《沉思之助》
	1830 柯尔律治《论教会和国家体制》
	1831 托马斯·摩尔《拜伦书信日记及其一生》

续表

历 史 事 件	传 记 活 动
1832　大改革法案	
1834　建立全国教育体系	
1837　维多利亚女王即位	1837—1839　约翰·吉布森·卢卡特《瓦尔特·司各特爵士传》
1840—1842　英国宪章运动第二阶段	1840　卡莱尔系列讲座《英雄与英雄崇拜》
1843　通过戏剧法案,要求戏剧演出与剧评须利于提高人们的道德水平	
	1844　A.P.斯坦利《托马斯·阿诺德传》
1846　爱尔兰大饥荒	1846—1848　查尔斯·狄更斯《董贝父子》
	1847　夏洛蒂·勃朗特《简·爱》
	1851　托马斯·卡莱尔《斯特林传》
1853—1856　俄与英法等国的克里米亚战争	
1857　英国爆发经济危机,波及美、法、德等国,形成第一次世界性资本主义经济危机;印度反英斗争	1857　菲力普·高斯《浮石》伊丽莎白·盖斯凯尔《夏洛蒂·勃朗特传》
1858　印度和约	1858　托马斯·杰弗逊·霍格《雪莱传》
1859　达尔文《物种起源》	1859　塞缪尔·斯迈尔斯《自助》;《乔治·斯蒂文森传》
1860　英法联军洗劫圆明园	
	1861　詹姆士·斯宾丁《培根传》
1862　英国伦敦建成世界第一条地下铁道	
1867　提交人民法;声称加拿大主权	1867　安东尼·特罗洛普《巴塞特郡最后一部编年史》

英国传记发展史

336

续 表

历史事件	传记活动
	1868 约翰·福斯特《兰多传》
1870 政府小学成立	
	1871 塞缪尔·斯迈尔斯《品格的力量》
	1871—1872 乔治·艾略特《米德尔马契》
	1872—1874 约翰·福斯特《查尔斯·狄更斯传》
	1873 爱德蒙·高斯《古提琴与笛子》 约翰·斯图亚特·穆勒《自传》
1875 农业大萧条	1875 塞缪尔·斯迈尔斯《节俭》 约翰·福斯特《斯威夫特传》
1876 英国议会通过决议加封维多利亚女王为"印度女皇"	1876 乔治·奥托·特瑞维林《麦考利勋爵的一生与书信》
1878—1879 英国 J. W. 斯旺和美国 T. A. 爱迪生分别发明碳丝灯	
	1879 爱德蒙·高斯《北欧文学研究》 罗伯特·路易斯·史蒂文森《法国塞文山骑驴旅行记》
1880 格莱斯顿任首相	
	1882 詹姆斯·弗鲁德《托马斯·卡莱尔:前40年生活史》 爱德蒙·高斯《格雷传》
	1883 爱德蒙·高斯《17世纪英国诗歌史》
	1884 詹姆斯·弗鲁德《托马斯·卡莱尔:伦敦生活史》
1885 发现无线电波;发明内燃机	1885 爱德蒙·高斯《从莎士比亚到蒲柏》

续表

历史事件		传记活动	
		1887	塞缪尔·斯迈尔斯《职责》
		1889	爱德蒙·高斯《18世纪文学史》
1895	发现 X 射线		
1896	发明无线电报		
1897	维多利亚女王登基60周年庆典	1897	伊迪丝·华顿《房屋装修》
1899—1902	布尔战争		
1900	劳工代表委员会成立(1906年改称工党)	1900	列奥纳多·赫胥黎《T. H. 赫胥黎传》
1901	维多利亚女王逝世		
		1903	爱德蒙·高斯合著《英国文学插图本》 塞缪尔·勃特勒《众生之路》 约翰·莫莱《威廉·爱德华·格莱斯顿传》
1904	法英协约		
		1905	王尔德《深渊书简》 伊迪丝·华顿《欢乐之家》
1907	吉卜林获诺贝尔文学奖	1907	爱德蒙·高斯《父与子》
1911	议会法	1911	锡德尼·李《传记原理》
1912	妇女争取选举运动	1912	利顿·斯特拉奇《法国文学里程碑》 萧伯纳《匹格梅利翁》
		1913	弗洛伊德《图腾与禁忌》 D. H. 劳伦斯《儿子与情人》 伊迪丝·华顿《国家的风俗》
1914—1918	第一次世界大战	1914—1915	詹姆斯·乔伊斯《一个青年艺术家的肖像》
		1914	爱德华·库克《传记艺术》

续 表

历 史 事 件	传 记 活 动
1916 都柏林复活节起义 1917—1920 设立北爱兰郡	1916 沃尔多·H.邓恩《英国传记》 1918 亨利·亚当《亨利·亚当的教育》 利顿·斯特拉奇《维多利亚时代名人传》
1919 乔治五世将汉诺威王朝改为温莎王朝；凡尔赛和约；H.菲斯丁·琼斯《回忆无有乡作者塞缪尔·勃特勒》获传记奖	1919 凯恩斯《和平的诸种经济后果》
1921 爱尔兰自由邦成立；利顿·斯特拉奇《维多利亚女王传》获传记奖；詹姆斯·斯特拉奇开始译介弗洛伊德	1921 波西·拉波克《乔治·卡德伦印象》；利顿·斯特拉奇《维多利亚女王传》；巴贝良《最后的日记》；波西·拉波克《小说的技巧》
	1922 利顿·斯特拉奇《书与人：法国人、英国人》 埃米尔·路德维希《歌德：一个人的历史》
1923 叶芝获诺贝尔文学奖	1923 哈罗德·尼柯尔森《丁尼生传》 安德烈·莫洛亚《精灵：雪莱传》
1925 萧伯纳获诺贝尔文学奖；乔弗瑞·斯各特的《翟利德画像》获传记奖	
1926 英国工人总罢工 1928 妇女获得完整选举权；新版《牛津辞典》；弗莱明发现青霉素	1926 T.E.劳伦斯《七根智慧柱》 1928 哈罗德·尼克尔森《英国传记发展史》 奇格弗莱德·萨松《猎狐人回忆录》 弗吉尼亚·伍尔夫《奥兰多传》 利顿·斯特拉奇《伊利莎白与埃塞克斯》

续表

英国传记发展史

历史事件		传记活动	
1929	戴维·西塞尔《痛苦的小鹿:科伯的一生》获传记奖	1929	戴维·西塞尔《痛苦的小鹿:科伯的一生》 安德烈·莫洛亚《传记面面观》
1930	世界经济大萧条始	1930	奇格弗莱德·萨松《步兵军官回忆录》
1931	威斯敏斯特法案被迫承认其自治领在内政、外交上独立自主,大英帝国殖民体系从此动摇。	1931	利顿·斯特拉奇《微型画像及其他》
1932	高尔斯华绥获诺贝尔文学奖		
		1933	弗吉尼亚·伍尔夫《弗拉狮传》 利顿·斯特拉奇《人物与评论》 乔治·奥威尔《进出巴黎与伦敦》
		1934	A.J.A.西蒙斯《追寻考弗》 斯梯芬·茨威格《鹿特丹的伊拉兹马斯》 H.G.威尔斯《自传实验》 亨利·詹姆斯《小说的艺术》
1935	印度法案	1935	斯梯芬·茨威格《苏格兰列岛女王玛丽》
1936	爱德华三世继位;西班牙内战;爱德华·萨克维尔-韦斯特《阳光下的火苗:托马斯·德·昆西传》获传记奖;凯恩斯《就业、利息和货币通论》	1936	奇格弗莱德·萨松《佘斯顿的进步》 埃米尔·路德维希《尼罗河传》
		1937	吉卜林《斯人一二三事》 乔治·奥威尔《通往魏格纳的路》
		1938	乔治·奥威尔《向加泰罗尼亚致敬》
1939—1945	第二次世界大战		
		1940	弗吉尼亚·伍尔夫《罗杰·弗莱传》

续 表

历史事件		传记活动	
1941	弗吉尼亚·伍尔夫自杀		
1945	工党当政,推行社会福利制度。英国成为联合国安理会常任理事国		
1947	印度和巴基斯坦相继独立		
1948—1967	大批殖民地人移民英国	1948	里查德·艾尔曼《叶芝:里与表》
1948	英国国家保健制度成立		
1949	英国通过议会法;与其他国家共同组成北大西洋公约组织		
		1951	史蒂芬·斯彭德《天下有天》
1952	伊丽莎白女王二世加冕		
1953	英科学家发现DNA螺旋结构		
		1955	约瑟夫·克利福德《青年塞缪尔·约翰生》
1957	约翰·伍夫登爵士报告公布,确认同性恋等性取向的合理性	1957	约翰·葛拉提《传记的本质》
		1959	里查德·艾尔曼《詹姆斯·乔伊斯》乔治·佩因特《普鲁斯特传:前半生》
1960—1962	英国通货膨胀		
1965—1966	性解放运动;同性恋合法化,公开化	1965	乔治·佩因特《普鲁斯特传:后半生》保罗·默里·肯道尔《传记的艺术》
		1966	哈罗德·尼柯尔森《日记与书信》
		1967—1968	迈克尔·霍尔洛伊德《利顿·斯特拉奇传》

续表

历史事件	传记活动
	1967—1978 罗素《自传》三卷
	1968 J. R. 阿克利《我父亲与我本人》 伍尔夫《一位作家的日记》
1969 北爱尔兰暴乱	1969 保罗·迪拉尼《17世纪英国自传》 安东尼亚·弗雷泽《苏格兰人民的玛丽女王》 萧伯纳《自传：1856—1898》
	1970 萧伯纳《自传：1898—1950》 索尔仁尼琴《伊万·杰尼索维奇的一天》
	1971 马克·隆加克《18世纪英国传记》
1972 昆汀·贝尔《伍尔夫大传》获得詹姆斯·提特·布莱克传记奖	1972 昆汀·贝尔《伍尔夫传》
1973 英国加入欧共体	
1973—1974 英国经济危机	
1974 威尔逊政府重新执政；北爱尔兰宪法生效	1974 罗伯特·弗特吉尔《私人编年史——英国日记研究》 玛格丽特·德布拉尔《阿诺德·贝内特传》 理查德·霍尔姆斯《柯尔律治：早年景象》 克莱尔·托马林《玛丽·伍尔斯托恩克拉夫的生与死》
1975 公投决定留在欧共体	1975—1980 《弗吉尼亚·伍尔夫书信集》
1976 卡拉汉任首相	1976 克里斯多佛·伊舍伍德《克里斯多佛与他的同类，1929—1939》 迈克尔·翁达杰《戮后余生》

英国传记发展史

续 表

历 史 事 件	传 记 活 动
	1977　P.N.弗尔班克《E.M.福斯特传》
	1977—1984　弗吉尼亚·伍尔夫《弗吉尼亚·伍尔夫日记》
	1978　菲力斯·罗斯《女作家弗吉尼亚·伍尔夫传》
1979　保守党执政,撒切尔夫人任首相	1979　里翁·艾德尔《布鲁姆斯伯里:雄狮之家》
1980年代　英国经济增长迅速	
1981　国营企业私有化	
1982　英阿马岛之战;里查德·艾尔曼《乔伊斯传》获得詹姆斯·提特·布莱克传记奖	
1983　撒切尔夫人连任首相	1983　罗伯特·斯基德尔斯基《凯恩斯传:被出卖的希望》
1984　琳达·格登《作家弗吉尼亚·伍尔夫传》获得詹姆斯·提特·布莱克传记奖	1984　罗纳德·弗雷泽《寻找过去:一位英国绅士的成长岁月,1933—1945》 安吉拉·葛奈特《善意的欺骗:布鲁姆斯伯里的童年》 彼得·艾克罗伊德《T.S.艾略特》 伊拉·B·奈德尔《传记:虚构、事实与形式》 琳达·格登《作家弗吉尼亚·伍尔夫传》
	1986　卡罗琳·斯蒂德曼《好女人的风景》

续 表

	历 史 事 件		传 记 活 动
1987	英国铁路私有化；撒切尔夫人再任首相	1987	露丝·霍伯曼《传记的现代化》 佩内洛普·莱夫利《月亮虎》 理查德·霍尔姆斯《吉卜林：我的二三事》 克莱尔·托马林《凯瑟琳·曼斯菲尔德秘传》
1988	自由民主党	1988	帕默《布鲁姆斯伯里名人录》
		1988—1992	迈克尔·霍尔洛伊德《萧伯纳传》
1989	拉什迪因小说《撒旦的诗篇》被伊朗宗教法庭判处死刑	1989	赫麦妮·李《维拉·凯瑟：积累生活》
1990	梅杰入主唐宁街	1990	彼得·艾克罗伊德《狄更斯》 A.S.拜厄特《占有》
		1991	杰姬·凯《领养书》 克莱尔·托马林《看不见的女人》 雷·蒙克《维特根斯坦：天才的义务》
		1992	罗伯特·斯基德尔斯基《凯恩斯传：救星经济学家》
1993	理查德·霍尔姆斯《约翰生博士与萨维奇先生》获得詹姆斯·提特·布莱克传记奖	1993	布莱克·莫里森《那么你最后一次是什么时候见到你父亲?》 理查德·霍尔姆斯《约翰生博士与萨维奇先生》
1994	托尼·布莱尔出任工党领袖；多丽丝·莱辛《在我的皮肤之下》获得詹姆斯·提特·布莱克传记奖	1994	劳拉·马库斯《自传/传记话语：理论、批评、实践》
		1995	奈杰尔·尼柯尔森《婚姻肖像》

续 表

历 史 事 件		传 记 活 动
	1995	吉琳·罗斯《爱的工作:生活沉思录》 茉莉花·阿里海-布朗《在家百日好》 克莱尔·托马林《乔丹夫人的职业》
1996 英科学家成功克隆羊;疯牛病肆虐	1996	赫麦妮·李《伍尔夫传》 蒂姆·洛特《干玫瑰花的香味》 高利·维达尔《重写本》
1997 布莱尔任首相;香港主权由英国移交中国	1997	詹妮·迪期基《滑雪滑到阿拉斯加》 安·奥克利《我父母的传记》 克莱尔·托马林《简·奥斯丁传》 雷·蒙克《罗素传:孤独之魂》
1998 爱尔兰共和国和北爱尔兰人投票支持有关北爱前途的复活节协议;彼得·艾克罗伊德《托马斯·莫尔传》获得詹姆斯·提特·布莱克传记奖	1998	阿曼达·弗曼《德文郡女爵乔治安娜》 阿曼达·维克利《绅士的女儿》 伊恩·汉密尔顿《寻找塞林格》
1999 英国部队参加空袭南斯拉夫行动,并参加随后的科索沃多国维和部队;英国权力下放;苏格兰和威尔士议会成立	1999	迈克尔·霍尔洛伊德《紫苏街上的布鲁斯歌》 葆拉·R.白克赛德《传记思考录》
	2000	马丁·艾米斯《经历》 戴维·艾利斯《文学家的一生:立传与解谜》 理查德·霍尔姆斯《叉路:一位浪漫主义传记作家的探索发现》 A.S.拜厄特《一个传记作家的故事》 雷·蒙克《罗素传:疯癫之鬼》

续 表

历史事件		传记活动	
2001	布莱尔连任首相	2001	罗伯特·斯基德尔斯基《凯恩斯传：为英国而战》
		2002	彭妮·朱纳《家事真相》 布雷克·莫里森《母亲没有告诉我的那些事》 克莱尔·托马林《塞缪尔·佩皮斯：无与伦比的自我》
2003	英国参加美国领导的攻打伊拉克行动		
2004	赫顿勋爵公布有关英国武器专家凯利博士的死因调查结果		
2005	工党再度赢得大选；伦敦发生四次自杀式爆炸攻击	2005	赫麦妮·李《身体部分：论传记写作》
		2006	克莱尔·托马林《历久之人托马斯·哈代》
2007	布朗入主唐宁街	2007	琳达·李尔《贝娅特丽克丝·波特：大自然的一生》
2008	迈克尔·霍尔洛伊德《一部奇特而多彩的历史：媛伦·特利、亨利·欧文和他们出色家人的戏剧人生》获詹姆斯·提特·布莱克传记奖	2008	赫麦妮·李《伊迪丝·华顿传》 迈克尔·霍尔洛伊德《一部奇特而多彩的历史：媛伦·特利、亨利·欧文和他们出色家人的戏剧人生》
		2009	理查德·霍尔姆斯《奇迹时代》
2010	卡梅伦出任首相		

附录二

作家作品中英文对照[①]

A

阿达姆南 Saint Adamnan of Lona
  《哥伦布传》 *Life of Saint Columba*
理查德·D·阿尔提克 Richard D. Altick
  《传记与作品》 *Lives and Letters*
J. R. 阿克利 J. R. Ackerley
  《我父亲与我本人》 *My Father and Myself*
埃塞尔主教 Bishop Asser
  《阿尔弗雷德大帝传》 *Life of Alfred the Great*
里翁·艾德尔 Leon Edel
  《亨利·詹姆斯》 *Henry James*
  《布鲁姆斯伯里：雄狮之家》 *Bloomsbury: A House of Lions*
里查德·艾尔曼 Richard Ellmann
  《詹姆斯·乔伊斯》 *James Joyce*
  《叶芝：里与表》 *Yeats: The Man and the Masks*
彼得·艾克罗伊德 Peter Ackroyd
  《T. S. 艾略特》 *T. S. Eliot*
  《狄更斯》 *Dickens*
戴维·艾利斯的 David Ellis
  《文学家的一生：立传与解谜》 *Literary Lives: Biography and the Search for Understanding*
马丁·艾米斯的 Martin Amis
  《经历》 *Experience*
乔治·艾略特 George Eliot
  《米德尔马契》 *Middlemarch*

[①] 本表按作家姓氏中文译名的汉语拼音次序排列,并在作家名下列出其主要作品。

英国传记发展史

约翰·奥布莱 John Aubrey
《奥布莱短篇传记》Aubrey's Brief Lives
《威尔特郡自然史》The Natural History of Wiltshire
《杂录集》Miscellanies
《奥德赛》The Odyssey

威廉·奥尔蒂斯 William Oldys
《大不列颠传记大全》Biographia Britannica

奥古斯丁 Saint Augstine of Hippo
《忏悔录》Confessions

安·奥克利 Ann Oakley
《男人与妻子：我父母的传记》Man and Wife: A Biography of My Parents

乔治·奥威尔 George Orwell
《进出巴黎与伦敦》Down and Out in Paris and London
《通往魏格纳的路》The Way to Wigner Pier
《向加泰罗尼亚致敬》Homage to Catalonia

B

W. N. P. 巴贝良 W. N. P. Barbellion
《最后的日记》A Last Dairy

约翰·巴纳德 John Barnard
《彼得·黑林传》Life of Peter Heylyn

葆拉·R. 白克赛德 Paula R. Backscheider
《传记思考录》Reflections on Biography

A. S. 拜厄特 A. S. Byatt
《占有》Possession
《一个传记作家的故事》The Biographer's Tale

约翰·保勒 John Bowle
《约翰·伊芙琳和他的世界》John Evelyn and His World

乔治·保罗 George Paule
《约翰·惠特吉夫特传》The Life of John Whitgift, Archbishop of Canterbury

詹姆斯·鲍斯威尔 James Boswell
《鲍斯威尔的"约翰生传"》Boswell's Life of Johnson
《赫布里底群岛旅行记》Journal of a Tour to the Hebrides
《伦敦日记》London Journal, 1762—1763
《约翰生博士传》The Life of Samuel Johnson

《贝奥武夫》Beowulf

昆汀·贝尔 Quentin Bell

《伍尔夫传》Virginia Woolf
圣徒比德 St. Bede the Venerable
　　《圣卡斯布特传》(韵文版)Life of St. Cuthbert (in verse)
　　《圣卡斯布特传》(散文版)Life of St. Cuthbert (in prose)
　　《英吉利教会史》Ecclesiastical History of England
E. F. 比尔格尼 E. F. Biagini
　　《格拉斯顿传》Gladstone
詹姆斯·博尔顿 James Boulton
　　《塞缪尔·约翰生：批评的遗产》Samuel Johnson: The Critical Heritage
伯尔纳特 Gilbert Burnet
　　《汉密尔顿公爵家史》The Memories of the Lives and Actions of James and William Dukes of Hamilton and Castleherald
塞缪尔·勃特勒 Samuel Butler
　　《众生之路》The Way of All Flesh
弗朗西斯·布莱克波恩 Francis Blackburne
　　《托马斯·赫里斯回忆录》The Memoirs of Thomas Hollis
托马斯·布莱克威尔 Thomas Blackwell
　　《奥古斯塔斯朝回忆录》Memoirs of the Court of Augustus
茉莉花·阿里海-布朗 Yasmin Alibhai-Brwon
　　《在家百日好》No Place is Like Home

C

斯梯芬·茨威格 Stefan Zweig
　　《鹿特丹的伊拉兹马斯》Erasmus of Rotterdam
　　《苏格兰列岛女王玛丽》Mary Queen Of Scotland and the Isles

D

利奥波德·达姆罗什 Leopold Damrosch
　　《十八世纪文学探究》The Profession of Eighteenth-century Literature
约翰·戴尔雷姆普 Sir John Dalrymple
　　《大不列颠及爱尔兰回忆录》Memoirs of Great Britain and Ireland
大卫·戴克斯 David Daiches
　　《詹姆斯·鲍斯威尔和他的世界》James Boswell and His World
托马斯·戴维斯 Thomas Davis
　　《演员加里克回忆录》The Memoirs of the Life of David Garrick
玛格丽特·德布拉尔 Margaret Drabble
　　《阿诺德·贝内特传》Arnold Bennett: A Biography

托马斯·德·昆西 Thomas de Quincey
《一个鸦片吸食者的忏悔》Confessions of an English Opium-Eater
沃尔多·H·邓恩 Waldo H. Dunn
《英国传记》English Biography
查尔斯·狄更斯 Charles Dickens
《董贝父子》Dombey and Son
丹尼尔·笛福 Daniel Defoe
《鲁宾逊漂流记》The Life and Strange and Surprising Adventures of Robinson Crusoe
《瘟疫年记事》Journal of the Plague Year
保罗·迪拉尼 Paul Delany
《17世纪英国自传》British Autobiography in the Seventeenth Century
詹妮·迪期基 Jenny Diski
《滑到阿拉斯加》Skating to Antarctica

F

安·范肖 Anne Fanshawe
《范肖夫人回忆录》Memoirs of Lady Fanshawe
亨利·菲尔丁 Henry Fielding
《里斯本航海日记》Journal of a Voyage to Lisbon
P.N.弗尔班克 P. N. Furbank
《E. M.福斯特传》E. M. Forster: A Life
诺思洛普·弗莱 Northrop Frye
《批评的解剖》Anatomy of Criticism
米歇尔·福柯 Michel Foucault
《知识考古学与语言话语》The Archaeology of Knowledge and the Discourse on Language
《性史：导论》The History of Sexuality: An Introduction, vol.1
托马斯·富勒 Thomas Fuller
《圣战史》History of the Holy War
《天国与凡界》The Holy State and the Profane State
《英格兰伟人史》The History of the Worthies of England
《英国教会史》Church History of Britain
安东尼亚·弗雷泽 Antonia Fraser
《苏格兰人民的玛丽女王》Mary, Queen of Scots
罗纳德·弗雷泽 Ronald Fraser
《寻找过去：一位英国绅士的成长岁月，1933—1945》In Search of the Past: the

    Rearing of an English Gentleman, 1933—1945

詹姆斯·弗鲁德 James Froude

    《从沃尔西沦陷到击败西班牙无敌舰队的英国史》*History of England from the Fall of Wolsey to the Defeat of the Spanish Armada*

    《卡莱尔传》卷一 *Thomas Carlyle, a History of the First Forty Years of His Life*

            卷二 *Thomas Carlyle, a History of His Life in London*

西格蒙德·弗洛伊德 Sigmund Freud

    《梦的解析》*Interpretation of Dreams*

    《图腾与禁忌》"*Totem and Taboo*"

阿曼达·弗曼 Amanda Foreman

    《德文郡女爵乔治安娜》*Georgiana: Duchess of Devonshire*

罗伯特·弗特吉尔 Robert A. Fothergill

    《私人编年史——英国日记研究》*Private Chronicles: A Study of English Diaries*

约翰·福斯特 John Forster

    《查尔斯·狄更斯传》*The Life of Charles Dickens*

    《兰多传》*Life of Landor*

E. M. 福斯特 E. M. Forster

    《小说面面观》*Aspects of the Novel and Related Writings*

    《印度之行》*A Passage to India*

M. R. D. 福特(编) M. R. D. Foot, (ed.)

    《格拉斯顿日记》*The Gladstone Diaries*

G

伊莉莎白·盖斯凯尔 Elizabeth Gaskell

    《夏洛蒂·勃朗特传》*Life of Charlotte Brontë*

爱德蒙·高斯 Edmund Gosse

    《北欧文学研究》*Studies in the Literature of Northern Europe*

    《从莎士比亚到蒲柏：英国古典诗歌的兴起之现象与原因考》*From Shakespeare to Pope: An Inquiry into the Causes and Phenomena of the Rise of Classical Poetry in England*

    《父与子：两种性格之研究》*Father and Son: A Study of Two Temperaments*

    《古提琴与笛子》*On Viol and Flute*

    《杰罗米·泰勒》*Jeremy Taylor*

    《托马斯·格雷回忆录》*Memoirs of Gray*

    《英国文学插图本》*English Literature: An Illustrated Record*

    《17世纪英国诗歌史》*Seventeenth-Century Studies: A Contribution to the History of English Poetry*

英国传记发展史

《18世纪文学史》*A History of Eighteenth-Century Literature: 1660—1780*
奥利佛·哥德史密斯 Oliver Goldsmith
　《伏尔泰回忆录》"*Memoirs of M. de Voltaire*"
　《理查德·纳什传》*The Life of Richard Nash*
　《屈身求爱》*She Stoops to Conquer*
　《世界公民》*The Citizen of the World*
　《托马斯·帕纳尔传》*The Life of Thomas Parenell*
　《威克菲尔德牧师传》*The Vicar of Wakefield*
　《新教徒回忆录》*The Memoirs of a Protestant, Condemned to Galleys of France, for His Religion. Written by Himself*
琳达·格登 Lyndall Gordon
　《作家弗吉尼亚·伍尔夫传》*Virginia Woolf: A Writer's Life*
斯蒂芬·格林布拉特 Stephen Greenblatt
　《格林布拉特读本》*The Greenblatt Reader*
　《文艺复兴时期的自我塑造》*Renaissance Self-Fashioning: From More to Shakespeare*
维多利亚·格伦丁宁 Victoria Glendinning
　《安东尼·特罗洛普》*Anthony Trollope*
　《丽贝卡·威斯特》*Rebecca West*
　《乔纳森·斯威弗特》*Jonathan Swift*
　《维塔·萨克维尔韦斯特传》*Vita: The Life of Vita Sackville-West*
　《伊迪丝·西特维尔：狮群中的独角兽》*Edith Sitwell, A Unicorn Among Lions*
　《作家伊丽莎白·鲍恩之肖像》*Elizabeth Bowen: Portrait of a Writer*
约翰·葛拉提 John Garraty
　《传记的本质》*The Nature of Biography*
安吉拉·葛奈特 Angelica Garnett
　《善意的欺骗：布鲁姆斯伯里的童年》*Deceived with Kindness: A Bloomsbury Childhood*

H

弗兰克·哈里斯 Frank Harris
　《奥斯卡·王尔德传》*Oscar Wilde*
哈钦森夫人 Lucy Hutchinson
　《哈钦森上校回忆录》*Memoirs of Colonel Hutchinson*
威廉·哈兹利特 William Hazlitt
　《回忆逝者霍尔克罗夫特》*Memories of the Late Thomas Holcroft*
安东尼·汉密尔顿 Anthony Hamilton

《格哈蒙爵士回忆录》Memoirs of the count de Grammont
伊恩·汉密尔顿 Ian Hamilton
　《寻找塞林格》In Search of J. D. Salinger
爱德华·赫伯特 Edward Herbert
　《自传》Autobiography
列奥纳多·赫胥黎 Leonard Huxley
　《T. H. 赫胥黎传》Life and Letters of T. H. Huxley
伊迪丝·华顿 Edith Wharton
　《房屋装修》The Decoration of Houses
　《国家的风俗》The Custom of the Country
　《欢乐之家》The House of the Mirth
露丝·霍伯曼 Ruth Hoberman
　《传记的现代化：论1918—1939年英国的传记实验》Modernizing Lives: Experiments in English Biography, 1918-1939
迈克尔·霍尔洛伊德 Michael Holroyd
　《利顿·斯特拉奇传》Lytton Strachey: A Critical Biography
　《萧伯纳传》Bernard Shaw
　　第一卷《爱之追寻》Bernard Shaw: Volume I: 1856—1898: The Search for Love
　　第二卷《权之追逐》Bernard Shaw: Volume II: 1898—1918: The Pursuit of Power
　　第三卷《幻影诱惑》Bernard Shaw: Volume III: 1918—1950: The Lure of Fantasy
　　第四卷《笑到最后》Bernard Shaw: Volume IV: 1950—1991: The Last Laugh
　　第五卷《萧伯纳指南》The Bernard Shaw Companion
　《一部奇特而多彩的历史：媛伦·特利、亨利·欧文和他们出色家人的戏剧人生》A Strange Eventful History: The Dramatic Lives of Ellen Terry, Henry Irving and Their Remarkable Families
　《紫苏街上的布鲁斯歌》Basil Street Blues
理查德·霍尔姆斯 Richard Holmes
　《叉路：一位浪漫主义传记作家的探索发现》Sidetracks: Explorations of a Romantic Biographer
　《吉卜林：我的二三事》Kipling: Something of Myself
　《柯尔律治(上)：早年景象》Coleridge: Early Vision
　《柯尔律治(下)：阴暗的记忆》Coleridge: Darker Reflections
　《奇迹时代：浪漫主义时代人如何发现了科学之美与惧》The Age of Wonder: How the Romantic Generation Discovered the Beauty and Terror of

  Science
《雪莱追踪研究》Shelley: The Pursuit
《约翰生博士与萨维奇先生》Dr. Johnson and Mr. Savage
《足迹：一位浪漫派传记作家的探索历程》Footsteps: Adventures of a Romantic Biographer
托马斯·杰弗逊·霍格 Thomas Jefferson Hogg
《雪莱传》The Life of Percy Bysshe Shelley

J

爱德华·吉本 Edward Gibbon
《回忆录：吾生与吾作》Memoirs of My Life and Writings
《吉尔伽美什史诗》The Epic of Gilgamesh
约瑟夫·路德雅德·吉卜林 Joseph Rudyard Kipling
《斯人二三事》Something of Myself
彼得 J·贾格尔（编）Peter J. Jagger（ed.）
《格拉斯顿传》Gladstone

K

J. A. 卡登 J. A. Cuddon
《文学术语辞典》A Dictionary of Literary Terms
托马斯·卡莱尔 Thomas Carlyle
《论英雄、英雄崇拜和历史上的英雄业绩》On Heroes, Hero-Worship and the Heroic in History
《斯特林传》The Life of John Sterling
乔治·卡文迪什 George Cavendish
《沃尔西传》The Life and Death of Cardinal Wolsey
杰姬·凯 Jackie Kay
《领养书》The Adoption Papers
梅纳德·凯恩斯 Maynard Keynes
《和平的诸种经济后果》Economic Consequences of the Peace
克拉兰顿伯爵 Edward Hyde, Earl of Clarendon
《爱尔兰叛乱史》The History of Rebellion and Civil War in Ireland
柯尔律治 Samuel Taylor Coleridge
《文学传记》Biographia Literaria
《政治家手册》"The Statesmen's Manuel"
《沉思之助》Aids to Reflection
《论教会和国家的体制》On the Constitution of Church and the State

詹姆斯·L·克利福德 James L. Clifford
　《传记艺术：1560—1960 批评文选》 Biography as an Art: Selected Criticism 1560—1960
　《青年塞缪尔·约翰生》 Young Sam Johnson
格雷格·克林汉姆 Greg Clingham
　《鲍斯威尔新论》 New Light on Boswell
保罗·默里·肯道尔 Paul Murray Kendall
　《传记的艺术》 The Art of Biography

L

波西·拉波克 Percy Lubbock
　《乔治·卡德伦印象》 George Calderon: A Sketch from Memory
　《小说的技巧》 The Craft of Fiction
《拉丁语圣徒传记集》 Bibliotheca Hagiographica Latina
迪奥吉尼斯·莱尔丢斯 Diogenes Laertius
　《古代哲人传》 Lives and Opinions of Eminent Philosophers
佩内洛普·莱夫利 Penelope Lively
　《月亮虎》 Moon Tiger
T. E. 劳伦斯 T. E. Lawrence
　《七根智慧柱》 The Seven Pillars of Wisdom
D. H. 劳伦斯 D. H. Lawrence
　《儿子与情人》 Sons and Lovers
大卫·劳伊德 David Lloyd
　《国家名人传》 State Worthies
赫麦妮·李 Hermione Lee
　《维拉·凯瑟：积累生活》 Willa Cather: A Life Saved Up
　《身体部分：论传记写作》 Body Parts: Essays on Life-writing
　《弗吉尼亚·伍尔夫的鼻子》 Virginia Woolf's Nose
　《弗吉尼亚·伍尔夫传》 Virginia Woolf
　《伊迪丝·华顿传》 Edith Wharton
锡德尼·李 Sidney Lee
　《传记原理》 Principles of Biography
约翰·利曼 John Lehmann
　《弗吉尼亚·伍尔夫与她的世界》 Virginia Woolf and Her World
马克·隆加克 Mark Longaker
　《18 世纪英国传记》 English Biography in the Eighteenth Century
约翰·吉布森·卢卡特 John Gibson Lockhart

英国传记发展史

《罗伯特·彭斯传》A Life of Robert Burns
《拿破仑传》A Life of Napoleon Bonaparte
《司格特传》Life of Scott
卢梭 Jean-Jacques Rousseau
  《忏悔录》Confessions
埃米尔·路德维希 Emil Ludwig
  《歌德：一个人的历史》Goethe: The History of a Man
  《尼罗河传》The Nile: The Life-Story of a River
约翰·路易斯 John Lewis
  《卡科斯顿传》Life of Caxton
  《威克里夫传》The Life of Wyclif
菲力斯·罗斯 Phyllis Rose
  《女作家弗吉尼亚·伍尔夫传》Woman of Letters: A Life of Virginia Woolf
吉琳·罗斯 Gillian Rose
  《爱的工作：生活沉思录》Love's Work: A Reckoning with Life
威廉·罗珀 William Roper
  《莫尔传》Life of Sir Thomas More
罗素 Bertrand Russell
  《自传》Autobiography
詹金斯·罗伊 Jenkins Roy
  《格拉斯顿传》Gladstone
蒂姆·洛特 Tim Lott
  《干玫瑰花的香味》The Scent of Dried Roses

M

曼宁主教 Henry Edward Manning
  《每日新闻》Daily News
威廉·梅森 William Mason
  《托马斯·格雷回忆录》Memoirs of Gray
雷·蒙克 Ray Monk
  《罗素传》Bertrand Russell
    上卷：《孤独之魂》Bertrand Russell 1872-1921: The Spirit of Solitude
    下卷：《疯癫之鬼》Bertrand Russell 1921-1970: The Ghost of Madness
  《维特根斯坦：天才的义务》Ludwig Wittgenstein: The Duty of Genius
米歇尔·蒙田 Michelle de Montaigne
  《小品文》Essais
可尼尔·米德尔顿 Conyers Middleton

《西塞罗传》 The Life of Cicero
托马斯·莫尔 Thomas More
　《国王理查三世史》 The History of King Richard III
　《皮科·德拉·米朗多拉传》（译著）The Life of Pico della Mirandola
　《乌托邦》 Utopia
托马斯·摩尔 Thomas Moore
　《拜伦书信日记及其一生》 Letters & Journals of Lord Byron, with Notices of His Life
约翰·莫莱 John Morley
　《奥利弗·克伦威尔传》 Oliver Cromwell
　《伯克传》 Edmund Burke
　《威廉·爱德华·格莱斯顿传》 The Life of William Edward Gladstone
　《伏尔泰传》 Voltaire
　《理查德·科布登传》 The Life of Richard Cobden
　《卢梭传》 Rousseau
　《沃波尔传》 Walpole
戴维·莫莱特 David Mallet
　《弗朗西斯·培根传》 Francis Bacon
威廉·莫里斯 William Morris
　《冰岛日记》 Icelandic Journals
布莱克·莫里森 Blake Morrison
　《母亲没有告诉我的那些事》 Things My Mother Never Told Me
　《那么你最后一次是什么时候见到你父亲？》 And When Did You Last See Your Father?
安德烈·莫洛亚 André Maurois
　《精灵：雪莱传》 Ariel: Life of Shelley
　《传记面面观》 Aspects of Biography
劳拉·马库斯 Laura Marcus
　《自传/传记话语：理论、批评、实践》 Auto/biographical Discourse: Theory, Criticism, Practice
约翰·斯图亚特·穆勒 John Stuart Mill
　《自传》 Autobiography

N

伊拉·B·奈德尔 Ira B. Nadel
　《传记：虚构、事实与形式》 Biography: Fiction, Fact and Form
科尔奈利乌斯·奈波斯 Cornelius Nepos

《外族名将传》Lives of Eminent Commanders
塞米尔·奈特 Samuel Knight
　　《伊拉兹马斯传》Life of Erasmus
　　《约翰·科莱特传》Life of John Colet
哈罗德·尼柯尔森 Harold Nicolson
　　《丁尼生传》Tennyson
　　《某些人》Some People
　　《日记与书信》Diaries and Letters
　　《英国传记发展史》The Development of English Biography
奈杰尔·尼柯尔森 Nigel Nicolson
　　《婚姻肖像》Portrait of Marriage
罗杰·诺斯 Roger North
　　《吉尔福特男爵传》Life of Francis North, Baron of Guilford
　　《诺斯兄弟传》The Lives of Baron Gulford; Of Sir Dudley North; and of the Honourable and Reverend Doctor John North
托马斯·诺思 Thomas North
　　翻译普鲁塔克《希腊罗马名人传》Lives of the Noble Grecians and Romans

P

帕特里夏·帕克 Patricia Parker
　　《旁观者》Spectator
弗朗西斯·培根 Frances Bacon
　　《学习的提高》Advancement of Learning
　　《亨利七世治理史》History of the Reign of King Henry VII
塞缪尔·佩皮斯 Samuel Pepys
　　《塞缪尔·佩皮斯日记》The Diary of Samuel Pepys
乔治·佩因特 George Painter
　　《普鲁斯特传：前半生》Proust: The Early Years
　　《普鲁斯特传：后半生》Proust: The Later Years
薇薇安·德索拉·品脱 Vivien De Sola Pinto
　　《17世纪英国传记》English Biography in the Seventeenth Century
阿兰·普利查德 Allan Pritchard
　　《17世纪英国传记概论》English Biography in the Seventeenth Century: A Critical Survey
普鲁塔克 Plutarch
　　《希腊罗马名人传》Lives of the Noble Grecians and Romans

Q

玛格丽特・乔利 Margaretta Jolly
  《生平写作百科全书：自传与传记形式》Encyclopedia of Life Writing: Autobiographical and Biographical Forms
詹姆斯・乔伊斯 James Joyce
  《一个青年艺术家的肖像》A Portrait of the Artist as a Young Man

S

奇格弗莱德・萨松 Siegfried Sassoon
  《步兵军官回忆录》Memoirs of an Infantry Officer
  《猎狐人回忆录》Memoirs of a Fox Hunting Man
  《佘斯顿的进步》Sherston's Progress
戴维・塞西尔 David Cecil
  《痛苦的小鹿：科伯的一生》The Stricken Deer, or, the Life of Cowper
威廉・莎士比亚 William Shakespeare
  《理查三世》Richard III
  《麦克白》Macbeth
史蒂芬・斯彭德 Stephen Spender
  《天下有天》World Within World
詹姆士・斯宾丁 James Spedding
  《培根传》Letters and Life of Francis Bacon
卡罗琳・斯蒂德曼 Carolyn Steedman
  《好女人的风景》Landscape for a Good Woman
乔弗瑞・斯各特 Geoffry Scott
  《翟利德画像》The Portrait of Zélide
罗伯特・斯基德尔斯基 Robert Skidelsky
  《凯恩斯传》John Maynard Keynes
塞缪尔・斯迈尔斯 Samuel Smiles
  《工程师传》Life of the Engineers
  《节俭》Thrift
  《品格的力量》Character
  《乔治・斯蒂文森传》Life of George Stevenson
  《职责》Duty
  《自助》Self-Help
威廉・斯朋哲曼 Williams Spengemann
  《自传的形式：文学文类史中的插曲》The Forms of Autobiography: Episodes in the History of a Literary Genre

詹姆斯·斯坦菲尔德 James Stanfield
《传记研究及写作》An Essay on the Study and Composition of Biography
A. P. 斯坦利 A. P. Stanley
《托马斯·阿诺德传》The Life and Correspondence of Thomas Arnold
沃伯特·斯坦利 Wolpert Stanley
《巴基斯坦建国之父——真纳》Jinnah of Pakistan
利顿·斯特拉奇 Lytton Strachey
《维多利亚时代名人传》Eminent Victorians
《维多利亚女王传》Queen Victoria
《伊利莎白与埃塞克斯》Elizabeth and Essex: A Tragic History
唐纳德·A·斯托弗 Donald A. Stauffer
《英国18世纪传记艺术》The Art of Biography in Eighteenth Century England
《1700年之前的英国传记》English Biography Before 1700
乔纳森·斯威夫特 Jonathan Swift
《格列佛游记》Gulliver's Travels
罗伯特·路易斯·史蒂文森 Robert Louis Stevenson
《法国塞文山骑驴旅行记》Travels with a Donkey in the Cevennes
苏维托尼乌斯 Gaius Suetonius Tranquillus
《罗马十二帝王传》Lives of the Twelve Caesars

T

科尔奈利乌斯·塔西佗 Cornelius Tacitus
《阿格利可拉传》The Life of Julius Agricola
《编年史》Annals
《历史》Histories
安东尼·特罗洛普 Anthony Trollope
《巴塞特郡最后一部编年史》The Last Chronicle of Barset
乔治·奥托·特瑞维林 George Otto Trevelyan
《查尔斯·詹姆斯·福克斯的早期历史》The Early History of Charles James Fox
《麦考利勋爵的一生与书信》The Life and Letters of Lord Macaulay
《美国革命史》History of the American Revolution
克莱尔·托马林 Claire Tomalin
《简·奥斯丁传》Jane Austen: A Life
《凯瑟琳·曼斯菲尔德秘传》Katherine Mansfield: A Secret Life
《看不见的女人：海伦·特南与查尔斯·狄更斯的故事》The Invisible Woman: The Story of Nelly Ternan and Charles Dickens
《历久之人托马斯·哈代》Thomas Hardy: The Time-Torn Man

《玛丽·伍尔斯托恩克拉夫的生与死》The Life and Death of Mary Wollstonecraft

《乔丹夫人的职业：女演员与王子》Mrs. Jordan's Profession: The Actress and the Prince

《塞缪尔·佩皮斯：无与伦比的自我》Samuel Pepys: The Unequalled Self

W

王尔德 Oscar Wilde
《深渊书简》De Profundis
H.G.威尔斯 H. G. Wells
《自传实验》Experiment in Autobiography
高利·维达尔 Gore Vidal
《重写本》Palimpsest
阿曼达·维克利 Amanda Vickery
《绅士的女儿：英国乔治朝的妇女生活》The Gentleman's Daughter: Women's Lives in Georgian England
唐纳德·J·温斯楼 Donald J Winslow
《生平写作：传记、自传及相关体裁术语表》Life-writing: A Glossary of Terms in Biography, Autobiography, and Related Forms
威廉·温斯坦利 William Winstanley
《英国显赫诗人传》The Lives of the Most Famous English Poets
卡尔·温特拉伯 Karl Weintraub
《个人的价值：自传中的个人和环境》The Value of the Individual: Self and Circumstance in Autobiography
迈克尔·翁达杰 Michael Ondaatje
《戮后余生》Coming Through Slaughter
艾萨克·沃尔顿 Izaak Walton
《约翰·多恩传》The Life of John Donne
《乔治·赫伯特先生传》The Life of Mr. George Herbert
《理查德·胡克先生传》The Life of Mr. Richard Hooker
《罗伯特·桑德逊博士传》The Life of Dr. Robert Sanderson
《亨利·沃顿爵士传》The Life of Sir Henry Wotton
《沃尔顿传记集》Walton's Lives
安东尼·伍德 Anthony Wood
《牛津名人录》Athenae Oxonienses
玛丽·伍尔斯托恩克拉夫
《妇女权力辩》A Vindication of the Rights of Woman

弗吉尼亚·伍尔夫 Virginia Woolf
《奥兰多传》Orlando: A Biography
《弗拉狮传》Flush：A Biography
《罗杰·弗莱传》Roger Fry
《新传记》"the New Biography"
《一位作家的日记》A Writer's Diary
《传记艺术》"the Art of Biography"

X

A.J.A. 西蒙斯 A.J.A. Symons
《追寻考弗》The Quest for Corvo
斯蒂芬·夏皮罗 Stephen Shapiro
《自传：文学的黑色大陆》The Dark Continent of Literature: Autobiography
罗伯特·休斯 Rupert Hughes
《乔治·华盛顿：凡人与英雄》George Washington, the Man and the Hero
玛丽·雪莱 Mary Shelly
《弗兰肯斯坦》Frankenstein

Y

亨利·亚当 Henry Adams
《亨利·亚当的教育》The Education of Henry Adams
伊德莫 Eadmer
《坎特伯雷安塞尔姆传》Life of Anselm of Canterbury
约翰·伊夫林 John Evelyn
《约翰·伊夫林日记》The Diary of John Evelyn
克里斯多佛·伊舍伍德 Christopher Isherwood
《克里斯多佛及其同流,1929—1939》Christopher and His Kind, 1929—1939
塞缪尔·约翰生(逊) Samuel Johnson
《海军上将布莱克传》"Life of Admiral Blake"
《普鲁士国王弗雷德里克三世回忆录》The Memoirs of Frederick III, King of Prussia
《萨维奇传》Life of Richard Savage
《拉塞拉斯王子的故事》Rasselas, the Prince of Abissinia
《英语辞典》Dictionary of English Language
《英国诗人评传》Prefaces, Biographical and Critical to the Works of the English Poets
詹姆斯·C·约翰斯顿 James C. Johnston

《传记——性格的文学》*Biography: The Literature of Personality*

Z

亨利·詹姆斯 Henry James
　《小说的艺术》*The Art of the Novel: Critical Prefaces*
彭妮·朱纳 Penny Junor
　《家事真相：在父亲身边的生活》*Home Truths: Life Around My Father*

附录三
参考书目

Abbs, Peter. "Autobiography and Fiction." *Encyclopedia of Life Writing: Autobiographical and Biographical Forms*. Ed. Margaretta Jolly. London/Chicago: Fitzroy Dearborn Publishers, 2001. 81–83.

Adams, Phoebelou. "Review of *And When Did You Last See Your Father?*" *Atlantic Monthly* 276.1(1995): 98.

Addison, James T. "Thomas Fuller, Historian and Humorist." *Historical Magazine of the Protestant Episcopal Church*, 21: 1 (1952): 100–47.

Addison, William. *Worthy Dr. Fuller*. London: J. M. Dent, 1951.

Allen, Peter. "Sir Edmund Gosse and His Modern Readers: The Continued Appeal of Father and Son." *ELH* 55.2 (1988): 487–503.

Altick, Richard D. *Lives and Letters*. NY: Alfred A. Knopf, 1965.

Anderson, Judith H. *Biographical Truth: The Representation of Historical Persons in Tudor-Stuart Writing*. New Haven: Yale University Press, 1984.

Arnold, Matthew. *Selected Criticism of Matthew Arnold*, ed. Christopher Ricks. New York: Signet, 1972.

Ascham, Roger. "Letter to John Astley." *The Whole Works of Roger Ascham*, vol. III. Ed. J. A. Giles. London: J. R. Smith, 1864–1865.

Aubrey, John. *Three Prose Works: Miscellanies: Remaines of Gentilisme and Judaisme; Observations*. Ed. John Buchanan-Brown. Sussex, 1972.

——. *Brief Lives*, chiefly of Contemporaries, set down by John Aubrey, between the Years 1669 & 1696. Ed. Andrew Clark. 2 vols. Oxford, 1898.

Auden, W. H. "A Jolly Magpie." *The New Yorker*, 15 Feb. 1958: 129 – 139.

Augustine, St. "On Lying." Nicene and Post-Nicene Fathers, vol. III. Ed. Philip Schaff. New York: Cosimo, Inc. 2007. 457 – 77.

Bacon, Francis. *History of the Reign of King Henry VII*. Cambridge: CUP, 1885.

Bakhtin, Mikhail. *The Dialogic Imagination*. Ed. Michael Holquist. Trans. Caryl Emerson and Michael Holquist. Austin: University of Texas Press, 1981.

Baldick, Chris. *The Concise Oxford Dictionary of Literary Terms*. New York: OUP, 2001.

Bamford, T. W. *Thomas Amold on Education*. Cambridge: CUP, 1970.

Banville, John. "Review Elsewhere." *Biography* 24.2 (2001) 521.

Barker, Nicholas P. *John Aubrey's Brief Lives: A Strange Rare Way of Conserving a Corps*. Minneapolis: University of Minnesota Press, 1966.

Barth, J. Robert. "Tortured Romantic." *America* Jan. 15 – 22 (2000): 24 – 25.

Bede, the Venerable. *The Minor Historical Works of Venerable Bede*. Trans. J. A. Giles. London: Henry J. Bohn, 1843.

——, *Ecclesiastical History of the English People*. Ed. B. Colgrave and R. A. B. Mynors. Oxford: Clarendon Press, 1969.

Bell, Quentin. *Virginia Woolf: A Biography*. Vol. I – II. 1972. London: Hogarth, 1982.

Benett, R. E. "Walton's Use of Donne's Letters." *Philological Quarterly*, 16 (1937): 30 – 34.

Benfey, Christopher. "Science and the Sublime." *New York Times Book Review* Jul. 19, 2009: 1, 7.

Benjamin, Edwin B. "Bacon and Tacitus." *Classical Philology* 60 (1965): 102 – 110.

Berst, Charles A. "Review of *Bernard Shaw: Vol. I: The Search for Love* by Michael Holroyd." *English Literature in Transition* (1880 – 1920) 32.4 (1989): 471 – 75.

——. "Review of *Bernard Shaw: Vol. III: 1918 – 1950: The Search for Love* by Michael Holroyd" *English Literature in Transition* (1880 – 1920) 35.3 (1992): 325 – 329.

Biagini, E. F. *Gladstone*. New York: Macmillan Press Ltd., 2000.

Bing, Jonathan. "Richard Holmes: Resurrecting Coleridge." *Publishers Weekly* Apr. 26, 1999: 48 – 49.

Blackett, J. B. "Dr. Arnold's Lectures, The Church and State." *The British and*

Foreign Review 16. British and Foreign Review Press, January 1844. 363 - 397.
Bloom, Harold. *The Western Canon*. London: Macmillan, 1995.
Blythe, Ronald. *The Pleasures of Diaries*. NY: Pantheon Books, 1989.
Bolitho, Hector, and A. V. Baillie. *A Victorian Dean: a Memoir of Arthur Stanley*. London: Chatto & Windus Press, 1930.
Boswell, James. *Boswell's Life of Johnson*. Ed. Charles Grosvenor Osgood, 6 vols. New York: Charles Scribner's Sons, 1917.
——. *Boswell for the Defense*. Ed. William K. Wimsatt and Frederick A. Pottle. London: Heinemann, 1960.
——. *The Life of Samuel Johnson*. Oxford: Clarendon, 1934. (第四章和第五章相关引文出自此书。)
Boulton, James T., ed. *Samuel Johnson: the Critical Heritage*. London: Routledge, 1995.
Bowle, John. *John Evelyn and His World*. London: Routledge, 1981.
Bowen, Catherine. *Adventure of a Biographer*. Boston: Little Brown, 1946.
Brackman, Harold. "'Biography Yanked down out of Olympus': Beard, Woodoward, and Debunking Biography." *Pacific Historical Review* 52. 4 (1983): 403 - 27.
Breen, Daniel. *Making the Past: History, Historians, and Literature in England, 1485 - 1600*. Ann Harbor: ProQuest Information and Learning Company, 2007.
Briggs, Asa. *Victorian People: A Reassessment of Persons and Themes, 1951 - 1967*. Alan Bass. Chicago: University of Chicago Press, 1975.
Broadus, E. K., ed. *Thomas Fuller: Selections*. Oxford: OUP, 1928.
Brome, Vincent. *The Other Pepys*. London: Weidenfeld & Nicolson, 1992.
Brooke, John, and Mary Sorensen, eds. *The Prime Minister's Papers: W. E. Gladstone I: Autobiographica*. London: Stationery Office Books, 1971.
Broughton, Trev Lynn. *Men of Letters, Writing Lives: Masculinity and Literary Auto/Biography in the Late Victorian Period*. New York: Routledge, 1999.
Burton, Sarah. "First Knight and His Lady." *Spectator* Oct. 18, 2008. 7 June 2011 < http: //www. spectator. co. uk/books/2302471/first-knight-and-his-lady. thtml>.
Bush, Douglas. *English Literature in the Earlier Seventeenth Century, 1600 - 1660*. Oxford: Clarendon Press, 1962.
Carlyle, Thomas. *On Heroes, Hero-Worship and the Heroic in History*. London: Chapman and Hall, 1897.
——"Jean Paul Friedrich Richter." *Critical and Miscellaneous Essays*, vol. I.

London: Chapman & Hill, 1869. 1-30.

——. "Review of Boswell's *Life of Johnson* edited by Croker." 1832. *Biography as an Art: Selected Criticism 1560-1960*. Ed. James L. Clifford. New York: OUP, 1962. 78-86.

Cecil, David. "Mr. Hugh Walpole and the Modern Novel." *Eton Review* 2 (July 1918): 47.

——. *The Stricken Deer or the Life of Cowper*. London: Constable & Co., 1929.

Chatman, Seymour. *Story and Discourse: Narrative Structure in Fiction and Film*. London: Cornell UP, 1978.

Chisholm, Anne. "The Limits of Post-Mortem Knowledge." *Spectator* Feb. 19, 2005: 38-39.

Clifford, James Lowry, ed. *Biography as an Art: Selected Criticism 1560-1960*. London: OUP, 1962.

Cockshut, A. O. J. "John Stuart Mill." *Encyclopedia of Life Writing: Autobiographical and Biographical Forms*. Ed. Margaretta Jolly. London/Chicago: Fitzroy Dearborn Publishers, 2001. 604-605.

——. *Truth to Life: The Art of Biography in the Nineteenth Century*. New York: Harcourt Brace Jovanovich, 1974.

Coffin, David R. "John Evelyn at Tivoli," *Journal of the Warburg and Courtauld Institutes*. 19 (1956): 157-158.

Coleridge, S. T. *The Literary Remains of Samuel Taylor Coleridge*. Ed. H. N. London: William Pickering, 1836-1839.

Colwill, Elizabeth. "Subjectivity, Self-Representation, and the Revealing Twitches of Biography." *French Historical Studies* 24.3 (2001): 421-437.

Campbell, Donna. "Review of *Edith Wharton* by Hermione Lee." *Studies in American Naturalism* 2.2 (2007): 179-83.

Conrad, F. W. "Manipulating Reputations: Sir Thomas More, Sir Thomas Elyot, and the Conclusion of William Roper's *Life of Sir Thomas Moore, Knighte*." *The Rhetorics of Life-Writing in Early Modern Europe: Forms of Biography from Cassandra Fedele to Louis XIV*. Ed. Thomas F. Mayer and D. R. Woolf. Ann Arbor: The University of Michigan Press, 1995. 133-161.

Cook, Edward. "The Art of Biography." *National Review* April, 1914: 259-284.

Cottam, Rachel. "Diaries and Journals." *Encyclopedia of Life Writing: Autobiographical and Biographical Forms*. Ed. Margaretta Jolly. London/Chicago: Fitzroy Dearborn Publishers, 2001. 267-269.

Cotter, James Finn. "Golden Codger Coleridge." *Hudson Review* 44.1 (1991):

143 – 148.

Cromphout, Gustaaf Van. "Cotton Mather as Plutarchan Biographer." *American Literature* 46 (1975): 465 – 481.

Cruttwell, Patrick. "Eminent Edwardian?" *The Hudson Review* 21.4 (1968 – 1969): 726 – 736.

Cuddon, J. A. *A Dictionary of Literary Terms*. 1977. London: Andre Deutsch, 1979.

Cyson, H. E. "The Technique of Debunking." *Twentieth Century*, CLVII (March, 1955): 255 – 256.

Daiches, David. *James Boswell and His World*. London: Thames and Hudson, 1976.

Damrosch, Leopold. *The Profession of Eighteenth-century Literature*. Madison: University of Wisconsin Press, 1992.

Darbishire, Helen, ed. *The Early Lives of Milton*. London: Constable & Co., 1936.

Dean, Leonard F. "Literary Problems in More's Richard III." *PMLA* 58 (1943): 22 – 41.

De Beer, E. S. "John Evelyn, F. R. S. (1620 – 1706)." *Notes and Records of the Royal Society of London* 15 (1960): 231 – 238.

Delany, Paul. *British Autobiography in the Seventeenth Century*. London: Routledge & Kegan Paul, 1969.

De Sola Pinto, Vivien. *English Biography in the Seventeenth Century*. London: Hutchinson House, 1951.

Dervin, Daniel. "The Absent Father's Presence in Modern and American Gay Drama." *American Image* 56.1 (1999): 53 – 74.

DeVoto, Bernard. "The Skeptical Biographer." *Harper's* 166(1933): 182 – 192.

Dodd, Philip. "Edmund Gosse." *Dictionary of Literary Biography*, *Vol. 57: Victorian Prose Writers After 1867*. Ed. William B. Thesing. Columbia: University of South Carolina. The Gale Group, 1987. 108 – 118.

Donno, Elizabeth Story. "Thomas More and Richard III." *Renaissance Quarterly* 35 (1982): 401 – 447.

Drabble, Margaret, ed. *The Oxford Companion to English Literature*. Beijing: FLTRP, 1998.

Dryden, John. "Plutarch's Biography." *Biography as an Art: Selected Criticism 1560 – 1960*, ed. J. L. Clifford. Oxford and New York: Oxford University Press, 1962: 17 – 19.

———. *The Works of John Dryden*, vol. 17. Ed. E. N. Hooker and H. T.

Swedenborg, Jr. Berkeley: California UP, 1971.
Dunn, Waldo H. *English Biography*. London: J. M. Dent & Sons Limited, 1916.
Eagleton, Terry. "How to Be Popular." *New Stateman* Feb. 21, 2005. 48 – 49.
Earl, James W. "Typology and Iconographic Style in Early Medieval Hagiography." *Studies in the Literary Imagination* 8 (1975): 15 – 46.
Edel, Leon. *Literary Biography*. Bloomington and London: Indiana UP, 1973.
——. *Writing Lives: Principia Biographica*. 1959. NY & London: W. W. Norton & Company, 1984.
Empson, William. "Review of *the Life and Correspondence of Thomas Arnold*." *Edinburgh Review* 81, Edinburgh Review Press, January 1845. 190 – 234.
Erben, Michael. "Britain: 20th-Century Auto/biography." *Encyclopedia of Life Writing: Autobiographical and Biographical Forms*. Ed. Margaretta Jolly. London/Chicago: Fitzroy Dearborn Publishers, 2001: 146 – 48.
Evelyn, John. *The Diary of John Evelyn*. Ed. Austin Dobson, 3 vols. London: Macmillan and Co. ltd., 1906.
——. *The Miscellaneous Writings of John Evelyn*. Ed. William Upcott. London: Henry Colburn, 1825.
——. "An Apologie for the Royal Party." *The Writings of John Evelyn*. Ed. Guy de la Bédoyère. Woodbridge: Boydell, 1995.
Filbin, Thomas. "The Man Who Desired Certainty." *Virginia Quarterly Review* 73.4 (1997). Database: Literature Resources from Gale. Web. 23 May 2011. Shanghai International Studies University Library.
Foley, Trent W. "Suffering and Sanctity in Bede's Prose Life of St. Cuthbert." *Journal of Theological Studies* 50 (1999): 102 – 116.
Foot, M. R. D., ed. *The Gladstone Diaries*, Vol. I. Oxford: Clarendon Press, 1968.
Forster, E. M. *Aspects of the Novel*. Harmondsworth: Penguin Books, 1963.
Forster, John. *The Life of Charles Dickens*. 1872 – 1874. Vol. 2. Boston: Estes and Lauriat Press, n. d.
Foucault, Michel. *The Archaeology of Knowledge and the Discourse on Language*. New York: Pantheon Books, 1972.
——. *An Introduction*. Trans. Robert Hurley. New York: Vintage, 1990. Vol. 1 of *The History of Sexuality*.
Frazier, Adrian. *George Moore: 1852 – 1933*. New Haven, CT and London: Yale UP, 2000.
Freud, Sigmund. "A Difficulty in the Path of Psycho-Analysis." (1917) *The Standard Edition of the Complete Psychological Works of Sigmund Freud*. Ed. &

trans. James Strachey. Vol. 17. London: Hogarth and the Institute of Psycho-Analysis, 1964: 135 – 44.

——. "Totem and Taboo." (1912 – 1913) *The Standard Edition of the Complete Psychological Works of Sigmund Freud*. Ed. & trans. James Strachey. Vol. 13. London: Hogarth and the Institute of Psycho-Analysis, 1961: 1 – 162.

Frosch, William A. "Samuel Pepys: The Unequalled Self." *The American Journal of Psychiatry* 161.12 (2004): 2342.

Frye, Northrop. *Anatomy of Criticism*. Princeton: Princeton UP, 1957.

Fuller, Thomas. *The History of the Holy War*. London: William Pickering, 1840.

——. *Worthies of England*. Vol. I – III. London: Nuttall and Hodgson, 1662.

Garraty, John A. *The Nature of Biography*. New York: Knopf, 1957.

Gibbon, Edward. *The Autography of Edward Gibbon*. Ed. Lord Sheffield; introduced by J. B. Bury. London: 1907. July 19, 2010 <http://www.gutenberg.org/catalog/world/readfile? fk_files=10164&pageno=1>

——. *The Decline and Fall of the Roman Empire*. Vol. I. NY: Random House Publishing, 1952.

Gillespie, Diane F. Introduction. *Roger Fry*. By Virginia Woolf. London: Blackwell Publishers, 1995.

Gittings, Robert. *The Nature of Biography*. Seattle: University of Washington Press, 1978.

Glendinning, Victoria. "What's in a Life?" *Evening Standard* Mar. 10. 2003: 39.

Gordon, George. *The Lives of Authors*. London: Chatto and Windus, 1950.

Gorsky, Susan Rubinow. "Virginia Woolf." *Twayne's English Authors Series Online*. New York: G. K. Hall & Co., 1999. Gale Literature Resource Center, CUNY-Baruch College. <http://go.galegroup.com/>

Gosse, Edmund. *Father and Son*. 1907. Ed. Peter Abbs with intro. London: Penguin, 1986.

Greenblatt, Stephen. *Renaissance Self-Fashioning: From More to Shakespeare*. Chicago: University of Chicago Press, 1980.

——. "Towards a Poetics of Culture." *The New Historicism*. Ed. H. Aram Veeser. New York: Routledge, 1989. 1 – 14.

Griffiths, M. "(Auto) biography and Epistemology." *Educational Review* 47 (1995): 75 – 88.

Gunzenhauser, Bonnie J. "Autobiography: General Survey." *Encyclopedia of Life Writing: Autobiographical and Biographical Forms*. Ed. Margaretta Jolly. London/Chicago: Fitzroy Dearborn Publishers, 2001. 75 – 78.

Haller, William. *The Rise of Puritanism*. New York: Harper & Row, 1938.

Hamilton, Nigel. *Biography: a Brief History*. Cambridge: Harvard UP, 2007.
Hanham, Alison. *Richard III and His Early Historians 1483 - 1535*. Oxford: Clarendon, 1975.
Harris, Frances, and Michael Hunter, ed. *John Evelyn and His Milieu*. London: The British Library, 2003.
Hart, Francis. "Notes for an Anatomy of Modern Autobiography." *New Literary History* 1.3 (1970): 485 - 511.
Hawkin, John. *The Life of Samuel Johnson*. London: Buckland, 1787.
Heffernan, Thomas J. *Sacred Biography: Saints and Their Biographers in the Middle Ages*. NY: OUP, 1988.
Hensher, Philip. "A Seventeenth-century Modern: Samuel Pepys Did Not, in Fact, Tell Us Everything." *The Atlantic* Nov. 2002: 118. *Literature Resources from Gale*. Web. 7 June 2011.
<http://go.galegroup.com/ps/i.do? &id = GALE%7CA92800606&v = 2.1&u = shisu&it = r&p = LitRG&sw = w>
Herrick, Francis H. "Review of *The Reign of Queen Victoria* by Hector Bolitho." *The Journal of Modern History* 22.1 (1950): 63 - 64.
Hill, Christopher. *The Collected Essays of Christopher Hill, Volume One: Writing and Revolution in 17th Century England*. Amherst: University of Massachusetts Press, 1985.
Hoberman, Ruth. "Biography: General Survey." *Encyclopedia of Life Writing: Autobiographical and Biographical Forms*. Ed. Margaretta Jolly. London/Chicago: Fitzroy Dearborn Publishers, 2001. 109 - 12.
——. *Modernizing Lives: Experiments in English Biographies, 1918 - 1939*. Carbondal and Edwardsville: S Illinois UP, 1987.
——. "New Biography." *Encyclopedia of Life Writing: Autobiographical and Biographical Forms*. Ed. Margaretta Jolly. London/Chicago: Fitzroy Dearborn Publishers, 2001: 650 - 51.
Holman, C. Hugh, and William Harmon, ed. *A Handbook to Literature*. New York: Macmilian Publishing Company, 1986.
Holmes, Richard. *Footsteps: Adventures of a Romantic Biographer*. 1985. New York: Vintage Books, 1996.
——. "The Proper Study?" *The Mapping Lives: The Use of Biography*. Ed. Peter France and William St. Clair. Oxford: OPU, 2002. 7 - 18.
Holroyd, Michael. *Bernard Shaw: Volume IV, 1950 - 1951: The Last Laugh*. London: Chatto, 1992.
——. *Lytton Strachey: A Critical Biography*. London: Vintage, 1994.

——. *Works on Paper: The Craft of Biography and Autobiography*. Washington D.C.: Counter Point, 2002.

Horne, Philip, ed. *Henry James: A Life in Letters*. London: Allen Lane, 1999.

North, Roger. *Notes of Me: The Autobiography of Roger North*. Ed. Peter Millard. Toronto: University of Toronto Press, 2000.

Houlahan, Mark. "Samuel Pepys." *Encyclopedia of Life Writing: Autobiographical and Biographical Forms*. Ed. Margaretta Jolly. London/Chicago: Fitzroy Dearborn Publishers, 2001. 695–696.

Howarth, David. *Lord Arundel and His Circle*. New Have & London: Yale UP, 1985.

Hughes, Kathryn. "Review of *Landscape for a Good Woman*." *New Statesman* Nov. 27, 2000: 53–54.

Jagger, Peter J., ed. *Gladstone*. London and Rio Grande: The Hambledon Press, 1998.

Janik, Allan. "Review of *Ludwig Wittgenstein: The Duty of Genius* by Ray Monk." *Central European History* 25.3 (1992): 358–60.

Jenkins, Roy. *Gladstone*. New York: Macmillan Press Ltd., 1995.

Jones, A.R. "Michael Holroyd." *Continuum Encyclopedia of British Literature*. 1995. Database: Literature Reference Center, EBSCO. Shanghai International Studies University Library. 2011–3–26.

Johnson, Paul. *Modern Times: The World from the Twenties to the Nineties*. Rev. ed. NY: Harper Collins, 1991.

——. "No One Had Charms to Soothe a Savage Beast." *Spectator* 271. 8625 (1993: Oct. 30): 32–33.

——. "Trade Secrets Revealed." *Spectator* 255.8191 (1985: Jul. 6) 23–24.

Johnson, Samuel. *Rambler*. 60, 13 October 1750.

Johnston, James C. *Biography: The Literature of Personality*. 1927. New York: Century Co., 1973.

Jolly, Margaretta. *Encyclopedia of Life Writing: Autobiographical and Biographical Forms*. London/Chicago: Fitzroy Dearborn Publishers, 2001.

Keener, John F. *Biography and the Postmodern Historical Novel*. Lampeter, UK: Edwain Mellen Press, 2001.

Kendall, Paul Murray. *The Art of Biography*. London: Allen & Unwin, 1965.

Keynes, Sir Geoffrey. *Harvey through John Aubrey's Eyes*. London: 1958.

King, Daniel P. "Review of *Bernard Shaw: Vol III: The Lure of Fantasy, 1918–1950* by Michael Holroyd." *World Literature Today: Russian Literature at a Crossroads* 67.1 (1993): 188–89.

King, James. "Claire Tomalin." *Twentieth-Century British Literary Biographers*. Ed. Steven Serafin. Detroit: Gale Research, 1995. *Dictionary of Literary Biography*, Vol. 155. *Literature Resource Center*. Web. 7 June 2011. Shanghai International Studies University Library.
<http://go.galegroup.com/ps/i.do?&id=GALE%7CH1200007174&v=2.1&u=shisu&it=r&p=LitRC&sw=w>

Kingwell, Mark. "Review of *The Ghost of Madness*, 1921-1970." *The Wilson Quarterly* 25.2 (2001): 119-20.

Kite, Jon Bruce. *A Study of the Works and Reputation of John Aubrey (1626-1697) with Emphasis on His Brief Lives*. Lewiston: The Edwin Mellen Press, 1993.

Kitzmann, Andreas. "That Different Place: Documenting the Self Within Online Environments." *Biography* 26.1 (2003): 48-65.

Knights, Mark. *Representation and Misrepresentation in Later Stuart Britain: Partisanship and Political Culture*. Oxford: Oxford University Press, 2005.

Lake, W. C. "Stanley's Life of Dr Arnold." *Quarterly Review* 74. Quarterly Review Press, June — October, 1844. 467-508.

Lakowski, Romuald Ian. *Sir Thomas More and the Art of Dialogue*. National Library of Canada, 1993.

Lee, Hermione. "The Man Who Didn't Sleep." *New Republic* 204.23 (10 June 1991): 35-38.

——. "Review of *Painted Shadow: A Life of Vivienne Eliot* by Carole Seymour-Jones." *TLS*, Nov. 30, 2001: 3-4.

——. *Virginia Woolf*. London: Random House, 1996.

Lee, Sidney. *Principles of Biography*. New York: CUP, 1911.

Lejeune, Philippe. *On Autobiography*. Minneapolis: University of Minnesota Press, 1988.

Levy, Paul. "Review of *Lives and Letters*: A String Quartet in Four Movements." *Guardian* [London] July 20, 2002: 27. <http://www.lexis-nexis.co.uk>

Lockhart, John Gibson. "Review of Boswell's *Life of Johnson* edited by Croker." 1831. *Biography as an Art: Selected Criticism 1560-1960*. Ed. James L. Clifford. New York: OUP, 1962. 72-77.

Longaker, Mark. *English Biography in the Eighteenth Century*. New York: Octagon Books, 1971.

Loomis, Grant C. "The Miracle Traditions of the Venerable Bede." *Speculum* 21 (1946): 404-418.

Lounsberry, Barbara. "Virginia Woolf." *Encyclopedia of Life Writing: Autobiographical and Biographical Forms*. Ed. Margaretta Jolly. London/Chicago: Fitzroy Dearborn Publishers, 2001. 955–58.

Lubbock, Percy. *George Calderon: A Sketch from Memory*. 1921. London: Grant Richards, 1971.

Lucas-Dubreton, Jean. *Samuel Pepys: A Portrait in Miniature*. Trans. H. J. Stenning. London: A. M. Philpot Ltd., 1935.

Maitland, Edward. "Life and Writings of Dr. Arnold." *North British Review* 2 (1845). 403–443.

Mancini, Dominic. *The Usurpation of Richard the Third*. Ed. and trans. C. A. J. Armstrong. London: OUP, 1936.

Manning, Susan. "'This Philosophy Melancholy': Style and Self in Boswell and Hume." *New Light on Boswell*. Ed. Greg Clingham. Cambridge: Cambridge UP, 1991. 126–140.

Marcus, Laura. *Auto/biographical Discourse: Theory, Criticism, Practice*. Manchester and NY: Manchester UP, 1994.

Matus, Jill L., ed. *The Cambridge Companion to Gaskell*. Cambridge: CUP, 2007.

Maurois, André. *Aspects of Biography*. London: CUP, 1929.

McCrum, Michael. *Thomas Arnold, Headmaster: A Reassessment*. Oxford: OUP, 1989.

McGrath, Charles. "Star Power." *New York Times Book Review* Mar. 29, 2009, 12–13.

McRae, Andrew. *Literature, Satire and the Early Stuart State*. Cambridge: CUP, 2004.

"Memoir." <http://www.answers.com/topic/memoir> Nov. 25, 2009.

Mill, John Stuart. *Autobiography*. Oxford: OUP, 1934.

Mitchell, Julian. "Review of *Basil Street Blues* by Michael Holroyd." *Spectator* 283. 8929 (1999): 55–56.

Moers, Ellen. "Vindicating Mary Wollstonecraft." *The New York Review of Books* Feb. 19, 1976.
< http://www.nybooks.com/articles/archives/1976/feb/19/vindicating-mary-wollstonecraft/>

Monk, Ray. "More Sinned Against than Sinning?" *Spectator* 287. 9038 (2001): 36–37.

Montrose, Louis A. "The Poetics and Politics of Culture." *The New Historicism*. Ed. H. Aram Veeser. London: Routledge, 1989. 15–36.

More, Thomas. *The History of King Richard, the Third*. Ed. George M. Logan. Bloomington: Indiana UP, 2005.

Morley, John. *The Life of William Eward Gladstone*. Vol. I. 1903. New York: Macmillan Press Ltd., 2007.

Nadel, Ira Bruce. *Biography: Fiction, Fact and Form*. London: The Macmillan Press LTD, 1983.

Nicolson, Harold. *The Development of English Biography*. London: Hogarth, 1927.

——. *Some People*. 1927. London: Constable and Company Ltd., 1934.

——. "The Practice of Biography." *Biography as an Art: Selected Criticism 1560 - 1960*. Ed. J. L. Clifford. Oxford and New York: Oxford University Press, 1962. 195 - 205.

——. *Tennyson*. London: Constable, 1923.

Nicolson, Nigel. Introduction. *The Letters of Virginia Woolf*. Vol. 2: 1912 - 1922. Ed. Nigel Nicolson and Joanne Trautmann. NY: Harcourt Brace Jovanovich, 1976. xiii-xxiv.

Nietzsche, Friedrich. *The Gay Science: With a Prelude in German Rhymes as an Appendix of Songs*. Ed. Bernard Williams. Trans. Josefine Nauckhoff and Adrian Del Caro. Cambridge: CUP, 2001.

North, Roger. *Notes of Me: The Autobiography of Roger North*. Ed. Peter Millard. Toronto: University of Toronto Press, 2000.

Novarr, David. Ed. *Lines of life: Theories of Biography 1880 - 1970*. West Lafayette, IN: Purdue UP, 1986.

Novick, Julius. "A Devil of a Childhood." *The Threepenny Review* 39 (1989): 13 - 14.

Oliphant, Margaret. "The Ethics of Biography." 1883. *Biography as an Art: Selected Criticism 1560 -1960*. Ed. James L. Clifford. New York: OUP, 1962. 97 - 102.

Oliver, H. J. "Izaak Walton's Prose Style." *The Review of English Studies*, 84 (1945): 280 - 288.

Parish, Helen L. "'Impudent and Abominable Fictions': Rewriting Saints' Lives in the English Reformation." *Sixteenth Century Journal* 32 (2001): 45 - 65.

Park, Clara Claiborne. "An Entrancing: Samuel Pepys." *The Hudson Review* 57. 2 (2004): 234 - 248.

Parker, Patricia. *Literary Fat Ladies: Rhetoric, Gender, Property*. New York: Methuen, 1987.

Partin, Robert. "*Biography as an Instrument of Moral Instruction.*" American

Quarterly, 8. 4 (Winter, 1956): 303-315.

Peacock, Thomas Love. "Memoirs of Percy B. Shelly." 1858. *Biography as an Art: Selected Criticism 1560-1960*. Ed. James L. Clifford. New York: OUP, 1962. 94.

Pepys, Samuel. *The Diary of Samuel Pepys*. Ed. Henry Morley. New York: The Cassell Publishing Co. , 1887.

Pollard, A. F. "Sir Thomas More's 'Richard III'." *History* 17 (1933): 317-23.

Pollock, Linda A. "Review of *The Gentleman's Daughter*." *Journal of Social History* 33.4 (2000): 996-997.

Ponsonby, Arthur. *British Diarists*. London: Ernest Benn Limited, 1930.

Posner, Richard. "The Learned Hand Biography and the Question of Judicial Greatness." *Yale Law Journal* 104 (1994): 511-40.

Porritt, A. G. "Review of *Queen Victoria* by Lytton Strachey." *American Political Science Review* 15.4 (1921): 606-608.

Potter, Clifton W. Jr. "Elizabeth and Essex." *Masterplots II: Juvenile and Young Adult Biography*. Series. Database: Literary Reference Center powered by EBSCOhost, Shanghai International Studies University Library. 2011-3-26.

Pottle, Frederick A. , ed. *Letters of James Boswell*. Oxford: Clarendon Press, 1924.

Powell, Anthony. *John Aubrey and His Friends*. London: Mercury Books, 1963.

Pritchard, Allan. *English Biography in the Seventeenth Century: A Critical Survey*. Toronto: University of Toronto Press, 2005.

Prickett, Marmaduke, and Thomas Wright, ed. *The History of University of Cambridge: From the Conquest to the Year 1634*. London: CUP. <http://assets.cambridge.org/97811080/04657/frontmatter/9781108004657_frontmatter.pdf>

Racaut, Luc. *Hatred in Print: Catholic Propaganda and Protestant Identity during the French Wars of Religion*. Aldershot: Ashgate, 2002.

Raleigh, Walter. *The Critical Opinions of Samuel Johnson*. London: Cassell, 1926.

Rogers, Pat. "The Adorable Dorothy." *Times Literary Supplement* 4777 (Oct. 21, 1994): 4-5.

Rollyson, C. "Review of *A Strange Eventful History* by Michael Holroyd." *Choice* May 2010, 1693.

Rose, Gillian. *Love's Work: A Reckoning with Life*. New York: Schocken Books, 1995.

Sanders, Charles Richard. *Lytton Strachey: His Mind and Art*. New Haven: Yale University Press, 1957.

Saintsbury, George. "Some Great Biographies." *Macmilan's Magazine*, 66 (June 1892): 97-107.

Sapp, Gregg. "Review of *The Age of Wonder: How the Romantic Generation Discovered the Beauty and Terror of Science* by Richard Holmes." *Library Journal* May 15, 2009: 95.

Schlaeger, Jurgen. "Biography as Culture." *The Art of Literary Biography*. ed. John Batchelor. Oxford: Clarendon Press, 1995. 57-71.

Schmidt, Paul H. "Lytton Strachey." *Dictionary of Literary Biography, Volume 149: Late Nineteenth- and Early Twentieth-Century British Literary Biographers*. A Bruccoli Clark Layman Book. Edited by Steven Serafin. The Gale Group, 1995. 225-248. Literature Resource Center. Gale. Montevallo University LIBRARY SYSTEM. 2007-09-05 <http://ezproxy.montevallo.edu:2119/servlet/GLD/>.

Schwob, Marcel. *Imaginary Lives*. Trans. Lorimer Hammond. NY: Boni and Liveright, 1924.

Scott, Geoffrey. *The Portrait of Zélide*. New York: Scribner, 1926.

Selway, Jennifer. "Will Nicole Kidman Finally End Our Fear Of Virginia Woolf?" *Express*, Jan. 24, 2003: 17.

Seraphin, Steven, ed. *Dictionary of Literary Biography*. Detroit: Gale, 1986.

Shapiro, Stephen A. "The Dark Continent of Literature: Autobiography." *Comparative Literature Studies* 5/3 (1968): 421-54.

Shorter, Clement K. "Introduction." *The Life of Charlotte Brontë*. By Elizabeth Gaskell. London: Penguin Books, 1997. x-xviii.

Shuger, Debora. *Censorship and Cultural Sensibility: The Regulation of Language in Tudor-Stuart England*. Philadelphia: University of Pennsylvania Press, 2006.

Smiles, Samuel. *Self-Help*. Bibilio Bazaar, 2008.

——. *Character*. Biblio Bazaar, 2008.

Spengemann, William C. *The Forms of Autobiography: Episodes in the History of a Literary Genre*. New Haven and London: Yale UP, 1980.

Stanfield, James Field. "An Essay on the Study and Composition of Biography." 1813. *Biography as an Art: Selected Criticism 1560-1960*. Ed. James L. Clifford. New York: OUP, 1962: 60-71.

Stanley, Arthur Penrhyn. *Addresses and Sermons*, delivered during a visit to the United States and Canada. Macmillan and Co., 1879.

Stannard, Martin. "The Necrophiliac Art?" *The Literary Biography: Problems and Solutions*. Ed. Dale Salwak. London: Macmillan, 1996. 32-40.

Stauffer, Donald. *English Biography Before 1700*. Cambridge: HUP, 1930.

———. *The Art of Biography in Eighteenth Century England*. New York/ Russell & Ruessell, 1970.

Steele, Elizabeth. Introduction. *Flush: A Biography*. By Virginia Woolf. Oxford: Blackwell, 1999. XVII-XXXI

Stone, Albert E., Jr. "Autobiography and American Culture." *American Studies: An International Newsletter*. 11 (1972): 22-36.

Stone, Donald. "Edith Wharton Seen in Full." *Sewanee Review* 116.1 (2008): 149-155.

Stone, Lawrence. *The Family, Sex and Marriage: In England 1500-1800*, abridged ed. NY: Harper & Row, 1979.

Strachey, Lytton. *Elizabeth and Essex: A Tragic History*. 1928. New York: Blue Ribbon Books, 1932.

———. *Eminent Victorians*. 1918. London: Chatto & Windus, 1945.

———. "A New History of Rome." *Spectator* 102(2 January, 1909): 20-21.

———. *Portraits in Miniature*. NY: Hartcourt, Brace and Company, 1931.

———. *Queen Victoria*. 1921. London: Chatto & Windus, 1937. (12th pr.)

Sullivan, Jane. "Under Their Skins." *Guardian* Mar. 18, 2002. Web 2011-5-11. <http://www.arlindo-correia.com/140703.html>

Symons, A. J. A. *Essays and Biographies*. Ed. Julian Symons. London: Cassell, 1969.

———. *The Quest for Corvo: An Experiment in Biography*. 1934. New York: Penguin, 1979.

Tanner, J. R. *Mr Pepys: An Introduction to the Diary Together with a Sketch of His Later Life*. New York: Harcourt Brace, 1925.

Taylor, Ivan E. *Samuel Pepys*. Boston: Twayne, 1989.

Taylor, Roberta. "A New Life of Samuel Pepys." *Contemporary Review* 282. 1647 (2003): 245-46.

Tomalin, Claire. *The Life and Death of Mary Wollstonecraft*. New York: Harcourt Brace Jovanovich, 1974.

Trevelyan, George Otto. *The Early History of Charles James Fox*, new edition, 1881.

———. *Life and Letters of Lord Macaulay by His Nephew*. London: Longmans, 1909.

Thwaite, Ann. "Review: Lives and Letters: Rereadings: Daddy Dearest." *Guardian* Nov. 2, 2002: 37.

Underdown, David. "John Evelyn and Restoration Piety." *The Sewanee Review*,

65 (1957): 160-165.

Vidal, Gore. *Palimpsest: A Memoir*. New York: Random House, 1995.

Wallace, Martin. *Recent Theories of Narrative*. Beijing: Peking University Press, 2006.

Walton, Izaak. *The Life of John Donne*. The second impression corrected and enlarged. London: J. G. 1658.

——. *The Lives of John Donne, Sir Henry Wotton, Richard Hooker, George Herbert, Robert Sanderson*. London: OUP, 1966.

Wendorf, Richard. *The Element of Life: Biography and Portrait*. Oxford: Clarendon, 1990.

White, Hayden. "The Value of Narrativity in the Representation of Reality." *On Narrative*. Ed. W. J. T. Mitchell. Chicago: University of Chicago Press, 1981. 1-24.

Willy, Margaret. *English Diarists: Evelyn & Pepys*. London: Longmans, Green & Co., 1963.

Winnicott, D. W. *Playing and Reality*. London: Tavistock, 1971.

Winslow, Donald J. *Life Writing: A Glossary of Terms in Biography, Autobiography, and Related Forms*. Honolulu: University of Hawaii Press, 1995.

Winwar, Frances. "Biography Today." *The English Journal* 27 (1938): 543-55.

Wolpert, Stanley. *Jinnah of Pakistan*. Chicago: Kazi Pubns Inc., 1996.

Woolf, Virginia. "The Art of Biography." 1939. *Biography as an Art: Selected Criticism 1560-1960*. Ed. James L. Clifford. New York: OUP, 1962. 128-34.

——. *The Diary of Virginia Woolf: Vol. 5: 1936-1941*. Ed. Anne Olivier Bell. London: Hogarth, 1984.

——. "Edmund Gosse." *Fortnightly Review* 129 (1931): 766-773.

——. *Jacob's Room*. Oxford: Oxford University Press, 1992.

——. *Moments of Being*. Ed. & intro. Jeanne Schulkind. NY: Harcourt Brace Jovanovich, 1976.

——. *Mr. Bennett and Mrs. Brown*. London: Hogarth, 1928.

——. *The Letters of Virginia Woolf*. Vol. 2: *The Question of Things Happening, 1912-1922*. Ed. Nigel Nicolson and Joanne Trautmann, NY: Harcourt Brace Jovanovich, 1976.

——. *The Letters of Virginia Woolf*. Vol. 5: *The Sickle Side of the Moon, 1932-1935*. Ed. Nigel Nicolson and Joanne Trautmann. NY: Harcourt Brace Jovanovich, 1979.

———. *The Letters of Virginia Woolf*. Vol. 6: *Leave the Letters Till We're Dead*, 1936–1941. Ed. Nigel Nicolson and Joanne Trautmann. NY: Harcourt Brace Jovanovich, 1980.

———. "The Lives of the Obscure." *The Common Reader*. Harmondsworth: Penguin, 1938.

———. "The New Biography." 1927. *Granite and Rainbow*. New York: A Harvest Book, 1958.

———. *Night and Day*. 1919. New York: Harcourt Brace Jovanovich, 1920.

———. "The New Biography." 1927. *Collected Essays*. Vol. IV. Ed. Leonard Woolf. London: Chatto & Windus, 1967. 229–235.

———. *Orlando: A Biography*. 1928. London: Grafton Books, 1977.

———. "Rambling Round Evelyn." *The Common Reader*. New York: Harcourt, Brace, 1925. 113–23.

———. *Roger Fry*. 1940. London: Penguin Books, 1979.

———. *A Room of One's Own*. 1929. Fwd. Mary Gordon. San Diego: Harvest-Harcourt, 1981.

———. *Three Guineas*. 1938. San Diego: Harvest-Harcourt, 1966.

———. *A Writer's Diary*. London: Triad/Granada, 1978.

Wordsworth, William. *Ecclesiastical Sonnets*. Ed. A. F. Potts. New Haven: Yale UP, 1922.

Yeats, W. B. *The Autobiography*. New York: Collier Books, 1967.

Zemka, Sue. "Spiritual Authority and the Life of Thomas Arnold." *Victorian Studies*, 38.3 (1995): 429–462.

埃米尔·路德维希:《尼罗河:生命之河》,石云龙译。北京:国际文化出版公司,1999年。

奥古斯丁:《忏悔录》,周士良译。北京:商务印书馆,1996年。

保罗·约翰逊:《现代:从1919年到2000年的世界》(上),李建波等译。南京:江苏人民出版社,2001年。

比德:《英吉利教会史》,陈维振、周清民译。北京:商务印书馆,1991年。

查尔斯·泰勒:《自我的根源:现代认同的形成》,韩震等译。南京:译林出版社,2000年。

陈新:《西方历史叙述学》。北京:社会科学文献出版社,2005年。

陈茵:《约翰逊传记〈萨维奇其人其事〉中的"虚"与"实"》,载杨国政、赵白生主编:《欧美文学论丛·第四辑·传记文学研究》。北京:人民文学出版社,2005年。第121—154页。

恩斯特·卡西尔:《人论》,甘阳译。上海:上海译文出版社,1985年。

菲利浦·汉舍尔:《一个十七世纪的现代人》,丁骏译,陆谷孙校。《社会科学报》,2003年8月7日。第8版。
弗吉尼亚·伍尔夫:《普通读者》,刘炳善译。北京:中国国际广播出版社,2009年。
弗兰西斯·培根:《亨利七世的治理史及其他作品选》。北京:中国政法大学出版社,2003年。
弗洛伊德:《论宗教》(精神分析经典译丛,孙名之主编)。北京:国际文化出版公司,2001年。
歌德:《诗与真》,刘思慕译。北京:人民文学出版社,1983年。
韩加明:《鲍斯威尔和他的〈伦敦日记〉》,载杨国政、赵白生主编:《欧美文学论丛·第四辑·传记文学研究》。北京:人民文学出版社,2005年。第89—120页。
蒋承勇:《西方文学"人"的母题研究》。北京:人民出版社,2005年。
瞿世镜:《当代英国小说》。北京:外语教学与研究出版社,1998年。
雷纳·韦勒克:《近代文学批评史》第5卷,杨自伍译。上海:上海译文出版社,2002年。
卢克·拉斯特:《人类学的邀请》,王媛、徐默译。北京:北京大学出版社,2008年。
伦纳德·伍尔芙:《序》载弗吉尼亚·伍尔芙:《伍尔芙日记选》,戴红珍、宋炳辉译。百花文艺出版社,1997年。第1—5页。
普鲁塔克:《希腊罗马名人传》,陆永庭、彭吴鹏等译。北京:商务印书馆,1990年。
钱念孙:《论日记和日记体文学》,载《合肥教育学院学报》,2002年第1期。第37—44页。
全展:《传记文学:阐释与批评》。武汉:湖北人民出版社,2007年。
塞缪尔·约翰逊:《拉塞拉斯王子的故事》,蔡田明译。北京:国际文化出版公司,2006年。
《圣经》(英汉对照)。南京:中国基督教协会,1995年。
斯蒂芬·茨威格:《自画像》,袁克秀译。北京:西苑出版社,1998年。
苏维托尼乌斯:《罗马十二帝王传》,张竹明、王乃新、蒋平等译。北京:商务印书馆,2000年。
孙勇彬:《灵魂的挣扎》。杭州:浙江大学出版社,2005年。
塔西佗:《阿古利可拉传,日耳曼尼亚志》,马雍、傅正元译。北京:商务印书馆,1985年。
托马斯·卡莱尔:《论英雄、英雄崇拜和历史上的英雄业绩》,周祖达译。北京:商务印书馆,2005年。
王成军:《自传文学关键词》,载《荆楚理工学院学报》,2009年第4期。第15—19页。
王佐良:《英国散文的流变》。北京:商务印书馆,1994年。
王佐良、何其莘:《英国文艺复兴时期文学史》。北京:外语教学与研究出版社,1998年。

杨正润：《传记文学史纲》。南京：江苏教育出版社，1994年。
——：《中国自传——现代性的发生》，载《荆门职业技术学院学报》，2003年第3期。第11—16页。
——：《现代传记学》。南京：南京大学出版社，2009年。
约翰·穆勒：《约翰·穆勒自传》，吴良建、吴衡康译。北京：商务印书馆，1998年。
詹姆斯·鲍斯威尔：《约翰逊博士传》，王增澄等译。上海：上海三联出版社，2006年。
赵白生：《传记文学理论》。北京：北京大学出版社，2003年。
赵毅衡：《当说者被说的时候》。北京：中国人民大学出版社，1998年。
朱光潜：《朱光潜全集》第九卷。合肥：安徽教育出版社，1993年。
朱文华：《传记通论》。上海：复旦大学出版社，1993年。